Les Grandes Heures
de l'Histoire de France

RICHELIEU
TEL QU'EN LUI-MÊME

GEORGES BORDONOVE

Les Grandes Heures de l'Histoire de France

RICHELIEU

TEL QU'EN LUI-MÊME

Pygmalion
Gérard Watelet
Paris

Sur simple demande aux
Éditions Pygmalion/Gérard Watelet, 70, avenue de Breteuil, 75007 Paris,
vous recevrez gratuitement notre catalogue
qui vous tiendra au courant de nos dernières publications.

ISBN 2-85704-522.0

Sa souplesse fit sa fortune et son orgueil fit sa gloire.

Chateaubriand.

J'ai eu ce malheur que ceux qui ont pu beaucoup dans l'État m'en ont toujours voulu, non point pour aucun mal que je leur eusse fait, mais pour le bien qu'on croyait être en moi. Ce n'est pas d'aujourd'hui que la vertu nuit à la fortune et que les bonnes qualités tiennent lieu de crimes. On a remarqué de tout temps que, sous de faibles ministres, la trop grande réputation est aussi dangereuse que la mauvaise et que les hommes illustres ont été en pire condition que les coupables.

Richelieu.

En la voie de l'honneur et de la gloire, ne s'avancer et ne s'élever pas, c'est reculer et déchoir.

Richelieu.

PREMIÈRE PARTIE

LES MARCHES DU POUVOIR

(1585-1617)

On a remarqué que de tout le temps il a tâché à se pousser, et qu'il a prétendu au maniement des affaires.

Tallemant des Réaux.

I

UN EXTRAIT BAPTISTAIRE

Les historiens ne se sont jamais vraiment mis d'accord sur le lieu de naissance de Richelieu. Les uns affirment qu'il est né à Paris, les autres en Poitou. Il en était de même de ses contemporains. Mlle de Montpensier, qui séjourna au château de Richelieu en compagnie de la duchesse d'Aiguillon, nièce du cardinal, écrivait dans ses *Mémoires* : « C'est une chose inconcevable que les appartements répondent si mal pour leur grandeur à la beauté du dehors. J'appris que cela venait de ce que le cardinal avait voulu que l'on conservât la chambre où il était né. » La Fontaine, Tallemant des Réaux et bien d'autres crurent aussi qu'il était natif du Poitou. Dans cette province, c'est une tradition solidement ancrée. Cependant Richelieu lui-même, qui devait savoir à quoi s'en tenir, laissait dire et écrivait qu'il était né à Paris. Il déclarait, dans une lettre de 1633 : « Si je n'étais parisien, vous pourriez trouver étrange que je sollicitasse les affaires de Messieurs de Paris ; mais ma naissance m'a rendu tel, et il m'est impossible de ne pas suivre l'inclination que j'ai de servir une ville où je suis né. » Cette lettre ne convainc nullement certains érudits. Je n'insisterai pas sur les arguments qu'ils mettent en avant. D'ailleurs, que Richelieu soit né à Paris – comme il est très probable – ou en Poitou n'est qu'un problème secondaire. On est en revanche certain qu'il fut baptisé à Paris, huit ou neuf mois après sa naissance, comme en atteste cet extrait du registre paroissial de l'église Saint-Eustache :

« 1586, le Ve jour de mai.

Fut baptisé Armand Jean, fils de messire François du Plessis, seigneur de Richelieu, chevalier des ordres du Roi, conseiller en son conseil d'État, prévôt de son hôtel et grand prévôt de France, et de dame Suzanne de La Porte, sa femme, demeurant en la rue du Boulay, et ledit enfant fut né le neuvième jour de septembre 1585 : les parrains messire Armand Gontaut de Biron, chevalier des ordres du Roi, conseiller en son conseil d'État, capitaine de cent hommes d'armes de ses ordonnances et maréchal de France, et messire Jean d'Aumont, aussi maréchal de France, chevalier des ordres du Roi, conseiller en son conseil d'État, capitaine de cent hommes d'armes desdits ordonnances. La marraine, Françoise de Rochechouart, dame de Richelieu, mère dudit Richelieu [1]. »

On aura remarqué que le futur cardinal avait eu pour marraine Françoise de Rochechouart, qui était sa grand-mère, et deux maréchaux de France pour parrains : Gontaut-Biron et d'Aumont. Ces illustres parrainages s'expliquent non seulement par les hautes fonctions exercées par son père, François de Richelieu, mais par la bienveillance, sinon même l'amitié du roi Henri III à son égard.

Saint-Simon, d'ordinaire si bien informé, n'avait donc pas tout à fait raison d'écrire à propos du cardinal : « Voilà le premier de sa maison qui se soit élevé, quoique noble et ancienne. » À la vérité, l'élévation des Richelieu fut lente, progressive, mais constante, à la mesure de leur ténacité et d'ailleurs conforme aux règles sociales alors en vigueur. Il n'est pas inutile de l'évoquer brièvement, car elle éclaire certains traits de caractère, attitudes et comportements d'Armand-Jean parvenu au faîte du pouvoir et même au cours du cheminement hérissé d'obstacles qui le conduisit au premier rang.

1. Le texte et l'orthographe ont été modernisés.

II

L'ÉLÉVATION DES RICHELIEU

Rien ne distinguait les du Plessis de Richelieu de la foule des hobereaux campagnards du Poitou, chasseurs, batailleurs, rapaces, à l'occasion pillards, et restés fort proches des paysans dans leur pauvreté besogneuse. Le cardinal n'eut pas d'ancêtres illustres. Il faut se défier des généalogies de complaisance établies de son vivant et quasi sous son contrôle. Armand-Jean attachait un intérêt extrême à la noblesse et à l'ancienneté de sa famille, dont il eût bien voulu qu'on la qualifiât de maison de Richelieu. Il voulait faire accroire que ses pères avaient été parmi les seigneurs les plus considérables et les plus fastueux du Poitou, oubliant leur humilité relative. Cette vanité était alors fort répandue parmi ceux qui accédaient aux premières charges ou que le roi dotait d'un titre prestigieux. Elle l'est toujours à l'orée du XXIe siècle, travestie en « recherche de nos racines ».

Les du Plessis étaient originaires de la paroisse de Néon, proche du Blanc. Leur patronyme n'a rien d'exceptionnel, ni de spécialement poitevin : il désigne une motte entourée d'une palissade, première ébauche des châteaux féodaux. C'étaient de fort modestes seigneurs qui, relevant de la baronnie d'Angles, prêtaient hommage aux évêques de Poitiers. Ils avaient rang de « varlet », premier degré de la hiérarchie nobiliaire, inférieur à celui d'écuyer et à celui de chevalier. Comme leurs semblables, ils guerroyaient sous la bannière des barons féodaux et parfois se battaient entre eux. On avance, sans preuves, qu'ils participèrent aux croisades avec les sires de Lusignan et que l'un d'eux était au service de Philippe Auguste. Le rôle obscur qui était le leur ne les empêcha pas de s'agrandir, sans doute par de fructueux mariages, du domaine de Breux, de la châtellenie de La Vervolière et d'une maison forte à Angles. Ces biens restèrent dans leur famille jusqu'au XVIIe siècle.

Ils ne commencent à sortir de l'ombre qu'au XIVe siècle, avec un certain Guillaume du Plessis. La guerre de Cent Ans mettait le royaume en grand péril. Il était du parti du roi de France. Il avait deux fils : Pierre et Sauvage. Le premier servait le roi anglais ; le second partageait les opinions de son père. Guillaume du Plessis déshérita Pierre, bien qu'il fût l'aîné. Ce dernier s'empressa de retourner sa veste et d'adhérer à la cause du roi de France (Charles V). Cependant Guillaume, doutant de sa sincérité, avantagea son fils cadet. Il lui attribua la châtellenie de La Vervolière, des domaines en Poitou et en Touraine. Pierre du Plessis continua la branche aînée, qui végéta et finit par disparaître. Sauvage du Plessis est l'auteur de la branche cadette, d'où sortit le futur cardinal.

Il épousa en 1388 Isabelle Le Groin, des seigneurs de La Mothe-en-Groin. Elle lui apporta en dot la seigneurie de Belabre près du Blanc. Sauvage se distingua par sa rapacité et son manque de scrupule. Il agrandit son avoir de telle sorte que son fils, Geoffroy du Plessis, put prétendre à la main de Perrine Clérembault, riche héritière. Les Clérembault étaient introduits à la cour. Le frère de Perrine, Louis, seigneur de Richelieu et de Beçay, était maître d'hôtel de la reine Marie d'Anjou, femme de Charles VII. Il mourut sans postérité et légua à son neveu, François Ier du Plessis, son château de Richelieu qui avait été rebâti en 1435. Dès lors, les du Plessis purent se dire seigneurs de Richelieu. Louis Clérembault avait également légué à son neveu sa charge d'écuyer tranchant de la reine. François du Plessis, seigneur de Richelieu, prit donc sa suite à la cour. Il devint ultérieurement écuyer tranchant du duc de Guyenne, frère de Louis XI. Devenu une sorte de personnage, du moins en Poitou, il put marier son fils, François II, avec Anne Le Roy, fille de Guyon Le Roy, chevalier, seigneur du Chillou et de

Mondon. Guyon Le Roy avait assumé des commandements et rempli diverses charges sous Louis XI, Charles VIII et Louis XII. Promu vice-amiral de France par François Ier, il fonda le port du Havre. Avec un tel beau-père, l'avenir de François II était assuré. Guyon avait aussi un frère qui avait réussi brillamment : Jacques Le Roy. Ce dernier avait embrassé l'état ecclésiastique. Après avoir accumulé les bénéfices, il finit par être nommé archevêque de Bourges. Il portait un vif intérêt à ses neveux. François II et Anne Le Roy avaient sept enfants, dont cinq garçons. Deux d'entre eux furent d'Église. Louis du Plessis, qui était l'aîné, continua la famille. François III et Antoine se firent soldats. C'était alors une profession lucrative, d'autant que les guerres de Religion succédèrent aux guerres d'Italie : il suffisait d'avoir le cœur au-dessus des périls, d'aimer l'aventure et de se choisir un bon patron.

François III, surnommé « le Pilon », mais aussi « le sage Richelieu », se signala en plusieurs circonstances en Lombardie et acquit la réputation d'un brave gentilhomme. Son frère Antoine, dit « le Moine », combattait à ses côtés. Pourquoi ce surnom pour le moins insolite ? Parce que le garçon avait été placé dans le monastère de Saint-Florent-de-Saumur : Mgr de Bourges croyait en faire un abbé ! Antoine n'avait pas la vocation. Ni les promesses, ni les menaces, ni les coups ne le retinrent, encore adolescent, de jeter le froc aux orties et de partir aux armées.

Les guerres de Religion ramenèrent les deux frères en Poitou. C'était l'une des provinces les plus divisées entre catholiques et protestants, les plus disputées par les deux partis, le boulevard des luttes les plus sanglantes. François et Antoine entrèrent dans la faction des Guise et devinrent les lieutenants de l'impitoyable duc de Montpensier, leur puissant voisin. L'époque autorisait tous les excès sous le masque de la religion. Antoine du Plessis découvrait sa véritable vocation : celle de chef de bande et de bandit de haut vol. Au contraire, François se montrait modéré et humain. Les deux frères se séparèrent. François parvint au grade de mestre de camp. En 1563, il fut mortellement blessé au siège du Havre alors occupé par les Anglais. Quant à Antoine, il était devenu l'homme à tout faire des Guisards. Il multipliait allégrement les exactions et les crimes, toujours pour la bonne cause, et terrorisait les populations. Pourtant, il était assoiffé d'honneurs. Ayant obtenu du cardinal Carafa, légat pontifical, d'être relevé de ses vœux, il fut nommé gentilhomme ordinaire de la chambre du roi et, malgré sa sinistre réputation et ses mœurs déplorables, il fut reçu chevalier dans l'ordre de Saint-Michel. Il fut assassiné au cours d'une rixe en 1576. Pierre de L'Estoile [1] mentionne sa mort en ces termes :

« Le jeudi 19 janvier, le capitaine Richelieu, du Poitou, dit le moine Richelieu, qui avait charge de vingt enseignes de gens de pied, homme mal famé et renommé pour ses larcins, voleries et blasphèmes, étant du reste grand ruffian et gruyer [2] de tous les bourdeaux, fut tué à Paris, en la rue des Lavandières, par des ruffians comme lui, étant avec des garces en une maison proche dudit Richelieu, sur les dix ou onze heures du soir où il était allé encrêper [3] et chasser dudit lieu, comme lui déplaisant de ce qu'ils entreprenaient ruffianer et bordeler si près de son logis et à sa barbe. »

« Le Pilon » et « le Moine » étaient les grands-oncles du futur cardinal. Son grand-père, Louis Ier du Plessis, mena une vie plus régulière. Fidèle aux principes de sa famille, il commença par contracter un mariage utile. Lieutenant dans la compagnie d'ordonnance d'Antoine de Rochechouart, il réussit à épouser l'une de ses filles en 1542. Elle se prénommait Françoise. Le contrat de mariage fait nettement ressortir la différence de rang entre les deux familles. Louis du Plessis y est simplement qualifié d'« écuyer, seigneur de Richelieu et autres », cependant que le père de Françoise s'intitule « haut et puissant seigneur, Antoine de Rochechouart, chevalier, baron de Fouldonais, Montagut, seigneur de Saint-Amand et sénéchal de Toulouse ». Les Rochechouart, qui ne péchaient pas par la modestie, se considéraient comme l'une des familles les plus illustres du royaume. Pour autant, ils étaient assez désargentés. Françoise de Rochechouart était dame de compagnie de sa riche parente, Anne de Polignac, veuve du comte de La Rochefoucauld et châtelaine de Verteuil. Elle n'eut que douze mille livres de dot, dont un tiers fut payé. Pourtant, ce mariage fut considéré comme une mésalliance,

1. Dans son *Journal*.
2. Prélevant un droit sur tous les bourdeaux.
3. Engueuler.

dans les milieux nobiliaires. On a suggéré que Françoise était laide, de surcroît aigrie par un célibat prolongé. Elle était surtout imbue de ses origines et dévorée d'orgueil. Elle dédaignait peut-être son époux, mais enfin elle lui donna cinq enfants : trois fils et deux filles. Poussé par sa belle-famille, Louis devint gentilhomme de la chambre et échanson du roi. Il mourut jeune, laissant à sa veuve une situation embarrassée.

L'aîné de ses fils se prénommait également Louis. Le duc de Montpensier, protecteur de la famille, le prit comme lieutenant dans sa compagnie d'ordonnance. Malheureusement, la carrière de Louis II fut brève. Il y avait à faible distance du château de Richelieu le château de Mausson qui appartenait au sieur de La Brichetière. Celui-ci tendit un guet-apens à Louis II et le tua. La vie d'un homme, fût-il frotté de noblesse, ne comptait pas beaucoup. Il faut ajouter que les Richelieu et les Brichetière se haïssaient pour des motifs obscurs depuis plusieurs générations.

Françoise de Rochechouart ne demanda pas réparation de ce crime à la justice. Le vieil esprit féodal, indépendant et implacable, s'éveilla en elle. Elle résolut de punir le meurtrier par ses propres moyens. Dans ce but, elle rappela son second fils, François, à Richelieu. Il était lieutenant dans la compagnie d'ordonnance du prince de Dombes, héritier des Montpensier, et résidait à Paris. Il avait alors dix-huit ans et venait d'épouser Suzanne de La Porte, âgée de quinze ans. Sa mère n'eut de cesse qu'il ne vengeât son frère. Le sieur de La Brichetière se savait menacé. Il prenait des précautions infinies pour sortir de chez lui sans être vu : empruntant un souterrain qui débouchait sur un gué de la rivière. Ce fut là que François le surprit. Alors que La Brichetière traversait le gué, une roue de charrette lancée de la rive heurta les jambes de son cheval qui se renversa. La Brichetière était empêtré dans les sangles. En une seconde, François fut sur lui et le perça de coups.

Cette vendetta émut toute la province. On conseilla à François de s'expatrier. Il s'en fut en Allemagne, où il mena l'existence aventureuse d'un mercenaire. Puis il passa en Pologne, où le duc d'Anjou, futur Henri III, venait d'être couronné. Il devait à sa mère, Catherine de Médicis, son élection au trône polonais, mais la France déjà lui manquait. François lui fut présenté. Intelligent et brave, il sut se rendre utile et remplit plusieurs missions. Il gagna bientôt la faveur du roi. La tradition veut qu'il ait été le premier à lui annoncer la mort de Charles IX. En tout cas, il aida le futur Henri III à s'évader de Cracovie. Il l'accompagna dans sa fuite à travers l'Europe : ce fut une chevauchée non exempte de périls ! Il le suivit à Venise et de là à Paris. Sa fortune était faite. Henri III le nomma prévôt de son hôtel puis, en 1578, grand prévôt de France. Le grand prévôt était alors chef de la police comme de la justice. François s'acquitta à merveille de cette double fonction. On louait son esprit clair et prompt, son équité, sa pondération. En 1585, il fut promu chevalier du Saint-Esprit, qui était alors la plus haute distinction. Il montrait à l'égard du roi un dévouement sans faille. Une anagramme fut composée en son honneur : « François du Plessis : Foi aux princes des lys. » Il protégea la fuite d'Henri III lors de la Journée des barricades, où tout semblait perdu. Il ne participa pas à l'exécution du duc de Guise, mais arrêta plusieurs membres de l'assemblée des États généraux, parmi les plus compromis. Il fut chargé en 1589 de ramener les habitants de Poitiers au parti royaliste. Le 1er août de la même année, il était près d'Henri III quand il fut poignardé par Jacques Clément. Il ne put empêcher les gardes de massacrer le meurtrier, mais procéda à une enquête méthodique et approfondie.

La mort de Guise et celle de Catherine de Médicis avaient permis le rapprochement entre Henri III et Henri de Navarre. Leurs deux armées assiégeaient alors Paris défendue par les Ligueurs. Le roi défunt avait désigné Navarre, futur Henri IV, comme successeur. Nombre de seigneurs et de capitaines catholiques refusèrent de reconnaître le nouveau roi qui était huguenot. Ils provoquèrent la défection d'une partie de l'armée. François de Richelieu se déclara sans hésiter pour le Béarnais : il avait les lys dans le cœur ! Il suivit Henri IV dans sa reconquête du royaume. Il combattit à ses côtés à Arques et à Ivry. Il eût certainement fait une grande carrière, si la fièvre ne l'eût subitement terrassé au camp de Gonesse, devant Paris. Il mourut le 10 juillet 1590, à quarante-deux ans. Il laissait une veuve avec cinq enfants en bas âge, si désargentée qu'elle vendit le collier du Saint-Esprit de son mari pour payer les funérailles.

François était le père du cardinal de Richelieu.

III

PREMIÈRE ÉDUCATION

François de Richelieu n'était qu'un cadet lorsqu'il épousa Suzanne de La Porte. Il n'avait donc pas les mêmes obligations que Louis, son aîné, dont rien ne laissait prévoir la mort. Il se maria à sa guise. À vrai dire, son choix n'était pas tout à fait innocent. Suzanne de La Porte était fille d'un avocat célèbre du Parlement, bâtonnier de son ordre. Ces La Porte, originaires du Poitou, passaient pour fortunés. Me de La Porte n'avait pas usurpé sa réputation : il brillait par l'étendue de son savoir et par ses dons d'orateur. Il n'avait qu'un point faible : une extrême vanité. Appartenant à la bourgeoisie, il brûlait d'en sortir et se prétendait descendant de la noble famille de La Porte-Vézins. D'une certaine manière, le mariage de Suzanne avec un Richelieu répondait à ses aspirations. De son côté, le jeune Richelieu avait besoin d'argent. Or, bien que, dans le contrat de mariage, sa femme s'intitulât « dame de Farivilliers et de Valescourt », elle n'eut qu'une maigre dot. De ce mariage assez mal assorti et qui ne fut peut-être pas un mariage d'amour, cinq enfants naquirent tardivement. Quand leur père mourut au camp de Gonesse, Henri du Plessis avait dix ans ; Alphonse, environ sept ans ; Armand-Jean, cinq ans ; les deux filles, Françoise et Nicole, étaient âgées respectivement de douze et trois ans.

Le défunt laissait d'assez grosses dettes, malgré sa brillante réussite. Suzanne et ses enfants n'avaient pas les moyens de vivre à Paris. Sans doute Henri IV n'oubliait-il pas son loyal serviteur, mais le Trésor était à sec et les secours promis tardaient à venir. Suzanne se résigna donc à partir pour Richelieu avec sa marmaille. C'était pour elle une affligeante perspective, car elle savait y retrouver son irascible et hautaine belle-mère, Françoise de Rochechouart.

Son mari l'avait fait peindre par un bon artiste. Le portrait a été conservé, sans doute parce qu'il représente la mère du cardinal. Suzanne était alors une jeune femme dans l'éclat de sa beauté. Elle gardait cependant un visage enfantin, aux joues rondes. Toutefois, sous des sourcils fins et bien arqués, les yeux restaient attentifs, singulièrement brillants. On perçoit une espèce de modestie, de discrétion extrême, mais démenties par la volonté. Elle portait, à la mode du temps, qui était « espagnole », une grande robe à vertugadin, une large fraise, des manchettes tuyautées mettant en valeur les mains aux doigts fuselés. Elle avait pour bijoux des boucles d'oreilles et un collier formé d'une double rangée de perles. Elle tenait un éventail de plumes avec élégance. Un pan relevé de la robe laissait apercevoir une étoffe damassée, sans doute fort coûteuse. Il s'agissait assurément d'une tenue d'apparat. Dans l'angle supérieur du tableau, figuraient le blason des Richelieu (d'argent à trois chevrons de gueules) et celui des La Porte (de gueules au croissant d'argent chargé d'hermines), surmontés d'un casque de chevalier et de lambrequins. Dans l'angle gauche, le peintre avait mis cette inscription en lettres majuscules : « Suzanne de La Porte femme de François du Plessis IVe du nom seigneur de Richelieu ». Il est probable que celui-ci s'était également fait peindre, mais la toile a disparu. Il ne subsiste qu'une sépia qui est peut-être une copie. Elle montre un gentilhomme en costume de cour, avec une longue épée et le cordon du Saint-Esprit. Le visage est rude ; il n'appelle point de commentaires.

Lorsque Suzanne de Richelieu quitta Paris, elle atteignait la quarantaine. Il est probable que sa beauté s'était quelque peu flétrie, par suite des grossesses et des chagrins. Probable aussi que les bijoux avaient été vendus pour subvenir aux besoins les plus pressants. Ceux qui la connurent alors louaient sa sagesse et sa modestie. L'un d'eux la comparait à une colombe, en raison de sa douceur. Mais cette colombe gardait heureusement pour les siens beaucoup de sens pratique ; fille d'avocat, elle avait acquis certaines connaissances juridiques qui se révélèrent fort utiles. Car elle avait à faire face à une situation difficile. Le service du roi coûtait alors plus cher qu'il ne rapportait. François de Richelieu y oublia qu'il n'était après tout que gentilhomme de campagne. Il voulait « paraître » et ne savait guère gérer son budget. Sa mère, Françoise de Rochechouart, n'était pas meilleure comptable ; elle se contentait de veiller, férocement, à ses intérêts personnels, fût-ce au détriment des Richelieu.

Un érudit de naguère, Martineau, dressa la liste des biens de cette famille, à partir d'un fonds notarial. Leur fortune se composait du château de Richelieu, avec ses annexes : les fiefs de Neuville et de Nueil ; La Vervolière, dont le château était flanqué de quatre tours et d'un donjon ; les domaines de Mausson, de Coussay-les-Bois, de Beçay, du Chillou, le prieuré de Coussay. Ces terres d'importance inégale se situaient dans l'actuel département de la Vienne, certaines à proximité de Richelieu. Elles étaient dotées de maisons fortes ou de manoirs plus ou moins fortifiés. Le domaine du Chillou, dont Armand-Jean prit momentanément le nom, comportait un château appelé Châteauneuf. Cet ensemble est impressionnant ! Mais, pendant les interminables guerres de Religion, de nombreuses fermes avaient été incendiées, des champs, des vergers sauvagement ravagés. Des familles entières de paysans avaient péri. D'autres avaient fui, errant dans les campagnes désolées par la soldatesque, gîtant dans les grottes et dans les bois, ou réfugiées dans les villes pour y trouver du travail, quand ce n'était pas pour mendier une tranche de pain. Beaucoup n'étaient pas revenues, et ne reviendraient jamais, pour exploiter les terres. D'ailleurs, malgré l'accession au trône du roi Henri IV, l'insécurité persistait. Des bandes de soldats, licenciés par leurs chefs ou déserteurs, poursuivaient leurs méfaits, pillaient, rançonnaient, violaient et assassinaient ceux qui leur résistaient. En sorte que les beaux domaines des Richelieu, partiellement en friche, rapportaient peu. À ces maigres revenus s'ajoutaient quelques rentes et ce qui subsistait des anciens droits féodaux. Finalement, la famille tirait ses principales ressources de l'évêché de Luçon et de l'abbaye de l'Absie. Au surplus, il faut savoir que le titre de seigneur ne correspondait pas alors strictement au droit de propriété. Le plus souvent, le fief était concédé contre une redevance forfaitaire et modique. Le seigneur n'avait que le titre. Un autre empochait les bénéfices. C'était un système d'une complexité extrême, variant d'ailleurs d'une province à l'autre.

Suzanne de Richelieu fit son possible pour remettre de l'ordre dans cette succession fort embrouillée et pour rembourser les dettes de son époux. Elle y parvint sans doute grâce aux bienfaits du roi. Henri IV lui fit verser vingt mille livres en 1593, puis quinze mille livres en 1595. Plus tard, il accorda une pension de trois mille livres à Henri du Plessis, fils aîné du grand prévôt. En outre, il fit en sorte que l'évêché de Luçon restât dans le patrimoine des Richelieu. Suzanne fut aidée dans sa tâche par Jacques du Plessis [1], évêque de Luçon, par Amador de La Porte et par Denis Bouthillier, ancien clerc et successeur de Me de La Porte, qui était son correspondant à Paris. Leurs conseils avisés l'aidèrent à négocier les transactions nécessaires et à vérifier les actes établis par les notaires.

Le reste de son temps, Suzanne le consacrait à l'éducation de ses enfants, qui demeurait son principal souci. Ses lettres soulignent son extrême tendresse à leur égard et les inquiétudes qu'elle avait au sujet de leur santé. L'une d'entre elles la dépeint tout entière, dont j'extrais cette simple phrase : « L'inquiétude que j'ai me tue et je vois bien que je n'aurai jamais de joie que, lorsque je vous saurai tous heureux, je serai en paradis. »

La vie au château de Richelieu manquait d'agrément. Comme on l'a signalé plus haut, ce château avait été reconstruit en 1435. C'était une forteresse aux murs épais, flanquée de plusieurs tours, coiffée d'ardoises et entourée de larges douves. Cette lourde bâtisse était à l'abri des coups de main : il suffisait d'en relever le pont-levis. Sur la façade nord, se trouvaient la chapelle et la grand-salle où la famille se réunissait chaque soir. Les rares ouvertures dispensaient une maigre lumière et donnaient sur un paysage mélancolique. Mais il y avait un jardin et un bois dans lesquels les enfants pouvaient s'ébattre. Leurs cris,

1. Il mourut en 1592.

leurs rires mettaient un peu de gaieté dans l'austère demeure. Il en était besoin, car Françoise de Rochechouart ne ménageait pas ses critiques à l'endroit de sa bru (une petite bourgeoise qui avait osé épouser un Richelieu !) et prétendait la tenir en tutelle. Le cardinal, qui révérait sa mère, dit « qu'elle avait éprouvé en ce monde nombre de traverses, d'afflictions et d'amertumes ». Une autre dame vivait au château, Françoise de Marconnay, veuve de Pierre Frétard, seigneur de Soulve et de Primery. Mme de Marconnay, belle-sœur de Suzanne, légua ses biens à Henri du Plessis.

Ce fut donc entre ces trois veuves qu'Armand-Jean grandit avec ses frères et sœurs. Toutes trois étaient vêtues de noir. Les conversations ne devaient pas être très gaies. Mais l'enfance fait son miel de toutes les fleurs et les années embellissent les souvenirs. Armand-Jean n'oublia jamais la vieille demeure où il avait grandi. C'était un enfant fragile : il eut toute sa vie une santé délicate. Sa naissance, disait-on, avait mis les jours de sa mère en danger ; on croyait même qu'il ne vivrait pas. Mme de Richelieu lui donna un précepteur, Hardy Guillot, prieur de Saint-Florent-de-Saumur. Ce fut ce brave moine, réputé pour ses aumônes, qui lui enseigna le rudiment. L'enfant se révélait très doué. Mais il n'était pas destiné à l'Église. C'était Alphonse de Richelieu qui devait être évêque de Luçon. Quant à leur frère aîné, Henri, il continuerait la lignée et, comme son père, irait à la cour pour tenter de faire carrière.

Et les années passèrent ainsi pour Suzanne de Richelieu, sur un fond de tristesse quotidienne, ponctuée de rares instants de détente. Elle avait oublié Paris et la vie brillante d'antan, les années qui ressemblaient au bonheur malgré les absences de son mari. Elle savait que ses enfants partiraient l'un après l'autre, la laissant finalement seule dans une demeure trop vaste et sans grâce. Mais par avance elle acceptait ce nouveau sacrifice, car elle croyait ardemment au ciel. Dans l'immédiat, elle se demandait comment assurer l'avenir de ses enfants et payer leurs études à Paris. Or, en 1594, son frère, Amador de La Porte, qui l'avait maintes fois aidée de ses deniers, lui proposa de prendre Armand-Jean à sa charge.

Amador de La Porte était un personnage singulier. Il n'avait point voulu prendre la suite de son père. Ce dernier, qui était avocat de l'ordre de Malte, parvint à le faire recevoir chevalier. Amador devint commandeur, puis grand prieur de France. C'était un soldat à l'esprit hardi et au franc-parler, mais animé d'une grande bonté.

Armand-Jean avait environ neuf ans quand son oncle l'amena à Paris, afin d'entrer au collège de Navarre. La capitale gardait encore les traces des désordres de la Ligue.

IV

LE MARQUIS DU CHILLOU

Le collège de Navarre venait de rouvrir ses portes. Il avait été saccagé pendant les guerres de Religion. On l'avait restauré tant bien que mal et on avait reconstitué l'équipe des professeurs, dont beaucoup s'étaient enfuis. Tel quel, il restait le premier établissement d'enseignement de la capitale, surtout en raison de son passé prestigieux. On ne comptait plus les personnages illustres qui s'étaient assis sur ses bancs. Il était fréquenté par les enfants de la noblesse et de la haute bourgeoisie. L'enseignement qu'on y dispensait mérite quelque attention, puisqu'il fut celui que reçut le cardinal et dont il tira grand profit. Il se divisait en trois cycles : la grammaire, les arts et la philosophie. La grammaire durait deux ou trois ans, selon le zèle et les capacités des élèves. Elle couvrait l'enseignement du latin et le catéchisme. Les élèves traduisaient Cicéron, Virgile, Térence, Horace, Juvénal et Quintilien ; ils avaient obligation de parler latin. Au cours du second cycle (les arts), on apprenait le grec et les langues étrangères et surtout on pratiquait la *sentencia*, c'est-à-dire l'exposé oral, truffé de citations. Ces exposés évoluaient ensuite vers le débat. C'est dire que l'éloquence y était à l'honneur. Généralement, les jeunes gentilshommes arrêtaient là leurs études. Ceux qui les poursuivaient s'initiaient à la philosophie, principalement celle d'Aristote, et aux sciences qui étaient encore embryonnaires. La plupart des élèves brillaient par leur indiscipline et leur manque d'application. Richement vêtus, ils venaient au collège avec leur précepteur (ou plutôt leur répétiteur) et un domestique pour porter leurs livres et leur écritoire. Imbus de leur naissance, ils dédaignaient un peu les reproches de leurs professeurs. Ceux-ci se montraient moins accommodants envers les enfants de la bourgeoisie cependant plus désireux de s'instruire.

Amador de La Porte ne voulait pas que son neveu se sentît inférieur à ses condisciples ; il lui offrit un précepteur et un petit valet pour porter l'écritoire. Le précepteur qui se nommait Mulot et le valet nommé Desbournais restèrent au service d'Armand devenu cardinal. Pour l'heure, il se rangeait parmi les forts en thème. Il s'était parfaitement adapté à sa nouvelle vie et jeté à corps et cœur perdus dans l'étude. Il réussissait dans toutes les disciplines. En 1597, il eut l'honneur d'accompagner le recteur Jean Yvon qui conduisait la procession de l'université à Saint-Denis. On l'avait pour la circonstance habillé en enfant de chœur. Plus tard, devenu tout-puissant, il recevait avec plaisir son ancien maître, déclarant avec un sourire exquis qu'il ne le voyait pas entrer sans éprouver les sentiments de crainte de jadis.

Il avait alors une extrême vivacité d'esprit, mais ne supportait pas sans mal la discipline du collège. L'un de ses premiers biographes, Michel de Pure, décrit ainsi son comportement : « Il avait une soif de la louange et une crainte du blâme qui suffisaient pour le tenir en haleine. Il avala comme d'un trait toute la grammaire. Bientôt il brilla d'un éclat subit. Ce que les autres enfants font en enfant, lui, il le fit avec méthode : il était conscient de tout ce qu'il disait et faisait. Si on l'interrogeait, il savait, avant de répondre et par des questions embarrassantes, prévenir les questions suivantes. Et l'on ne peut dire les admirables dons d'un esprit vraiment beau qui apparaissaient et jaillissaient sans cesse en étincelles éblouissantes. »

On pressentait déjà, selon Michel de Pure, qu'il serait apte à remplir toutes les charges et qu'un grand destin l'attendait. Et il ajoute : « Son audace était supérieure à ses forces, mais non à son génie. » Ayant brûlé les étapes de sa scolarité, Richelieu sortit du collège de Navarre avec un goût prononcé pour l'Histoire.

Or, l'expérience montre, surabondamment, que l'on ne peut être un grand homme d'État si l'on ignore l'Histoire ; qu'il ne sert à rien de briller dans les autres disciplines, si l'on ignore délibérément le passé de son propre pays. Les novateurs mêmes doivent être d'abord des mainteneurs. Le jeune Armand avait déjà compris que l'Histoire est un perpétuel recommencement et que les hommes ne font que changer de masque.

Il se destinait alors à la carrière des armes, celle des Richelieu depuis le fond des temps. Ni Mme de Richelieu ni Amador de La Porte ne s'opposèrent à cette vocation. Armand fut donc inscrit à l'académie de M. de Pluvinel, contre un millier d'écus par an : mais le bon oncle payait !

Antoine de Pluvinel de La Baume passait pour le meilleur cavalier du royaume. Écuyer du duc d'Anjou (futur Henri III), il l'avait suivi en Pologne avant de regagner Paris dans sa suite. Il jouissait d'une réputation flatteuse, car il avait été formé à l'école napolitaine d'équitation, qui était la meilleure d'Europe. On disait plaisamment de lui qu'« il inspirait de la raison et de la docilité aux chevaux les moins traitables. » Henri IV eut l'idée d'exploiter ses talents. Il le nomma directeur de la Grande Écurie et l'aida à fonder une académie hippique. Pluvinel était aussi un parfait gentilhomme. Il connaissait les usages et il avait des lettres. Il se mit en tête de former non seulement de bons cavaliers, mais des hommes du monde. On enseignait dans son académie le maniement du cheval, le manège, l'escrime, les jeux de bague et de quintaine, la gestuelle des courtisans, le beau langage, les règles de courtoisie, l'élégance du corps et de l'esprit, l'honneur, mais aussi la peinture, le dessin, la musique et la danse. Il consigna ses principes et son expérience dans un livre intitulé *Le Manège royal* et orné de gravures en taille-douce de Crispin de Passe qui sont un régal pour les yeux.

Armand de Richelieu n'avait pas une grosse santé, mais une énergie sans faille et le désir quasi obsessionnel chez lui d'être le premier en tout. Il s'adonna aux exercices équestres avec cet emportement méthodique qui le caractérisait. Il tenait d'autant plus à l'estime de M. de Pluvinel que celui-ci avait connu son père. Pour se grandir un peu – toujours ce désir de paraître dans cette famille ! –, il s'intitulait marquis du Chillou. Ce marquisat n'existait que dans son imagination, car, on s'en souvient, le

Chillou n'était qu'un modeste domaine autour d'un petit château. L'académie comblait ses aspirations. Il s'y sentait à l'aise et rêvait d'égaler les Bellegarde ou les d'Épernon que M. de Pluvinel donnait en exemples, sinon même de se couvrir de gloire et de recevoir le bâton de maréchal de France. Il gardera toute sa vie cette nostalgie de l'état militaire, la sveltesse et la tenue d'un homme de cheval. Est-ce par hasard que le graveur Callot le représenta sur la digue de La Rochelle, botté et l'épée au côté ?

Mais le destin lui ménageait une autre voie. La famille allait perdre les revenus de l'évêché de Luçon, par la faute d'Alphonse de Richelieu. Cet évêché avait été donné par Henri III à son grand prévôt. La pénurie du Trésor incitait les rois à dédommager ainsi leurs serviteurs, coutume regrettable mais fort répandue. C'était aussi un moyen de s'assurer de la docilité des prélats. Jacques du Plessis de Richelieu, oncle du grand prévôt, avait été évêque de Luçon jusqu'à sa mort, en 1592. Un certain curé Yver lui avait succédé, à titre provisoire, en attendant qu'Alphonse de Richelieu fût ordonné. Ce curé Yver n'était qu'un prête-nom, dont le rôle essentiel consistait à verser à Suzanne de La Porte les seize mille livres que rapportait ce pauvre évêché. L'église, les bâtiments épiscopaux avaient besoin de réparations. La dame de Richelieu fit la sourde oreille. Il eût été adroit de transiger, ne fût-ce que pour gagner du temps. Elle s'obstina. Les chanoines de Luçon se fâchèrent, menaçant de lui intenter un procès. La cause était mauvaise, car les travaux incombaient sans aucun doute aux Richelieu. Suzanne demanda à son fils aîné, Louis, d'intervenir auprès du roi. Louis appartenait au groupe des « dix-sept seigneurs », arbitres des élégances. Il était fort connu à la cour. Il obtint aisément d'Henri IV la nomination d'Alphonse de Richelieu comme évêque de Luçon. Alphonse avait douze ans. Sa ferveur religieuse donnait les plus grandes espérances. Des espérances excessives, car, en 1602, il refusa de coiffer la mitre, s'en jugeant indigne et haïssant le monde. Il se fit moine et s'enferma à la Grande-Chartreuse. À vrai dire, il n'était pas très équilibré et, au cours de sa vie, il fut sujet à des crises de mysticisme confinant au dérèglement mental.

Quoi qu'il en soit, sa décision de refuser l'évêché de Luçon portait un rude coup à la famille. Allait-on perdre les seize mille livres de revenus ? Louis de Richelieu avait de gros besoins. L'entretien des bâtiments, dont trois manoirs, occasionnait de grosses dépenses. Il fallait à tout prix conserver l'évêché. On décida de substituer Armand à son frère Alphonse. Mais accepterait-il ? Il semblait tellement à l'aise dans le milieu de l'académie. On ne pouvait douter de sa vocation militaire. Il avait déjà l'allure altière des officiers du roi grâce aux leçons de M. de Pluvinel. Sa mère, ses frères et sœurs, son oncle Amador, ne connaissaient point le fond de son caractère. C'était un réaliste. Il fit une analyse objective de la situation et décida de se faire évêque. Il écrivit à son oncle : « Que la volonté de Dieu soit faite ; j'accepterai tout pour le bien de l'Église et la gloire de notre nom. » Phrase qui suscita, et suscite encore, des commentaires souvent désobligeants. On y a vu les marques d'une ambition sans scrupules. C'est oublier les mentalités de l'époque. Oublier aussi qu'Armand de Richelieu avait dix-sept ans.

Il cessa brusquement d'être marquis du Chillou, endossa la soutane et se remit aux études. Il ne voulait pas être un prélat de pacotille, mais remplir consciencieusement la mission qui serait la sienne. Sa nature impétueuse s'accommodait mal des demi-mesures, des compromissions. Il refit sa philosophie au collège de Navarre, puis aborda la théologie sous la direction de Jacques Hennequin, docte professeur. Ensuite, on le vit sur les bancs de la Sorbonne, mais les cours ne lui suffisaient pas. Il les complétait par des lectures personnelles. Deux ans plus tard, il fut reçu maître ès arts et entama sa thèse de doctorat. Il travaillait huit heures par jour. Cet acharnement ébranla sa santé, mais déjà chez lui l'esprit dominait le corps. D'ailleurs, le temps pressait. Le sieur Yver, agissant au nom de Mme de Richelieu, avait été condamné par le Parlement à consacrer un tiers du revenu épiscopal pour financer les réparations de l'église de Luçon. Mme de Richelieu accepta enfin de transiger. Mais, à la suite d'un arbitrage, elle dut s'engager à payer les travaux les plus urgents. Il fallait se hâter, car les intrigues des chanoines de Luçon risquaient de compromettre la situation. Louis de Richelieu obtint d'Henri IV la nomination immédiate de son frère. Ce dernier n'avait pas encore l'âge requis pour occuper un siège épiscopal, qui était de vingt-trois ans. Henri IV accepta volontiers d'appuyer la demande de dispense. Il écrivit à son ambassadeur à Rome :

« Monsieur d'Halincourt, j'ai naguère nommé à notre saint-père le pape M. Armand-Jean du Plessis, diacre du diocèse de Paris, frère du sieur de Richelieu, pour être pourvu de l'évêché de Luçon, en Poitou, par la démission et résignation qu'en a faite à son profit M. François Yver, dernier titulaire d'icelui [1] ; et parce que ledit du Plessis, qui est déjà dans les ordres, n'a encore du tout atteint l'âge requis par les saints décrets et constitutions canoniques pour tenir ledit évêché, et bien que je sois assuré que son mérite et suffisance peuvent aisément suppléer à ce défaut, je vous écris cette lettre afin que vous fassiez instance de ma part à Sa Sainteté, avec mon cousin le cardinal de Joyeuse, à qui j'en écris de telle sorte que cette grâce ne lui soit refusée, parce qu'il est du tout capable de servir en l'Église de Dieu et que je sais qu'il ne donne pas peu d'espérance d'y être grandement utile. »

Les procédures étaient lentes au sein de la Curie. Il existait cependant des fonctionnaires pontificaux qui se chargeaient, moyennant finances, de hâter les choses, mais les Richelieu manquaient d'argent. Les interventions de l'ambassadeur d'Halincourt et du cardinal de Joyeuse n'avaient pas été suivies d'effets. Armand décida de partir pour Rome, afin d'y plaider sa propre cause. C'était jouer à quitte ou double, car il ignorait tout des usages de la Curie et de ses ressorts secrets, mais l'audace ne lui manquait pas. Après un voyage difficile, il découvrit les splendeurs de Rome, ses monuments antiques, ses palais baroques, son extraordinaire animation et son cosmopolitisme. Ce lui fut l'occasion – car il faisait feu de tout bois – de perfectionner ses connaissances en italien et en castillan. L'Espagne dominait alors l'Europe. Une profusion d'Espagnols séjournaient alors à Rome, ecclésiastiques et laïcs. M. d'Halincourt accueillit à bras ouverts le protégé d'Henri IV et l'introduisit à la Curie. Armand s'insinua dans les bonnes grâces du cardinal de Joyeuse et de ses collègues, les cardinaux de Givry et Borghèse, neveu du pape. Il étonna ces prélats par la promptitude de son esprit, sa connaissance approfondie des Saintes Écritures, ses aptitudes à soutenir les débats théologiques. Le pape Paul V voulut connaître le jeune prodige. Il le reçut en audience privée.

1. De celui-ci.

Armand sut plaire. Paul V eut avec lui plusieurs entretiens, peut-être pour l'éprouver. On rapporte qu'il lui confia même son inquiétude au sujet de la conduite d'Henri IV.

– « Ce prince, aurait-il dit, à peine arraché aux erreurs de l'hérésie, s'abandonne à toutes les sensations des sens et se livre à tous les plaisirs. Ne pouvons-nous craindre justement qu'une pareille conduite ne l'éloigne de la voie droite et ne le rejette vers ses anciennes erreurs ? »

Armand prit adroitement et chaleureusement la défense de son roi. Le pape sourit et lança cette boutade :

– « *Henricus Magnus Armandus Armando !* » (Henri le Grand armé par Armand !).

On raconte aussi qu'un des prédicateurs venant de prononcer un long sermon, Armand fut capable de le réciter d'un bout à l'autre à ses amis. Paul V apprit cet exploit et, quelques jours après, demanda à Armand de récidiver, ce qu'il fit. Le pape admira. Je néglige volontairement les autres anecdotes, qu'elles émanent des panégyristes de Richelieu ou de ses détracteurs. Paul V accorda la dispense. Armand fut ordonné prêtre. Le cardinal de Givry le sacra évêque le 17 avril 1607. Armand avait alors vingt-deux ans.

Il revint joyeusement à Paris. C'était pour y achever ses études. Dès le mois d'août, il soutint sa thèse de théologie avec tant de brio que le grade de docteur lui fut accordé à l'unanimité. Deux jours après, il obtenait son admission dans le corps des sorbonnistes.

On ne fut pas sans remarquer qu'il avait inscrit en épigraphe de sa thèse ces paroles de l'Écriture :

« *Quis erit similis mihi ?* »

(Quelqu'un sera-t-il semblable à moi ?)

V

L'ÉVÊQUE DE LUÇON

Il semblait peu pressé de rejoindre son évêché. Certains pensèrent qu'il deviendrait un évêque de cour, d'autant qu'il fréquentait assidûment le cardinal du Perron. Ce dernier était quasi le prototype des prélats qui ne dissociaient pas la politique de la religion. Il avait d'ailleurs un étrange pedigree. Fils d'un pasteur calviniste, il avait été élevé à Genève. Il faut croire que la roideur huguenote s'accordait mal à son tempérament. Il vint à Paris pour y terminer ses études et se convertit au catholicisme non sans arrière-pensées. Il se fit prêtre et entra au service d'Henri III. Il poursuivit sous le règne d'Henri IV, dont il devint grand aumônier. Évêque d'Évreux, il fut envoyé à Rome en vue d'obtenir la levée de l'interdit lancé contre la France. Il réussit pleinement dans cette mission, car parmi ses nombreux talents il avait celui de diplomate. Les débats publics entre pasteurs protestants et catholiques étaient alors à la mode. Du Perron confondit les deux plus célèbres orateurs de la religion réformée : Duplessis-Mornay et Agrippa d'Aubigné, à vrai dire en maquillant un peu les textes qu'il cita. N'importe ! Il y gagna la réputation insigne de défenseur de la vraie foi. Il fut promu cardinal en 1604 et nommé deux ans après archevêque de Sens. Quand il prit le jeune Richelieu sous son aile, il avait une cinquantaine d'années. Il y avait beaucoup à glaner dans les conversations avec cet opportuniste. Richelieu n'y manqua pas. De son côté, du Perron n'était pas dupe de l'affection du petit prélat ; il avait décelé son ambition voilée d'humilité et de respect. N'ayant pas à redouter la concurrence, il facilita ses rapports avec Henri IV. Les leçons de Pluvinel donnèrent leurs fruits. Le gentilhomme-évêque, fils du défunt grand prévôt, sut charmer. Le roi le traita bientôt familièrement ; il l'appelait joyeusement « mon évêque ».

Jalousie de certains courtisans qu'irritait la trop prompte et trop voyante réussite de Richelieu. Premiers ennemis, premiers détracteurs dont les propos acides cherchaient à blesser !... Il en fallait plus pour le désarçonner. Il étendait ses relations parisiennes, jetait, consciemment ou non, les bases de ce réseau d'amitiés qui le porteraient plus tard au pouvoir. Et surtout il observait les clans en présence, l'état de la société, notait les défauts d'une administration archaïque, s'initiait, sans qu'il y parût, aux rouages de l'État. Qu'il songeât déjà à faire une carrière politique, à assumer pour le moins de grandes charges, à l'image du cardinal du Perron, cela est d'évidence. Étudiant les hommes en place, il se disait qu'il n'aurait aucune peine à les dépasser. Il entrait sans doute un peu d'outrecuidance dans cette satisfaction de lui-même, car un abîme sépare les succès scolaires des vertus propres à gouverner. Mais la jeunesse excusait l'intransigeance de ses jugements.

Soudain, il annonça son intention de quitter Paris et de se rendre à son évêché de Luçon. Stupéfaction de ses amis, qui ne comprenaient pas les raisons de ce départ inopiné ! Et d'autant que Richelieu avait prononcé plusieurs sermons et remporté un vif succès ! C'était une réputation naissante qu'il brisait, croyaient-ils. En réalité, après s'être fait connaître et apprécier, Richelieu s'éloignait de la cour. C'était une manœuvre habile, d'autant qu'il n'y avait aucune place à espérer dans l'immédiat. Mieux valait donc laisser un peu de temps s'écouler, se faire désirer. Il ne doutait point d'être rappelé dans la capitale à la première occasion.

En décembre, il emprunta un carrosse à l'un de ses amis et, malgré l'inconfort de la saison et des chemins misérables, il partit pour Luçon. Il souffrait d'un accès de fièvre, mais ce n'étaient pas quelques frissons, une frilosité anormale, qui pouvaient modifier sa décision. Toute son existence, il sera ainsi, il aura le même comportement stoïque. Avant d'arriver à Luçon, il s'arrêta à Fontenay-le-Comte, qui était la ville la plus importante de son diocèse. Les notables, une partie de la population, vinrent le saluer, en partie pour satisfaire leur curiosité. Il sut trouver les paroles convenables aux Fontenaisiens qui se piquaient de belles-lettres. Il se mit à leur disposition, en formant le vœu de leur être utile. On se méfiait passablement des Richelieu, mais l'amabilité du jeune évêque désarma les grincheux. Les chanoines vinrent au-devant de lui, comme c'était leur devoir. Il n'ignorait point leurs rancœurs ni leur hostilité à son égard. Mais il sut les apprivoiser :

– « Messieurs, leur dit-il, je ne saurais vous faire connaître le contentement que je ressens de recevoir les témoignages de la bienveillance de votre compagnie. Jusqu'ici, je n'ai pu être assez heureux que d'avoir tous les cœurs de ceux qui lui appartiennent. J'attribue ce malheur à mon absence et au peu de connaissance que vous avez pu prendre de la bonne volonté que je vous porte. Mais maintenant que je serai avec vous et que je pourrai faire paraître combien je vous honore, je me promets que vous me voudrez tous du bien. »

Les chanoines, quoi qu'ils pensassent en leur for intérieur, ne pouvaient moins faire que de l'agréer. Le 21 décembre, il célébra sa première messe. Ce lui fut l'occasion de prononcer cette harangue si bien dosée que chacun y trouvait son compte, y compris les protestants du diocèse :

– « Messieurs, venant pour vivre avec vous et faire ma demeure ordinaire en ce lieu, il n'y a rien qui me puisse être plus agréable que de lire en vos visages et reconnaître par vos paroles que vous en ressentez de la joie ; je vous remercie du témoignage que vous me rendez de votre bonne volonté, que je tâcherai de mériter par toutes sortes de bons offices, n'y ayant rien que j'aie en plus grande affection que de pouvoir être utile à tous et en général et en particulier. Je sais qu'en cette compagnie il y en a qui sont désunis d'avec nous quant à la croyance ; je souhaite en revanche que nous soyons unis d'affection ; je ferai tout ce qui me sera possible pour vous convier à avoir ce dessein, qui leur sera utile aussi bien qu'à nous, et agréable au Roi, à qui nous devons complaire. Le temps vous donnera plus de connaissance de l'affection que je vous porte, que mes paroles ; c'est ce qui fait que je me réserve aux effets pour vous faire paraître que toutes mes intentions ne tendent qu'à ce qui est votre bien. »

Ce qu'il trouva dans son diocèse, un des plus pauvres du royaume, peut se résumer d'un mot : le désordre ; c'était ce qu'il haïssait le plus, quasi viscéralement ! Désordre dans les bâtiments épiscopaux, désordre des âmes et des esprits, désordre du clergé en butte aux critiques acerbes des huguenots (La Rochelle est proche de Luçon), misère des habitants dont la plupart, surtout à la campagne, retournaient aux superstitions originelles. Quantité de problèmes se posaient à la fois, impliquant des talents d'administrateur et de prédicateur, de l'expérience et de la prudence. Il fallait d'abord parer au plus pressé, c'est-à-dire s'installer convenablement. L'église cathédrale était dans un état pitoyable. Elle avait été sauvagement pillée pendant les guerres de Religion. Plusieurs murs se lézardaient ; la toiture était à reprendre. Le « palais » de l'évêque était à l'avenant. Il écrivait alors :

« Je suis extrêmement mal logé, car je n'ai aucun lieu où je puisse faire du feu à cause de la fumée ; vous jugez bien que je n'ai pas besoin du grand hiver, mais il n'y a de remède que la patience. Je vous puis assurer que j'ai le plus vilain évêché de France, le plus crotté et le plus désagréable ; mais je vous laisse à penser quel est l'évêque ! Il n'y a ici aucun lieu pour se promener, ni jardin, ni allée, ni quoi que ce soit, de façon que j'ai ma maison pour prison… »

Il recruta quelques domestiques, se procura des meubles décents et fit acheter de la vaisselle plate. Il cherchait à faire bonne figure, à en imposer. « Je suis gueux, écrivait-il plaisamment à Mme de Bourges ; mais toutefois, lorsque j'aurai plat d'argent, ma noblesse en sera fort relevée. » Mme de Bourges, femme d'un échevin de Paris, originaire du Poitou, s'était chargée d'acheter la vaisselle plate. Il entretenait avec elle une correspondance où perce son goût de la minutie.

D'entrée de jeu, il mit un terme au conflit qui opposait le chapitre à la famille de Richelieu. On commença la restauration de la cathédrale. Les travaux durèrent certainement plusieurs années et furent difficiles, car il fallait marier le nouveau style

(Henri IV-Louis XIII) au style gothique. Richelieu n'oublia pas de faire figurer le blason aux trois chevrons dans les endroits les plus visibles, pour que nul n'en ignore !

Le diocèse de Luçon avait beaucoup souffert des guerres religieuses. Il n'avait point connu de grands affrontements, mais des escarmouches fréquentes y avaient opposé catholiques et protestants. C'était à cette époque une région déshéritée, en partie occupée par des marais qui rejoignaient la mer. Peu de chemins praticables, mais des pistes sinuant d'une bosse à l'autre ! Point de grosses fermes, mais des chaumières éparses, rarement groupées en hameaux, un peu d'élevage et de maigres récoltes de blé. L'est du diocèse formait au contraire une plaine assez fertile. Richelieu se prit de compassion pour ses ouailles. Il intervint en leur faveur afin d'obtenir un allégement des impôts. Son frère Louis lui servait d'intermédiaire. Ses amis agissaient. On commençait à regarder le jeune évêque d'un autre œil, même les protestants. Force était de constater qu'il tenait ses promesses et voulait réellement du bien à son troupeau.

Mais il s'occupait aussi des âmes. Il lui avait été relativement facile d'imposer son autorité aux chanoines du chapitre. Ils ne l'aimaient peut-être pas, mais pliaient devant sa volonté. Il est vrai qu'ils avaient pour doyen un Bouthillier, abbé de La Cochère, ami de la famille ! Au cours de sa première tournée épiscopale, Richelieu put constater l'ignorance et les mœurs douteuses de nombreux curés, chez leurs paroissiens un refroidissement général de la foi, quand ce n'était pas l'abandon des pratiques religieuses. Il organisa des prédications, des neuvaines, des oraisons et réforma le bas clergé. Les curés étaient souvent nommés sur recommandation. On ne prenait pas la peine de vérifier leurs capacités. Richelieu mit fin à ces pratiques. Il projeta même de fonder un séminaire, projet qui ne put aboutir, mais il publia des *Ordonnances synodales*, dont la lecture est fructueuse. Elles interdisaient aux prêtres, sous peine d'amende, d'entretenir des concubines, de boire avec excès et de s'adonner à la débauche, de se rendre en bandes dans les lieux publics, pour y prendre part aux réjouissances populaires. Elles leur recommandaient d'avoir une tenue décente et de lire régulièrement le bréviaire, de préférence l'office du concile de Trente aux bréviaires usuels du Poitou. Les fidèles étaient invités à assister, au moins un dimanche sur trois, à la messe paroissiale, à communier quatre fois l'an et « à éviter les occasions de débauche, comme les fiançailles célébrées après le coucher du soleil : les ténèbres et le vin ôtant tout le respect ».

Les ordonnances interdisaient aussi les mariages clandestins, les sortilèges et la magie. Elles réglaient les fêtes chômées (une cinquantaine par an, s'ajoutant aux dimanches), établissaient des conférences diocésaines. À l'intention des simples fidèles, Richelieu écrivit un petit livre intitulé *L'Instruction du chrétien*, dans lequel il rappelait l'essentiel du dogme catholique et la signification des pratiques religieuses, cérémonies, prières, etc. J'en extrais ces deux passages, dont on appréciera la saveur :

« Le plus grand soin de l'auteur a été de s'abaisser, son but étant plutôt de paître les colombes que les aigles. »

« Un Roi souverain en France témoigne qu'il n'y a personne qui soit égal à lui, et que tous ceux qui y sont, sont ses inférieurs : ainsi Dieu, souverain du monde, témoigne qu'Il n'a point d'égal et qu'Il est unique. »

Lui-même prêchait, dans une chaire que l'on montre toujours à Luçon. Ses sermons étaient à la mode du temps, un peu trop alambiqués, mais, sous le coup de l'inspiration, ils prenaient parfois de l'ampleur et se coloraient d'émotion. Ils avaient aussi quelquefois un tour politique. De telles phrases sont lourdes de signification dans la bouche du jeune évêque.

– « ... Dieu, par Sa bonté, a tellement favorisé les armes de notre Roi, qu'apaisant les troubles, il a mis fin aux misères de son État. Nous ne voyons plus la France, armée contre elle-même, épancher le sang de ses propres enfants... La paix publique s'entretient par l'obéissance que les sujets rendent à leur prince, se conformant entièrement à ses volontés, en ce qui est du bien de son État. La paix se maintient aux villes, lorsque des personnes privées se maintiennent modestement dans le respect qu'elles doivent aux lois et ordonnances de ceux qui ont autorité. La paix est aux maisons, quand ceux qui demeurent ensemble vivent sans envie, sans querelle, sans inimitié contre les autres. La paix est en nos cœurs, lorsque la raison commande en reine et maîtresse ; que la partie inférieure, qui contient le peuple séditieux de nos appétits, obéit ; et que toutes deux se soumettent à la raison éternelle, de laquelle la nôtre emprunte ce qu'elle a de lumière… »

Il y a là toute une éthique assortie d'un programme politique sous-jacent. D'une certaine manière, Richelieu se considérait dans son diocèse comme gardien de l'autorité royale, un gardien vigilant ! Mais il veillait aussi à apaiser les conflits, à empêcher les procès et les duels. L'ordre et la raison commandaient ses actes. C'était un évêque exemplaire.

Cependant il s'appliquait à étendre ses relations, car tout est dans la créature, le plus et le moins, le bien et son contraire. Grâce à l'abbé de La Cochère, il gagna l'estime de l'évêque de Poitiers, Chasteignier de La Rocheposay et de son grand vicaire, Duvergier de Hauranne, abbé de Saint-Cyran. La Rocheposay était un prélat armé. On l'avait vu, durant les troubles, une pique à la main, défilant à la tête de douze cavaliers et de quarante fantassins, la carabine sous le manteau. Ce qui n'était point pour déplaire à Richelieu, ancien élève de M. de Pluvinel ! L'abbé de Saint-Cyran n'avait pas moins de caractère ; il n'était pas encore le chef du parti janséniste. Ces messieurs se livraient avec délices à des controverses théologiques, où Richelieu excellait. On y associait les professeurs de l'Université de Poitiers. La réputation de l'évêque de Luçon grandissait. Il s'inscrivait alors dans les perspectives de l'Église militante, de la Contre-Réforme. Il entra ensuite en relation avec Gabriel de L'Aubespine, évêque d'Orléans, avec le célèbre Bérulle et avec François Leclerc du Tremblay, qui n'était pas encore le « père Joseph » [1]. Bérulle – qui n'était pas encore cardinal – se préoccupait de la formation des prêtres. Grâce à Richelieu, il put fonder à Luçon le deuxième couvent des Oratoriens. Quant au père du Tremblay, ci-devant gentilhomme et mondain, grand voyageur et d'une culture quasi universelle, il était capucin. Porté par une foi brûlante, il était à la pointe du combat contre les protestants. Ses prédications enflammées, percutantes, amenaient des conversions nombreuses, dans le secteur que le supérieur de son ordre lui avait attribué : Angers, Saumur, Châtellerault, Poitiers, Loudun, Fontenay-le-Comte. C'était un pêcheur d'âmes, impatient, passionné. Ce fut à

1. Voir Notices biographiques pour le père Joseph et Bérulle.

Fontenay, où il y avait un couvent de capucins, qu'il fit probablement la connaissance de Richelieu. Leurs esprits s'accordaient, l'enthousiasme de l'un réchauffant la froide raison de l'autre. Ils devinrent amis.

Au début de 1610, Henri IV décida de réunir, à Paris, une assemblée du clergé. Les membres représentant chaque province ecclésiastique devaient être élus. Malgré son peu d'ancienneté, Richelieu posa sa candidature. Il précisa à son métropolitain, Mgr de Sourdis, archevêque de Bordeaux, que cette démarche répondait aux désirs de ses amis, notamment les évêques d'Orléans et de Poitiers. Il savait pourtant que l'Église apprécie modérément les ascensions trop rapides. Mais ses succès de prédicateur et de controversiste, les éloges qu'on lui décernait, le grisaient un peu. Il avait accoutumé d'être le premier, d'imposer partout sa supériorité. De plus, il voyait dans cette assemblée du clergé une occasion d'attirer l'attention sur lui. Mgr de Sourdis se montrait peu favorable à l'élection du jeune évêque. Et pour cause ! Ce fut lui qui fut élu. Le nom de Richelieu ne fut même pas prononcé. Un moment découragé, Richelieu se retira dans son prieuré de Coussay, mais il reprit vite son assiette. Si la province ne voulait pas de lui, Paris lui restait. D'ailleurs, évêque de cour, aimant le luxe, pouvait-il s'attarder dans ce misérable évêché ? Seule, la capitale pouvait lui permettre d'employer ses talents et de vivre dans le milieu auquel il était attaché… On est en droit de se demander si le pasteur paissant ses colombes et écrivant à leur intention un petit livre de piété, si le jeune prélat cherchant à se faire des amis, agissait avec un entier désintéressement. Peut-être le séjour à Luçon n'était-il pour lui qu'un apprentissage. Dans le microcosme provincial, il se serait tout simplement exercé à manier les hommes.

VI

LES FAUX PAS

Richelieu raisonnait, la plume à la main. C'est un moyen infaillible de cerner et de clarifier sa pensée. Toute sa vie, il conserva cette habitude. C'est ainsi que, dans la solitude de son cher prieuré de Coussay, il rédigea les *Instructions et maximes que je me suis données pour me conduire à la Cour*. Document révélateur sur le caractère et les intentions de son auteur qui ne laissait rien au hasard. Tout y est prévu ; le moindre détail est pesé avec soin. C'est un véritable manuel de l'évêque-courtisan.

Tout d'abord, il fixera son logement à proximité du Louvre et d'une église. Il lui sera donc facile de remplir ses obligations religieuses et de se rendre chez le roi. Étant le dispensateur unique des faveurs et des emplois, ce dernier est au centre de ses préoccupations. Il trace d'Henri IV ce portrait plein de finesse : « Les mots les plus agréables au Roi sont ceux qui élèvent ses royales vertus. Il aime les pointes et les soudaines reparties. Il ne goûte point ceux qui ne parlent pas hardiment, mais il y faut du respect. L'importance est de considérer quel vent tire, et ne le prendre point sur des humeurs auxquelles il ne se plaît à parler à personne, se cabre à tous ceux qui l'abordent… »

Certes, il convient d'agir avec discrétion, de ne pas se montrer importun, mais aussi de se placer, au milieu des courtisans, de façon à ne pas passer inaperçu. Si le dialogue s'engage, ne point continuer à parler quand le roi boit. L'assiduité même doit être mesurée : voir le roi une fois par semaine et deux fois à Fontainebleau (probablement parce que l'affluence y est moins nombreuse).

Il n'est pas moins nécessaire de converser avec les dignitaires de la couronne et avec les grands seigneurs, dont l'appui peut être utile. Il convient alors de savoir écouter : « n'avoir point l'esprit distrait, ni les yeux égarés, ni l'air triste ou mélancolique, quand quelqu'un parle, mais plus par l'attention et le silence que par la parole et l'applaudissement ». Il se méfie de son impétuosité, d'où cette confidence riche de sens : « En traitant ou parlant avec des seigneurs de qualité, j'ai eu de la peine à me tenir et me resserrer en moi-même. Là, plus on est honoré et respecté, plus il faut faire l'humble et le respectueux. » Et il ajoute : « De toutes choses, il faut dire son opinion avec respect et ne jamais juger ni conclure. »

Les dîners en ville sont fastidieux, mais peuvent servir une carrière. Richelieu n'aime pas les agapes. « Une heure qu'on donne au ventre, écrit-il, tient le jour l'esprit en tourment. » S'il accepte une invitation, il ne doit point accaparer l'attention, ni faire étalage de sa science, mais parler de choses anodines sur un ton badin. Toutefois, s'il échappe à l'un des convives une idée intéressante ou quelque trait d'esprit, les noter pour les utiliser à l'occasion. Noter aussi les rencontres et les principaux faits observés.

On le sait, Richelieu était un écrivain infatigable. Il rédigea des milliers de lettres. Il n'empêche qu'il se donne pour maxime d'écrire désormais le moins possible, car les écrits restent et peuvent être interprétés de diverses manières. Il s'exhorte en conséquence à relire plusieurs fois les lettres avant de les envoyer et à garder copie des plus importantes. Aussi à conserver celles qu'il reçoit, mais après un tri sévère : « Le feu doit garder celles que la cassette ne peut garder qu'avec péril. » Pour réussir et durer, il faut éviter de se compromettre. Cependant, il se donne pour règle de répondre à tous ses correspondants, car « il n'y a personne, fût-il chevalier de l'Ordre, qui soit dispensé de répondre à une lettre, même d'un beaucoup inférieur ». Politesse élémentaire, mais aussi moyen de se faire une clientèle en politique.

Vis-à-vis des courtisans, il prône les vertus de la dissimulation. Il importe de taire les secrets que l'on peut détenir, de ne pas dévoiler les projets afin de ne pas compromettre leur réussite, de ménager l'amour-propre de ceux que l'on juge avec sévérité. La pratique du silence n'est pas moins indispensable : le silence abuse l'adversaire sur les intentions que l'on a ; il écarte les querelles superflues et toujours stériles ; il permet de ne pas relever les offenses, surtout celles dont on se vengera ultérieurement. Les paroles inconsidérées sont à proscrire absolument. Elles conduisent « l'esprit entre deux écueils, le blâme de la menterie et le péril de la vérité ». Il n'exclut pas le mensonge, s'il n'existe d'autre possibilité de se tirer d'affaire : « Il faut, en ces occurrences, faire des réponses semblables aux retraites qui, sans fuir, sans désordre et sans programme, sauvent les hommes et les bagages. »

Écrivant ces lignes, Richelieu n'avait pas encore vingt-cinq ans ! On peut se dire que, s'il éprouvait le besoin de se donner de tels préceptes, c'est qu'il avait du mal à tenir sa langue et à se montrer réservé. Son tempérament altier ne le portait pas naturellement à dissimuler et à transiger. Il s'imposait donc, ou cherchait à s'imposer, de rudes contraintes, pour satisfaire son ambition. D'ailleurs, il ne tarda pas à commettre une bévue monumentale.

Il apprit l'assassinat d'Henri IV par une lettre du doyen de Luçon qui se trouvait à Paris. Cette nouvelle le frappa comme un coup de tonnerre. Elle ruinait les plans qu'il avait échafaudés. Mais aussi, c'était d'un cœur sincère qu'il aimait le roi, d'ailleurs pleuré dans tout le royaume. Toutefois, cette mort apporterait de grands changements ; elle offrait des perspectives inattendues. La régence avait été attribuée à Marie de Médicis, qui venait d'être couronnée reine. Le Parlement avait agi avec une précipitation suspecte, sous la pression du duc d'Épernon et de sa clique. Richelieu connaissait le caractère de la reine, surtout ses insuffisances, par son frère Louis qui était l'un de ses familiers. Incapable de gouverner par elle-même, elle avait maintenu les ministres en place, y compris Sully. Richelieu analysa passionnément la situation. Il crut pouvoir tenter sa chance et, comme la patience n'était pas son fort, il résolut de brûler les étapes.

Il tailla donc sa plus belle plume pour écrire une lettre à l'intention de la reine. Après avoir juré, en son nom et au nom du clergé de son diocèse, « de se comporter envers le Roi Louis XIII à présent régnant, tout ainsi que les très humbles, très affectionnés et très fidèles sujets doivent faire envers leur légitime seigneur et Roi », il en venait au principal :

« Nous certifions que, bien qu'il semble, qu'après le funeste malheur qu'une homicide main a répandu sur nous, nous ne puissions plus recevoir de joie, nous ressentons toutefois un contentement indicible de ce qu'il a plu à Dieu, nous donnant la Reine pour régente de cet État, nous départir ensuite, de l'extrême mal qui nous est arrivé, le plus utile et nécessaire bien que nous eussions pu souhaiter en nos misères, espérant que la sagesse d'une si vertueuse princesse maintiendra toutes choses au point où la valeur et la prudence du plus grand Roi que le ciel eût jamais couvert, les avaient établies. Nous jurons, sur la part qui nous est promise en l'héritage céleste, de lui porter obéissance... »

Il n'envoya pas directement cette lettre à la reine, mais pria son frère Louis de la lui remettre : il voulait être sûr que Marie de Médicis en prît connaissance. Louis jugea cette lettre indécente, prématurée et superflue. La régente n'avait que faire du serment d'allégeance de l'évêque de Luçon. La lettre ne lui fut pas remise. Désappointé mais non découragé, l'évêque pensa que l'on n'est jamais mieux servi que par soi-même. Il décida de se rendre à Paris et demanda à Mme de Bourges de lui trouver un logis et des meubles. En attendant, il écrivit à ses amis de préparer son arrivée. Il apprit que la reine avait pensé à lui pour prononcer l'oraison funèbre du feu roi, et dès lors ne douta plus de sa réussite. Pourtant le voyage fut décevant. La reine prêta peu d'attention à l'évêque de Luçon. Il comprit que, dans l'immédiat, il n'avait rien à attendre de cette « sage et vertueuse princesse ». Cet échec avait néanmoins un aspect positif. Richelieu avait été à même d'observer l'entourage de Marie de Médicis. Si l'équipe ministérielle restait en place, la brusque faveur de Concini et de Léonora Galigaï, son épouse, donnait à penser. De plus, les Grands harcelaient la reine de leurs suggestions et de leurs requêtes. Ce n'étaient à la cour qu'intrigues et conciliabules. Le parti protestant, dont Henri IV avait été le garant, commençait à s'agiter.

Richelieu regagna la province. Il était malade à nouveau, secoué par des accès de fièvre. Les marais de Luçon passant pour malsains, il se retira dans son ermitage de Coussay, pour s'y refaire une santé, et se ressourcer dans la solitude. « Qui ferait état de passer cette vie sans traverse, notait-il mélancoliquement, se mécompterait fort. Quelque prudence qu'un homme puisse avoir, il doit se souvenir qu'on se trompe souvent aux choses mêmes auxquelles il semble qu'on ait le mieux pourvu. »

Il était fermement décidé à ne pas commettre de démarches intempestives, mais il restait aux écoutes, se tenait informé de l'évolution des événements. Il se rappelait aussi au bon souvenir de ses amis parisiens, profitant de chaque circonstance pour se mettre en valeur et affirmer son zèle envers la royauté. À Poitiers, les catholiques et les protestants entrèrent en conflit, à la fin de 1611. Un certain de Vic fut envoyé pour apaiser les différends. Richelieu se mit aussitôt à sa disposition. Il offrit également à Phélypeaux de Pontchartrain, secrétaire d'État pour les affaires intérieures, de le renseigner sur le comportement des huguenots. Il lui suggérait même de mettre ces renseignements sous les yeux de la reine. Tant de zèle ne pouvait rester inaperçu. D'ailleurs, le gouvernement de la régente était sur une mauvaise pente. Sully avait été congédié. Villeroy et Sillery se maintenaient péniblement. Concini et sa redoutable épouse dominaient l'esprit de la reine. On distribuait sans discernement les millions entassés dans les caves de l'Arsenal. Louis de Richelieu et son beau-frère du Pont de Courlay avaient eux-mêmes profité de la manne tombant des mains de la régente : elle croyait acheter les dévouements. Le Trésor était mis en coupe réglée.

En 1613, la situation s'aggrava. S'insurgeant contre l'omnipotence de Concini, les Grands avaient quitté la cour. La guerre civile menaçait. Ce fut le moment que Richelieu choisit pour revenir à Paris. Faute de mieux, il se résolvait à pêcher en eau trouble, persuadé que, si l'on faisait appel à lui, il serait capable de remettre de l'ordre. Il se présenta à Concini pour lui proposer ses services. Bien plus, il crut bon de prendre cet engagement écrit :

« Monsieur, honorant toujours ceux à qui j'ai une fois voué du service, je vous écris cette lettre pour vous en continuer les assurances ; car j'aime mieux vous témoigner la vérité de mon affection aux occasions importantes, que de vous en offrir, hors le temps, les seules apparences… Je vous supplierai seulement de croire que mes promesses seront toujours suivies de bons effets et pendant que vous me ferez l'honneur de m'aimer, que je vous saurai toujours très dignement servir… »

Concini ne repoussa pas les avances de Richelieu. Cependant, elles ne furent pas tout de suite suivies d'effet. D'ailleurs, le favori cherchait alors à se rapprocher des vieux ministres, plutôt qu'à les remplacer. Le prince de Condé lui menait la vie dure. Il préparait un vaste mouvement de rébellion et, dans cette perspective, lança bientôt un manifeste contre la régente. Il déplorait, en termes éloquents, que l'Église de France fût systématiquement brimée et que ses prélats ne fussent plus associés aux affaires. Que la noblesse fût pareillement écartée des emplois, bien qu'appauvrie. Que les troupes ne fussent plus payées et que le peuple fût écrasé d'impôts au seul profit de quelques-uns. C'était bien sûr un discours de pure démagogie. Le peuple connaissait la valeur de ces arguments ; il ne suivit pas. Cependant, la régente réunit une petite armée qui partit à la rencontre des conjurés. Ils prirent peur et s'empressèrent de négocier. Bien qu'elle fût en position de force, la régente céda sur tous les points. Les princes obtinrent les gouvernements, les places fortes et les sommes qu'ils demandaient. Ils exigèrent aussi la réunion des états généraux pour satisfaire le peuple. La reine acquiesça. Ce n'étaient pas ses ministres qui pouvaient l'en dissuader. Comme le notait Richelieu, « ils étaient plus occupés aux moyens nécessaires pour leur conservation qu'à ceux qui étaient nécessaires pour l'État ». Un traité en bonne et due forme fut donc signé, le 15 mai 1614, à Sainte-Menehould, entre Marie de Médicis et les rebelles.

Cependant, il lui fallut tenir ses promesses : les trois ordres réclamaient avec trop d'insistance la réunion des états généraux. Non sans malice, elle fixa la date de cette réunion en octobre, après la proclamation de la majorité de Louis XIII. Richelieu fut prévenu officieusement de cette décision, ce qui lui permit de devancer ses rivaux éventuels et de mettre ses amis à contribution. Il pouvait tabler sur l'appui total de Mgr de La Rocheposay, évêque de Poitiers, dont l'influence était considérable.

N'étant pas candidat lui-même et s'honorant de l'amitié de Richelieu, il tenait extrêmement à son élection comme représentant du clergé poitevin. De son côté, l'évêque de Luçon y attachait la plus grande importance. Il n'avait pas oublié la cuisante leçon de 1610 et mit tout en œuvre pour arriver à ses fins. Il était prometteur de revenir à Paris comme député d'une province dont personne ne contestait l'importance politique : en raison du parti huguenot qui y comptait un grand nombre d'adeptes, et du voisinage de La Rochelle, une de ses places de sûreté.

Les trois ordres se réunirent, séparément, le 12 août, pour arrêter le choix des candidats et jeter les premières bases des cahiers de revendications. Le 24 août, Richelieu était élu député du clergé, mais on lui donna un assistant en la personne du doyen de Saint-Hilaire, personnage de tout repos : on annula ainsi l'opposition du chapitre de cette église. Il se rendit en toute hâte à Poitiers, afin de prendre part à la rédaction des cahiers du clergé. Ce document a été conservé. Il est, dans le fond comme dans la forme, tout à fait banal. On sent que Richelieu, recueillant l'avis de ses mandants, n'essaya point de leur imposer ses idées personnelles. Il eût d'ailleurs été malhabile de leur porter ombrage. Il convenait au contraire, au prix d'un modeste effort, de masquer sa supériorité, de traiter en égaux ces bons Pères provinciaux, bien intentionnés mais d'entendement assez borné. Il se réservait de briller lors des séances des états généraux, en présence de la reine, des princes et de Concini.

On peut l'imaginer sans crainte d'erreur en cette période cruciale de sa vie. Il a vingt-neuf ans. Il a gardé sa sveltesse de jeune homme et ce port de tête altier qui le distinguait entre tous. Il porte avec élégance la robe violette et, s'il montre une onctuosité toute ecclésiastique dans ses gestes, il marche d'un pas ferme. Son visage pâle, triangulaire, est mis en valeur par un grand col de dentelle. Il a les cheveux noirs et bouclés, un front imposant, un long nez en bec d'aigle, une moustache aux pointes relevées « à la soldate » et une « royale ». Les lèvres sont aisément souriantes et tempèrent l'âpreté du visage non encore émacié par l'âge et par la maladie. Le regard sombre, parfois voilé par d'épaisses paupières, est fascinant ou caressant, selon les circonstances. C'est l'un de ses atouts majeurs. Il l'utilise à volonté.

Il a pleine conscience de sa valeur et la certitude de parvenir au sommet. D'une certaine manière, il incarne tout ensemble le clergé, la noblesse et le tiers état. Il tient de ses ancêtres Richelieu l'audace, le besoin d'agir et de décider, si l'on veut les vertus du commandement. Des La Porte, ses ancêtres maternels, le sens des affaires et le respect de la loi. Quant à sa robe violette, elle est en somme, qu'on me pardonne cette irrévérence, sa carte de visite. Elle est aussi une garantie en cas de revers. Ainsi armé de pied en cap, il peut affronter l'avenir.

VII

LES ÉTATS GÉNÉRAUX DE 1614

L'historique des états généraux de 1614 n'a pas sa place dans le présent ouvrage. Il faut pourtant en dire quelques mots, puisqu'ils permirent à Richelieu de se mettre en vedette et par là de franchir un pas décisif. Cette assemblée avait été voulue par le prince de Condé et ses affidés dans le but de déstabiliser le pouvoir de la régente et surtout d'évincer Concini. Elle aboutit au résultat contraire. Au surplus, d'entrée de jeu, l'ordre de la noblesse dédaigna de s'occuper du choix des députés, alors que les pressions du gouvernement s'exerçaient sur le tiers état et le clergé. Les dés étaient donc pipés, ce dont le prince de Condé, dans son irréalisme, ne se rendait nullement compte. Il déclarait à ses amis :

– « Mon parti sera puissant et nombreux dans l'assemblée des états généraux. Les grands du royaume unis avec moi pourront contraindre la Régente à changer de conduite. Il sera facile de borner son autorité et de faire des changements considérables dans l'administration des affaires. Si la Reine s'obstine à refuser ce que nous lui demandons, nous aurons un prétexte plus spécieux de prendre les armes. On ne manque jamais de mécontents en France. Il y a bon nombre de gentilshommes et de soldats prêts à se déclarer. »

À quoi le duc de Rohan rétorqua :

– « La Reine aura, dans les états, plus de crédit que vous ; ceux sur qui vous comptez maintenant, vous abandonneront au lieu de vous soutenir. La crainte et l'espérance sont les deux grands ressorts qui font agir les membres de ces assemblées. Vous n'êtes pas en état de leur promettre de grands avantages ni de les effrayer par des menaces. La Reine a des emplois et des charges à distribuer. Elle peut faire beaucoup de mal à ceux qui s'opposent à ses volontés. Qui voudra se déclarer hautement pour vous contre Sa Majesté ? Soyez persuadé, Monsieur, que les états généraux vous seront contraires. »

Ils le furent tellement que le prince de Condé n'y put jouer aucun rôle et dut renoncer à ses projets. S'il avait eu le moindre sens politique, il aurait compris qu'une partie des députés de la noblesse et le clergé dans son entier ne le suivraient pas, en raison de leur attachement au principe monarchique. Il n'avait donc pas d'autre choix que de s'appuyer sur le tiers état, mais il méprisait ce ramas de petits officiers et de robins.

On commença, selon la tradition, par un grand défilé dans Paris et par une messe. L'assemblée se réunit le lendemain, 27 octobre, en séance plénière. Louis XIII était sur son trône que surplombait un dais fleurdelisé. Il avait treize ans et venait d'être proclamé majeur, ce qui ne changeait pas grand-chose. Car, s'il régnait officiellement, sa mère présidait son Conseil. Il déçut l'assemblée, parce qu'il ne ressemblait pas à son père. Il dit quelques mots et passa la parole au chancelier de Sillery. Ce dernier était un vieux renard politique, toutefois sans envergure et sans courage, n'ayant d'autre soin que de ne pas se compromettre. Il débita un long discours, à peu près vide. La première question qui se posa fut de savoir comment on délibérerait. On décida que les trois ordres agiraient séparément, ce qui était un moyen assuré de n'aboutir à rien.

Le pouvoir avait donc la partie facile. Elle l'était d'autant plus que les desiderata des trois ordres différaient profondément : d'où leur méfiance réciproque, les manœuvres et les prises de position qui en étaient la conséquence. Cependant, les députés du clergé faillirent tout remettre en cause par une initiative pour le moins inattendue. Ils proposèrent que les trois ordres délibérassent en commun, quand il s'agissait de questions d'une importance capitale. Cette démarche, à laquelle

Richelieu ne s'associa pas ouvertement, irrita la noblesse et le tiers état. Elle fut rejetée par le roi et sa mère. La noblesse passa alors à l'attaque. Pour nuire au tiers état, elle demanda la suppression de la vénalité des offices et de la paulette. Ce droit annuel transformait les offices en propriétés transmissibles. La mesure visait la plupart des députés du tiers état. Ceux-ci répliquèrent en proposant la suppression des pensions, mais ils usèrent de termes maladroits et qui furent jugés offensants par la noblesse. « Les trois ordres, avait dit Henri de Mesmes, sont trois frères issus, enfants, de leur mère commune, la France... » Les nobles ne voulaient pas être frères des avocats et des boutiquiers. Ils envoyèrent une délégation auroi pour protester. Cet incident bloquait les travaux de l'assemblée. Le clergé se posa en arbitre. Ce fut le jeune évêque de Luçon qui fut chargé d'apaiser le différend. La noblesse ne fut pas difficile à convaincre ; elle voulait seulement des excuses. Le tiers état fut plus rétif. Mais Richelieu trouva une formule assez habile pour satisfaire les deux partis.

Les semaines s'écoulèrent en débats stériles. Il n'était plus question de supprimer les pensions ni la vénalité des charges. Toutefois, on se mit d'accord sur la création de chambres de justice destinées à faire rendre gorge aux financiers. Ce fut alors que le tiers état souleva le problème du gallicanisme, d'ailleurs inscrit dans ses cahiers. Il adopta, le 15 décembre, un article fracassant, selon lequel le roi, tenant son pouvoir de Dieu seul, n'avait pas à se soumettre à l'autorité du pape, non seulement dans les affaires temporelles de son royaume, mais dans le domaine spirituel. Autrement dit, le tiers état se posait en défenseur du droit divin, par défiance envers le clergé, ce qui était un comble ! De surcroît, le Parlement prit sur lui d'enregistrer cet article, lui donnant ainsi force de loi. Les députés du clergé en appelèrent au roi. Le pauvret n'était pas à même de décider, quoi qu'il en pensât. La reine mère répondit à sa place. Elle avait trop de liens avec le parti clérical pour apercevoir le risque qu'elle allait prendre au nom de son fils. L'arrêt du Parlement fut cassé. C'était par là même méconnaître la nature du pouvoir royal ! Enhardis par ce succès et montrant leur ingratitude, certains députés du clergé s'en prirent à la régente, critiquèrent vertement sa gestion et réclamèrent le contrôle des finances. Richelieu avait d'ores et déjà fait son choix. Il déclara qu'il estimait inopportun et néfaste pour l'État d'essayer de diviser la mère et le fils. Son intervention fut approuvée à une large majorité. Il fut chargé d'inviter la noblesse à s'associer à cette protestation de loyalisme envers la régente.

Ce fut encore lui qui fut désigné pour porter la parole au nom du clergé, lors de l'assemblée plénière du 23 février 1615, qui était la séance de clôture des états. Il devait en partie cette désignation à l'appui de la reine. Le discours qu'il prononça en cette circonstance fut important pour sa carrière, sans doute même déterminant. Il mériterait d'être cité *in extenso*, car il est un bel exemple de l'éloquence de l'époque. Cependant, en raison de sa longueur, je me contenterai d'en citer les passages les plus significatifs, en rappelant que Richelieu s'exprimait au nom du clergé, et non de toute l'assemblée, mais il prit soin d'évoquer les questions générales.

Après les compliments d'usage, il commença par parler des pensions dont le tiers état avait demandé la suppression. Ce fut en ces termes :

– « Il n'y a rien plus séant, plus utile et plus nécessaire à un prince que d'être libéral, puisque les dons sont des armes plus propres à conquérir les cœurs, dont les rois ont tant besoin, qu'un grand homme d'État ne craint point de dire que ceux qui viennent à déchoir de leur trône royal, se perdent plutôt par défaut de personnes dont ils possèdent les affections, que par manque d'argent. Mais il faut qu'il y ait de la proportion entre ce qui se donne et ce qu'on peut donner légitimement ; autrement les dons nuisent au lieu de profiter. Et il faut avouer que la plupart des maux de toutes les communautés du monde, et particulièrement de cet État, tirent leur origine des excessives dépenses et des dons immenses qui se distribuent sans règle et sans mesure. Si nous jetons les yeux sur le peuple, dont l'Église, qui est mère des pauvres et des affligés, doit avoir soin, nous connaîtrons aussitôt que sa misère procède principalement de cette cause. »

Cela donne le ton de tout le reste. Richelieu rassurait la noblesse, mais en même temps répondait aux vœux du tiers état. De même, s'il déplora la multiplication des offices, consécutive à leur vénalité, il ne nia pas le profit que le Trésor en retirait, mais ne réclama pas leur abolition. Il prôna simplement la juste mesure.

Exposant ensuite les remontrances de l'Église, il se montra plus audacieux, mais c'était en réalité un plaidoyer *pro domo* ; on dirait aujourd'hui, vulgairement, un appel du pied :

« C'est chose assurée, dit-il, qu'es [1] siècles passés, en toutes les nations du monde, soit pendant qu'elles ont été attachées au culte des fausses déités, soit depuis qu'elles n'ont servi ni adoré que le vrai Dieu, les personnes consacrées au ministère de la religion ont, auprès des princes souverains (si eux-mêmes ne l'ont été), tenu les premiers rangs, non seulement en ce qui concerne le spirituel, mais en outre ce qui regarde le gouvernement civil et politique… S'il était question de traiter du mariage des rois, de la paix entre eux, ou de quelque autre affaire des plus importantes et épineuses, telles charges leur étaient données. Le maniement des finances et l'intendance des affaires leur sont mis en main. Nous trouvons en l'Histoire plusieurs chanceliers de leur ordre : un seul auteur en remarque trente-cinq… Et ce qui est grandement considérable, est que les plus grands de nos rois sont ceux qui s'en sont servis davantage… Lors les prélats étaient employés de leurs princes ; l'Église gallicane était pleine de majesté… » Et d'invoquer l'exemple de l'empereur Charlemagne, qui « ne faisait rien, ni en paix, ni en guerres, sans l'avis des évêques ». Il tint même à préciser que si les anciens conciles condamnaient les évêques qui abandonnaient leur troupeau pour vivre à la cour, ils autorisaient « le séjour à ceux qui y sont appelés par leur commandement et par la nécessité des affaires publiques ». Était-ce assez clair ?

Il déplorait la coutume (dont il avait profité) selon laquelle les rois nommaient aux évêchés et aux bénéfices. D'où l'insuffisance de quelques-uns, plus attachés aux biens terrestres qu'à ceux du ciel. Pour autant, il se garda bien de demander l'application en France des décrets du concile de Trente abolissant ce privilège royal. Il fit allusion aux protestants en pesant chacun de ses mots : « Pour les autres qui, aveuglés par l'erreur, vivent paisiblement sous votre autorité, nous ne pensons en eux que pour désirer leur conversion, et l'avancer par nos exemples,

1. Dans les.

nos instructions et nos prières, qui sont les seules armes avec lesquelles nous les voulons combattre… »

Quelques historiens ont vu dans ce discours les premiers linéaments d'un programme. En réalité, Richelieu reprenait à son compte les idées de son ordre. Il ne pouvait d'ailleurs agir différemment. Cependant, on relève ici et là des notations qui lui sont personnelles, comme celle-ci : « Or, d'autant qu'en une maladie en vain un médecin ordonne-t-il ce qui est déjà prescrit par un autre, nous vous supplions de considérer que, pour nous soulager de nos misères, il n'est pas tant question de faire de nouvelles ordonnances, comme de tenir la main à l'observation des anciennes. » Plus loin, il comparait les Français indociles aux Athéniens, dont on disait « qu'ils savent bien les choses bonnes, mais qu'ils ne les pratiquent pas ».

En fin de compte, quel vœu formait-il ? Que l'on gouverne « avec poids et juste mesure ». Le règne de la raison verra la religion refleurir, la noblesse jouir paisiblement de ses prérogatives, et le peuple délivré des oppressions que lui infligent quelques officiers corrompus. Sans doute le roi manque-t-il encore de l'expérience qui lui permettrait de gouverner, mais il a eu la sagesse de déléguer son pouvoir à la reine sa mère.

Ici, nous abordons le véritable objet du discours : un éloge inconditionnel, éhonté, de Marie de Médicis :

« Toute la France se reconnaît, Madame, obligée à vous départir tous les honneurs qui s'accordaient anciennement aux conservateurs de la paix, du repos et de la tranquillité publiques.

Elle s'y reconnaît obligée, non seulement à cause qu'avec tant de merveilles vous nous avez jusqu'à cette heure conservé un repos que les armes invincibles de ce grand Henri nous ont acquis ; mais, en outre, parce que vous avez voulu comme attacher pour jamais la paix à cet État, du plus doux et du plus fort lien qui se puisse imaginer, étreignant par les nœuds sacrés d'un double mariage [1] (dont nous souhaitons et requérons l'accomplissement) les deux plus grands royaumes du monde, qui n'ont rien à craindre étant unis, puisque, étant séparés, ils ne peuvent recevoir de mal que par eux-mêmes. Vous avez beaucoup fait,

1. Allusion au projet de mariage entre Louis XIII et l'infante Anne d'Autriche, et entre sa sœur Élisabeth de France avec le prince des Asturies.

Madame ; mais il n'en faut pas demeurer là : en la voie de l'honneur et de la gloire, ne s'avancer et ne s'élever pas, c'est reculer et déchoir. Que si après tant d'heureux succès vous daignez encore vous employer courageusement à ce que le royaume recueille les fruits qu'il se promet et qu'il doit recevoir de cette assemblée, vous étendrez jusqu'à l'infini les obligations qu'il vous a, attirerez mille bénédictions sur le Roi pour vous avoir commis la conduite de ses affaires ; sur vous, pour vous en être si dignement acquittée ; sur nous, pour la supplication très humble et très ardente que nous faisons à Votre Majesté de nous continuer cette administration. Et lors vos mérites ajoutant mille couronnes de gloire à celle qui entoure votre chef, pour comble de récompense, le Roi ajoutera aussi au titre glorieux que vous avez d'être sa mère celui de mère de son royaume… »

Marie de Médicis ne songeait qu'à prolonger la régence, tant elle avait soif de pouvoir. Écoutant les flagorneries de Richelieu, elle devait savourer chaque parole. Tout de même, approchant de sa conclusion, l'évêque tira sa révérence au jeune roi. La main sur le cœur, il lui promit les prières de l'Église pour détourner la colère divine de sa personne, n'ayant d'autre désir que « de voir la dignité royale tellement affermie en elle, qu'elle y soit comme un ferme rocher qui brise tout ce qui le heurte ».

Il recueillit des applaudissements unanimes, ou presque. Les orateurs de la noblesse et du tiers état firent moins bonne impression. Tous les éloges allaient à l'évêque de Luçon, dont on estimait qu'il avait exprimé le mieux les vœux de l'Assemblée. Rares étaient ceux qui avaient remarqué qu'il avait surtout parlé pour lui-même et qui pressentaient qu'on l'appellerait prochainement aux affaires.

Les états généraux se séparèrent, congédiés par le roi. On ne donna pas suite à leurs propositions. Ils avaient débattu sans profit pendant des semaines. Richelieu put écrire cyniquement : « Ainsi ces États se terminèrent comme ils avaient commencé. La proposition en avait été faite sous de spécieux prétextes, sans aucune intention d'en tirer avantage pour le service du Roi et du public, et la conclusion en fut sans fruit. » Cet échec lui importait fort peu.

VIII

LE BREVET D'AUMÔNIER

Après la clôture des états généraux, Richelieu ne s'attarda pas à Paris ; il regagna son prieuré de Coussay. Certes, il avait remporté un grand succès, mais ce n'était qu'un succès d'estime. La cour ne songeait plus à lui. Malgré sa connaissance des hommes, cette ingratitude le surprit. Il connut une brève période d'abattement, tomba malade mais se rétablit assez vite. Il parut alors résigné à attendre et consacra son temps à des travaux de théologie. Cette attente dura une vingtaine de mois. Il entretenait une correspondance assidue avec ses amis : l'abbé de Saint-Cyran, les évêques de Nantes et d'Orléans et l'évêque de Bayonne, Bertrand d'Eschaux, qui était aumônier de Marie de Médicis. Eux ne l'oubliaient pas et souhaitaient qu'il fût prochainement appelé à quelque charge. Non sans hypocrisie, il se déclarait heureux dans son ermitage, au milieu de ses livres. Il va sans dire qu'il restait aux aguets.

Cependant, les événements marchaient à grands pas. La situation de la reine mère et de son gouvernement se dégradait à nouveau. La faveur de Concini et de Léonora Galigaï, sa femme, la pusillanimité de l'équipe ministérielle, la rupture avec la politique extérieure d'Henri IV, en étaient les causes principales. Elles servaient en tout cas de prétexte à l'opposition de Condé et de ses amis. Il avait perdu la partie devant les états généraux, mais ne renonçait à rien. Dans un premier temps, il se rapprocha des parlementaires, malgré son dédain de la judicature. Il lui fut aisé d'inciter le Parlement à prendre la suite de l'assemblée des états, en clair d'user de son droit de remontrance.

Le 22 mai 1615, une délégation de quarante parlementaires se présenta devant la régente, sans avoir été convoquée. Le texte, dont ces magistrats donnèrent lecture, était une mercuriale d'une rare violence. Ils déploraient que l'article du tiers état sur l'indépendance du roi à l'égard du pape n'eût pas été adopté. Ils dénonçaient la collusion entre les prélats français et le nonce apostolique. Ils protestaient avec force contre la nomination de « créatures » ne devant leur élévation qu'à la faveur et proposaient que les charges civiles et militaires fussent interdites aux étrangers : c'était évidemment Concini qui était visé. Ils réclamaient des mesures contre les « Anabaptistes, Juifs, magiciens et empoisonneurs » qui s'étaient introduits et que l'on protégeait en haut lieu : il s'agissait cette fois de Léonora, de ses médecins douteux et de ses nécromants. Ils signalaient ensuite la dissipation des deniers publics, la concussion « des personnages les plus considérables », leur association avec les partisans pour l'adjudication des fermes, le doublement et parfois le triplement de pensions injustifiées. Ils s'étonnaient qu'il ne restât plus dans les caves de l'Arsenal que trois des quatorze millions amassés par Sully. Certes, ils ne rendaient pas le roi responsable de ces désordres, ni la reine sa mère. Mais ils souhaitaient examiner la conduite de ceux qui traversaient « leurs saintes intentions et résolutions ».

Marie de Médicis était furieuse. Elle fit prendre un arrêt interdisant au Parlement de se mêler de politique extérieure et des affaires de l'État. Il est certain que la haute assemblée, cédant à une tendance bien connue, sortait de son rôle qui consistait à appliquer la loi.

Malgré son manque de capacité, son caractère influençable et son indolence, la régente était d'un entêtement dont il est peu d'exemples. Elle voulait le double mariage espagnol, bien que l'opinion lui fût hostile. Elle prenait en tout le contre-pied du défunt roi. Elle avait rompu avec nos alliés traditionnels, fait le jeu de l'Espagne qui demeurait notre ennemie. Il n'était pas difficile de la manipuler. Les envoyés de Philippe III, ceux du pape, hispanophile avéré, ceux du parti ultramontain, s'y employaient activement. Les protestants recommençaient à trembler ; ils redoutaient que, sous couleur d'extirper l'hérésie, on les privât de leurs garanties.

Condé voulait empêcher le mariage espagnol et surtout entraver la politique de la régente. Lorsque celle-ci l'invita à accompagner le cortège royal dans le Midi, il refusa, déclarant qu'il ne suivrait pas le roi tant qu'on n'aurait pas remédié aux maux de l'État. Il réclamait l'éviction de Concini, du chancelier de Sillery, de Bullion et de Dolé, conseillers d'État. On pouvait tout craindre de lui. Se rendre de Paris à Bordeaux et, de là, à Bayonne était un long voyage. Il fallut puiser dans les caves de l'Arsenal pour lever deux armées : l'une protégerait le cortège royal ; l'autre contiendrait les troupes éventuellement rassemblées par Condé. Le 9 août 1615, ce dernier lança un manifeste dans lequel il fustigeait le gouvernement pour n'avoir pas donné suite aux cahiers des états généraux, priait le roi de différer son mariage et de chasser les étrangers de son administration. Faute de quoi, il recourrait à la violence. Simultanément il invitait les parlementaires à ne pas enregistrer l'acte de mariage du roi et proposait son alliance aux protestants. Le cortège royal, fortement escorté, avait quitté Paris le 17 août, interminable file de carrosses et de chariots transportant plus d'un millier de personnes et d'immenses bagages. Le maréchal de Boisdauphin, assez piètre manœuvrier, avait reçu le commandement de l'armée chargée de surveiller celle des princes. Condé rassemblait ses partisans. Les protestants lui avaient offert six mille hommes.

La cour arriva à Poitiers. Cette ville n'était pas fort éloignée du prieuré de Coussay. Richelieu se précipita pour saluer Louis XIII et sa mère. La cour avait d'autres chats à fouetter que de s'occuper de l'évêque de Luçon. On venait de prendre un arrêt déclarant Condé criminel de lèse-majesté. La régente trouva néanmoins le temps de recevoir Richelieu et de lui promettre la charge d'aumônier de la future reine. Ses amis intriguaient depuis des mois pour lui obtenir cette faveur. Elle était destinée à l'évêque d'Orléans, dont la candidature fut écartée par l'entremise de Bertrand d'Eschaux. Richelieu avait d'abord fait la fine bouche, puis il céda aux pressions de ses bons amis. La chance le servit, une fois de plus. À Poitiers, la princesse Élisabeth eut une assez grave indisposition. Le cortège royal la laissa finir sa convalescence dans cette ville. Richelieu fut chargé de veiller sur elle et de donner de ses nouvelles à sa mère. Il n'y manqua pas : c'était une manière assurée de se glisser dans les bonnes grâces de Marie de Médicis. Toutefois, on ne le pria point d'accompagner la princesse à Bordeaux. Il retourna à son prieuré de Coussay pour y attendre sa nomination d'aumônier.

La cour arriva à Bordeaux. L'échange des deux princesses eut lieu le 7 octobre sur la Bidassoa. Le mariage de Louis XIII avec l'infante Anne d'Autriche, célébré le 28 novembre, fut suivi des festivités d'usage. Richelieu reçut enfin la bonne nouvelle. Marie de Médicis avait signé le brevet qui le nommait aumônier de la jeune reine. Il la remercia par cette lettre datée du 6 novembre et que je cite en raison de la feinte humilité qui s'y exprime :

« … Cependant, je supplierai Votre Majesté de me permettre de lui faire voir en trois lignes que, n'ayant point de paroles assez dignes pour lui rendre grâces de l'honneur non mérité qu'il lui a plu encore me faire en mon absence, résistant de son propre mouvement à ceux qui me voulaient priver du fruit de ses promesses, je dédie toutes les actions de ma vie à cette fin, suppliant Dieu qu'Il accroisse mes années pour allonger les vôtres ; que, sans me priver de Sa grâce, Il me comble de misères pour combler Votre Majesté de toutes sortes de prospérités… »

Condé avait réussi à forcer le passage de la Loire, le 29 octobre, par la maladresse du maréchal de Boisdauphin. Louis de Richelieu, qui servait dans l'armée royale avec le grade de mestre de camp (colonel de cavalerie,) fustigeait l'impéritie de son chef. Pourtant, le succès de Condé n'eut pas de résultats positifs. Ses troupes, ses lieutenants mêmes, n'avaient pas envie d'en découdre. Trois provinces (le Poitou, la Guyenne et le Languedoc) adhéraient – très partiellement – à la rébellion, mais le reste du royaume restait fidèle. Condé manquait d'ailleurs d'esprit de décision. Il se contenta d'inquiéter les royaux sans oser leur livrer bataille. Quant au gouvernement, il estimait préférable de transiger, plutôt que de courir fortune de guerre et de compromettre le destin du roi par un échec. Cette expectative dura plusieurs mois. Il était pourtant aisé de deviner que le prince accepterait à nouveau de monnayer sa soumission. Une suspension d'armes fut publiée en février 1616. Les pourparlers s'ouvrirent à Loudun. Le roi y était représenté par le ministre Villeroy, le maréchal de Brissac, le président de Thou, Pontchartrain et de Vic ; les rebelles, par le prince de Condé et ses lieutenants. Les négociations furent ardues, mais, de part et d'autre, on désirait la paix. Condé invoquait sans cesse le bien public, mais ne résista pas aux offres de Villeroy : un million cinq cent mille livres, la ville et le château de Chinon, le gouvernement du Berry contre celui de Guyenne et la promesse (tenue secrète) de la présidence du Conseil royal.

Le prieuré de Coussay était à proximité de Loudun. Richelieu fit ce qu'il put pour s'infiltrer dans le congrès, irrité de ce que Villeroy se dispensât de ses lumières. Il avait sur place un agent qui le tenait informé. De guerre lasse, il prit prétexte des pillages commis par les soldats de Condé autour du château de Richelieu, pour demander l'autorisation de se rendre à Loudun. On ne donna pas suite à cette demande. Villeroy n'avait aucune envie d'associer le trop brillant évêque à ses travaux ; il se méfiait de son esprit d'intrigue et de son ambition. C'était un nouvel échec pour Richelieu, cependant minime et provisoire. D'ailleurs, il venait d'apprendre qu'on pensait l'établir « en la place d'un grand colosse froid comme un marbre » : c'est sa propre expression. De qui s'agissait-il ? De Villeroy ou de Sillery ? Et qui était assez introduit à la cour pour donner ce renseignement ?

Il est vrai qu'une rumeur se répandait, selon laquelle les vieux ministres avaient cessé de plaire. Ils étaient accablés par l'âge et politiquement usés. La paix de Loudun acheva de les discréditer. On commença par Sillery qui fut remplacé par du Vair, premier président du parlement de Provence, un magistrat plus imposant que valeureux. Puis ce fut le tour de Jeanin, qui sauva son poste de surintendant, mais fut placé sous la tutelle de Barbin qui reçut le titre de contrôleur général des finances. Villeroy, qui sentait le pouvoir lui échapper mais ne croyait pas avoir démérité, se fit un peu tirer l'oreille. Pourtant, il lui fallut laisser la place à Mangot. Les nouveaux venus étaient des créatures de la reine mère et de Concini. Ce remaniement ministériel n'apporta pas les changements escomptés.

Le prince de Condé, négligeant les engagements qu'il avait pris à Loudun, semblait peu pressé de rentrer à Paris. Les ministres étaient partagés sur la conduite à tenir. Les uns préconisaient l'emploi de la force, car les partisans de Condé s'étaient dispersés. Les autres préféraient la douceur : si l'on parvenait à attirer le prince dans la capitale, il serait facile de l'engluer. Qui se chargerait de cette mission ? Heureusement, on avait l'évêque de Luçon sous la main. Sa patience étant à bout, il avait en effet quitté son ermitage de Coussay et s'était installé dans la capitale : il habitait le logement que lui avait aménagé Mme de Bourges, rue des Mauvaises-Paroles. Il accepta volontiers la mission qu'on voulait lui confier, d'autant qu'il avait toujours entretenu des rapports de courtoisie avec le prince. Ce dernier résidait à Bourges, chef-lieu du gouvernement du Berry. Il accueillit aimablement Richelieu, qui le berça de flatteries et lui promit monts et merveilles. Condé accepta de regagner Paris et de paraître à la cour. Il approuva même les nominations de Barbin et de Mangot. C'était un coup de maître pour Richelieu. Nul ne doutait dans son entourage qu'il ne décrochât un secrétariat d'État ou un ministère, à brève échéance.

Mais les choses se gâtèrent. Condé n'était capable que de semer le trouble et de nuire. C'était un destructeur et un débauché : le seul service qu'il rendit à la France fut de concevoir le duc d'Enghien, futur Grand Condé. Il entra au Conseil et, dès lors, tout céda à sa volonté. Il traitait les ministres en domestiques, malmenait Concini et son épouse, ignorait la reine mère et plus encore le roi, distribuait charges et pensions à ses affidés sans prudence ni discernement, bref se comportait en despote. Il osait dire qu'il ne lui restait plus qu'à « ôter le Roi du trône et à se mettre à sa place ». Il parlait tout aussi ouvertement de faire assassiner Concini. Mais ce n'était qu'un velléitaire. Ses propos exaltés cachaient un cœur vacillant. Paris l'applaudissait et il pratiquait une démagogie éhontée. Tout lui était possible, même de s'emparer de la couronne, mais il perdait son temps à menacer. Le 1er septembre 1616, Thémines l'arrêta, par ordre de la reine mère. La veille encore, le jeune Louis XIII faisait bon visage à son cousin. Il assista à son arrestation sans broncher. Ce don de dissimulation promettait beaucoup ! Le prince fut conduit au Louvre, puis emprisonné à la

Bastille. Ses amis s'enfuirent ou s'empressèrent de se soumettre. Versatiles, les Parisiens ne se soulevèrent pas en sa faveur. Toutefois, la maison des Concini fut pillée.

Le duc de Nevers prit la relève de Condé. C'était un illuminé rêvant de croisade contre les Turcs. Il faisait tout à contretemps. Il tenta de soulever la Champagne contre le pouvoir royal, avec l'appui du duc de Bouillon, maître de Sedan et toujours attentif à méfaire. On résolut de sévir. Cependant, Nevers fut défendu par le chancelier du Vair, qui restait l'ami des princes malgré ses fonctions. Dès le lendemain, le chancelier fut destitué. Mangot le remplaça, laissant un poste vacant.

Richelieu progressait dans l'ombre. Faisant sa cour à la reine mère, à Concini et à Léonora Galigaï, il avait rapidement gagné leur confiance. On le nomma conseiller d'État, puis secrétaire des commandements de Marie de Médicis. Puis, on lui octroya une pension de six mille livres. Peu de jours avant la chute du chancelier du Vair, on l'avait désigné comme ambassadeur extraordinaire en Espagne. On lui offrit le poste de secrétaire d'État occupé par Mangot. Il touchait terre enfin, et ne dut pas hésiter beaucoup avant d'accepter. Il note dans ses *Mémoires* :

« Par mon inclination, je désirais plutôt la continuation de cet emploi (l'ambassade en Espagne), qui n'était que pour un temps, que celui-ci, la fonction duquel était ordinaire [1]. Mais outre qu'il ne m'était pas honnêtement permis de délibérer en cette occasion où la volonté d'une puissance supérieure me paraissait absolue, j'avoue qu'il y a peu de jeunes gens qui puissent refuser l'éclat d'une charge qui promet faveur et emploi tout ensemble. J'acceptai donc ce qui me fut proposé en ce sujet par le maréchal d'Ancre, de la part de la Reine, et ce d'autant plus volontiers que le sieur Barbin, qui était mon ami particulier, me sollicitait et m'y poussait extraordinairement. »

C'étaient les Bouthillier qui lui avaient fait connaître Barbin, lequel le recommanda à Concini et à Léonora sans laquelle le maréchal d'Ancre ne décidait rien d'important. La commission nommant Richelieu secrétaire d'État est du 25 novembre 1616. Il prit aussitôt ses fonctions.

1. Permanente, par opposition au caractère extraordinaire de son ambassade en Espagne, limitée à une mission précise.

Or, sa mère, Suzanne de La Porte, était morte le 14 novembre, à soixante ans, assistée de sa fille Nicole. Louis de Richelieu écrivit à sa sœur de retarder les obsèques, afin de permettre à « M. de Luçon » d'y assister. Ce dernier dut renoncer à ce voyage ; il était déjà absorbé par les affaires et ne pouvait s'absenter sans risques. Qu'il en souffrît, cela semble non douteux. Il écrivit à son frère, le moine Alphonse, une lettre remplie d'amour filial : « ... En sa mort, Dieu lui a departi autant de grâces, de consolation et de douceur qu'elle avait reçu, en sa vie, de traverses, d'afflictions et d'amertumes... » Mais la joie d'être enfin parvenu au premier rang, la fièvre d'un travail acharné, emportèrent vite le chagrin, non le souvenir.

IX

CINQ MOIS DE MINISTÈRE

On se demande par quelle aberration Richelieu put faire fond sur l'avenir de Concini ! Certes, le maréchal d'Ancre paraissait plus puissant que jamais, mais c'était un colosse aux pieds d'argile et l'on sentait bien qu'il ne pourrait durer. Le pouvoir exorbitant qu'il détenait, il ne le devait ni à ses mérites, ni à ses talents politiques, mais à la faiblesse d'une femme et à son obstination. Encore commençait-elle à se lasser de son manque de respect et de ses rodomontades. Il y aurait un roman à écrire sur ce personnage, un roman picaresque auquel ne manquerait aucun des ingrédients du genre. C'était un fils de famille déchu de son rang, perdu de dettes et crapuleux. Mais il se disait descendant des comtes de La Penna et la nature l'avait doté d'un physique avantageux. Il parvint, on ne sait comment, à se faire admettre, comme écuyer, dans la suite que Marie de Médicis amena en France lors de son mariage avec Henri IV. Les Médicis étaient moins grands seigneurs que banquiers, habitués à une clientèle disparate. Marie de Médicis n'avait pu se séparer de sa sœur de lait, devenue sa femme de chambre et confidente, Léonora Galigaï. Concino Concini avait le don et le goût de l'intrigue, à défaut d'autre chose. L'idée lui vint d'épouser Léonora pour se faire bien voir de la reine et profiter de sa générosité. Il n'eut pas grand-peine à séduire

Léonora, qui était laide et maladive, mais dont l'intelligence le déconcerta. Henri IV se méfiait de ce couple d'intrigants et faillit les renvoyer en Italie. Mais il avait trop à se faire pardonner et céda aux larmes de son épouse. Il eut tort, car déjà la Galigaï dominait l'esprit de la reine. Lorsque celle-ci devint régente, la faveur des Concini se fit jour et prit rapidement des proportions extravagantes.

Concini ne demandait rien par lui-même. Sa femme présentait les requêtes et la reine ne savait rien lui refuser. Qu'on en juge : en septembre 1610, Marie de Médicis donna trois cent vingt mille livres à Concini pour lui permettre d'acheter le marquisat d'Ancre (qui n'en coûtait que cent dix mille !). Le but de cette opération était de franciser Concini, qui porta dès lors le titre de marquis d'Ancre, mais on continua à l'appeler Concini. Peu après, nouveau don de cent quatre-vingt mille livres pour acquérir la charge de gentilhomme de la chambre, en réalité pour justifier sa présence dans l'entourage immédiat de la reine. Ce furent ensuite cent vingt mille livres pour acheter à Créqui les gouvernements de Roye, Montdidier et Péronne, trois places fortes, où le ruffian pourrait se retirer en cas de difficultés. Puis ce fut le gouvernement d'Amiens. En 1613, faveur insigne, il reçut le bâton de maréchal de France, n'ayant tiré l'épée que dans les tavernes de Florence. Puis il troqua le gouvernement d'Amiens contre la Normandie et, par là, mit la main sur les villes contrôlant la Seine et l'accès de Paris. Il était devenu une puissance et se faisait donner le titre d'illustrissime par les ambassadeurs. Une puissance occulte et officieuse, mais avec laquelle il fallait compter ! La reine avait une confiance aveugle en Léonora ; elle lui laissait nommer ou révoquer le menu fretin des officiers et tabellions, négocier l'affermage des impôts et taxes. Léonora les mettait aux enchères, empochait les pots-de-vin, trafiquait des créances sur le Trésor. Son seul but était de regagner l'Italie fortune faite. Son époux avait des ambitions plus élevées. Ce n'était pas assez de mettre le royaume en coupe réglée, il voulait être le maître de notre politique.

Marie de Médicis ne décidait rien d'important sans consulter Léonora et son mari. Bien entendu, Concini avait joué un grand rôle dans le renversement de nos alliances et dans le double mariage espagnol : il était grassement rétribué par Philippe III et, puisqu'il servait indirectement le parti de l'Église, le nonce du pape et les prélats ne lui étaient pas hostiles. Il n'avait aucun titre officiel, mais, par le biais de Léonora, il en vint à faire et à défaire les ministres. En 1616, c'était véritablement un « ministère Concini » qui dirigeait la France. Le maréchal d'Ancre – ou plutôt la maréchale – avait choisi les ministres qui le composaient. Il les considérait comme ses créatures et les traitait en conséquence. Le plus étrange est qu'ils le servirent mieux qu'il ne pouvait l'espérer, du moins dans les premiers mois. Et même on assista à une espèce de redressement politique. Mais Concini s'était attiré trop de haines : il venait de faire ériger le marquisat d'Ancre en duché-pairie ; il cherchait à décrocher l'épée de connétable ! Par avance, le gouvernement était déconsidéré et, d'entrée de jeu, l'opinion réclamait son départ.

Les trois ministres les plus importants étaient Barbin, Mangot et Richelieu. Barbin avait les Finances, mais était en fait le principal ministre. Mangot était chancelier. Richelieu, secrétaire d'État, avait la Guerre et les Affaires étrangères : un évêque ministre de la Guerre, cela ne s'était jamais vu, mais lui allait comme un gant ! Il s'attela à la tâche avec une ardeur quasi juvénile et l'intention manifeste d'être utile au pays. Son ami Barbin était dans les mêmes dispositions. Cependant, quelles que fussent leurs opinions sur tel ou tel sujet, ils devaient se conformer aux ordres de Concini. Le Conseil se réunissait chez lui. Quand il était absent, il exigeait qu'on lui rendît compte des décisions prises. C'était un maître ombrageux et plein de soupçons, dont il fallait ménager la vanité de parvenu, corriger discrètement les erreurs. Mais il fallait aussi rester bien en cour auprès de la reine mère et surtout de Léonora.

La situation du royaume était aussi mauvaise à l'intérieur qu'à l'extérieur. La politique conciliatrice de Marie de Médicis et des « barbons » avait anémié, pour ne pas dire ruiné, la puissance publique. Il était impératif de restaurer d'urgence l'autorité. Tel était d'ailleurs l'objectif du maréchal d'Ancre qui se posait dorénavant en défenseur de l'ordre. Depuis l'arrestation de Condé, les princes se tenaient tranquilles mais restaient menaçants et poursuivaient leurs conciliabules. Seul, le duc de Nevers s'obstinait dans la dissidence. Il avait fortifié Mézières et Rethel. Le 1er décembre, il s'empara par surprise de Sainte-

Menehould. Il était prévisible que ce coup d'audace ferait tache d'huile. Le gouvernement réagit avec vigueur. Sainte-Menehould fut reprise le 26 décembre. Le 17 janvier 1617, le duc de Nevers fut déclaré criminel de lèse-majesté. Il réunit ses amis à Soissons, à savoir Bouillon, Mayenne et Vendôme, et réclama hardiment la destitution du maréchal d'Ancre.

Le gouvernement riposta en publiant, au nom du roi, une lettre-manifeste datée du 18 janvier, qui fut largement diffusée. Elle était inspirée par Richelieu, sinon même rédigée par lui, et rendait un autre son que les communiqués auxquels on était habitué. Cette fois, le roi y parlait en maître. Il rappelait les vaines tentatives pour apaiser le prétendu mécontentement des Grands, les cinq millions qui leur avaient été distribués pour éviter la guerre civile. Ensuite, il reprenait un à un les arguments avancés par les rebelles (contre le ministère, contre la reine mère, contre l'accroissement des impôts et la dilapidation du Trésor) pour en démontrer la fausseté : « Par ces moyens, ils veulent faire croire que tout est perdu en ce royaume, afin qu'il leur soit loisible de tout perdre. » Et il lançait un dernier avertissement aux rebelles :

« Mais si la douceur dont elle a usé jusqu'à cette heure ne fait autre chose que les endurcir, si l'oubliance de leurs fautes ne sert qu'à leur faire oublier leurs devoirs, si ses bienfaits n'ont eu autre effet que de les rendre plus puissants à mal faire, et que l'ingratitude soit la seule reconnaissance dont ils les paient, si les menaces portées par ces déclarations sont inutiles pour les contenir, si enfin ils ne peuvent être ramenés à leur devoir par aucunes considérations, et que d'ailleurs ils continuent à faire paraître, par leurs actions, qu'ils n'ont autre dessein que d'abattre l'autorité de Sa Majesté, démembrer et dissiper son État, de sa puissance légitime, introduire autant de tyrannies qu'il contient de provinces, à la ruine de ses pauvres sujets qui, en peu de temps, se verraient réduits sous la plus cruelle servitude qui ait jamais été au monde ; en ce cas, Sa Majesté, touchée des sentiments d'un vrai père, animée du courage d'un grand Roi, sera contrainte, quoique à regret, de châtier ces perturbateurs de son État, et punir leur rébellion… »

Le 18 janvier, Richelieu fournit un argumentaire à Schomberg, conseiller d'État, envoyé en Allemagne pour une mission diplomatique. Ce document contient des précisions, dont la

Déclaration du Roi ne fait pas état, sur les sommes précédemment versées aux princes rebelles par Marie de Médicis :

« M. le prince (Condé) reçut, en six ans, trois millions six cent soixante mille livres ; M. et Mme la princesse de Conti, plus d'un million quatre cent mille livres ; M. de Guise, près d'un million sept cent mille livres ; MM. de Mayenne père et fils, un million deux cent mille livres ; M. de Vendôme, près de six cent mille livres ; M. d'Épernon et ses enfants, près de sept cent mille livres ; M. de Bouillon, près d'un million de livres. Tous les maréchaux de France, dont le nombre fut accru de la moitié, reçurent quatre fois autant qu'ils avaient auparavant, leurs pensions étant augmentées à chacun de vingt-quatre mille livres, qui (ce qui), en six ans, disent pour chacun cent quarante-quatre mille livres, et pour huit qu'ils ont toujours été, l'un portant l'autre, un million cent cinquante-deux mille livres. Six autres ducs et officiers de la Couronne reçurent même gratification, augmentant en six ans la dépense de huit cent soixante-quatre mille livres. Par là il est aisé de voir comment on a épuisé les trésors de la France, puisque onze ou douze articles en faveur des grands de l'État emportent près de dix-sept millions, sans y comprendre ce qui leur a été payé de gages et appointements… Cela considéré, accusera-t-on Leurs Majestés d'avoir dissipé leurs deniers ? »

À la fin de la lettre à Schomberg, il prenait, bien imprudemment, la défense de Concini :

« Ce n'est pas chose étrange qu'un étranger fasse fortune hors de son pays ; qu'en cet état telles personnes puissent être élevées aux honneurs et aux charges. L'Histoire en produit tant d'exemples, qu'au lieu d'avoir peine à en trouver, on en fournira à faire choix de ceux dont on se veut servir. Celui dont on parle est bien loin du degré de l'avancement où beaucoup d'autres sont parvenus. Il est le seul étranger élevé ; étranger tellement français, qu'il ne fait part de sa fortune à aucun autre que Français… »

La menace du 18 janvier fut suivie d'effet, à la surprise générale. Richelieu se démena pour mettre sur pied trois armées, représentant une trentaine de milliers de fantassins, cinq mille cavaliers, quarante canons. Barbin ne fit pas moins d'efforts pour financer les opérations. Ils travaillaient la main dans la main et il est dommage que leur collaboration eût été sans lendemain. La plus grosse armée était commandée par le duc de Guise, avec le maréchal de Thémines pour adjoint ; on la destinait à la Champagne. Le maréchal de Montigny commandait la seconde, avec Louis de Richelieu comme chef d'état-major ; elle était destinée au Nivernais et au Berry. La troisième, sous les ordres du comte d'Auvergne (fils naturel de Charles IX), couvrirait l'Île-de-France. Les troupes étaient correctement soldées et approvisionnées : cela était aussi une nouveauté, mais Richelieu voulait éviter les déprédations d'usage.

Le duc de Nevers masquait ses craintes sous de ridicules fanfaronnades. Il déclarait à tout venant que la reine mère allait perdre le gouvernement et qu'on l'enfermerait dans un couvent, pour la mettre hors d'état de nuire. En attendant, Montigny emportait toutes les places du Nivernais. Le comte d'Auvergne pacifiait le Perche et le Maine, nettoyait l'Île-de-France et forçait le duc du Maine à se réfugier dans Soissons. Guise avait pris Richecourt, Château-Porcien et Casigny. Il assiégeait Rethel. Le duc de Nevers ne conservait que Mézières.

En politique étrangère, nous étions moins heureux. Richelieu craignait que les rebelles ne fissent des levées en Allemagne. Que le duc de Bouillon, parent de l'Électeur palatin, lié avec les Hollandais et les protestants de l'Empire, n'exploitât l'accusation portée contre Marie de Médicis et Concini de servir les intérêts de l'Espagne. Ses émissaires, dûment chapitrés, parvinrent à obtenir la neutralité des Hollandais et des princes allemands. Non que les arguments spécieux de Richelieu les eussent convaincus, mais ils n'avaient pas intérêt à aider Bouillon, Nevers et leurs complices.

Ce demi-succès consolait Richelieu de son échec dans les affaires d'Italie. Il est vrai que, pour un débutant, la situation semblait inextricable. À la fin de 1616, Venise était en guerre avec l'archiduc Ferdinand d'Autriche (futur empereur Ferdinand II) ; l'Espagne menaçait la Savoie. La Sérénissime République et le duc de Savoie réclamaient l'intervention de la France. La question était épineuse, car notre pays était allié à la fois avec l'Espagne et la Savoie. C'était là l'objet de l'ambassade extraordinaire confiée à Richelieu avant sa nomination de secrétaire d'État. On l'avait remplacé par le comte de La Rochefoucauld qui ne rejoignit pas son poste en temps opportun. Restant sans nouvelles de Paris, le maréchal de Lesdiguières, gouverneur du Dauphiné, rassembla sept mille hommes et se porta au secours de la Savoie. Colère de Richelieu qui le désavoua publiquement, mais, chose étrange, ne lui donna pas l'ordre de rentrer en France. Il ne soutint point ouvertement les Vénitiens dans leur conflit avec l'archiduc. Oubliant que, depuis la mort d'Henri IV, la France n'avait cessé de perdre son crédit à l'étranger, qu'elle n'était plus considérée comme une grande puissance et qu'à nouveau l'Espagne dominait l'Europe, il conçut un projet aussi grandiose qu'irréaliste. Il prétendit obliger Venise et la Savoie à se soumettre à l'arbitrage de la France. Il leur proposait d'ouvrir un congrès à Paris, persuadé que, par ce moyen, il rétablirait la paix en Europe. Les Vénitiens l'amusèrent de belles paroles, mais s'adressèrent à Philippe III. Le conflit avec l'archiduc fut donc réglé à Madrid. Quant à la Savoie, son cas fut soumis à la bienveillance du pape, dont les sentiments hispanophiles n'étaient ignorés par personne. Richelieu perdit la face. Il lui restait encore beaucoup à apprendre dans le domaine diplomatique. Sa méfiance envers l'Espagne s'éveillait. Il commençait à comprendre les raisons de la politique des rois de France à l'encontre de cette puissance, politique à laquelle la reine mère avait renoncé. Et à regretter de s'être un peu trop affiché avec l'ambassadeur d'Espagne et le nonce du pape, qui travaillaient pour la même cause.

Il avait aussi d'autres sujets d'inquiétude. Jusqu'ici, il avait prêté peu d'attention au roi Louis XIII et à Luynes, son confident. Partageait-il l'indifférence de la cour à l'égard de ce jeune homme taciturne que sa mère tenait à l'écart des affaires et que le maréchal d'Ancre osait humilier ? L'impopularité de celui-ci gagnait tous les milieux et laissait entrevoir une chute prochaine. Marie de Médicis, accablée par les critiques et les difficultés, offrit à Louis XIII de se retirer du Conseil. Il l'obligea à rester en fonction. Concini s'endormit sur cette fausse sécurité. Richelieu crut prudent de s'aboucher secrètement avec Luynes, offrit au roi de le renseigner. Ménageant la chèvre et le chou, il croyait préserver son avenir et c'était au fond tout ce qui lui importait. Il défendait en paroles la réputation du maréchal d'Ancre, mais, dans son for intérieur, il le méprisait, pratiquant ce qu'on appelle aujourd'hui la « solidarité ministérielle ».

X

LA CATASTROPHE

Tout annonçait en effet la chute de Concini et de sa camarilla dans laquelle on incluait évidemment ses ministres. On savait le roi prisonnier de sa mère et du favori qui cherchaient à le discréditer dans l'opinion. Une rumeur courait selon laquelle un tiers parti, s'appuyant sur la bourgeoisie parisienne, imposerait bientôt sa médiation. On insinuait que d'Épernon, le vieux Sully, Montmorency, Lesdiguières, Bellegarde, Roquelaure, d'Alincourt se préparaient à marcher sur Paris à la tête de quarante mille hommes pour libérer le roi de l'ignoble tutelle qu'on lui imposait. Le remède était pourtant à portée de main. Il suffisait que la reine mère se rapprochât sincèrement de son fils et l'associât aux affaires. Mais on murmurait qu'elle songeait au contraire à l'évincer du trône, de façon ou d'autre, pour le remplacer par Gaston d'Anjou, son cadet, vers lequel allaient ses préférences. En réalité, elle ne pouvait se séparer de Concini et de Léonora. Et, surtout, elle voulait garder le pouvoir, fût-il hypothétique, car elle ne se rendait même pas compte qu'on la manipulait, qu'elle exposait le royaume à une tragique « partialisation » et la capitale à une insurrection. Pour justifier son attitude à l'égard de Louis XIII, elle affirmait, avec une entière mauvaise foi, qu'il était incapable de s'occuper des affaires, qu'il avait hélas ! « l'esprit trop faible, trop peu de jugement ; que sa santé n'était pas assez forte pour prendre ces soins ».

Le roi se présentait-il au Conseil, on le renvoyait comme un gamin. Car Léonora en avait décidé ainsi. Quant à Concini, sa conduite envers Louis devint insupportable. Il ne cachait même plus son mépris à son endroit. Il restait couvert devant lui. Il s'asseyait dans son fauteuil au Conseil des dépêches. Il osait lui suggérer, publiquement, de s'adresser à lui pour son argent de poche. Suivi de deux cents courtisans empanachés, il ricanait au passage de la petite suite du roi : une dizaine de gentilshommes sans importance. Quand il leva un régiment pour combattre les rebelles, bien entendu avec l'argent du Trésor, il daigna l'« offrir » à Louis. Bref, il ne respectait même pas la dignité royale. Cela, le jeune monarque ne pouvait le tolérer. Pourtant, il supportait sans se plaindre les humiliations dont il était l'objet. Concini avait des espions partout, au Louvre et dans la ville. Léonora traitait ouvertement Louis d'idiot. Concini affirmait péremptoirement qu'il était nul : « *Non valeva niente !* » Pourtant, il se méfiait de lui et le faisait étroitement surveiller. Ce n'était pas la moindre de ses contradictions. Léonora, sa complice, plus fine et plus intuitive, sentait venir la bourrasque. Elle disait à la reine mère en pleurant (mais, pour une fois, ce n'étaient peut-être pas des larmes de crocodile, car elle pleurait sur elle-même) :

– « Madame, souvenez-vous qu'il se perdra et en se perdant, il vous perdra, et moi quant et quant ! »

Mais le maréchal d'Ancre se rengorgeait, affichait une entière sécurité, tout en faisant planter une quarantaine de potences dans Paris en guise d'avertissement. Le 2 janvier 1617, il perdit sa fille et céda brièvement au désespoir. Il voyait dans cette perte un signe prémonitoire du destin. Mais le naturel reprit le dessus. « Je veux voir, disait-il, jusqu'où la fortune peut pousser un homme. » Il le vit.

D'ores et déjà, Louis XIII avait pris, seul, la décision de se débarrasser de lui. Ses conciliabules avec Luynes et quelques fidèles avaient été remarqués. Ils éveillèrent les soupçons de Concini, sans l'inquiéter outre mesure. Quand bien même Luynes passait ses journées à chasser avec le roi, il le jugeait inoffensif. Ce n'était d'ailleurs qu'un petit gentillâtre provençal sans fortune et, croyait-on, sans esprit. Concini se contenta de le menacer. Cependant, la reine mère avait perçu un changement dans le comportement du roi. Certes, il montrait toujours la même courtoisie envers elle – leurs rapports n'avaient jamais été affectueux –, mais elle avait l'impression qu'il prenait ses distances. Cela dérangeait ses plans. Elle avait pour habitude d'exhiber Louis, quand il y avait nécessité. N'était-il pas détenteur de l'autorité, du moins officiellement ? De plus, sa présence excitait l'amour de ses sujets et les rassurait. Il avait donc été décidé de l'envoyer au siège de Soissons, la principale place forte qui restait aux mains des princes rebelles. Le voyage avait été prévu pour le 12 mars. On le reporta au 20, puis au 31. Finalement, le 8 avril, on l'annula. On sut que la reine mère avait été prévenue de l'extrême danger que ce voyage présentait pour elle. Protégé par son armée et par le régiment de ses gardes, Louis se serait débarrassé aisément de la tutelle de sa mère et de la tyrannie du maréchal d'Ancre.

Le torchon brûlait et l'on pouvait tout craindre pour le roi. Il s'agissait désormais de devancer l'Italien. Luynes était un pusillanime ; il avait peur pour lui-même : il tombait en effet sous le sens qu'en cas d'échec, Concini ne s'en prendrait pas au roi, mais à ses complices. Quels étaient-ils ? Guichard Déagant, principal commis de Barbin, l'équivalent d'un directeur de ministère, le baron de Modène, cousin de Luynes, le juriste Tronson et un certain Marsillac, personnage assez effacé. Luynes proposait la fuite et Déagant la violence. L'entreprise paraissait insurmontable, faute de moyens. Le jeune roi (il n'avait que seize ans) ne voulait point faire assassiner Concini. Il avait le cœur trop loyal pour se charger de ce crime. Déagant eut l'idée – toute moderne – d'une campagne d'intoxication. À cet égard, ses fonctions au ministère lui donnaient de grandes facilités. La reine mère reçut des billets anonymes l'incitant à se démettre du gouvernement en faveur de son fils. Comme par hasard, l'évêque de Carcassonne, dûment endoctriné, de hauts magistrats, d'importants personnages, parlèrent dans le même sens. Déagant préparait ainsi le terrain, mais c'était une arme à double tranchant et le temps pressait.

Ce fut alors que le maréchal d'Ancre commit deux erreurs qui lui furent fatales. Il eut avec Barbin une altercation des plus vives et laissa entendre que, s'estimant mal servi, sinon trahi, par ses ministres, il ne tarderait pas à les remplacer. Barbin, Mangot et Richelieu étaient spécialement visés. Ruccelaï, de Mesmes et Barontin leur succéderaient à bref délai. C'est ce qu'il laissa entendre, avant de partir pour la Normandie. Il voulait transformer Quillebeuf en forteresse inexpugnable, pour s'y retirer au besoin. Ce départ inattendu laissait le champ libre à ses adversaires.

Richelieu avait goûté au pouvoir : c'est un mets d'une saveur sans seconde pour certains. Il n'avait pas envie de perdre ce ministère si difficilement décroché. Il manœuvra donc en conséquence. À son cher ami, le nonce apostolique, il confia en soupirant qu'il était las de la politique et aspirait à la tranquillité ecclésiastique : l'archevêché de Reims lui conviendrait tout à fait, avec le chapeau de cardinal. Son beau-frère, Pont-Courlay, agissait auprès de Luynes ; il offrait les services du secrétaire d'État, lequel s'engageait à n'obéir qu'aux ordres du roi. Bien plus, Pont-Courlay proposait à Luynes de lui révéler ce qui se tramait dans l'entourage de Concini. Richelieu, la main sur le cœur, s'en fut même trouver Marie de Médicis pour lui offrir sa démission. Il se prétendait las et découragé. Osa-t-il, comme il le prétend dans ses *Mémoires*, avertir la reine des dangers auxquels la politique de Concini l'exposait ? « Je parlai à la Reine, lui fis instance de permettre à Barbin et à moi de nous retirer... Elle me dit qu'elle me répondrait dans les huit jours. Cela m'arrêta et m'empêcha de parler au Roi que ces huit jours ne fussent expirés. » Fâcheux retard, et qu'il regretta pendant sept ans ! Cependant, il montrait la même obséquiosité à l'égard de Concini, tout en lui créant des difficultés pour les travaux de Quillebeuf. Concini lui écrivit : « Monsieur, je me plains de vous ; vous me traitez trop mal. Vous traitez la paix sans moi [1] ; vous me faites écrire par la Reine... Que tous les diables, la Reine et vous, pensez-vous que je fasse ? La rage me mange jusqu'aux os. »

Il est probable que Léonora le prévint de ce qui se tramait. Concini revint en hâte à Paris. C'était se jeter dans la gueule du loup ! Mais la fureur l'égarait. Il se fit donner la liste des servi-

1. Entre l'Espagne et la Savoie.

teurs de Louis XIII et menaça de les jeter en prison, voire de supprimer les plus suspects, mais il ne fit rien. De même, il clama à tous les échos que, si le roi voulait le perdre, il saurait bien le mettre en surveillance étroite. Peut-être proféra-t-il des menaces plus graves. On le croyait capable du pire. Pourtant il sentait le sol se dérober, mais ne parvenait pas à prendre une décision. Sa toute-puissance l'aveuglait encore. Il pensait qu'on n'oserait pas s'en prendre à sa personne et précipita lui-même sa fin.

Le Conseil secret du roi avait décidé la perte de l'Italien. Déagant l'avait emporté sur Luynes. Ce serait au Louvre qu'on procéderait à l'arrestation. Que ferait-on si Concini résistait ? Louis XIII consentit à ce qu'on le tuât. Toutefois, personne dans son entourage n'accepta de se charger de l'opération. On fit appel à Nicolas de L'Hôpital, marquis de Vitry, capitaine des gardes du corps, dont la fidélité et la hardiesse étaient connues. Il accepta sans hésiter. La date fut fixée au dimanche 23 avril 1617. On était convenu d'appeler Concini dans le cabinet des armes, de la part du roi. En cas d'échec, ce dernier s'enfuirait à Meaux, prendrait la tête de son armée afin de pourchasser Concini. Dans l'attente de cet événement, Louis XIII affecta la plus parfaite tranquillité, ne modifia rien à son emploi du temps et parvint ainsi à déjouer les soupçons. La dissimulation n'était pas le moindre de ses talents ; or sa mère l'en jugeait incapable ! Le 23 avril, le coup manqua : Concini arriva au Louvre à midi, au lieu de neuf heures, et descendit par un autre escalier. Le complot avait-il été éventé ? Dès lors, tout était à redouter.

Déagant se montrait perplexe. Luynes « branlait au manche ». Le roi ne bronchait point ; sa résolution étant prise, il s'y tenait. Vitry était homme de ressources. Il proposa d'attirer le maréchal dans une sorte de souricière. L'entrée du Louvre du côté de la rue d'Autriche était celle d'une forteresse. Elle formait un goulot succédant au double pont-levis. On fermerait la porte principale dès que Concini l'aurait franchie, afin de l'isoler de son escorte. Louis approuva ce projet, dont l'exécution fut fixée au lendemain. Il passa le reste de la journée à jouer la comédie habituelle. Il débita à sa mère les mêmes phrases conventionnelles, vides de sentiment. Toute autre que Marie de Médicis eût noté qu'il avait le teint brouillé, qu'il avait maigri. C'étaient les effets de l'inquiétude et des nuits sans sommeil. Mais elle n'avait pas l'instinct maternel.

Le 24 avril, bien que le ciel fût menaçant, il annonça son intention de partir pour la chasse et fit atteler son carrosse. Son escorte se rassembla, comme elle avait accoutumé. Vitry répartit ses complices. Vers dix heures moins le quart, la venue de Concini fut signalée. Vitry se dirigea vers la porte. Le maréchal parut enfin, escorté par une soixantaine de courtisans. Il portait un grand chapeau de feutre orné de superbes plumes, un pourpoint et un manteau noirs, passementés d'or, un haut-de-chausses de velours gris foncé à larges bandes. Il avait mis de grosses galoches pour se protéger de la boue. Il lisait un placet qu'on venait de lui remettre. On ferma la porte dès qu'il fut passé. Sa suite protesta, mais il n'y prêta pas attention, tant il était absorbé par sa lecture. Vitry lui prit le bras :

– « De par le Roi, je vous arrête ! »

– « *A me* (à moi) ? »

– « Oui, à vous. »

Concini se dégagea, tenta de dégainer son épée. Cinq coups de pistolet, tirés à bout portant, l'abattirent. Il s'agenouilla, touché à la tête et à la gorge, s'affaissa sans une plainte.

– « Tue ! Tue, de par le Roi », hurla Vitry.

On retourna les poches. On déroba la chaîne d'or, les bagues, les écus, le manteau. Des archers traînèrent le corps percé de coups dans une « chambrette » du poste de garde. Louis XIII avait entendu la pistoletade et les cris. Quelqu'un vint lui dire que le maréchal avait échappé. Le roi demanda son arquebuse, mit l'épée à la main, prêt à croiser le fer avec Concini et « à lui passer sur le ventre ». Le colonel d'Ornano accourut alors :

– « Sire, c'est fait ! »

Louis se mit à une fenêtre. Dès qu'on l'aperçut, ce fut une explosion d'allégresse.

– « Merci, cria-t-il, grand merci à vous ; à cette heure je suis Roi. »

Une chambrière prévint la reine mère qui faillit s'évanouir de saisissement. Les dames d'honneur la virent qui suffoquait, claquait des mains, haletait, hors de sens. Quand elle se fut un peu calmée, on lui suggéra de prévenir Léonora. Elle répondit brutalement « qu'elle avait bien d'autres choses à penser et que, si on ne pouvait lui dire la nouvelle, on la lui chantât ». On se permit d'insister, connaissant son attachement pour Léonora. Elle s'empourpra de colère, cria « qu'on ne lui parlât plus de ces gens-là ; qu'elle le leur avait bien dit ; qu'il y avait longtemps qu'ils dussent être en Italie ». Puis elle envoya Bressieux, son premier écuyer, informer le roi qu'elle voulait le voir. Louis répondit froidement à Bressieux qu'il la verrait « une autre fois » ; mais, se ravisant, il le chargea de notifier à sa mère qu'il avait résolu « de prendre en main le gouvernement et la priait de ne plus s'occuper des affaires, car il entendait être le maître ». Stupéfaction de Marie de Médicis en apprenant cette nouvelle ! À force de répéter que Louis était inapte à exercer le pouvoir, elle avait fini par s'en persuader. Pas un instant elle n'avait imaginé qu'il l'écartât des affaires. Elle crut pourtant qu'il lui suffisait d'être en présence de Louis pour reprendre son ascendant. Elle renvoya Bressieux, qui fut éconduit sans ménagement. Ce furent ensuite ses amies, la princesse de Conti et Mme de Guercheville. Louis se montra inflexible. Il voulait bien se souvenir que la reine était sa mère, bien qu'elle ne l'eût pas traité comme son fils, mais il ne la verrait qu'après avoir mis ordre à ses affaires. Pendant ce temps, Vitry remplaça les gardes d'honneur de Marie de Médicis par des archers ; des issues furent murées. La jeune reine Anne d'Autriche n'eut même pas le droit de venir consoler sa belle-mère. Celle-ci était désormais prisonnière dans son appartement.

Richelieu se trouvait chez un ami, quand on vint lui apprendre l'assassinat de Concini. Sa surprise fut extrême, car il ne croyait ni le roi ni son entourage capables de monter pareille entreprise et d'en préserver le secret. Il se rendit au Louvre, où se pressait la foule des courtisans. On avait hissé le roi sur un billard, afin que tout le monde le vît. Dès qu'il aperçut l'évêque, il lui lança :

– « Eh bien, Luçon ! enfin me voilà hors de votre tyrannie ! Allez, allez, ôtez-vous d'ici ! »

Luynes tenta en vain d'intervenir en faveur de l'évêque. Ce dernier prétend, dans ses *Mémoires*, qu'il put répondre au roi et prendre la défense de Barbin et Mangot, ses collègues. Il est plus que probable qu'il se retira aussi discrètement qu'il était possible. Rentré chez lui, il apprit que Mangot avait été arrêté et que Barbin était gardé à vue dans son logis. Il était question de les déférer devant la justice. Leurs papiers avaient été saisis. Le roi avait rappelé les ministres chassés par Concini : Villeroy, de Vair, Jeanin. Pourtant, Richelieu eut le front de se présenter au Conseil, comme si rien ne s'était passé. Il reçut un tel accueil de la part des ministres, surtout de Villeroy, qu'il se retira sans mot dire. Il ne lui restait d'autre ressource que de se faire oublier. Tout l'y invitait. La fureur contre Concini et sa bande était à son comble. Sa dépouille avait été enterrée nuitamment dans l'église Saint-Germain-l'Auxerrois. Le peuple exhuma ces misérables restes et les suspendit à l'une des potences que le maréchal avait fait planter. Le cadavre, offert en proie, fut sauvagement dépecé, traîné par les rues. Léonora Galigaï était jetée à la Bastille, après avoir été dépouillée de ses diamants et de son argent, en attendant son procès. Les serviteurs de Concini, ceux de la reine mère, étaient destitués, parfois emprisonnés. On épargnait, bizarrement, l'évêque de Luçon. Il paraissait pourtant aussi fautif que les autres. Était-ce sa robe violette que l'on respectait ? Les rois eux-mêmes ne pouvaient faire incarcérer et juger un prélat sans l'autorisation du pape... De fait, grâce au sieur de Luynes (et aux bons offices de Pont-Courlay), Richelieu passait au travers des mailles du filet. Certes, il perdait son ministère, mais c'était là le moindre prix. On a peine à croire que Luynes lui offrit de rester au Conseil avec ses appointements, comme il l'affirme dans ses *Mémoires*. En revanche, il est certain que Luynes le traita avec égards : parce qu'il avait besoin de lui. On ne savait que faire de la reine mère qui se démenait dans son appartement gardé par des archers. Elle menaçait, gémissait, pleurnichait, avec cet art consommé des Italiennes à mimer le désespoir ou la colère. Le roi voulait qu'elle quittât le Louvre, mais il ne pouvait la congédier comme une chambrière, ni l'incarcérer, ni la laisser libre de ses actes. Il connaissait ses aptitudes à méfaire, ses perfidies. Il ne voulait point négocier avec elle les conditions de son départ. Luynes manquait trop de fermeté pour s'en charger ; il songea à Richelieu et Louis XIII lui laissa carte blanche.

La reine mère aimait bien cet évêque. Elle l'avait distingué entre tous, et poussé sur le devant de la scène. Il lui devait sa carrière. Elle écouta volontiers ses paroles de soie. Il lui conta merveilles. Elle pourrait se retirer au château de Moulins et, en attendant que les aménagements fussent terminés, elle s'arrêterait au château de Blois. Elle exercerait pleine autorité sur la ville où elle résiderait et sur la province environnante. Elle continuerait à jouir de ses apanages et de ses appointements. Le roi viendrait la saluer avant son départ. Barbin, qui avait sa protection, serait convenablement traité. La matrone accepta toutes ces conditions les yeux fermés. Elle avait toute confiance dans son cher Luçon. Il lui laissa entendre qu'elle serait accompagnée des personnes de son choix. Lui-même sollicitait humblement cet honneur. Elle le nomma dans l'instant chef de son Conseil. Luynes donna son accord, au nom du roi. Richelieu s'empressa de le remercier. À la vérité, Luynes et quelques autres n'étaient point fâchés de le voir s'éloigner de Paris.

Le départ eut lieu le 3 mai. Le roi vint saluer sa mère. Elle l'appela « Monsieur » et débita un fade compliment. Il répondit de même. Puis ils s'embrassèrent du bout des lèvres, sans la moindre manifestation de tendresse. Marie fondit cependant en larmes quand il lui fallut se séparer de Gaston, son fils préféré. Richelieu s'est attardé, dans ses *Mémoires*, à décrire la scène pathétique du départ :

« Elle sortit du Louvre simplement vêtue, accompagnée de ses domestiques qui portaient la tristesse peinte sur leur visage ; et il n'y avait guère personne qui eût si peu de sentiment des choses humaines, que la face de cette pompe quasi funèbre n'émût à compassion. Voir une grande princesse, peu de jours auparavant commandant absolument à ce grand royaume, abandonner son trône et passer, non secrètement et à la faveur des ténèbres de la nuit cachant son désastre, mais publiquement, en plein jour, à la vue de tout son peuple, par le milieu de sa ville capitale, comme en montre pour sortir de son empire, était une chose si étrange qu'elle ne pouvait être vue sans étonnement. Mais l'aversion qu'on avait contre son gouvernement était si obstinée, que le peuple ne s'abstint pas néanmoins par de plusieurs paroles irrespectueuses en la voyant passer, qui lui étaient d'autant plus sensibles que c'étaient des traits qui rouvraient et ensanglantaient la blessure dont son cœur était entamé. »

La longue file de voitures se dirigea vers Bourg-la-Reine. Richelieu avait pris place dans le dernier carrosse avec Philippe

Hurault, évêque de Chartres et confesseur de la reine. S'éloignait-il pour jamais de Paris ? Était-ce là le convoi de son ambition ? Le cortège s'arrêta à Bourg-la-Reine. On était convenu que trois princesses (Mmes de Guise, de Longueville et de Soissons) qui, par décence, accompagnaient la reine, se sépareraient d'elle dans ce village. Au moment des adieux, elle resta de glace, ne daigna pas verser une larme. « On en fit divers jugements, écrit Richelieu, selon les différentes passions dont on était porté vers elle : les uns l'attribuaient à l'ébahissement et à l'horreur du coup qu'elle avait reçu, qui liait en elle le sentiment de la douleur et tarissait la source de ses larmes ; les autres l'interprétaient à la dissimulation assez accoutumée à celles de sa nation ; ceux qui la favorisaient davantage l'imputaient à vertu et force d'esprit. » Il savait pourtant, en dictant ces lignes, et mieux que quiconque, que cette insensibilité traduisait un égoïsme presque monstrueux. Marie de Médicis n'avait jamais aimé qu'elle-même.

DEUXIÈME PARTIE

SEPT ANS D'EXIL

(1617-1624)

« *Il se trouve souvent, dans les intrigues des cabinets des rois, des écueils beaucoup plus dangereux que dans les affaires d'État les plus difficiles ; et, en effet, il y a plus de péril à se mêler de celles où les femmes ont part que des plus grands desseins que les princes puissent faire en quelque nature d'affaire.* »

Richelieu

I

RICHELIEU ET LA REINE MÈRE

Le prieur Amador de La Porte se trouvait à Malte quand il apprit que son neveu venait d'être nommé secrétaire d'État. Il lui avait écrit : « Je ne sais si je dois me réjouir avec vous de la charge dont le Roi vous a honoré, vu le temps qui court. Je sais que Dieu vous a fait des grâces pour être capable des plus grandes choses. Mais ces temps turbulents et pleins d'infidélité, où la justice ne paraît que rarement, me les font juger indignes de vous. Car, adieu vos contentements, adieu votre santé, adieu tout repos. Vous êtes embarqué dans un océan de confusions, sans l'aiguille [1] et sans biscuit, et, qui pis est, le ciel justement irrité contre nous. Quel courage, quelle force et quelle fortune il faut pour conduire son vaisseau et sa réputation parmi tant d'obstacles ! C'est le voyage que vous faites, Monsieur, et ce qui m'en fait redouter l'événement. » Cette lettre, datée du 17 février 1617, était parvenue trop tard. Toutefois, il se peut qu'elle eût contribué au discret revirement de son destinataire, à ses démarches indirectes auprès de Luynes, à sa quasi-trahison. En tout cas, il lui était loisible de la méditer pendant le voyage de Paris à Blois.

Cependant il n'était pas homme à se lamenter sur son infortune, à accuser le mauvais sort, ou à s'abandonner à une délec-

1. L'aiguille de la boussole.

tation morose, malgré son instabilité de nerfs et sa tendance à la cyclothymie. Il ne cherchait point à charger autrui de sa faute : il l'assumait. Sa seule faiblesse tenait à sa précipitation. Il avait voulu brûler les étapes, satisfaire, coûte que coûte, son ambition. Il avait dans ce dessein intrigué, mobilisé le ban et l'arrière-ban de ses relations pour accéder au pouvoir, sans mesurer la fragilité du ministère Concini. Or, l'ambition requiert du discernement et de la patience, de la ruse et de la dextérité. Mais, on l'a déjà dit, Richelieu savait perdre une partie et tirer profit de son échec. Il avait aussi cette faculté de se redresser en quelques jours. Son ingéniosité lui suggérait alors de nouveaux plans, qu'il affinait avec délices, en ne négligeant aucun détail. Il gardait en outre la certitude chevillée au cœur de réussir, de réaliser les grandes choses dont son esprit fébrile n'arrêtait pas de rêver. Il savait désormais que la politique était son domaine. Il en avait fait l'apprentissage pendant son court ministère. Il ne s'agissait donc que de revenir à Paris, que d'être rappelé à la cour ! On peut être sûr qu'il considérait le séjour à Blois comme une parenthèse dans sa destinée.

Ayant sauvé de la débâcle ce titre ridicule de chef du Conseil de la reine mère, il allait en faire un puissant moyen de rentrer en grâce. Comment ? En réconciliant Marie de Médicis et le roi. Il savait que celui-ci aimait toujours sa mère, en dépit des apparences, et qu'il souffrait de l'avoir ignominieusement chassée. Il savait aussi que la reine mère ne se consolait pas aisément d'avoir perdu le pouvoir. Le jeu consistait donc, dans un premier temps, à la persuader de se montrer soumise. Ce programme, malgré l'extrême difficulté, Richelieu se sentait parfaitement capable de le réaliser. D'ailleurs, Luynes lui avait fait certaines promesses qui laissaient bien augurer de l'avenir. Pourtant, à l'exception du roi, personne ne connaissait vraiment Luynes...

Un mot sur ce personnage, bien qu'il soit en dehors du sujet. Charles d'Albert de Luynes avait alors une quarantaine d'années. Il était d'une vieille famille de Provence, plus riche de quartiers de noblesse que d'écus. Sa gentilhommière de Mornas était simplette. Mais il se réclamait de son grand-père qui s'était hissé au grade de colonel et avait été gouverneur de plusieurs places. Charles n'avait pourtant pas la fibre militaire. Il était monté à Paris pour faire fortune, en compagnie de ses deux frères cadets. Ses talents se limitaient à la capture et au dressage des oiseaux. On l'avait donné à l'adolescent Louis XIII qui était passionné de chasse. D'un caractère aimable et doux, il sut se faire apprécier de son jeune maître, et bientôt s'en faire aimer. Ils devinrent inséparables. Esseulé, humilié, Louis XIII avait besoin d'une présence amie, d'un confident. Luynes le traitait en roi, avec une exquise politesse, une déférence teintée de familiarité. Il devint insensiblement son soutien moral, son conseiller. On a vu quel rôle il avait joué dans la préparation de l'assassinat de Concini. Il n'était alors que grand fauconnier, charge peu considérable, et gouverneur d'Amboise. La mort de l'Italien lui ouvrait des perspectives illimitées.

Dans les jours qui suivirent l'attentat, Louis XIII nomma le marquis de Vitry maréchal de France ; il lui donna la baronnie de Lésigny, l'hôtel de Tournon et soixante-dix mille ducats. Guichard Déagant devint intendant des finances de la maison du roi. Les autres conjurés reçurent aussi leur récompense. Luynes fut promu premier gentilhomme de la chambre et se vit attribuer la plus grande partie des biens du maréchal d'Ancre, en attendant mieux. La mode dans les cours royales était alors aux favoris, vice-rois officieux, premiers ministres sans titre officiel, cependant tout-puissants.

Les courtisans se demandaient qui prendrait la suite de Concini. Ils hésitaient sur la conduite à tenir. Serait-ce Luynes ou Vitry ? Bien que Louis eût déclaré que, désormais, il assumerait la charge du gouvernement et qu'il convenait de s'adresser à lui, et à lui seul, on subodorait qu'il partagerait les soucis du pouvoir avec un favori. Certains misèrent sur Vitry. Ce n'était qu'un soldat, d'intelligence assez courte, mais d'une vanité sans bornes et d'un abord insupportable. Les plus avisés lui préférèrent Luynes, qui connaissait les usages et manifestait en toutes circonstances une aménité autorisant bien des espérances. On se disait que sa longue fidélité envers le roi trouverait inévitablement sa récompense. D'ailleurs, on remarqua que rien ne changeait dans leurs rapports. Luynes ne quittait pas son maître. Ce calcul se révéla juste, car il devint rapidement conseiller d'État, capitaine de la Bastille, capitaine de cent hommes d'armes, avant d'être promu duc et pair et finalement connétable.

Richelieu avait eu moins d'hésitations que nombre de courtisans. Il s'était mis immédiatement aux ordres de Luynes. C'était en son nom qu'il avait négocié le départ « volontaire » de la reine mère. C'était aussi à Luynes qu'il devait l'accord du roi sur ses fonctions de chef du Conseil. Et il pensait se servir de lui pour revenir aux affaires, de façon ou d'autre. Il ne se demandait pas si Luynes avait la tête assez politique pour se maintenir dans le rôle du favori. Il lui suffisait qu'il occupât la place, fût-ce à titre provisoire.

On était arrivé à Blois le 7 mai. La reine et sa suite s'installèrent au château. Mme de Guercheville, toute dévouée et depuis longtemps à Richelieu, remplaçait Léonora Galigaï et faisait fonction de dame d'honneur. Le premier écuyer, Bressieux, le secrétaire du commandement Villesavin (frère de Barbin), Bonzi, évêque de Poitiers, le médecin Delorme, le chirurgien Ménard et de rares visiteurs, comme l'énigmatique abbé Rucelaï, composaient un simulacre de cour. La plupart des serviteurs étaient italiens. Richelieu dominait ce petit monde. Il avait la haute main sur les finances de la reine mère mais il était aussi son conseiller. Une espèce de connivence s'établit rapidement entre eux. On le sait, Richelieu savait user de son charme. Les femmes échappaient rarement à la fascination de son regard. Marie de Médicis avait alors quarante-quatre ans. Quelque peu « enveloppée » lors de son mariage avec Henri IV, mais c'était alors la mode, ses appas s'étaient effondrés avec l'âge. Elle n'était plus qu'une grosse femme, assez informe, d'autant plus ridicule dans ses caprices et ses minauderies. Était-elle amoureuse de son bel évêque ? On ne saurait répondre à cette question. En tout cas, elle faisait fond sur l'amitié de Richelieu, et sur sa loyauté. Ne l'avait-il pas sauvée, en apaisant la colère de Louis XIII et en contenant les entreprises de Luynes ?

Toutefois, dès le 8 mai, le sauveur écrivait à Luynes pour lui rendre compte du voyage. Parlant de la reine, il affirmait que « la mémoire des choses passées n'a déjà plus lieu en son esprit… et qu'il n'eût pas cru que si peu de temps l'eût guérie comme elle est ». Le 10, il reprit la plume. Déagant, qui lui servait d'intermédiaire, l'avait pourtant invité à se tenir sur ses gardes : à Paris, l'on continuait à se défier de lui ; on le soupçonnait de nouer quelque intrigue ; pour déjouer les soupçons, il était nécessaire que la reine se tînt tranquille. Dans sa lettre du 10 mai, Richelieu ne craignit pas d'écrire à Luynes : « Je vous rends mille grâces des bons offices que, de plus en plus, vous continuez journellement à me départir et particulièrement de la confiance qu'il a plu au Roi me témoigner par votre moyen, en agréant l'honneur que la Reine mère a voulu me faire, en m'établissant chef de son Conseil et en me mettant ses affaires entre les mains. Je me promets faire connaître à tout le monde que je m'acquitterai de cette charge au contentement de Sa Majesté et de tous les gens de bien, en dépit de mes envieux qui ne sont pas en petit nombre… La Reine est fort satisfaite et contente, grâce à Dieu… »

Et à Déagant, le même jour :

« Nonobstant mes ennemis et mes envieux, *la confiance qu'on a désiré que je prisse auprès la Reine* est établie… Je m'oblige à CH [1] sur ma tête d'empêcher toute cabale, menée et monopole ; ou, si je ne le puis, non seulement m'obligé-je à lui en donner avis, mais le lui donner à temps pour porter remède. »

Le 12, il déclarait à Luynes : « Je veux mourir si le Roi et vous en particulier, n'avez contentement de la Reine mère et si vous n'avouez un jour que j'ai fait auprès d'elle ce que doit faire un homme de bien. »

Le 18, à Déagant, sachant que sa lettre serait mise sous les yeux de Luynes, peut-être du roi :

« Je suis grandement, et plus que je puis dire, obligé à CH et à 158 [2] de la confiance qu'ils ont en moi ; s'ils y sont trompés, je supplie Dieu qu'Il ne me pardonne jamais. L'esprit de CXIII [3] est et sera tel que vous sauriez désirer… CXIII a voulu faire tenir publiquement son Conseil à 123 [4], comme chef d'icelui (celui-ci), ce qu'il n'a fait, attendant que CH l'ait agréé… » Il donnait aussi des informations rassurantes sur le comportement de Mme de Guercheville et sur Villesavin.

Tant de zèle le desservait, en attisant les suspicions. Ses ennemis ne désarmaient pas ; bien au contraire, ils l'accusaient

1. CH : le roi.
2. 158 : Luynes.
3. La reine mère.
4. 123 : Richelieu lui-même.

d'entretenir des intelligences avec l'Espagne, d'inciter la reine mère à recevoir des ambassadeurs étrangers, de semer le trouble en province. Il se défendait de son mieux, insinuant que Ruccelaï travaillait contre lui pour avoir sa place. Le bruit courait qu'il trahissait à la fois la reine et le roi, en jouant au plus fin. Il reçut une lettre de Luynes, pleine de réticences. Désemparé, il confia à Déagant : « Je suis le plus malheureux de tous les hommes, sans l'avoir mérité ; si je n'eusse pensé être garanti de l'envie et de la rage par l'appui que vous savez, je ne me fusse pas embarqué au vaisseau où je suis… Sa Majesté jugera ce qu'elle doit faire. Monsieur de Luynes et vous lui conseillerez, et moi je ferai voir que je suis vrai et fidèle serviteur… Rien ne me changera en quelque lieu que je sois ; partout je servirai le Roi si ingénument et avec tant de passion que mes ennemis en recevront de la confusion… »

Quelques jours après, il déguerpit nuitamment du château de Blois, sans prendre congé de la reine mère, sans prévenir personne. Son frère Louis l'avait prévenu que le roi avait décidé de le renvoyer à son évêché en résidence surveillée. L'avis n'était pas fondé, mais Richelieu préférait devancer l'ordre royal, par fierté peut-être. La fureur de la reine éclata. Elle ne douta pas un moment que son protégé n'eût été contraint de s'éloigner de Blois. Elle adressa à son fils et à Luynes des reproches cinglants : « Je deviens la fable du peuple, écrivait-elle. Éloigner l'évêque de Luçon, c'est témoigner qu'on ne me traite plus en mère, mais en esclave. » Pourtant, elle ne tarda pas à apprendre que Richelieu l'avait quittée de son plein gré. Elle lui écrivit plusieurs lettres pour le faire revenir. Ce fut en vain. Il ne bougea point du château de Richelieu, où il s'était arrêté avant de rejoindre Luçon. À la cour, l'incident était connu et l'on en faisait des gorges chaudes. Luynes essayait de démêler les raisons occultes ou avérées du brusque départ de l'évêque. Il se méfiait plus que jamais de lui. Mais il ne se défiait pas moins de l'impétueuse reine mère, dont il redoutait le retour à Paris et la vengeance. Il était bon psychologue et avait l'esprit d'intrigue, à défaut de mieux. Richelieu avait présenté ses excuses au roi et sollicité de Sa Majesté qu'elle veuille bien lui prescrire pour demeure tel autre lieu qui lui plairait. À Luynes il mentit effrontément, ce qui n'était pas adroit : « J'ai supplié la Reine de me permettre de me retirer, lui demandant congé pour quinze jours. Vous saurez comme le tout s'est passé, quels sont mes intentions et mes desseins... Je vous supplie d'aviser à ce que vous estimez pour le mieux et contribuer à la conservation de l'honneur d'une personne à qui véritablement on ne le peut ôter. »

C'était donner des verges pour se faire battre. Le 15 juin, le roi le complimenta, non sans ironie, de sa décision de rejoindre son évêché pour s'occuper de ses diocésains. Mais il lui intimait en même temps l'ordre de ne pas quitter Luçon sans autorisation. Richelieu entra dans le jeu et répondit fort gracieusement qu'il n'aurait désormais d'autres soins que de prier pour la prospérité de Leurs Majestés, le roi et la reine. Marie de Médicis finit par accepter d'être séparée de son conseiller. Elle l'exhortait même à la patience, restant persuadée que le vrai responsable était Luynes et qu'à travers l'évêque c'était elle qui était visée. Elle s'humilia jusqu'à demander au favori de lui rendre Richelieu. Celui-ci s'abstenait de répondre aux lettres qu'elle lui envoyait, par peur de se compromettre. Il se décida pourtant : « Madame, les jours que je suis sans avoir l'honneur de voir Votre Majesté m'étant des siècles, la passion que j'ai à son service ne me permet pas de différer plus longtemps de lui témoigner que, si je suis absent d'elle, je ne laisse pas d'y penser comme je dois et ainsi que sa bonté m'y oblige... »

Les mois passèrent. Richelieu cherchait à se faire oublier, mais ses ennemis se souvenaient de lui. Il fut à deux doigts d'être impliqué dans le procès de Léonora Galigaï, qui devait la conduire promptement à l'échafaud. Le procureur général Savin accusa l'évêque d'avoir entretenu avec le maréchal d'Ancre une correspondance nuisible aux intérêts du roi. Déagant para le coup ; il était encore très influent. Richelieu, dans ses lettres, répétait qu'il vivait au milieu de ses livres, heureux de pouvoir enfin consacrer tout son temps à ses chères études et aux devoirs de sa charge. Cependant, il lui était difficile, voire impossible, « de tenir la bride à son ambition ». Une querelle véhémente opposait alors les jésuites et les protestants. Le père Arnoux, confesseur du roi, avait lancé le défi, en affirmant, au cours de deux sermons, que les protestants tiraient de fausses allégations de l'Écriture. Quatre pasteurs de Charenton répliquèrent en publiant une *Défense de la confession des Églises réformées de France contre les accusations du sieur Arnould, jésuite.*

Richelieu crut bon d'intervenir, pour rappeler son existence. Il publia à son tour un livre intitulé *Les Principaux points de la foi de l'Église catholique défendus contre l'écrit adressé au Roi par les quatre ministres de Charenton.* Ce texte – que l'on peut qualifier sans réserve de remarquable – mériterait une étude exhaustive. Il oppose, de façon lumineuse, le protestantisme au catholicisme, l'un prônant la suppression des intermédiaires entre Dieu et le croyant ; l'autre, leur absolue nécessité. « Au fond, dit-il aux pasteurs, votre but est de vous chercher vous-mêmes, vous affranchissant en ce monde de toute la peine et de toute la sujétion qui se peut trouver à bien faire. » Il leur reproche de priver le peuple de son guide ordinaire qui est l'Église, sans lui en donner un autre. De là, il passe insensiblement à la politique et demande aux pasteurs pourquoi ils consentent au peuple la puissance qu'ils dénient au pape : « N'y ayant personne qui ne juge que ce soit chose beaucoup plus périlleuse d'être commis à la discrétion d'un peuple qui s'imagine quelquefois être maltraité, et qui est une bête à plusieurs têtes qui suit d'ordinaire ses passions, qu'à la correction d'un père plein d'amour pour ses enfants. » Poursuivant sa démonstration, il énumère les calamités déclenchées par les adeptes de la religion réformée depuis qu'elle existe : « Vous avez pris les armes contre trois Rois de France : François II, Charles IX, Henri III... Vous avez troublé deux Empires, dépouillé actuellement un Roi, exclu un autre de son royaume, déposé une Reine, fait la guerre à une autre pour la priver de sa couronne, pris les armes contre quatre Rois, etc. » Cependant, il prêche la modération à leur endroit, la tolérance dans un respect mutuel, car la liberté de conscience est aussi précieuse que « la prunelle de l'œil ». L'homme d'État perce toutefois sous l'évêque car, s'il admet la coexistence des deux religions, il exige une obéissance commune à la loi : c'est déjà une conception quasi laïque de l'État !

Ce livre fit grand bruit et réveilla les inimitiés contre son auteur. Pourtant, on ne trouvait rien à lui reprocher. Il faisait son métier d'évêque et de docteur en théologie. Ne fallait-il pas au contraire le féliciter de combattre la Réforme ? Mais il ne pouvait s'empêcher d'en rajouter toujours. Il écrivait au roi, à

Déagant, pour les assurer de sa tranquillité, de son dévouement. Il faisait appel au père Joseph du Tremblay, pour prendre sa cause en main, faire taire les calomnies, en clair préparer son retour à Paris. Luynes s'ébroua. Il fallait en finir. Sous un prétexte fallacieux, il lui envoya commandement, le 7 avril 1618, de partir pour Avignon. Son frère Louis de Richelieu, son beau-frère Pont-Courlay, frappés du même exil, devaient l'accompagner.

II

LES ORAGES PASSENT

Les motifs allégués par Louis XIII pour exiler Richelieu étaient minces : « les fréquentes visites et assemblées, allées et venues diverses qui se font aux lieux où vous êtes et dont plusieurs de nos sujets prennent ombrage et défiance ». L'évêque répondit en demandant une enquête « par quelqu'un dépouillé de passion ». Toutefois, il prit la route dès le surlendemain, redoutant peut-être une arrestation. Parvenu à Avignon, il loua une maison meublée proche du couvent des Minimes. Il s'y installa en compagnie de Louis de Richelieu, de Pont-Courlay, de son secrétaire Le Masle et de quelques domestiques. Avignon, capitale du Comtat Venaissin, appartenait au pape ; elle était administrée par un vice-légat et, par rapport à la France, jouissait d'une autonomie complète. C'est dire que le droit de Louis XIII d'y exiler un indésirable paraît des plus contestables. La ville était peuplée d'une majorité d'Italiens. L'architecture était italienne. On parlait italien. Les rues étaient extraordinairement animées et bruyantes, bordées de négoces. Au milieu des riches patriciens entourés de leurs clientèles, les quelques nobles français faisaient piètre figure. Autour du vice-légat, les ecclésiastiques-fonctionnaires menaient leurs intrigues ; ils n'avaient rien à envier sur ce chapitre à leurs confrères de Rome. Richelieu ne rencontra guère de sympathie ; il était même assez suspect. Il vécut donc fort retiré, ne pouvant faire autrement. Il se savait d'ailleurs épié. Le pape avait pris sa défense, mais il reprochait surtout à Louis XIII d'avoir agi sans son accord, en lui rappelant que la prélature relevait de son autorité. Mais il n'entendait point se brouiller avec la cour de France et l'affaire fut vite oubliée. L'Église abandonne parfois ses serviteurs, quand ils ont cessé d'être utiles et quels que soient leurs services antérieurs.

Richelieu touchait le fond. Son seul réconfort était la présence de son frère, de son beau-frère et du fidèle Le Masle. Pour occuper son temps, il écrivit une sorte de plaidoyer, qu'il intitula *Caput apologeticum* et qui était principalement une justification de sa conduite pendant ses cinq mois de ministère. J'en relève ce passage résumant tout le reste : « À un homme malheureux, on lui impute tout à faute. Il dépensait en sa charge : on l'en estimait en ce temps, maintenant on le lui impute : il faisait le prince ! – Il était libre, franc et ferme : il en était loué ; cependant, maintenant il en reçoit blâme. Tout tourne en violence. – Il n'était point intéressé ; maintenant, c'est vanité. – Faisait sa charge avec splendeur, c'est gloire. – En un mot, les vertus d'un homme en faveur sont vices en disgrâce. »

Il complétait aussi son *Instruction du chrétien*, destinée à ses ouailles de Luçon. Il correspondait avec son grand vicaire, qui, en son absence, gérait le diocèse. Il s'occupait de l'installation d'un hospice confié aux Capucins. Et il s'ennuyait ferme, traversant des périodes d'abattement dont l'affectueuse énergie de son frère avait peine à le tirer ! De nouveaux malheurs l'affligèrent. Louis, dans la précipitation du départ, avait dû laisser à Richelieu sa jeune femme, Marguerite Guiot des Charmeaux. Elle était enceinte et de ce fait ne pouvait le rejoindre à Avignon. Elle accoucha le 14 octobre 1618, et mourut le lendemain. Louis demanda au roi l'autorisation de quitter Avignon pour s'occuper de l'enfant laissé aux mains des nourrices. La permission lui fut accordée, mais, avant de partir, il apprit la mort de l'enfant survenue le 15 décembre 1618. C'était un fils, le dernier de la lignée. Privé de son frère, l'évêque s'enfonça dans la tristesse et fut à ce point hanté par l'idée de la mort qu'il rédigea un « testament », sous forme de lettre au chapitre de Luçon. Parmi d'autres dons, il léguait au séminaire qu'il avait fondé sa bibliothèque, les revenus de l'abbaye de L'Île-Chauvet et une somme de mille livres. Il semblait alors avoir renoncé aux vanités du monde.

Tout à coup, son destin s'éclaira. Un cavalier, venu de Paris, se fit annoncer. C'était le frère du père Joseph du Tremblay. Il apportait, en grande urgence, une lettre du roi. Sa Majesté rappelait l'exilé et lui intimait l'ordre de se rendre sans retard à Angoulême, pour y reprendre ses fonctions de chef du Conseil auprès de la reine mère.

Que s'était-il passé ? Un événement d'une gravité extrême, laissant à nouveau craindre une guerre civile. Les Grands se dressaient contre Luynes comme ils l'avaient fait au temps de Concini et pour des raisons analogues ! Un Italien en était la source : Ruccelaï. Cet aventurier, qui ne manquait ni d'audace ni d'imagination, avait supplanté Richelieu dans la faveur de Marie de Médicis. Il s'était mis en tête de former un parti d'opposition assez fort pour ébranler le pouvoir de Luynes, en tout cas pour amener celui-ci à composer. La reine mère serait le chef de ce vaste mouvement : l'idée ne pouvait lui déplaire ! Elle venait de subir une humiliation encore plus cruelle que les précédentes. Le mariage de sa fille Christine de France (sœur de Louis XIII) avec le prince de Piémont avait été négocié et décidé sans son accord. C'était en quelque sorte lui dénier sa qualité de mère, et il est évident que cet affront passait la mesure. Luynes était alors au comble de la faveur et, dès lors, on comprend mal son acharnement à l'encontre de Marie de Médicis. Mais, comme tous les favoris, il était incertain du lendemain, à la merci d'un revirement du roi. Malgré les apparences, Louis XIII était extrêmement jaloux de son autorité et d'une humeur ombrageuse. C'est pourquoi Luynes, redoutant toujours le retour de la reine mère, la provoquait à chaque occasion, en espérant qu'elle se perdrait elle-même par quelque initiative extravagante. Il n'y réussit que trop bien !

Cependant, Ruccelaï courait les chemins pour recruter des adhérents, sans beaucoup de succès. La reine mère eut alors l'idée de l'envoyer à Sedan, pour y rencontrer le duc de Bouillon (dont on connaît les talents de conspirateur). Le duc se déroba, mais il conseilla à Ruccelaï de s'adresser au duc d'Épernon. Cet ancien favori d'Henri III, devenu très grand seigneur, jalousait la réussite de Luynes. Il prêta une oreille complaisante aux paroles sucrées de Ruccelaï. Un plan fut arrêté sur-le-champ. Épernon quitterait Metz, pour gagner son gouvernement d'Angoumois. Un émissaire serait dépêché à la reine mère, laquelle s'échapperait de Blois et rejoindrait le duc à Angoulême. Le duc d'Épernon partit de Metz le 22 janvier 1619, précédé par son frère, l'archevêque de Toulouse, qui était du complot. Il traversa la France avec une escorte de cavaliers et arriva à Confolens au bout de vingt jours. N'ayant aucune nouvelle de la reine mère, il envoya à Blois deux hommes de confiance : Cadillac et du Plessis. Le premier, simple valet de chambre, s'introduisit facilement chez la reine. Elle ignorait l'arrivée d'Épernon et de l'archevêque de Toulouse, l'émissaire chargé de la prévenir ne s'étant pas présenté. Elle ne sut que répondre, et d'autant moins que ce valet n'inspirait pas confiance. Il fut suivi par du Plessis qui la rasséréna et la décida à agir. Elle était entourée d'espions et ne pouvait sortir du château de Blois, sans que sa fuite ne fût aussitôt dénoncée au roi.

Il fallait donc envisager une évasion. Un jeune gentilhomme, le comte de Brenne, se chargea de l'organiser. Quand le projet fut au point, l'archevêque de Toulouse s'avança jusqu'à Montrichard. Le duc d'Épernon était à Loches, soudain plein d'appréhensions. Il ne croyait pas la reine capable de descendre par des échelles de corde jusqu'au fossé bordant le château. L'intrépide Cadillac revint à Blois, le 22 février, à la nuit tombée. Il rencontra le comte de Brenne. Deux échelles pendaient le long de la muraille, l'une permettant de descendre sur la terrasse, l'autre dans le fossé. Il monta jusqu'à la fenêtre de la reine, entra dans la chambre. Elle retroussa elle-même sa robe. Brenne passa le premier, puis la reine, puis du Plessis et, à la suite, Cadillac, la femme de chambre Catherine et deux des exempts des gardes. La reine était grosse, lourde et malhabile ; elle tremblait de peur. Elle parvint tout de même au bas de la première échelle et s'affaissa, épouvantée, épuisée. On la mit dans un manteau et on la descendit au bout d'une corde, comme un paquet. Il y avait cent vingt pieds (environ quarante mètres) de la fenêtre au sol ! Le comte de Brenne et du Plessis remirent péniblement sur pied la grosse dame et la conduisirent vers la rivière : un carrosse attendait dans une ruelle à proximité du pont. On prit la route de Montrichard, où l'on changea les chevaux. De là, on se rendit à Loches. Épernon y établit ses quartiers. À Blois, l'évasion de la reine ne fut découverte que le lendemain.

Quand la nouvelle en parvint à Saint-Germain, où se trouvait le roi, ce fut un émoi général. Louis XIII rentra à Paris, réunit son Conseil. Il était furieux. Luynes partageait ses sentiments. Le roi voulait tuer la révolte dans l'œuf, descendre vers la Loire. Des rumeurs menaçantes circulaient, selon lesquelles plusieurs grands seigneurs, appuyés par le parti protestant, s'apprêtaient à rejoindre Épernon. On se crut au bord d'une nouvelle guerre civile. Le 25 février, le Parlement déclara criminels de lèse-majesté ceux qui prendraient les armes sans la permission du roi. Le 26, ce dernier reçut une lettre de sa mère déclarant qu'elle s'était mise sous la protection du duc d'Épernon, « parce que l'affection de ce seigneur et sa fidélité au bien de l'État n'avaient jamais été contestées ». La colère du roi s'apaisa. Certains lui conseillaient de traiter sa mère avec bénignité. Luynes, qui n'aimait pas beaucoup la guerre, était de cet avis. Il fallait pourtant sauver la face. On imputa la responsabilité de l'évasion au duc d'Épernon, lequel eût osé attenter à la liberté de la reine mère au moment même où le roi projetait de se réconcilier avec celle-ci. Dans cette foulée, on révoqua le duc de sa charge de colonel général de l'infanterie, et on lui enleva ses gouvernements. Dès lors, il était clair que la reine mère serait traitée avec ménagement. Béthune et le père de Bérulle reçurent l'ordre de partir pour Angoulême, afin d'y rencontrer la reine et de rechercher avec elle une solution pacifique.

Ce fut alors qu'on se souvint de l'évêque de Luçon et que Luynes comprit la bêtise qu'il avait faite. En privant Marie de Médicis de son conseiller, on l'avait jetée dans les bras du duc d'Épernon et de Ruccelaï. D'où la lettre de Louis XIII confiée au frère du père du Tremblay, l'ordre donné à Richelieu de se rendre à Angoulême dans les plus courts délais…

Richelieu reçut la missive royale le 7 mars 1619. Le lendemain, il était en voiture. Or, il avait résilié le bail de sa maison le 13 février. Qui l'avait prévenu de son prochain départ d'Avignon ? Déagant ? Le père du Tremblay ? Cette question reste sans réponse. La saison était mauvaise. Divers incidents retardèrent le voyage. Il n'arriva à Angoulême que le 27 mars. La reine fut heureuse de le revoir. Épernon et Ruccelaï ne partageaient pas son bonheur. Richelieu reprit ses fonctions de chef du Conseil. Ses comparses étaient indécis. Il ne lui fut pas difficile d'imposer ses vues. Épernon accepta d'autant plus volontiers la réconciliation de la reine mère avec son fils, que les Grands n'avaient pas répondu à son appel et que Schomberg, à la tête des troupes royales, marchait vers Angoulême. Toujours aussi entêtée, la reine se montrait cependant réticente. Les négociations traînèrent, chaque parti pratiquant la surenchère. On finit pourtant par se mettre d'accord. La paix dite d'Angoulême fut signée le 12 mai. Richelieu avait obtenu le maximum : l'amnistie pleine et entière était accordée aux conjurés ; la reine recevait le gouvernement de l'Anjou, la place forte d'Angers, Les Ponts-de-Cé et Chinon. Une fois de plus, l'évêque avait réussi un coup de maître, en satisfaisant les deux partis. On ne tarissait pas d'éloges sur son compte. Les vieilles amitiés resurgirent. Il avait à nouveau le vent en poupe.

III

L'ENTREVUE DE COUZIÈRES

Sa joie fut de courte durée. Comme chef du Conseil de la reine mère, il avait nommé Louis de Richelieu gouverneur d'Angers. Thémines convoitait ce poste. Il provoqua son rival et le tua, le 8 juillet. L'affliction de l'évêque fut extrême, car il aimait profondément son frère. « La séparation du corps et de l'esprit ne se peut faire sans un grand effort de la nature, et celle de deux esprits qui ont toujours vécu ensemble en étroite amitié ne se fait pas avec moindre peine », nota-t-il dans ses carnets. Sa haine des duels remonte à cet épisode tragique.

Pourtant, il se devait de surmonter son chagrin. Il remplaça Louis par Amador de La Porte, l'oncle commandeur de Malte. Son beau-frère, le marquis de Brézé, devint capitaine des gardes. Villesavin fut évincé et remplacé par Claude Bouthillier. Marillac fut nommé intendant de la justice. Richelieu faisait place nette. La reine approuvait toutes ses décisions.

Cependant, il restait une grosse partie à jouer. La rencontre entre Louis XIII et sa mère devait sceller leur réconciliation. Luynes tenait à ce qu'elle fût publique, pour s'en attribuer le mérite. Richelieu n'y était pas opposé, mais il entendait monnayer son concours : il voulait le chapeau de cardinal ! D'ailleurs, on le lui avait promis (à demi) pendant les pourparlers de paix. Quand il eut épuisé tous les moyens dilatoires, il dut se résoudre à « conseiller » la rencontre. On convint qu'elle aurait lieu le 5 septembre 1619, au château de Couzières, un manoir appartenant au duc de Montbazon, beau-père de Luynes. La reine arriva la veille et passa la nuit à Couzières. Louis XIII arriva dans la matinée du 5. On les conduisit dans le jardin. Ils s'embrassèrent, versèrent quelques larmes de circonstance, échangèrent quelques mots dépourvus de chaleur et ne surent plus que dire. Le duc de Montbazon et l'évêque se tenaient à quelque distance. La réconciliation s'arrêta là, mais enfin elle était effective ! Ensuite la mère et le fils partirent, séparément, pour Tours, où la cour attendait. Marie de Médicis et Richelieu y passèrent plusieurs jours, dans unc atmosphère irrespirable. Elle devait céder le pas à sa belle-fille, la jeune reine Anne d'Autriche, devenue enfin la femme de son mari (si l'on peut dire !). La ci-devant infante nageait en plein bonheur et ne perdait pas une occasion d'affirmer sa prééminence.

Luynes cajolait tout le monde, en particulier Richelieu. Les promesses ne lui coûtaient rien. Mais, en même temps, il écrivait à Rome pour faire attribuer le chapeau de cardinal à l'archevêque de Bordeaux et il préparait la libération du prince de Condé incarcéré à la Bastille. Or, Condé tenait la reine mère et Richelieu pour responsables de son emprisonnement. « C'est le style des Provençaux d'être faciles à promettre et difficiles à tenir ; mais, sur les preuves que Luynes a données de son infidélité, on peut dire que sa personne l'a enchéri au-dessus de sa nation [1]. » Quoi qu'il en soit, le favori triomphait, ce qui déplaisait fort à l'évêque, comprenant qu'il était la dupe ! Au bout de quelques jours, chacun rentra chez soi : Louis XIII à Paris, Marie de Médicis à Angers ; l'évêque fit un crochet par Luçon. L'entrée de la reine mère dans sa capitale fut supérieurement agencée. Elle prit même le caractère d'un triomphe. Huit cents gentilshommes à cheval, des milliers d'hommes en armes composaient l'escorte. Ils défilèrent dans les rues, au milieu des acclamations. Que signifiaient ce déploiement de forces, cette manifestation populaire ? On aperçoit ici la raison véritable de l'absence de Richelieu.

Les picoteries entre la mère et le fils recommencèrent. Le colonel d'Ornano fut nommé gouverneur de Monsieur, frère du

1. *Mémoires* de Richelieu.

roi, sans que Marie de Médicis eût été consultée. Condé sortit de la Bastille. Le Parlement enregistra une déclaration royale présentant le prince comme une victime du gouvernement précédent. La reine mère protesta. Louis XIII lui répondit par des promesses, qui ne furent pas tenues. Peu après, il promut soixante chevaliers du Saint-Esprit. Tous étaient des créatures de Luynes. Aucune des propositions faites par la reine mère n'avait été retenue.

Ces provocations étaient risquées. Le mécontentement se généralisait. Luynes en était la cible. Il suivait exactement la pente de Concini, avec la même méconnaissance des réalités et la même impudence. Son frère Cadenet venait d'être promu maréchal de France, bien que ses services et ses mérites fussent nuls. Lui-même, non content d'être duc et pair, avait enlevé le gouvernement de Picardie au duc de Longueville, contraint d'Arquien à lui céder Calais, acheté Boulogne au duc d'Épernon, comme s'il eût voulu se constituer une principauté. Il distribuait les pensions à son gré. Il avait néanmoins plus d'ennemis que d'amis, et les grands seigneurs commençaient à le haïr. Le plus étrange est qu'il ne détenait aucun titre officiel. Il n'était point chef du Conseil, mais il avait l'œil et l'oreille du roi. Louis XIII lui continuait sa confiance et ne décidait rien sans le consulter. Il lui laissait prendre des initiatives audacieuses et pourvoir les charges vacantes. Luynes en profitait pour placer ses amis. Cette insolente fortune ne pouvait se prolonger indéfiniment.

La libération de Condé servit de prétexte au comte de Soissons (un Bourbon-Vendôme) pour rompre avec la cour. Il s'enfuit dans le Perche. Cette fuite entraîna celles du duc de Longueville en Normandie, du duc du Maine en Guyenne, du duc d'Épernon à Angoulême, des Vendôme en Bretagne. Le duc de Rohan, chef du parti protestant, se rendit à Angers ; il incita la reine à une action armée. Cependant, Luynes détenait encore un atout : faire revenir Marie de Médicis à Paris, nonobstant le péril que cela présentait pour lui. Il voulait éviter à tout prix un affrontement. Richelieu était désormais le maître de la situation. Sans décevoir les envoyés de Luynes, il s'efforçait de retarder le voyage, tout en assurant que la reine y était résolue. Les semaines passaient et le départ était toujours remis à une date ultérieure, que l'on se gardait bien de fixer. En juin 1620, Luynes envoya son beau-père signifier à Richelieu que le roi s'étonnait fort du procédé de sa mère, et qu'il l'en rendait personnellement responsable. L'évêque était invité à convaincre la reine de partir au plus vite, à peine de s'exposer à de rudes sanctions. Richelieu ne s'émut pas outre mesure. Il ne prit aucun engagement, sinon de redoubler de courage pour bien faire, ce qui ne signifiait rien. Luynes s'abaissa jusqu'à mendier son appui. Richelieu demeura inébranlable, toutefois sans aller jusqu'à la rupture.

De fait, il était trop perspicace pour tabler sur l'esprit de suite des grands seigneurs, sur l'efficacité des aventuriers de toute espèce et des intrigants qui se rassemblaient sous la bannière de la reine mère. La majorité d'entre eux poussait à l'intervention militaire. Ils espéraient, sans beaucoup de judiciaire, que le royaume entier se soulèverait contre Luynes. Les plus audacieux rêvaient de débarrasser le roi de ce favori, comme on avait fait du maréchal d'Ancre ; ils rêvaient surtout de la bonne fortune de Vitry et de son bâton de maréchal. Un fonds de loyalisme persistait chez Richelieu. Il l'avait hérité de ses aïeux. Pour eux comme pour lui la seule autorité valable venait du roi. D'où ses hésitations, et ses précautions de langage. Toutefois, à court d'arguments, il se laissa emporter par la tempête. Il s'agissait pour lui, non point d'en venir aux mains, mais de montrer sa force pour impressionner le roi. Il n'empêche que, cédant à ses penchants, il organisa la résistance, nomma Marillac maréchal général, répartit les commandements, hâta les préparatifs. En théorie, le territoire insurgé s'étendait, de part et d'autre de la Loire, des Pyrénées à la Normandie. Angers en était le centre. Toutes les places fortes de l'ouest du royaume étaient aux mains des rebelles. Le parti de la reine mère était devenu en quelques mois une formidable puissance : sur le papier ! D'ailleurs, le parti du roi et par conséquent de Luynes était moins affaibli qu'on ne l'imaginait. Nombre de courtisans n'avaient point imité les Vendôme et leurs affidés. Le vieux Bassompierre disait dans son langage de soldat qu'il valait mieux se tenir toujours au gros de l'arbre, suivre le parti « où il y a le sceau et la cire », c'est-à-dire celui du roi. Beaucoup pensaient que la rébellion serait sans lendemain et porterait seulement dommage au pauvre peuple. Le plus acharné contre la reine mère et ses complices était le prince de Condé ; il redoublait de zèle depuis sa libération et réclamait à grands cris la guerre ! Luynes, les ministres trop chenus pour être combatifs, les membres du Conseil préconisaient la négociation. Le roi trancha :

– « Parmi tant de hasards qui se présentent, déclara-t-il soudain, il faut marcher aux plus grands et aux plus prochains, et c'est la Normandie. Je veux y aller tout droit et n'attendre pas, à Paris, de voir mon royaume en proie et mes fidèles serviteurs opprimés. J'ai un grand espoir dans l'innocence des armes. Ma conscience ne me reproche aucun manque de piété à l'égard de la Reine ma mère, ni de justice à l'égard de mon peuple, ni de bienfait à l'égard des grands de mon royaume. Par conséquent, allons ! »

Quelqu'un essaya de le dissuader d'aller en Normandie.

– « Vous n'êtes pas de mon conseil, répliqua le roi. J'en ai pris un plus généreux. Sachez que, quand les chemins seraient tous pavés d'armes, je passerais sur le ventre de tous mes ennemis... »

C'était une réponse digne du roi Henri. Le roi se mit en route le 6 juillet, avec Monsieur, le prince de Condé, trois maréchaux et six mille hommes. Le 8, il arriva en vue de Rouen. Le duc de Longueville ne l'attendit pas et déguerpit piteusement. Le roi fit son entrée dans la ville. La foule l'applaudit frénétiquement. La ville de Caen avait été fortifiée par le grand prieur de Vendôme, qui se replia précipitamment sur Angers, en confiant la défense à un capitaine nommé Prudent. La ville se rendit le 15 juillet, à l'approche du roi. Prudent, qui s'était enfermé dans le château, capitula le 17. Ces nouvelles tombèrent coup sur coup sur les conjurés d'Angers. Ils commencèrent à se déchirer. Marillac manquait d'autorité et de compétence. Ses pronostics étaient faux. Sur les cinquante mille hommes qu'il avait prévus, ne s'en présentèrent que quinze mille, mais les officiers surabondaient, qui se disputaient les commandements. Richelieu prétend, dans ses *Mémoires*, qu'il incita la reine à traiter, mais qu'il ne fut pas écouté : on a quelque peine à le croire.

Cependant, l'armée royale s'avançait. Verneuil, Vendôme et Dreux ouvrirent spontanément leurs portes. Le 2 août, elle était au Mans et, le 4, à La Flèche, où elle fut rejointe par un corps de troupe levé par Bassompierre. Elle comptait désormais douze mille hommes et mille deux cents chevaux. Le roi la passa en revue. Il avait si fière allure qu'il « déroba le cœur » de tous ses soldats. Il tombait sous le sens que la partie était perdue pour les rebelles. Mais la reine mère s'opiniâtrait. Elle faisait fond sur la pugnacité de ses propres troupes. Les rodomontades de Marillac et de quelques écervelés égaraient son jugement et, surtout, l'appétit de vengeance l'animait. Luynes cherchait toujours un terrain d'entente. Il envoyait des émissaires à Richelieu, persuadé que l'évêque était le nœud de la rébellion. Selon sa méthode, celui-ci ne repoussait pas les offres de paix, sans les accepter. Luynes, de plus en plus mal à l'aise, essayait de convaincre le roi de suspendre les hostilités durant les négociations. Il s'attira cette réponse :

– « Je ne vous demande pas de résoudre présentement si je dois attaquer ou laisser Angers ; il faut premièrement que je sache si la Reine, ma mère, y demeurera ou si elle s'en ira. Si elle quitte Angers et se retire en Poitou, il faut jeter le fourreau de nos épées dans la Loire ; si elle y demeure, nous aurons la paix bientôt. »

Cet avis était pertinent. On pouvait craindre en effet que les rebelles n'abandonnassent Angers, pour se retirer en Poitou, ou en Angoumois, et s'y renforcer. Si Marillac et ses lieutenants avaient eu quelque jugement, ils auraient ordonné le repli. Leurs forces étaient insuffisantes pour défendre Angers. Ils n'avaient pas reçu les renforts que devaient amener les ducs d'Épernon et du Maine. Ne pouvant mieux faire, ils fortifièrent en hâte Les Ponts-de-Cé qui, traversant la Loire, donnaient accès à Angers. Ces deux ponts, bâtis sur des îlots sablonneux, étaient défendus par une petite forteresse. Les rebelles avaient construit un retranchement, très exactement un parapet de terre, en avant de ce dispositif. Le 6 août, les royaux campaient à trois lieues d'Angers. Le 7, au début de l'après-midi, ils attaquèrent Les Ponts-de-Cé. Le roi disposa son armée en un seul corps de bataille, encadré par deux régiments d'élite : Picardie et Champagne. Une partie des rebelles avait franchi le parapet. Ils s'efforçaient de faire bonne contenance, mais ne voyaient pas sans appréhension s'avancer la masse imposante des royaux, cornettes déployées. Ils se montraient le roi, au milieu de ses maréchaux : il avait revêtu sa cuirasse et montait un cheval blanc. À la première volée de balles, ils se replièrent derrière le retranchement. Ce fut le moment que choisit le duc de Retz pour déserter, avec mille cinq cents hommes. La panique saisit alors les rebelles. Ils se précipitèrent vers le pont dans une bousculade épouvantable. Les royaux chargèrent. Certains entrèrent dans la ville au milieu des fuyards. À sept heures du soir, toute résistance cessa. Louis XIII était resté toute la journée à cheval, au milieu de ses hommes. Les vétérans de Picardie ou de Champagne, le vieux Bassompierre, en avaient les larmes aux yeux. C'était Henri IV, le roi au panache blanc, qui ressuscitait !

Autour de la reine mère, régnait la consternation. Les uns lui conseillaient de se retirer à Angoulême (ce qui n'était plus possible, car les royaux gardaient les portes), les autres de traiter. Richelieu seul conservait son sang-froid. Il avait compris que le roi, tenant sa mère à merci, n'abuserait pas de sa victoire. Le lendemain, il se rendit au camp royal et fut bien accueilli, notamment par Luynes. Les négociations aboutirent promptement. Le 10 août, la paix était signée, dans des conditions inespérées pour la reine mère. Elle conservait Angers et Les Ponts-de-Cé, ainsi que tous les avantages précédemment accordés. Elle recevait en outre une indemnisation pour couvrir les dettes qu'elle avait contractées. Les prisonniers étaient libérés. Les rebelles recouvraient leurs charges et leurs gouvernements. Aucune poursuite ne serait engagée contre eux. Quant à Richelieu, on lui promettait, fermement, le chapeau de cardinal. Bien plus, Luynes lui demanda la main de sa nièce de Pont-Courlay pour son neveu Combalet. Il va sans dire qu'il essayait de mettre l'évêque dans son jeu. Il lui demanda même d'inciter la reine mère à reprendre sa place à la cour. Richelieu le lui promit, tout en posant comme condition que la reine reprît aussi sa place au Conseil. Luynes se rembrunit et l'on en resta là.

Le 13, la mère et le fils se rencontrèrent au château de Brissac. Cette entrevue mettait le point final à ce que l'on appela « la drôlerie des Ponts-de-Cé ». Cette drôlerie avait tout de même coûté cinq ou six cents morts. Mais enfin pour Louis XIII l'essentiel était acquis : sa mère s'était solennellement engagée à vivre en bonne intelligence avec lui. Le retour de celle-ci à la cour, ses accès au Conseil étaient une affaire de temps.

Rebelle malgré lui, et rebelle pardonné, Richelieu tira une merveilleuse leçon de ces événements :

« Je reconnus, en cette occasion, que tout parti composé de plusieurs corps qui n'ont aucune liaison que celle que leur donne la légèreté de leurs esprits, qui, en leur faisant toujours improuver le gouvernement présent, leur fait désirer du changement sans savoir pourquoi, n'a pas grande subsistance ; que ce qui se maintient par une autorité précaire n'est pas de grande durée ; que ceux qui combattent contre une puissance légitime sont à demi défaits par leur imagination ; que leur imagination, qui leur représente les bourreaux en même temps qu'ils affrontent les ennemis, rend la partie fort inégale, y ayant peu de courages assez serrés pour passer par-dessus ces considérations avec autant de résolution que s'ils ne les connaissaient pas. »

IV

CAMPAGNE CONTRE LES PROTESTANTS

Pour éclairer le comportement de Louis XIII à l'égard des protestants, il faut d'abord considérer la situation internationale. L'Europe avait adopté une sorte de consensus, mais aucun des problèmes de fond n'avait été réglé. Elle restait en effet divisée en deux camps hostiles. Se couvrant de la religion catholique, les Habsbourg, ceux d'Espagne et ceux d'Autriche, entendaient maintenir leur hégémonie au détriment de la France. Au nom de la religion réformée, les princes allemands supportaient difficilement le joug qui leur était imposé par l'empereur. En 1617, l'unité de l'Empire paraissait plus théorique qu'effective. L'empereur Matthias vieillissait, sans héritier direct. Il avait affaibli le pouvoir impérial en l'arrachant naguère à son frère aîné. Il désigna son successeur en la personne d'un de ses cousins, Ferdinand, archiduc de Styrie. Il le fit élire roi de Bohême en 1617 et roi de Hongrie, l'année suivante. Il mourut en 1619. Les princes électeurs élurent Ferdinand empereur. Cette élection fut mal acceptée. L'année précédente, les protestants de Bohême avaient défenestré ses envoyés. Cette défenestration marqua le début de la guerre de Trente Ans, sanglant conflit entre l'Allemagne du Nord et l'Allemagne du Sud, qui ne se termina qu'avec les traités de Westphalie (1648). La nouvelle de la défenestration de Prague avait stupéfié l'Europe et provoqué le sursaut général des protestants. L'Électeur palatin Frédéric fut élu roi de Bohême. L'affrontement était inévitable entre Ferdinand et cet « usurpateur ». La Bohême et la Hongrie menaçaient de faire sécession. L'empereur appela au secours. L'Espagne répondit à cet appel, ne pouvant tolérer le démembrement de l'Empire au profit du parti réformé, ni l'abaissement des Habsbourg d'Autriche.

Cependant Ferdinand, ne sachant à quel saint se vouer, avait également demandé au Roi Très Chrétien d'intervenir. La France avait une grande partie à jouer ! Elle était à même d'arbitrer le conflit entre les belligérants. Mais Louis XIII n'avait que dix-neuf ans, des ministres caducs, un favori tout à fait incapable d'affronter une situation de cette envergure, au surplus dans la main des jésuites. Aider à la restauration de la puissance autrichienne était contraire aux intérêts de la France et à sa politique traditionnelle. Ne pas l'aider, c'était accroître indirectement la puissance des réformés allemands, provoquer une éventuelle et dangereuse réaction des protestants français ; c'était aussi desservir l'Église romaine. On promit des soldats, mais on envoya des diplomates ! Quand on ménage la chèvre et le chou, on est assuré de perdre sur les deux tableaux. Le résultat ne se fit pas attendre : les impériaux écrasèrent le prince Frédéric, pseudo-roi de Bohême, à la Montagne Blanche (8 novembre 1620). Frédéric fut dépossédé de ses États. L'Empire ressaisit la Bohême et la Hongrie. Cette grosse bataille clôt la première phase de la guerre de Trente Ans.

La France, par son abstention, avait permis la consolidation des Habsbourg d'Autriche. Elle se ravalait elle-même au rang de puissance de second rang. Les princes allemands, l'Europe entière la jugeaient avec sévérité. Une agitation sourde gagnait les protestants français. Ils s'effrayaient des progrès des jésuites, redoutaient une lame de fond catholique, non sans raison, car l'idée d'une extirpation de l'hérésie était dans l'air. D'où leurs réunions, les précautions qu'ils entendaient prendre pour résister et leurs démarches auprès du roi d'Angleterre. Un bref moment, les jésuites crurent avoir triomphé des hésitations de Louis XIII. Ils se trompaient sur ses intentions. Le jeune roi ne voulait point extirper l'hérésie, mais il ne pouvait tolérer plus longtemps les allées et venues et les assemblées des protestants.

Il les laissait libres de pratiquer la religion de leur choix, non pas de former un État dans l'État et de se comporter comme des sécessionnaires. L'exemple de leurs coreligionnaires de Bohême lui donnait à penser.

Une grave question restait en suspens depuis les états généraux de 1614 : celle du rattachement de l'ancien royaume de Navarre (et de Béarn) à la couronne. Louis XIII s'intitulait roi de France et de Navarre, mais la Navarre gardait ses propres lois, elle n'était pas réellement partie intégrante du royaume. Ses habitants revendiquaient une indépendance de droit et de fait. Naguère, la reine Jeanne d'Albret, mère d'Henri IV, avait aboli le culte catholique dans ses États. L'édit de Nantes n'avait pas été appliqué en Navarre ; l'Église catholique y restait spoliée de ses avoirs et de ses droits. En 1617, l'assemblée de La Rochelle avait pris position en faveur des Béarnais, se dressant contre l'autorité royale. Le roi décréta néanmoins, par un édit rendu à Fontainebleau, que les biens confisqués à l'Église de Navarre lui seraient rendus, contre indemnisation. Le commissaire royal, Renard, envoyé à Pau pour notifier cet édit, fut chassé honteusement. L'assemblée de La Rochelle encourageait les Béarnais à résister. Ce fut en vain que plusieurs chefs protestants essayèrent de s'entremettre. On s'armait en secret. Les exaltés cherchaient l'affrontement sans en mesurer les conséquences. La Force, gouverneur de Navarre, était de ceux-là ; il tenait pourtant sa charge du roi.

Ce fut dans ce climat que Louis XIII décida d'en finir avec cette rébellion larvée, plus dangereuse que celle des Grands. Il venait de signer le traité d'Angers avec sa mère et disposait d'une armée, sans doute peu nombreuse, mais composée d'excellents soldats et bien encadrée. Il quitta Brissac et se dirigea vers Poitiers. Les Béarnais avaient appris la victoire des Ponts-de-Cé. Ils prirent peur et envoyèrent leurs délégués à Poitiers :

– « Sire, déclarèrent-ils, nous nous rangeons auprès de vous et vous rapportons entièrement notre intégrité et protestons à Votre Majesté que nous sommes prêts à recevoir vos commandements, à suivre vos volontés et à rendre le bien [1] dont nous avons joui jusqu'à présent. »

1. Les biens de l'Église.

Le roi ne fut pas dupe. Ces députés n'offraient qu'une apparence de soumission ; ils cherchaient à gagner du temps et, plus encore, à empêcher le roi de se rendre en Béarn. Négligeant les avis des attentistes qui faisaient craindre un soulèvement général des huguenots et appréhendaient surtout la mauvaise saison, il passa outre. Les papistes applaudirent, sans se rendre compte que l'Espagne les manipulait par l'intermédiaire du pape et du nonce apostolique. L'intérêt des Espagnols était en effet de faire se combattre entre eux les Français, sous les étendards de la religion ! Le père Arnoux, confesseur du roi, son ami le père de Bérulle, le cardinal de La Rochefoucauld et le cardinal de Retz, tous les ultramontains voyaient dans ce voyage en Navarre une sorte de croisade, analogue à la croisade contre les Albigeois sous Philippe Auguste. Les objectifs de Louis XIII étaient plus limités : simplement imposer son autorité à des sujets au bord de la révolte. Sa « croisade » était pour ainsi dire laïque, si, néanmoins, elle servait les intérêts de l'Église. Il occupa sans coup férir Saint-Jean-d'Angély, dont il retira le gouvernement au duc de Rohan. Il passa ensuite par Blaye et Bordeaux et, de là, se dirigea vers Polignac. Le conseil de Béarn envoya à nouveau ses délégués pour reprendre les négociations. Il leur répondit avec humour :

– « Puisque mon conseil de Pau a voulu me donner la peine d'aller moi-même vérifier mes Édits, j'irai et je le ferai plus amplement. »

Et à La Force qui se portait garant de la soumission des Béarnais :

– « La Force, vous avez intérêt à ce que j'aille à Pau appuyer votre faiblesse. »

Comme il s'apprêtait à franchir la frontière du Béarn, une ultime délégation tenta de le fléchir, mais il fut inflexible :

– « Je n'entrerai à Pau que comme souverain du Béarn et s'il y a une église pour y descendre. »

Il fit son entrée dans cette ville le 15 octobre 1620. Le 17, le clergé réoccupa l'église Saint-Martin. Le 19, le roi abolit les milices locales et réinstalla le parlement. La principauté de Béarn et le royaume de Navarre étaient définitivement incorporés à la couronne. Le 7 novembre, le roi rentrait à Paris, où il fut reçu triomphalement. Les Parisiens exultaient d'avoir enfin retrouvé un vrai roi.

Cette promenade militaire ne terminait rien. Un instant terrorisés, les protestants se ressaisirent. Dès la fin de décembre, une assemblée de soixante-cinq membres, représentant toutes les provinces huguenotes du royaume, se réunit à La Rochelle. Le maire la reçut, bien que le roi l'eût interdite. Elle instaura une sorte de gouvernement insurrectionnel. Les gouverneurs des places de sûreté, ceux des villes gagnées au protestantisme, reçurent l'ordre impératif de se préparer à soutenir un siège. Un impôt fut institué pour constituer un trésor de guerre. Six membres furent élus pour siéger aux côtés du maire de La Rochelle. Ce conseil extraordinaire ressemblait fort à un comité de salut public. Il décréta la mobilisation générale. En février 1621, la ville de Privas fut enlevée par surprise. Le duc de Montmorency, gouverneur du Languedoc, reçut l'ordre de la reprendre ; il n'y parvint pas. La guerre était imminente. Une fois de plus, les chefs protestants (Lesdiguières, La Trémoille, Châtillon, Duplessis-Mornay) s'entremirent. L'assemblée de La Rochelle marqua le pas, mais elle fut débordée par la populace, contrainte d'aller plus avant dans la rébellion. Le 24 mars, ce fut un véritable ultimatum qui fut remis au roi. Ce dernier ne pouvait reculer. Il décréta la levée de quarante mille fantassins et six mille cavaliers. L'assemblée de La Rochelle ne se déroba pas. Neuf de ses membres furent chargés d'établir un « plan général » : il divisait le royaume en huit cercles militaires. L'assemblée pourvut aux commandements, se dota d'un sceau. La Réforme s'érigeait en république, à l'image des Provinces-Unies. Elle se dressait contre la monarchie.

Le roi quitta Fontainebleau, en compagnie de Luynes qu'il venait d'élever à la dignité de connétable. Quand il arriva à Niort, il lança une proclamation, par laquelle il déclarait l'assemblée de La Rochelle et ses adhérents criminels de lèse-majesté, mais exceptait les protestants qui restaient fidèles à la royauté : le distinguo était d'importance.

Le 17 mai, Louis XIII était devant Saint-Jean-d'Angély, défendue par Soubise [1]. La ville se rendit le 24 juin. Luynes autorisa Soubise à rejoindre ses amis rochelais : il espérait probablement que le récit du siège de Saint-Jean les impressionne-

1. Benjamin de Rohan, seigneur de Soubise, frère du duc de Rohan.

rait ! L'armée progressa ensuite vers le sud, avec son roi armé de pied en cap, l'épée au côté, parlant familièrement avec les soldats, partageant leurs fatigues. Pons, Castillon, Sainte-Foy ouvrirent leurs portes. Le duc du Maine s'empara de Nérac. Il fallut pourtant assiéger Clairac-sur-Lot, qui résista du 23 juillet au 4 août. On arriva à Montauban le 17 août. C'était l'une des principales places de sûreté des protestants. La ville était bien remparée et pourvue d'une vaillante garnison. Le connétable de Luynes brilla par son incompétence. Il prit mal ses dispositions, perdit beaucoup de monde et tenta vainement d'obtenir une capitulation. Le 10 novembre, Louis XIII décida de lever le siège. Pour se rédimer, le connétable investit Monheurt, insignifiante place forte, qui se rendit le 12 décembre. Trois jours après, il mourait d'une fièvre pourpre, ce qui lui évitait la disgrâce.

Le duc d'Épernon avait été chargé de bloquer La Rochelle, avec trop peu de troupes et trop peu de vaisseaux, lesquels furent capturés par les Rochelais, qui attaquèrent Brouage et tentèrent d'obstruer l'entrée de ce port en y coulant de vieux bateaux chargés de pierres. Ce double échec enhardissait les protestants. Pendant l'automne et l'hiver, le duc de Rohan contint l'armée de Lesdiguières, fortifia Nîmes et Uzès. Dans l'ouest, Soubise s'emparait de l'île d'Oléron, de Royan, de la tour de Mornac, qui contrôlait le bassin de la Seudre, et des Sables-d'Olonne. Louis XIII se remit en campagne le 20 mars 1622, accompagné du prince de Condé et de Soissons. Soubise s'était retranché dans l'île de Ré, proche de Challans, à l'abri des marécages. Les vieux officiers déconseillaient l'attaque. Ils pensaient que les hommes et les chevaux s'enliseraient dans ce bourbier et seraient impitoyablement mitraillés. Mais Louis XIII avait le coup d'œil de son père et son audace. Il mena lui-même ses régiments à l'attaque. Soubise, complètement surpris, ne put résister. Il tenta de sauver son armée sur les barques plates en usage dans ce pays-là. Elles s'échouèrent, car la mer descendait. Sa défaite fut totale. Le roi en profita pour reprendre le fort de La Chaume, près des Sables-d'Olonne. Il prit ensuite Royan et pénétra en Guyenne. Sainte-Foy-la-Grande se rendit.

Les royaux approchaient de Montauban, mais le roi ne voulait pas renouveler l'expérience de l'année précédente. Négrepelisse, Maugio, Lunel, Sommières tombèrent entre ses mains.

La population de Nègrepelisse fut massacrée : on la punissait d'avoir traîtreusement mis à mort cinq cents royaux en 1620. On arriva en vue de Montpellier. La ville était plus exposée que Montauban. Condé, qui briguait l'épée de connétable, s'était plus ou moins emparé du commandement. Il commit plusieurs erreurs, qui se soldèrent par des pertes considérables. Cependant les protestants, constatant qu'ils ne pouvaient vaincre le roi et que le temps travaillait contre eux, se montraient disposés à négocier. Louis XIII économisait ses soldats et, par la force des choses, son argent. Il fit preuve de magnanimité. La paix, dite de Montpellier, fut signée le 18 octobre 1622. Elle confirmait l'édit de Nantes et amnistiait les rebelles. Ceux-ci pourtant perdaient environ quatre-vingts places de sûreté. Seules, La Rochelle et Montauban conservaient l'intégralité de leurs remparts. Mais enfin les réformés avaient la permission de tenir librement leurs synodes. L'assemblée de La Rochelle s'inclina, elle aussi, à la mi-novembre. Ainsi donc tout rentrait dans l'ordre. Les huguenots redevenaient des sujets du roi de France. Certains qualifièrent de « honteuse » la paix de Montpellier. Certes, elle ne mettait pas un terme à la vieille querelle religieuse qui avait si longtemps déchiré la France et que l'on croyait à tort assoupie. Ce n'était qu'une paix boiteuse, ou plutôt une trêve, mais combien nécessaire, car l'Espagne abusait cyniquement de notre faiblesse !

En juillet 1621, le duc de Feria, gouverneur du Milanais, avait occupé militairement la Valteline. Cette vallée avait une importance stratégique considérable, car elle ouvrait l'accès du Tyrol aux troupes espagnoles cantonnées en Italie ; elle était donc une sorte de trait d'union entre les possessions des Habsbourg d'Espagne et celles des Habsbourg d'Autriche. Les habitants de la Valteline étaient catholiques, et vassalisés par les Grisons, qui étaient protestants et les persécutaient fréquemment. Ces luttes intestines servaient de prétexte à l'Espagne, champion du catholicisme, pour intervenir. Mais la France et la Sérénissime République de Venise n'étaient pas moins intéressées par le conflit entre les Valtelins et les Grisons. Louis XIII ne pouvait tolérer les empiétements du duc de Feria. Mais il était empêtré dans les affaires protestantes. Pour éviter une rupture diplomatique avec l'Espagne, il envoya Bassompierre en ambassade extraordinaire à Madrid. Philippe III se mourait ; il recommanda à son fils et successeur, Philippe IV, d'évacuer la Valteline. La fermeté de Bassompierre fit le reste. Un traité fut signé à Madrid, le 25 avril 1621. Il ne fut pas exécuté. Tout au contraire, les Espagnols le remplacèrent par des accords dont nous étions exclus. La Savoie, Venise, les Grisons suppliaient Louis XIII de les aider à chasser les Espagnols.

V

19 AOÛT 1624

Après la signature de la paix de Montpellier avec les protestants, Louis XIII avait les mains libres. Il pouvait enfin se préoccuper de la Valteline. Quittant le Languedoc, il se dirigea vers la Provence et fit étape à Avignon. Il y rencontra le duc de Savoie. Il réunit ensuite un conseil élargi pour examiner la situation. Le duc de Savoie, Charles-Emmanuel, proposait la création d'une ligue offensive et défensive dans le but d'obtenir l'évacuation des forts de la Valteline. Sans repousser ce projet, Louis XIII préféra s'en tenir dans l'immédiat au traité de Madrid. Un délai de trois mois fut consenti à l'Espagne pour mettre un terme à l'occupation de la vallée. Puis, le roi se rendit à Lyon et Charles-Emmanuel l'y suivit. L'Espagne ne réagissant pas, la création de la ligue fut adoptée dans son principe, malgré les atermoiements de Puisieux, chef de notre diplomatie, peut-être stipendié par Philippe IV. Toutefois, la signature du traité n'intervint que le 7 février 1623, après le retour de Louis XIII à Paris. Le nouveau Premier ministre espagnol, Olivarès, proposa alors de soumettre l'affaire de la Valteline à l'arbitrage du pape Grégoire XV et, en attendant qu'intervînt une solution, l'occupation de la vallée par les troupes pontificales. C'était une cote mal taillée. Nous l'acceptâmes pourtant, sous la pression de l'Église. Mais nous étions au creux de la vague. Si Louis XIII, pendant les années qui venaient de s'écouler, avait triomphé du parti de la reine mère et vaincu le parti protestant (du moins en apparence et pour quelque temps), notre recul sur la scène internationale était patent. La France n'était plus respectée. L'Empire allemand s'était reconstitué en partie par notre faute. L'Espagne se permettait de ne pas tenir ses engagements. Le beau royaume du lys s'effaçait à nouveau devant les Habsbourg. Il souffrait d'une sorte de vide du pouvoir et la bonne volonté de Louis XIII n'y changeait rien.

La disparition de Luynes – qui fut peu regretté – laissait donc une place vacante. Sans doute Louis XIII avait-il fièrement déclaré sa résolution de ne plus avoir de favori et de s'occuper lui-même des affaires de l'État. En réalité, la tâche était écrasante et dépassait les capacités du jeune roi : il avait alors vingt et un ans. De plus, il avait un peu trop laissé la bride sur le cou à Luynes et pris l'habitude de ne rien décider sans lui. Il se retrouvait donc seul, face à lui-même. Or, sa nature lui faisait un besoin impératif d'avoir près de lui un homme de confiance, qui fût à la fois son conseiller et son ami. Probablement doutait-il de lui-même. C'était la rançon des humiliations de son adolescence, de l'indifférence calculée d'une mère avide de pouvoir et du comportement odieux du maréchal d'Ancre. Louis XIII était mécontent de lui ; il ne l'était pas moins de ses ministres, mais il était lent à se décider et manquait encore de clairvoyance. Le principal d'entre eux était le chancelier Nicolas Brûlart de Sillery, chassé par Concini, rappelé après la mort de celui-ci. Il avait réussi à caser son fils, Puisieux, comme secrétaire d'État aux Affaires étrangères. Son autre fils, le commandeur de Sillery, était ambassadeur. Ces Brûlart étaient insinuants, cauteleux, irrésolus et cupides. Leur unique objectif était de se maintenir en poste, le bien du royaume dût-il en pâtir. Ils freinèrent tant qu'ils le purent la volonté du roi d'intervenir en Valteline. Soutenus par le parti dévot, ils se refusaient à rompre avec l'Espagne, au risque de discréditer leur maître. Gouvernaient-ils réellement le pays ? Ils improvisaient, paraient au plus pressé, sans conception d'ensemble, sans ligne politique nettement tracée, ne manifestant de zèle que dans la défense de leurs intérêts. Leur fortune s'était rapidement accrue.

Richelieu, qui suivait les événements avec passion et notait les fautes commises, jugeait sans ménagement les ministres en place. Il travaillait sans relâche, avec la souplesse et l'obstination que nous lui connaissons, à rapprocher la reine mère de son fils. Il l'avait décidée à reprendre sa place à la cour, non sans grandes difficultés. Il lui dictait sa conduite. Son but était alors qu'elle entrât au Conseil, malgré les réticences du roi. Il y parvint et c'était un grand succès pour lui, toutefois limité. Marie de Médicis, chapitrée par lui, se fit tout sucre et miel et, quoi qu'elle en eût, se montra fort réservée dans les discussions. Les avis qu'elle émettait étaient empreints d'une surprenante modération. C'étaient évidemment ceux de Richelieu. Elle évitait de prendre le roi de front, de heurter sa susceptibilité. Elle affectait de n'être plus qu'une mère affectionnée. Après la mort de Luynes, Richelieu lui avait suggéré d'envoyer son ami Marillac près du roi. La bonne reine faisait savoir à son fils qu'elle l'encourageait à ne point partager son autorité, même avec elle. Cette insistance réveilla les soupçons de Louis XIII. Il craignit que sa mère ne cherchât à l'assujettir comme au temps du maréchal d'Ancre. Ce qui le gênait, c'était la présence de Richelieu près d'elle, discrète mais insistante. Il ne voulait plus de favori, mais il lui déplaisait qu'elle en eût un. Le nonce Corsini insinuait que l'évêque de Luçon avait « une cervelle ainsi faite qu'il était capable de tyranniser la mère et le fils ».

Cependant le roi, pour être agréable à sa mère, écrivit à Rome pour que Richelieu obtînt le chapeau de cardinal. Elle tenait passionnément à cette promotion. Elle croyait que la robe rouge faciliterait l'entrée de son protégé au Conseil, ce qui prouve qu'elle connaissait mal son fils. On le sait, Luynes, tout en promettant le chapeau à Richelieu, avait manœuvré pour qu'il ne l'eût point. À sa suite, les Brûlart soutenaient la candidature de Marquemont, archevêque de Bordeaux. Mais, démasqués et désireux de se rapprocher de la reine mère, ils avaient promptement renversé la vapeur. D'ailleurs, le roi détestait que l'on traversât sa volonté quand il avait pris une décision. Sur son ordre, l'ambassadeur Sillery intervint auprès de Grégoire XV. Ce dernier fit droit à sa demande : les palinodies de la cour de France à propos de ce chapeau l'avaient passablement diverti. Richelieu fut nommé cardinal le 5 septembre 1622.

Il apprit la nouvelle en se rendant à Lyon, où se trouvait alors la cour. Louis XIII lui remit solennellement la barrette le 10 décembre. Richelieu – comme plus tard Mazarin – se dispensa de faire le voyage *ad limina*, auquel les nouveaux cardinaux étaient en principe astreints. Le pape lui écrivit, en latin : « … La splendeur de tes mérites brillait d'un tel éclat dans la république chrétienne qu'il importait à la Gaule tout entière que tes vertus fussent distinguées par la gloire d'insignes sacrés, puisque ces distinctions font plus pour frapper l'imagination des hommes que la vertu sans ornement… Continue à augmenter en Gaule la dignité de l'Église, écrase les forces de l'hérésie, sans te laisser épouvanter par les difficultés, marche sur les aspics et les basilics ; ce sont là les grands services que l'Église attend et exige de toi. » Lors de la remise de la barrette, Richelieu adressa un discours de remerciement au roi, tout en proposant ses services. Puis, par un de ces gestes dont il avait le secret et qui charma l'assistance, il déposa la barrette aux pieds de la reine mère et dit :

– « Madame, cette pourpre dont je suis redevable à la bienveillance de Votre Majesté me fera toujours souvenir du vœu solennel que j'ai fait de répandre mon sang pour votre service. »

Paroles qui émurent Marie de Médicis et que, plus tard, elle saura lui rappeler. Le soir, il offrit un grand banquet auquel la fleur de la noblesse assistait, sans compter les ennemis de la veille. Fait pour la pourpre, il se gaina aisément dans ce nouveau personnage. La simarre rouge rendait sa silhouette encore plus altière. Il avait alors trente-sept ans. Cette promotion au cardinalat était pour les ecclésiastiques l'équivalent d'une éclatante réussite. Pour Richelieu, elle n'était qu'un moyen supplémentaire de se rapprocher du pouvoir. Mais, avant d'y accéder, il lui fallait écraser « des aspics et des basilics » auxquels le pape ne songeait certainement pas en dictant sa lettre de félicitations. Cependant, il croyait toucher au but, car on le vit mettre ses affaires en ordre. Il résilia l'évêché de Luçon au profit d'Émeric de Bragelongue, qui lui céda le bénéfice de deux abbayes et s'engagea à lui verser une rente annuelle de cinq mille livres. Il résilia également ses fonctions d'aumônier. Il prétendait hypocritement ne remplir d'autre charge que celle de conseiller et d'intendant de la reine mère. Puis il se mit à attendre, laissant faire le temps… en l'aidant un peu.

Les ministres le tenaient à l'œil. Le roi avait essayé d'amener sa mère à accepter l'éloignement provisoire du cardinal : ne pourrait-on l'envoyer à Rome ? Il disait à Praslin, en montrant Richelieu :

– « Voilà un homme qui voudrait bien être de mon Conseil ; mais je ne puis m'y résoudre, après tout ce qu'il a fait contre moi. »

Des pamphlets circulaient, vantant les mérites du cardinal et demandant que le roi fît appel à lui ; ils soulignaient l'insuffisance des ministres en place. Ceux-ci prirent peur. Le vieux Sillery voulut renforcer son équipe. Il obtint du roi l'éviction de Schomberg, surintendant des finances (20 février 1623). Schomberg fut remplacé par La Vieuville, dont le principal mérite était d'avoir épousé la fille de Beaumarchais, un traitant prodigieusement enrichi. La fréquentation de son beau-père lui avait procuré quelque lumière en matière de finance. Il prétendit remettre de l'ordre dans les dépenses publiques, réalisa de menues réformes et diminua les pensions. En jouant à l'homme d'État, il se fit beaucoup d'ennemis. Plein d'ambitions, il crut adroit de s'allier à la reine mère contre les Brûlart. Il avait le plus grand besoin de cette caution pour dominer le Conseil, mais c'était en même temps se mettre à la merci de Richelieu. Qui lui suggéra de prescrire une enquête approfondie sur les agissements des Brûlart ? On découvrit qu'ils s'étaient approprié des sommes immenses : pensions non versées à leurs bénéficiaires, soldes non payées aux troupes, détournement de fonds par le biais d'achats fictifs de munitions et de matériel, malversations de toute nature. Louis XIII mit les Brûlart en demeure ou de se démettre et de se retirer dans leurs terres, ou de justifier leur gestion devant le Parlement. Ils préférèrent se retirer. Le même jour, 1er janvier 1624, La Vieuville était chargé de former un gouvernement. Il donna les sceaux à d'Aligre et partagea en quatre le secrétariat aux Affaires étrangères. Il parut scandaleux que l'on eût oublié le cardinal. Ce dernier se tint coi, mais la reine mère cessa d'assister au Conseil en signe de protestation. Alors une rumeur, savamment orchestrée, s'éleva contre le traitant Beaumarchais et ses amis. On demandait au roi de leur faire rendre gorge.

La Vieuville, frappé de plein fouet par cette bourrasque, par ailleurs incapable de résoudre les questions de politique internationale (la Valteline, la lutte entre catholiques et protestants dans l'Empire, les appels au secours des Provinces-Unies menacées par l'Espagne), demanda à la reine mère de reprendre sa place au Conseil. Il voulait, par ce biais, bénéficier des avis de Richelieu, dont il reconnaissait la pertinence. Marie de Médicis accepta, mais à la condition que le cardinal entrerait lui aussi au Conseil. La Vieuville se sentit perdu. Il crut se tirer de ce mauvais pas par un stratagème. Il proposa à Louis XIII de créer un Conseil des dépêches et il en offrit benoîtement la présidence à Richelieu. Le piège était un peu gros. Richelieu refusa poliment, sous le prétexte que « la proposition faite, en ce qui regarde ledit sieur cardinal, ne serait ni utile au service du Roi, ni bonne pour entretenir l'intelligence [1] qui doit être entre Sa Majesté et la Reine mère et qu'elle serait périlleuse pour le service du Roi, pour le peu de connaissance que ledit sieur cardinal a des affaires étrangères passées depuis quelques années, et pour la faible complexion de sa personne ; ce qui lui fait préférer une vie particulière à un si grand emploi... ».

Reprenant une idée du roi, La Vieuville lui offrit l'ambassade d'Espagne. Richelieu refusa encore. La reine mère restant sur ses positions, La Vieuville se résigna à demander lui-même au roi l'entrée de Richelieu au Conseil, mais en spécifiant qu'il ne siégerait qu'à titre consultatif. Louis XIII acquiesça. Son choix était déjà fait. Depuis quelque temps d'ailleurs, il lui arrivait de consulter directement Richelieu. Toutefois, rien n'indiquait encore, de façon certaine, qu'il fût revenu de ses préventions. Mais le cardinal tenait un langage qui lui plaisait. Il lui parlait fréquemment de grandeur et de gloire : ces mots lui touchaient le cœur, car Louis XIII était en réalité un roi « cornélien » (le mot est de Pierre Chevallier). Si l'on veut bien ajouter foi aux *Mémoires* de Richelieu, celui-ci aurait posé ses conditions. Il acceptait d'entrer au Conseil, malgré sa mauvaise santé, par obéissance envers le roi. « Seulement, il supplie Sa Majesté d'avoir agréable que, vaquant, concurremment avec ceux de son Conseil, aux affaires concernant le général de son État, il soit délivré des visites et sollicitations des particuliers qui, faisant consommer inutilement le temps qu'on doit employer à

1. La bonne entente.

son service, achèveraient de ruiner entièrement sa santé ; et, de plus, que comme il entre en cette fonction sans la rechercher ni la désirer, mais par pure obéissance, Sa Majesté sache qu'il n'aura ni ne peut avoir d'autres desseins que la prospérité et la grandeur de son État, et soit ferme en cette croyance véritable que le cardinal soit assuré que tous les artifices des malins ne pourront avoir aucune force auprès de Sa Majesté au préjudice de sa sincérité. » Le sieur cardinal anticipait un peu. Le roi ne lui demandait nullement de s'occuper des « affaires concernant le général de son Etat ». Son accord était au contraire restrictif, puisque Richelieu ne devait s'occuper ni des finances ni du judiciaire. Son rôle consisterait donc, dans un premier temps, à donner son avis. Il était trop heureux d'entrer au Conseil pour faire le difficile.

Le 29 avril 1624, le roi prévint sa mère de la décision qu'il venait de prendre : elle en fut tout heureuse. L'après-midi du même jour, Louis XIII installa lui-même le nouveau conseiller. L'effet de surprise fut total. Outre le roi qui présidait, le Conseil se composait de la reine mère, du connétable de Lesdiguières, du garde des sceaux d'Aligre, du surintendant des finances La Vieuville, du cardinal de La Rochefoucauld, des quatre secrétaires d'État aux Affaires étrangères et de Richelieu. Un incident opposa dès les premiers jours le connétable à Richelieu. Le cardinal réclamait ès qualité, la préséance sur Lesdiguières. Il eut gain de cause avec l'appui du roi. Épisode minime et qui prête à sourire, mais les questions de préséance avaient alors une grande importance. En la circonstance, elle plaçait Richelieu avant le connétable, lorsque chacun des conseillers avait à s'exprimer.

La Vieuville ne se sentait pas à l'aise devant Richelieu. Il redoutait son esprit fulgurant et, plus que tout, sa courtoisie ironique. Un complexe d'infériorité égarait son esprit, embrouillait son débit, d'autant qu'il se sentait incapable de maîtriser la situation. Tous les problèmes l'assaillaient à la fois, comme il arrive aux politiques dont la seule tactique consiste à laisser pourrir les événements. Richelieu se tenait sur l'expectative, trop heureux de voir son rival s'embourber. Mais il collectait les renseignements, étoffait ses dossiers et prenait des notes. Au mois de juin, la campagne de presse contre La Vieuville redoubla. Les historiens admettent généralement que Richelieu en fut l'inspirateur. Non seulement le surintendant était accusé de prévarications de part avec son beau-père, mais d'incompétence dans la conduite des affaires étrangères et de collusion avec certaines puissances étrangères.

Louis XIII était lent à donner sa confiance ; il ne l'était pas moins à la retirer. Des informations précises furent portées à sa connaissance au sujet de La Vieuville. La plus alarmante était que celui-ci modifiait de sa propre initiative certaines décisions du Conseil et corrigeait les ordres du roi. Mais on dénonçait aussi le fait qu'il imputait au roi la responsabilité des erreurs qu'il avait lui-même commises. Louis XIII résolut de l'éloigner. Un soir, il convoqua Richelieu dans l'appartement de la reine. Il l'emmena dans un cabinet et l'interrogea sur le comportement de La Vieuville. Le cardinal – que les scrupules n'embarrassaient guère – énuméra les désordres du gouvernement. Le roi lui fit part de sa résolution de réorganiser l'équipe ministérielle. Richelieu le mit en garde contre un choix trop hâtif, car si, « en l'établissement de son Conseil il faisait encore une pareille faute, elle serait sans remède ; qu'il était aisé de détruire, mais difficile d'édifier [1] ». Le roi lui ordonna de nommer « ceux qu'il estimait capables de le servir ». Le cardinal n'était nullement pris au dépourvu. Il désigna Schomberg, Champigny et Marillac. Henri de Schomberg avait déjà rempli les fonctions de surintendant des finances, mais c'était surtout un soldat. Louis XIII objecta que la charge était peut-être un peu trop lourde pour lui. Richelieu en convint et proposa que Schomberg fût assisté de deux secrétaires d'État : Michel de Marillac, magistrat, et Bochart de Champigny, contrôleur des finances. Le roi approuva ces propositions.

Restait à se défaire de La Vieuville. Ce dernier n'ignorait point les entretiens privés du cardinal et du roi. Il était au comble de l'inquiétude et se raccrochait à toutes les branches, mais en vain : il avait trop d'ennemis ; ses amis sentaient qu'il était perdu et le lâchaient. Il interrogeait d'Aligre, garde des sceaux, et tous ceux qu'il croyait informés des intentions du roi. Ne sachant plus que faire, il se rendit chez le cardinal, démarche humiliante et inutile. Richelieu, « qui savait bien taire la vérité, mais jamais la violer, ne lui pût jamais répondre qu'il n'odorât quelque chose de ce qui devait lui arriver ». La

1. *Mémoires* de Richelieu.

Vieuville joua son va-tout et s'en fut voir le roi qui était à Rueil (Rueil-Malmaison) où résidait la reine mère. Il lui dit qu'il sentait bien que Sa Majesté était lasse de ses services. Le roi ne répondit rien. La Vieuville offrit alors sa démission. Le roi la refusa : ce n'était pas un retrait volontaire qu'il voulait, mais une destitution suivie d'un jugement. Il le convoqua pour le lendemain, 13 août, à Saint-Germain. La Vieuville reprit espoir. Mais, le lendemain, le roi lui signifia brutalement son éviction. La Vieuville essaya de se défendre, en invoquant, non point ses propres services, mais ceux de ses aïeux. Louis XIII resta de glace. La Vieuville se retira piteusement. Quand il arriva dans la cour du château, il fut arrêté par le sieur de Tresmes et jeté dans un carrosse. On le conduisit à Amboise, où il fut incarcéré.

L'après-midi du même jour, le roi réunit son Conseil. Il expliqua les mesures qu'il venait de prendre à l'encontre de La Vieuville. Richelieu prétend, dans ses *Mémoires*, qu'à cette occasion, il prononça un discours, auquel Sa Majesté répondit en termes flatteurs. Le 18 août, Schomberg prit ses fonctions de surintendant des finances. Le roi précisa qu'il serait aidé par Champigny et Marillac. Les quatre secrétaires d'État aux Affaires étrangères furent maintenus en place ; ils passèrent sous les ordres directs de Richelieu. Brûlart de Sillery étant décédé, d'Aligre, déjà garde des sceaux, devint chancelier du royaume. Le remaniement ministériel s'arrêta là. Le cardinal de La Rochefoucauld assistant à peu de séances et ne s'intéressant pas à la politique, Richelieu devenait chef du Conseil après le roi. Il ne recevra cependant le titre de principal ministre que beaucoup plus tard, mais il l'était de fait dès le 13 août 1624.

Cette nouvelle fut généralement bien accueillie. Elle ne surprit personne, car on attendait depuis longtemps la venue au pouvoir de Richelieu. La reine mère exultait. Elle croyait reprendre son influence sur Louis XIII, par le biais de son protégé. Elle se vantait d'ailleurs un peu trop de l'avoir naguère tiré du néant. Quelques esprits chagrins, parmi les courtisans, croyaient que le cardinal ne durerait pas plus que les Brûlart et La Vieuville, en raison de son caractère altier : ils prévoyaient des heurts avec le roi. D'autres regrettaient les juteuses combinaisons de ses prédécesseurs, mais ceux-là se taisaient. D'ailleurs, on instaura promptement une chambre de justice. Le Trésor récupéra de la sorte environ dix millions de livres sur les financiers. Richelieu épargna les poursuites à La Vieuville, toujours enfermé à Amboise.

J'en reviens au pseudo-discours du 13 août, car il est d'une importance capitale, et pour deux raisons : il fait le point de la situation et définit un mode de gouvernement et, sinon, les rapports du souverain et de son Conseil. Bien plutôt qu'un discours de circonstance, c'étaient le fruit des réflexions de Richelieu et la ligne qu'il entendait suivre.

Sur le projet de mariage entre Henriette de France (sœur de Louis XIII) et le prince de Galles, il estimait que les négociations étaient à reprendre, car La Vieuville avait fait « un traité particulier » contre l'avis du Conseil et à l'insu du roi.

L'affaire de la Valteline avait été si mal conduite que le roi risquait d'y perdre son argent et sa réputation, car, pendant qu'on levait des troupes, La Vieuville offrait secrètement aux Espagnols le libre passage dans la vallée.

Il souligna ensuite la nécessité d'une union parfaite entre les ministres, les dangers d'une initiative personnelle et clandestine, par ignorance ou malice, et de la médisance à l'encontre d'un collègue. Si les critiques émanaient d'une personne extérieure au ministère, il priait le roi de punir sévèrement le calomniateur, mais de récompenser les dénonciations portant sur des faits véritables.

Quant aux Grands du royaume, il ne proposait point de les abaisser, mais « de récompenser le bien et de punir le mal », en proportionnant la récompense et le châtiment au rang qu'ils occupaient : car « c'était chose injuste que de vouloir donner exemple par la punition des petits, qui sont des arbres qui ne portent point d'ombre ».

Pour les requêtes que l'on présenterait, il se chargerait des refus, mais conseillait que, pour les autres, on s'adressât au roi « afin que la grâce vienne purement de lui et qu'ils en aient obligation, à lui seul » : cette habileté de sa part ne surprendra pas.

Il invitait en outre le roi à faire reconnaître « qu'il pensait à ses affaires comme il était à désirer ». Pendant dix-huit ans de ministère, il veillera scrupuleusement à faire respecter l'autorité du roi et à la respecter lui-même.

L'ambassadeur de Venise écrivait alors : « Autant qu'il est possible de prévoir humainement l'avenir, ce nouvel édifice ne s'écroulera pas aussi facilement que les autres. »

TROISIÈME PARTIE

LE SEIGNEUR CARDINAL

(1624-1631)

I

TROIS QUESTIONS IMPORTANTISSIMES

C'est toutefois une erreur de dater la toute-puissance de Richelieu du 19 août 1624. C'est aussi méconnaître son intelligence et sa perspicacité. C'est enfin oublier un peu trop vite les circonstances de sa difficile ascension, les pénibles années de sa « traversée du désert » après la chute du maréchal d'Ancre et l'éviction brutale de ses ministres. Et c'est ignorer le caractère particulier de Louis XIII. Richelieu savait que si le roi avait fini par l'estimer, il ne l'aimait pas. Pis, il ne parvenait pas à oublier tout à fait l'attitude de l'évêque de Luçon lors de l'affaire des Ponts-de-Cé. Il fallait donc dissiper ses soupçons par un loyalisme et une franchise exemplaires et, surtout, par la réussite, fût-elle limitée dans un premier temps. En outre, il importait de ménager sa susceptibilité, de conforter son autorité au lieu de l'affaiblir. Par bonheur, il était un point sur lequel leurs deux esprits se rencontraient : la volonté de grandeur, l'appétit de gloire. Ils avaient également en commun le goût de l'ordre.

Cela dit, qu'on comprenne bien qu'un fossé vertigineux séparait le roi de son ministre. Louis XIII avait cette notion chevillée au cœur qu'il était roi par la grâce de Dieu, lieutenant de Dieu en son royaume, et qu'il répondrait de ses actes, lui seul, devant la justice divine. Que, dès lors, il était le protecteur et le guide de son peuple et, partant, que cette autorité ne pouvait se partager, ni se déléguer. Richelieu n'existait que par sa volonté. Il pouvait être congédié d'un trait de plume et se devait d'agir, non par délégation, mais par ordre. En outre, dans la hiérarchie de l'époque, un gentilhomme campagnard était peu de chose par rapport à un prince, quand bien même la robe cardinalice le rangeait parmi les grands seigneurs. Jamais Richelieu, même à son apogée, ne se permit une familiarité envers Louis XIII ; et pourtant, l'estime du roi s'était lentement transformée en une espèce d'amitié teintée d'affection ! Il adopta donc le ton d'un serviteur envers son maître, et s'y tint. Ce n'était point de sa part un trait d'hypocrisie, mais l'expression de ses convictions les plus profondes. Constatant parfois sa supériorité intellectuelle sur le roi, il n'oubliait jamais que l'autorité véritable, le pouvoir de décision, ne pouvaient en fin de compte émaner que de celui-ci. Il admettait même que Louis XIII eût des inspirations « surhumaines », tenant à sa nature de roi de droit divin.

Cependant, l'étroite collaboration qui fut la leur s'établit progressivement. Jamais Richelieu ne cessa vraiment d'éprouver vis-à-vis du roi tout ensemble un complexe de supériorité et un complexe d'infériorité imbriqués l'un dans l'autre. Et jamais Louis XIII n'oublia le pouvoir qui lui était échu en face d'une intelligence dépassant la sienne. Leur existence était placée sous le signe de cette double ambiguïté.

En outre, chez Richelieu, le passé grevait le présent, comme il était jadis fréquent dans une carrière politique. On ne se souvenait que trop de son arrivisme, de ses intrigues, de sa trompeuse servilité envers les Grands, de l'éviction de La Vieuville qui avait été son ami. Il avait été, d'une certaine manière, un Rastignac mitré montant à Paris pour faire fortune, sans trop regarder sur les moyens et n'ayant en définitive pour morale que son ambition. Pourtant, il avait été porté aux affaires, et quasi imposé au roi par un fort courant d'opinion. Il était cardinal et, comme tel, serviteur de l'Église : le pape le lui avait rappelé en termes fort nets. Le Saint-Siège, la prélature, qu'elle fût plus ou moins gallicane, les ultramontains comme les simples catholiques, attendaient de lui qu'il extirpât l'hérésie et de la sorte prît une part active à la Contre-Réforme. On applaudissait à sa nomination comme ministre et l'on était prêt à le soutenir, mais à condition qu'il remplît son contrat.

Les politiques quant à eux voyaient dans sa promotion une promesse de redressement : ils étaient las de voir la France ravalée au second rang, ostensiblement bafouée et par des princes qui mendiaient naguère son appui ; ils se souvenaient avec nostalgie d'Henri IV et souffraient de ne pas retrouver ses vertus dans son successeur ; ils espéraient que le gouvernement cesserait de faire un pas en avant, deux pas en arrière, érigeant la reculade en système et n'hésitant pas à trahir nos alliés. Les militaires, avides de gloire et d'avancement, connaissant les antécédents et les goûts de Richelieu, étaient impatients de tirer leur épée du fourreau. Lors de son entrée au Conseil, le cardinal avait reçu une volumineuse correspondance. Le prince de Condé, les Luynes, les prélats (certains faisant contre mauvaise fortune bon cœur), le Parlement (ignorant qu'il se donnait un maître), les maires de plusieurs villes, l'échevinage de Paris, nombre de personnages de moindre importance appartenant à la noblesse ou au tiers état, le félicitaient en termes chaleureux et lui promettaient leur appui. Mais c'était, pour la plupart, dans la perspective de l'assujettir à leurs propres intérêts. Cet appui, si généreusement octroyé, restait conditionnel.

Richelieu avait apparemment les mains liées. De plus, et c'était là son handicap majeur, il n'était arrivé à ses fins qu'avec l'appui de la reine mère. Un appui constant et quasi passionné ! Il restait « sa créature » et devait continuer à paraître tel, sous peine de s'aliéner l'amitié de cette Italienne au cœur impétueux, au verbe haut, et qui ne montrait de finesse que dans la perfidie. Que Richelieu ait fait son choix entre le fils et la mère, cela est d'évidence, mais il traînait ce boulet. Les choses eussent été plus faciles si Marie de Médicis avait sincèrement et résolument opté pour la France, n'ayant pour objectif que la grandeur de son fils. Mais elle n'aimait que les manifestations extérieures du pouvoir, les mises en scène de la politique, les flagorneries des courtisans, les falbalas et l'argent. Cette méconnaissance des intérêts français la conduisait à se soumettre inconditionnellement au Saint-Siège et à l'Espagne. Elle voulait l'extermination des hérétiques, l'abolition de cet édit de Nantes pourtant octroyé par son défunt mari. Tous ceux qui gravitaient autour de sa personne étaient des ultramontains. Elle avait une tendresse de cœur pour les jésuites, lesquels s'efforçaient de faire prévaloir la politique romaine à travers son influence.

Par la force des choses et pendant des années, Richelieu avait servi la même cause, mais avec de moins en moins de conviction. Le mot d'ordre était : point de guerre avec l'Espagne, et l'Espagne exploitait sans vergogne cette neutralité. Depuis le mariage de Louis XIII avec l'infante Anne d'Autriche, nous étions à la remorque des Habsbourg. Dans la lutte implacable qui opposait les catholiques aux protestants, l'Espagne était le champion de l'Église romaine : d'où l'hispanophilie du pape, quand bien même il affectait une certaine impartialité à l'égard de la France. Or, sous prétexte de défendre le catholicisme, l'Espagne unie à l'Empire poursuivait sa politique d'intimidation et n'avait en vue que ses propres intérêts. Par conséquent, combattre les protestants, c'était conforter, indirectement, l'autorité des Habsbourg. Mais rompre avec l'Espagne, c'était enhardir le parti protestant.

Cette alternative desservait la France, quel que fût le choix. Notre politique intérieure requérait la plus grande vigilance à l'encontre des protestants, dont le parti demeurait hostile et pugnace malgré la paix de Montpellier. Notre politique extérieure nécessitait, impérieusement, une guerre couverte, à défaut d'une guerre ouverte avec l'Espagne : il fallait donc en finir avec notre isolement, renouer les alliances que nous avions laissé se dégrader, en contracter de nouvelles, bref reprendre la politique d'Henri IV. Un tel revirement débouchait sur une rupture probable avec l'Espagne. Il importait de l'éviter tant que nous n'aurions pas les moyens matériels de soutenir un conflit armé sur plusieurs fronts. D'où l'urgence de mettre fin au désordre et à la gabegie.

Telle était la situation personnelle de Richelieu. Tels étaient les dilemmes qui se posaient à lui. Rarement position fut plus inconfortable pour un homme d'État. Mais la difficulté ne le rebutait pas ; elle attisait au contraire son génie. Cependant, quoi qu'il fît, il était assuré de s'aliéner une partie de l'opinion. Or, il n'était pas réellement maître de ses décisions, s'il le fût jamais ! Il devait éviter les faux pas, ménager les antagonismes, tout en obtenant rapidement des résultats pour asseoir sa réputation. Trois questions « importantissimes » (selon son expression) restaient en suspens lors de son entrée au Conseil : la Valteline, le mariage d'Angleterre, l'aide à la Hollande en lutte contre l'Espagne.

Mais, pour trouver une solution et s'y tenir, il fallait aussi considérer l'état quasi chaotique de l'Europe. L'Espagne se posait en superpuissance, avec ses colonies dont on exploitait sans mesure les mines d'or et d'argent, ses possessions en Italie et en Flandre, l'appui total de l'Église et de ses ramifications innombrables, apparentes et souterraines, analogues à quelque gigantesque cinquième colonne. Pourtant, ce colosse avait des pieds d'argile, et cela, Richelieu le savait. L'État de Philippe IV était au bord de la ruine par suite d'une gestion déplorable ; et son économie, très affaiblie. Il n'avait pas les moyens de soutenir un long conflit, moins encore de consentir un effort suffisant pour remporter un avantage décisif. La France ne disposait pas de mines d'or et d'argent, mais elle était finalement plus riche, car, malgré les guerres de Religion, son économie était en expansion.

Les Habsbourg soutenaient leurs cousins d'Autriche. Cependant, malgré la victoire de la Montagne Blanche et la restauration du pouvoir impérial, l'Allemagne retombait dans l'anarchie. Au moment même où le catholicisme semblait l'emporter, les protestants relevaient la tête. Dès que se manifestait un apaisement, les généraux (condottieri serait plus exact), Mansfeld, Wallenstein et les autres, se chargeaient de rallumer les guerres intestines. Ils étaient plus attentifs à leurs intérêts qu'à la cause qu'ils prétendaient servir. Certains se vendaient au plus offrant, la cupidité leur tenant lieu d'opinion, et non seulement les aventuriers de tout poil, mais les princes. Maximilien de Bavière, vainqueur à la Montagne Blanche, s'était fait octroyer par l'empereur le titre d'Électeur et la riche terre du Palatinat. Frédéric, le palatin spolié, s'était réfugié auprès de son beau-père, Jacques Ier d'Angleterre. Ce dernier se posait en champion du protestantisme, comme Philippe IV d'Espagne l'était du catholicisme. Il n'avait pas su aider efficacement son gendre, mais il espérait lui faire rendre le Palatinat et, dans ce but, encourageait la résistance des princes protestants.

Le peuple allemand souffrait atrocement, mais la passion religieuse lui faisait oublier ses misères et entretenait son bellicisme. Les Hollandais avaient secoué le joug de l'Espagne ; ils soutenaient une lutte inégale et quasi désespérée, dont la capitulation de Breda marquerait l'issue. La pauvre Italie était sous l'emprise espagnole. Seuls Venise, la Savoie et l'État romain avaient réussi à préserver leur indépendance, mais le doge comme le duc et le pape redoutaient de la perdre et naviguaient au plus juste. La Hollande, la Savoie et la Sérénissime République faisaient fond sur la France. La Curie romaine croyait tirer son épingle du jeu en collaborant avec l'Espagne.

Richelieu devait tenir compte de tous ces éléments. S'y ajoutaient la menace protestante et la malfaisance naturelle de certains grands seigneurs et dignitaires n'attendant « autre chose qu'un mauvais succès, pour se servir du talent qu'ils ont acquis à faire du mal à ceux qui servent le public [1] ». La marge de manœuvre de Richelieu était, on le voit, fort étroite. La sagesse eût été de remettre à plus tard. Il ne s'en donnait pas le droit, sachant que le temps travaillait contre nous, qu'il était urgent d'agir. D'ailleurs, n'avait-il pas fait chasser La Vieuville en lui reprochant son attentisme ?

La jeune reine Anne d'Autriche était du parti espagnol, mais son influence ne comptait guère. L'obstacle majeur restait Louis XIII dont la ferveur religieuse rejoignait celle de saint Louis. Il détestait les Espagnols, mais se faisait scrupule de prendre parti contre les défenseurs du catholicisme. Richelieu sut l'amener, patiemment, fermement, à dissocier la foi de la politique, afin d'assurer la grandeur du royaume.

En arrivant au pouvoir, Richelieu n'était pas un novice. Il avait acquis une certaine expérience durant les cinq mois de son premier ministère. Il lui suffisait d'actualiser ses dossiers. De plus, il avait élaboré une méthode de travail. La plume à la main, il dépouillait les documents se rapportant à chaque affaire, en rédigeait ensuite une analyse, divisant les problèmes et les solutions possibles, pesant avec soin le pour et le contre, et suggérant enfin une conclusion plus qu'il ne l'exprimait, car c'était au roi de décider. Insomniaque, il consacrait à cette étude une grande partie de ses nuits. Les mémoires étaient transmis à Louis XIII, qui en prenait connaissance et en débattait avec le cardinal.

1. Richelieu, *Mémoires*.

Parallèlement, ce dernier entretenait une correspondance abondante, ayant pour principe, comme on l'a déjà dit, de répondre à toutes les lettres. De même recevait-il nombre de solliciteurs ou de visiteurs plus ou moins intéressés. Il était aidé dans cette tâche immense par son secrétaire, le fidèle Charpentier, par les abbés de La Cochère et Fancan, qui était chanoine de Saint-Germain-l'Auxerrois. Aimant les têtes familières et les cœurs loyaux, il avait gardé à son service Bouthereau, l'intendant Le Masle et le valet de chambre Desbournais. Et appelé près de lui cet étrange père Joseph du Tremblay, capucin doté d'une superbe barbe rousse, d'un regard d'aigle et d'un cœur flamboyant. Le père Joseph sera son plus fidèle ami, son confident, son ambassadeur officieux, son agent secret, son conseiller. Richelieu l'aima comme un frère, tout en modérant sa fureur de croisade contre les Turcs qui égarait parfois son jugement. Il se peut que le père Joseph éprouvât quelque déception à le servir, mais il lui était attaché comme son ombre et, contre son gré parfois, continuait à le seconder. On finit par le craindre autant que son maître. Le surnom d'Éminence grise qu'on lui décerna évoque assez bien le mystère dont il s'entourait. Il faut préciser que les affaires de police, les intrigues les plus secrètes, la délation systématique ne le rebutaient point. Il avait vécu dans le monde, voyagé par toute l'Europe. Il connaissait les faiblesses humaines, car il avait été naguère un fougueux pêcheur d'âmes. Désormais, pour épauler Richelieu, il était devenu pêcheur de renseignements. Pour autant, la même foi brûlait en lui et il se mortifiait de ses fautes avec une ardeur confinant à la sauvagerie.

À part l'Éminence grise, Richelieu n'avait pas de conseillers. Ses autres serviteurs, quels que fussent leur emploi et leur rang, n'étaient que des exécutants. Ils ne se permettaient aucune initiative et s'astreignaient à rendre un compte exact de leurs actes. Ils remplissaient néanmoins des missions souvent délicates, parfois périlleuses. Aucun d'entre eux ne se déroba à la tâche. Un seul osa le trahir (et pour de l'argent) : l'abbé Fancan.

Bientôt, la marquise de Combalet vint tenir la maison de son oncle. On se souvient que le connétable de Luynes avait demandé la main de Mlle de Pont-Courlay pour son neveu de

Combalet. Ce dernier s'était fait tuer au siège de Montpellier en 1622. Mme de Combalet s'était alors retirée dans un couvent de carmélites. Elle n'avait pas achevé son noviciat, quand Richelieu la pria de venir près de lui. Elle résista d'abord, mais il invoqua sa mauvaise santé, sa solitude, et son charme opéra, une fois de plus. Mme de Combalet devint dame d'atour de la reine mère. Elle était belle et fort distinguée. Elle apportait une note d'élégance et de gracieuse féminité dans la maison du cardinal et le libérait des soucis domestiques.

II

LE CARDINAL BOUTEFEU

Touchant à la Valteline, l'opinion de Richelieu était des plus nettes : « On ne peut douter que les Espagnols n'aspirent à la domination universelle et que, jusqu'à présent, les seuls obstacles qu'ils ont surmontés sont la séparation de leurs États et la faute d'hommes. Or, par l'acquisition de ces passages, ils remédient à l'un et à l'autre. »

Rappelons quelques faits. Durant le ministère de Luynes, les Espagnols avaient occupé la vallée de la Valteline, sous le prétexte de secourir les Valtelins, qui étaient catholiques, contre les Grisons, qui étaient protestants. Bassompierre, envoyé comme ambassadeur extraordinaire à Madrid, avait obtenu que Philippe III d'Espagne fît évacuer la Valteline par ses troupes (traité de Madrid, 15 avril 1621). Profitant des troubles intérieurs de la France (guerre contre les huguenots), le traité de Madrid était resté lettre morte. Pendant le ministère de Brûlart, Philippe IV feignit de consentir aux demandes réitérées de Louis XIII. Il signa, en mai 1622, la convention d'Ocaña avec notre ambassadeur, du Fargis. En attendant le règlement de l'affaire entre le pape, le roi d'Espagne et le roi de France, la Valteline serait placée sous séquestre et remise au grand-duc de Toscane. Le duc de Lorraine fut substitué à ce dernier. Finalement, ce furent les troupes pontificales qui occupèrent la vallée. C'était une garantie de neutralité, toutefois insuffisante aux yeux de Louis XIII. En outre, les sentiments hispanophiles d'Urbain VIII étaient à peine moins prononcés que ceux de Grégoire XV auquel il avait succédé.

Stimulé par Richelieu qui venait d'entrer au Conseil, La Vieuville était sorti de son attentisme. Pour intimider le pape, il avait envoyé en Suisse Annibal d'Estrées, marquis de Cœuvres, avec sept mille hommes. En effet, les propositions formulées par Urbain VIII étaient inacceptables : la démolition des forts de la Valteline, la restitution de la suzeraineté des Grisons sur cette vallée, mais assortie de l'interdiction d'y pénétrer en armes, le libre passage des Espagnols sortant d'Italie. Le 19 août 1624, Richelieu devenait chef du Conseil. Le 5 septembre suivant, Louis XIII mit le pape en demeure de se porter garant par écrit de l'exécution pleine et entière du traité de Madrid, et sinon de faire raser les forts. Urbain VIII refusa. Le 26 novembre, le marquis de Cœuvres envahit la Valteline. Il prit Tirano, puis Sandrio, passa dans le comté de Chiavonna et assiégea Ripa. Urbain VIII était stupéfait et furieux : il y avait si longtemps que le gouvernement français somnolait au lieu d'agir ! Louis XIII lui écrivit, par manière d'excuse, qu'il ne pouvait continuer plus longtemps à décevoir les espérances de ses alliés.

Le 5 septembre 1624, sur les instances de Richelieu, l'alliance offensive et défensive avec la Savoie et Venise, conclue l'année précédente, fut renouvelée et entra dans une phase active. Charles-Emmanuel de Savoie, aussi belliqueux qu'irréaliste, offrait de conquérir le Milanais et le royaume de Naples dont on eût investi Gaston d'Orléans. Ce projet chimérique eût déclenché la guerre avec l'Espagne. Louis XIII et Richelieu ne voulaient qu'une diversion. Richelieu convainquit le duc de Savoie d'attaquer Gênes, avec le concours de Lesdiguières. Or, Gênes était à la fois le port principal par lequel transitaient les marchandises à destination de l'Espagne et une banque internationale de toute utilité pour le gouvernement de Madrid. Le duc de Savoie et Lesdiguières l'assiégèrent.

Toujours à l'instigation de Richelieu, La Vieuville avait accéléré les négociations avec les Hollandais. Louis XIII, pris de scrupules, hésitait. Une partie du Conseil était hostile à une alliance avec un État protestant et craignait les foudres de

Rome. On put prendre la mesure de Richelieu quand il déclara qu'assurément Rome trouverait à redire à cette alliance, mais qu'on ne l'improuverait pas, « étant certain qu'à Rome, plus qu'en tous les lieux du monde, on juge autant les choses par la puissance et l'autorité que par la raison ecclésiastique ». Le projet de traité fut signé à Compiègne, le 20 juillet 1624. Trois semaines après, La Vieuville était arrêté... Richelieu rouvrit le dossier. Il fit verser deux millions de livres aux Hollandais, pour les aider à soutenir le siège de Breda, ville assiégée par Spinola. En contrepartie, ceux-ci s'engageaient à fournir vingt vaisseaux de guerre à la France et à ne point traiter avec les Espagnols sans notre accord.

En outre, des subsides furent accordés à Mansfeld pour recruter des soldats et tenter de reconquérir le Palatinat. L'or récupéré sur Beaumarchais et les autres traitants était bien employé ! Sans déclarer la guerre à l'Espagne, Richelieu la mettait en difficulté, au nord comme au sud de l'Europe, tout en assurant Philippe IV des intentions pacifiques de la France et en multipliant les témoignages de respect envers Urbain VIII. Il expédia même son ami le père Joseph à Rome pour apaiser les inquiétudes de Sa Sainteté. Un murmure s'éleva du parti dévot. Comment un cardinal de la sainte Église osait-il désobéir au pape ? Ce parti, digne successeur de la Ligue, était aussi perfide que dangereux. Henri III et Henri IV étaient morts pour l'avoir bravé. Mais Richelieu avait le cœur au-dessus des périls.

Il n'attachait pas moins d'importance au projet de mariage entre la princesse Henriette de France, sœur de Louis XIII, et le prince de Galles, fils de Jacques Ier Stuart, roi d'Angleterre, afin d'étoffer nos alliances et de faire pièce aux Habsbourg. C'était aussi renouer avec la politique d'Henri IV. Il nous faut ici revenir un peu en arrière. Jacques Ier – surnommé « Maître Jacques » par le Vert-Galant – était à la fois intelligent et inconsistant, un perpétuel velléitaire. Il s'était donné un favori en la personne de Georges Villiers, duc de Buckingham. Il le comblait d'honneurs et de biens, et le laissait gouverner à sa place. Rien ne résistait à la volonté de cet enfant gâté de la fortune, malheureusement impulsif et sans ligne politique bien arrêtée, sinon de se maintenir au pouvoir. Son élévation rapide indisposait l'opinion et lui valait de solides ennemis. L'Espagne cherchait un allié et, surtout, la puissance de la flotte anglaise l'inquiétait. Il fut aisé à l'ambassadeur Gondomar de convaincre Buckingham des avantages pour les deux nations d'un mariage entre le prince de Galles et une infante. Luynes, à la même époque, et pour des raisons identiques, proposait une union entre les Stuarts et les Bourbons. Sa proposition fut rejetée par Buckingham, qui amorça des négociations avec la cour de Madrid. Elles traînèrent en longueur, car les diplomates achoppaient sur la question religieuse. Pour forcer le destin, Buckingham, qui exerçait un grand ascendant sur le prince de Galles, l'entraîna dans une aventure picaresque en Espagne. Buckingham et le prince voyagèrent incognito et firent soudain irruption à l'Escurial. Le prince de Galles avait imaginé de séduire l'infante et quasi de l'enlever.

Mais Buckingham se heurta à l'intransigeance du Premier ministre, le comte-duc Olivarès. Il exigeait notamment l'abrogation des lois contre les catholiques anglais. Il adressa au pape une demande de dispense, tout en le priant de la récuser. L'échec de Buckingham fut total. De surcroît, ce brillant gentilhomme se couvrit de ridicule. Les hidalgos castillans et leurs roides épouses appréciaient peu ses extravagances. Il revint donc en Angleterre, dépité, rempli de haine à l'encontre des Espagnols. Les Anglais, qui ne voulaient point d'une reine espagnole, l'acclamèrent, à sa grande surprise. On le qualifia de « sauveur de la patrie ». Puis l'enthousiasme retomba. Quand il fut question de préparer une guerre éventuelle contre l'Espagne, le Parlement vota des crédits dérisoires. Il n'entendait point consacrer une grosse somme pour venger l'offense infligée aux Stuarts.

Buckingham n'avait d'autre choix que de se tourner vers la France. Il envoya à Paris un ambassadeur officieux, le comte de Holland, pour demander la main d'Henriette de France. On pensait à Londres que Marie de Médicis avait repris son empire sur son fils et que lord Holland devait s'appliquer à gagner d'abord son appui. Mission difficile, car les sentiments ultramontains de la reine mère étaient connus. Il était à craindre que, haïssant l'hérésie, jamais elle ne consentirait à ce que sa fille épousât un prince protestant. Mais Richelieu avait son plan. Il avait prévu la réaction de Marie de Médicis et préparé ses arguments. Il sut apaiser ses scrupules et flatter sa vanité. Mère du roi de France, belle-mère du roi d'Espagne, et belle-mère du roi d'Angleterre, pouvait-elle envier une destinée plus brillante ? Marie de Médicis se laissa bercer, une fois de plus, par les paroles enchanteresses de son cardinal, éblouir par sa propre gloire ; elle agréa la demande de lord Holland. Quant à Louis XIII, il avait compris l'extrême intérêt de ce mariage et les possibilités qu'il offrait. On ne demanda pas son avis à la jeune Henriette.

Lord Holland était beau garçon. Pendant son séjour à Paris, il séduisit – ce qui était à la portée de beaucoup – la délicieuse duchesse de Chevreuse, surnommée la Chevrette par les gens de cour. Chevreuse étant un Guise, sa femme pouvait revendiquer les premières places. Elle était devenue surintendante de la maison d'Anne d'Autriche et avait entouré la jeune reine de dames passablement émancipées, pour ne pas dire de mœurs faciles. Jusqu'ici Mme de Chevreuse faisait carrière dans la galanterie, avec un cynisme déconcertant. Lord Holland la familiarisa avec la politique. Pour lui plaire, elle travailla au mariage d'Henriette avec le prince de Galles, ignorant qu'elle devenait ainsi l'auxiliaire de Richelieu, détail piquant ! Cependant, le projet de mariage se heurtait à un obstacle insurmontable. Le pape n'accorderait pas la dispense nécessaire, si les lois contre les catholiques anglais n'étaient pas préalablement abolies. Le roi Jacques et son fils avaient juré devant le Parlement de les respecter. Il leur était impossible de se dédire sans exposer la couronne des Stuarts à une rébellion. De son côté, le pape ne pouvait abandonner les catholiques anglais aux persécutions protestantes. La Vieuville n'avait pas su comment sortir de cette impasse. Désormais, c'était à Richelieu de trouver une solution.

Buckingham ne cachait pas son impatience. Il désirait aussi passionnément le mariage français qu'il avait voulu le mariage espagnol. Il n'osa pas renouveler l'équipée de Madrid, mais envoya un second ambassadeur à Paris, lord Carlisle. Cette insistance enhardit Richelieu. Il prit le risque d'une rupture avec l'Angleterre, sachant que le roi Jacques tenait par-dessus tout à une alliance avec le roi de France. Il adopta brusquement une attitude intransigeante, en posant comme conditions *sine qua non* l'abrogation des lois contre les catholiques anglais, la liberté du culte pour la future reine et l'éducation de ses enfants dans la foi romaine. Ce n'était pour lui qu'un moyen de satisfaire le parti dévot et d'amadouer le pape : car, dans le même temps, le marquis de Cœuvres s'apprêtait à envahir la Valteline !

Les Anglais opposèrent un refus catégorique. Buckingham empêcha cependant le roi Jacques d'annuler le projet et le convainquit de poursuivre les négociations. Le vieux roi se mourait ; il était incapable de résister à son cher Buckingham, bien qu'il eût l'intuition que ce mariage aurait des conséquences néfastes pour les Stuarts. Buckingham ne voyait pas plus loin que le bout de son nez. Sa réputation était trop engagée pour qu'il renonçât. D'ailleurs, il n'entrevoyait nullement les périls auxquels il exposait son protecteur.

Richelieu vint à son secours. Il envoya à Londres le marquis d'Effiat, porteur de propositions moins abruptes que les précédentes. La pilule était enveloppée d'une promesse de dot de huit cent mille écus. En revanche, la liberté du culte serait garantie à la reine, ainsi qu'aux personnes de sa suite ; elle aurait ses prêtres et sa chapelle ; elle élèverait ses enfants (on ne précisait pas dans quel rite et cette omission était volontaire). Enfin, les catholiques anglais cesseraient d'être persécutés.

Le roi Jacques se résigna à accepter ces conditions. Buckingham le persuada de manifester sa bonne volonté en accordant la liberté du culte et en abolissant sur-le-champ les peines qui frappaient les catholiques. Ce fut en cette circonstance que les Stuarts perdirent réellement leur royaume : la révolution du Parlement, la décapitation de Charles Ier, l'éviction de Jacques II en sont les conséquences directes.

Richelieu ne pratiquait pas le triomphalisme. Il ne tira point gloire de sa réussite. De plus, l'affaire n'était pas entièrement terminée. Le pape faisait attendre la dispense. Richelieu lui dépêcha le père de Bérulle, connu pour sa dialectique onctueuse. Bérulle démontra à Urbain VIII que Richelieu n'avait point cessé, comme l'exigeait sa dignité cardinalice, de combattre la Réforme couvertement, mais avec une efficacité digne d'éloge. S'il manifestait quelque défiance à l'égard de l'Espagne, c'est qu'il lui rendait la monnaie de la pièce. Philippe IV, beau-frère de Louis XIII, s'obstinait à entretenir le trouble dans son royaume, et, dans ce but, à soutenir les huguenots. Pourquoi le roi de France contractait-il alliance avec l'Angleterre et la Hollande ? Pour priver les huguenots français du secours de ces deux puissances. Urbain VIII feignit d'accepter ces explications spécieuses et accorda la dispense. Toutefois, pour hâter la décision, la très catholique reine mère lui fit savoir qu'au besoin on se passerait de dispense pour célébrer le mariage : bien entendu, Richelieu était le véritable auteur de cette insolence habillée de formules respectueuses.

Les ambassadeurs de Louis XIII se rendirent à Cambridge, où résidait Jacques Ier, déjà fort malade. Le contrat de mariage fut signé le 11 décembre 1624. En Valteline, le marquis de Cœuvres et les Grisons s'emparaient des forts occupés par les soldats pontificaux. Rien ne semblait pouvoir freiner le redressement de la France. Grâce à Richelieu le vent avait changé de cap ; après une longue accalmie, il gonflait à nouveau les voiles. Les bons Français applaudissaient. Mais l'étrange malheur de notre pays veut que nos réussites, à peine esquissées, soient battues en brèche et parfois ruinées par l'esprit de parti. Le pire ennemi que la France ait eu à travers son histoire, c'est elle-même. Les deux frères Rohan s'agitaient au nom des protestants et le duc d'Épernon au nom des catholiques.

III

BUCKINGHAM

Jacques Ier Stuart mourut le 27 mars 1625. Son fils aîné lui succéda sous le nom de Charles Ier. Les Anglais avaient espéré qu'il les débarrasserait de Buckingham. Mais Charles Ier avait aussi peu de sens politique que son père. Alors qu'il était prince de Galles, il avait donné son amitié à Buckingham. Elle redoubla après son avènement. Le beau duc pourrait se vanter d'avoir été le favori de deux rois, le père et le fils ; c'était dans l'Histoire un cas certainement unique ! Charles ne manquait pas d'intelligence, tant s'en faut, mais il ne voyait pas les défauts de Buckingham et lui faisait aveuglément confiance. Il est vrai que son tempérament « romantique » s'accordait à celui de son favori. Ce dernier avait par ailleurs un don de persuasion exceptionnel et l'enthousiasme communicatif. Malheureusement il manquait de discernement, agissait par caprice, décidait sous le coup d'une impression ou d'une inspiration subite, incapable de peser le pour et le contre, comptant sur la chance qui ne lui avait jamais manqué et confondant trop souvent ses intérêts avec ceux de l'Angleterre. Ses détracteurs étaient innombrables et montraient une rare virulence, mais il méprisait l'opinion et se laissait guider par son étoile. Le roi Charles partagerait avec lui ce dédain. Bref, il n'y avait pas une ombre dans leur entente ; tout ce que Buckingham voulait, le roi le voulait, y compris le mariage avec Henriette de France. Buckingham en faisait miroiter les avantages. S'illusionnant lui-même, il prétendait se servir de Richelieu pour arriver à ses fins. Ses ambassadeurs Holland et Carlisle ne parvenant pas à emporter la décision, il obtint facilement de se rendre en personne à Paris, sous le prétexte d'amener la future reine en Angleterre. Ce serait bien entendu l'occasion d'une rencontre diplomatique avec le cardinal, puisqu'il était chargé des affaires étrangères.

Mais il avait une autre idée derrière la tête. Une idée proprement insensée, qui était de séduire Anne d'Autriche, reine de France, épouse du triste Louis XIII dont on disait qu'il la délaissait ! Buckingham passait pour le plus bel homme d'Europe. Toutes les femmes se jetaient dans ses bras, se le disputaient. Ce don Juan collectionnait les conquêtes. Il était comme enivré de sa propre beauté et pensait que cette petite reine esseulée ne lui résisterait pas longtemps. L'entreprise était difficile, voire insurmontable, mais, précisément, la difficulté ne le rebutait pas. Il se montait joliment la tête, ignorant qu'il donnait dans le piège tendu par Mme de Chevreuse. La belle duchesse n'aimait pas beaucoup Louis XIII, qui l'avait chassée de la cour après la mort du connétable de Luynes. Pour lui jouer un mauvais tour, elle s'appliqua malicieusement à rendre Anne d'Autriche amoureuse de Buckingham. Elle parlait sans cesse de lui, vantait sa beauté sans seconde, son élégance, ses succès féminins, son bel esprit. Anne d'Autriche rêvait de cet inconnu, si différent de son époux. Les propos susurrés par Mme de Chevreuse piquaient sa curiosité. De son côté, lord Holland, amant et complice de « la Chevrette », rebattait les oreilles de Buckingham en lui détaillant les charmes de la jeune reine, une blonde aux yeux verts. Buckingham l'avait aperçue lors de son retour d'Espagne en compagnie du prince de Galles. Les descriptions énamourées de lord Holland l'aidèrent à préciser ses propres souvenirs. Et ce fol s'enflamma : il est vrai qu'il avait le cœur « innombrable ».

Le mariage par procuration d'Henriette de France et de Charles Ier fut célébré à Notre-Dame de Paris, le 11 mai 1625. Le duc de Chevreuse représentait le roi d'Angleterre. La dispense n'était pas encore arrivée de Rome, mais le cardinal Francesco Barberini, neveu d'Urbain VIII, l'apportait. Il arriva d'ailleurs dans la capitale le 21 mai.

Buckingham fit son entrée à Paris trois jours après. Les Parisiens étaient accoutumés à ce genre de spectacle ; ils s'y portaient en foule, par curiosité et goût de la fête. Le 24 mai, ils furent éblouis par les splendeurs étalées sous leurs yeux, l'allure de Buckingham, son visage de statue, le luxe des gentilshommes composant son escorte, la beauté des chevaux somptueusement harnachés. Les femmes n'avaient d'yeux que pour le noble George ; elles l'ovationnaient sans fin. Il souriait dans sa fine moustache, saluait avec une grâce incomparable. Il avait l'habitude des hommages. Toutefois, cet accueil le grisait ; il se sentait un peu trop pareil à un demi-dieu. Au Louvre, son succès fut peut-être encore plus éclatant. Les courtisans, experts en dénigrements, succombèrent à ses charmes, l'admirèrent dès l'instant où il parut. Le cardinal de Richelieu le reçut avec d'autant plus de courtoisie qu'il s'apprêtait à rejeter ses demandes. Seul, Louis XIII lui marqua quelque froideur, mais il détestait les bellâtres et n'appréciait pas les dépenses vestimentaires excessives : comme son père, il usait ses habits jusqu'à la corde, par économie. Quant à la jeune reine, dès qu'elle le vit, elle se troubla et rougit. Mais lui-même semblait pétrifié. Ce qui donne sous la plume de La Rochefoucauld : « Elle lui parut encore plus aimable que son imagination ne lui aurait pu représenter et il parut à la Reine l'homme le plus digne d'être aimé. » Selon quelques mémorialistes – il est vrai tendancieux – la reine et Buckingham eussent éprouvé le coup de foudre l'un pour l'autre.

Plus mesurée, Mme de Motteville ne peut se dispenser d'évoquer cette rencontre. Elle connaissait bien Anne d'Autriche et, à l'occasion, ne manquait pas d'esprit critique. Son témoignage reflète sans aucun doute la vérité : « Le duc de Buckingham, écrit-elle, fut le seul qui eut l'audace d'attaquer son cœur… Il était bien fait, beau de visage ; il avait l'âme grande ; il était magnifique, libéral et favori d'un grand Roi. Il avait tous ses trésors à dépenser, et toutes les pierreries de sa couronne pour se parer. Il ne faut pas s'étonner si, avec tant d'aimables qualités, il eut de si hautes pensées, de si nobles mais si dangereux et si blâmables désirs, et s'il eut le bonheur de faire avouer à cette belle Reine que si une honnête femme avait pu aimer un autre que son mari, celui-là aurait été le seul qui aurait pu lui plaire. Les louanges que je lui donne, je les ai entendues de la Reine même, car c'est la personne du monde dont je lui ai ouï dire le plus de bien. Il est donc à présumer que ses respects ne furent point importuns, et que ses vœux furent reçus avec quelque sentiment de complaisance. La Reine n'en faisait point un secret et n'a pas fait difficulté de me conter depuis (fort détrompée de ces dangereuses illusions) qu'étant jeune elle ne comprenait pas que la belle conversation, qui s'appelle ordinairement l'honnête galanterie, où on ne prend aucun engagement particulier, pût jamais être blâmable... »

Cependant, quels que fussent leurs sentiments réciproques, leurs entrevues ne pouvaient être que publiques. La reine n'était jamais seule, mais constamment entourée de ses dames d'honneur. Buckingham faisait fond sur l'industrie de Mme de Chevreuse. Il était hors du pouvoir ou de l'ingéniosité de celle-ci d'arranger quelque rendez-vous discret. Les courtisans avaient noté le trouble de la reine ; ils étaient aux aguets. Le roi eût été immédiatement informé. La reine était jeune, volontiers coquette et sensible aux compliments. Sous l'influence délétère de « la Chevrette », elle n'était plus très consciente de sa position et de ses devoirs de reine. Elle prêta une oreille un peu trop complaisante aux déclarations à peine voilées de respect de Buckingham. Il ne lui déplaisait pas en effet que ce bel homme fût épris d'elle. Ce n'était, si l'on veut, qu'un flirt, mais lourd de conséquences que la jeune reine ne prévoyait pas.

Cependant, Buckingham devait aussi songer aux choses sérieuses. Il s'était investi lui-même d'une mission dont il ne mesurait pas la difficulté. Il croyait, dans son outrecuidance, qu'il suffisait d'être la coqueluche des dames et des Parisiens pour amadouer Richelieu. Il imaginait que le cardinal serait aussi complaisant à son égard et aveugle que l'était le roi Charles. Or, le sieur cardinal avait déjà jaugé son interlocuteur et le jugeait sévèrement. Il entrait dans cette sévérité une pointe de jalousie. Comment n'eût-il pas envié secrètement cet aimable gentilhomme, lequel, sans effort et sans mérites particuliers, s'était élevé aussi rapidement ? Mais on murmurait aussi à la cour que Richelieu éprouvait pour la reine des sentiments peu ecclésiastiques. Que voulait Buckingham ? Entraîner la France dans une guerre ouverte contre les Habsbourg, autrement dit utiliser les soldats français pour reconquérir le Palatinat et dégager les Hollandais de l'emprise espagnole. Il était venu chercher la femme de son roi, mais plus encore essayer de conclure une alliance offensive contre l'Espagne. L'Angleterre a toujours manœuvré pour qu'une trop grande puissance ne bordât pas la Manche à proximité de ses côtes ; elle s'est toujours intéressée à l'embouchure du Rhin et a toujours tenté de se servir de la France pour arriver à ses fins. La proposition de Buckingham ne surprit donc nullement Richelieu. Le noble lord parlait d'une vaste coalition qui permettrait de régler tout à la fois l'affaire de la Valteline, de hâter la capitulation de Gênes et de reconquérir le Palatinat. Richelieu faisant la sourde oreille, Buckingham offrit d'envoyer cent voiles en Flandre et de débarquer quinze mille Anglais auxquels se joindrait l'armée du roi de France. On conquerrait l'Artois, puis le Palatinat. Richelieu répondit que ces propositions seraient soumises au roi. Il suggéra pourtant à Buckingham d'essayer de recouvrer le Palatinat par la négociation, procédé moins coûteux que l'envoi d'un corps expéditionnaire, et il lui promit l'appui de la France.

Le Conseil était partagé, les uns préconisant un refus sans nuances aux propositions de Buckingham, les autres se montrant disposés à lui donner quelque espérance. On attendait l'avis de Richelieu. Il déclara nécessaire de maintenir des relations cordiales avec les Anglais, tout en les incitant à guerroyer contre l'Espagne. Nécessaire également de garder les mains libres pour traiter du passage de la Valteline avec Philippe IV. Il suggérait donc d'aider, mais avec discrétion, l'Angleterre dans sa tentative de reconquête du Palatinat, d'aider aussi Mansfeld et le roi de Danemark en leur versant des subsides. Autrement dit, il ne voulait pas s'engager dans une alliance qui aurait entraîné la rupture avec l'Espagne. Louis XIII approuva sans réserve. L'alliance anglaise était à maintenir telle quelle, puisqu'elle avait pour effet d'affaiblir les Habsbourg et de priver les protestants français d'un secours potentiel.

C'était un échec pour Buckingham, mais que l'on compensa par des divertissements et des festins, pour lui donner l'occasion de briller. Lord George ne se donnait plus la peine de cacher sa passion pour la reine. Celle-ci eut assurément le tort de ne pas le remettre assez tôt à sa place. Il ne la quittait plus et lui faisait une cour imprudente, bien entendu en présence des dames d'honneur. Anne l'écoutait, secrètement flattée de tant d'hommages. Ce n'était pour elle qu'un jeu mondain ; cependant, elle se laissait parfois gagner par l'émotion. Ce manège amoureux vint aux oreilles du roi. Il en fut agacé et prit, à tout hasard, ses précautions. Il n'avait guère de tendresse pour sa femme, mais elle lui appartenait et elle était reine de France. Richelieu commençait à détester Buckingham ; il hâta son départ et s'arrangea pour le séparer de la reine.

Le 2 juin 1625, nouveau grand spectacle pour les Parisiens. Une somptueuse cavalcade sortit du Louvre, au son des trompettes : Henriette de France s'en allait en Angleterre rejoindre son époux. Buckingham ouvrait le cortège. Il n'avait rien perdu de sa superbe. Louis XIII était absent ; il avait éprouvé le besoin d'aller à Fontainebleau, lassé par les festivités. Marie de Médicis et Anne d'Autriche devaient selon l'usage accompagner Henriette, mais elles avaient pris un autre chemin selon les instructions du roi. Le 7 juin, les deux cortèges se rejoignirent à Amiens pour une entrée solennelle. La petite princesse dut admirer les arcs de triomphe en carton-pâte, les tableaux vivants, subir les harangues des autorités locales, présider le festin et le bal qu'on lui offrait. Elle était intelligente et gracieuse et s'acquittait fort bien de son rôle. On la sentait heureuse d'être reine et chacun s'en réjouissait. Buckingham s'efforçait de déjouer la surveillance dont il était l'objet, pour rencontrer Anne d'Autriche seul à seule. Mais l'entourage de la reine avait reçu des consignes impératives et Marie de Médicis veillait, qui n'aimait pas beaucoup sa belle-fille, en laquelle elle voyait une concurrente. Cependant, un soir, Anne d'Autriche se promenait dans le jardin de son hôtel, suivie de quelques dames et de Putanges, son écuyer, lorsque Buckingham apparut avec lord Holland. Les dames ralentirent le pas sur un signe de la duchesse de Chevreuse. L'écuyer Putanges s'écarta par discrétion. Buckingham et la reine disparurent derrière un bosquet. Soudain la reine poussa un cri. Putanges accourut et Buckingham s'esbigna promptement. Les courtisans accouraient, tout heureux de l'incident. Que s'était-il passé ? Sans doute peu de chose, faute de temps. Buckingham était entreprenant ; il avait probablement osé quelque caresse. On peut croire Mme de Motteville qui répond de l'honneur de la reine. Les ragots de Tallemant des Réaux, les insinuations de quelques mémorialistes sont peu crédibles.

Cependant, il y avait eu un début de scandale. La réputation d'Anne d'Autriche semblait compromise, ce qu'on ne pouvait tolérer d'une reine de France. La duchesse de Chevreuse avait atteint son but. Marie de Médicis brusqua le départ. Au lieu de se tenir tranquille, Buckingham aggrava son cas. Quand Anne d'Autriche eut pris place dans son carrosse, on vit son amoureux se précipiter, se jeter à genoux et dissimuler son visage inondé de larmes. La princesse de Condé épiait les réactions de la reine. Il lui parut qu'elle avait pitié de ce malheureux.

Il ne s'en tint pas là. Arrivé à Boulogne, il rebroussa chemin pour revoir la reine. Il est vrai qu'une tempête rendait l'appareillage impossible. Buckingham prétendit qu'il avait des dépêches de Charles Ier à remettre à la reine mère. De fait, dès son arrivée, il demanda audience à Marie de Médicis qui, par manière de divertissement, consentit à le recevoir. Puis il demanda à voir Anne d'Autriche, qui crut bon de consulter sa belle-mère :

– « Eh ! pourquoi ne le ferait-elle pas ? répondit celle-ci ; je le fais bien moi-même ! »

Anne d'Autriche prit la précaution d'inviter la plupart des dames et des princesses pour être témoins de l'entretien. Buckingham, après avoir fait les trois révérences protocolaires, se jeta à genoux et clama sa tendresse. La reine lui ordonna de sortir, avec une sévérité peut-être feinte. On le poussa vers la porte. Il cria qu'il reviendrait en France « le plus tôt possible ». Il tint d'ailleurs parole, mais par un étrange détour...

Louis XIII ne fit aucun reproche à la reine. Tout au plus lui marqua-t-il une froideur accrue. Mais il congédia Putanges et quelques domestiques. Il n'avait pour Buckingham que haine et mépris.

La princesse Henriette s'embarqua le 22 juin à destination de l'Angleterre. Sa suite était nombreuse et comptait un peu trop d'ecclésiastiques pour ne pas irriter les Anglais. Elle emportait un billet écrit de la main de son frère : « Ma sœur, voici un long voyage pour vous et qui vous durera beaucoup, étant éloignée de moi. Mais deux choses peuvent vous consoler : le lieu où vous êtes et l'assurance que je ne vous aime pas moins pour votre absence. Si je ne vous écris plus souvent, je ne laisse de penser à vous et d'être en désir de vous faire connaître mon affection par des témoignages de ma bonne volonté. »

Elle emportait aussi les recommandations de Richelieu. Quoique reine d'Angleterre, elle ne devait pas oublier la France. Il souhaitait donc qu'elle fît en sorte de plaire à son époux, afin de prendre de l'influence sur lui et d'être à Londres une sorte d'ambassadeur permanent. C'était exiger beaucoup d'une femme-enfant.

IV

SOUBISE

Le revirement politique opéré par Richelieu était sans ambiguïté. Il aurait dû combler les vœux des protestants. En quelques mois, le roi de France avait pris position contre l'Espagne ; il s'était allié avec deux puissances protestantes ; il versait des subsides au roi de Danemark et à Mansfeld. Henri IV, roi selon leur cœur, n'eût pas mieux fait. Qui veut noyer son chien l'accuse de la rage, dit avec raison le proverbe. Ils n'aimaient pas Louis XIII, se défiant de sa ferveur catholique. Ils détestaient en Richelieu le théologien et l'homme politique. Ils n'avaient pas oublié sa réponse aux quatre pasteurs de Charenton et ne croyaient pas à la tolérance qu'il affichait, tout en combattant l'hérésie. Les craintes qu'ils éprouvaient atténuaient le regain d'espoir qui s'offrait à leur parti. Au fond, ils aspiraient moins à la paix religieuse qu'à l'instauration d'une république indépendante, qu'ils eussent gérée eux-mêmes et sur le territoire de laquelle ils eussent promulgué leurs propres lois. Cet État, dont ils ne souhaitaient pas le détachement du royaume, se serait néanmoins appuyé, le cas échéant, sur la Hollande et l'Angleterre. La politique audacieuse et imprévue de Richelieu contrariait leurs plans. Il est clair cependant qu'une occasion unique s'offrait à leurs chefs, en tout premier lieu les frères de Rohan, d'obtenir un statut avantageux pour leur parti. Ils la manquèrent par aveuglement, fanatisme et irréalisme.

Voyant les troupes royales engagées dans la Valteline et devant Gênes, le roi de France exposé soudain à un conflit grave avec l'Espagne, ils crurent opportun de relancer la rébellion. À vrai dire, ce comportement était, dans la conjoncture, des plus suspects et il est probable que l'or espagnol n'y fut pas étranger. Le prétexte invoqué fut l'exécution imparfaite du traité de Montpellier. Le roi ne se pressait pas de faire évacuer cette ville par ses troupes, ni de faire démolir le fort de Port-Louis qui contrôlait le trafic rochelais. Cette lenteur était calculée, car La Rochelle restait la capitale du parti protestant, sa soumission à l'autorité royale n'étant que de façade. Quelques vaisseaux, commandés par le duc de Guise, croisaient dans le pertuis d'Antioche et le pertuis breton ; ils renforçaient la surveillance de Port-Louis. Rohan demandait leur départ avec une insistance maladroite. Les réponses dilatoires de Louis XIII l'incitaient, s'il en était besoin, à se rebeller. Il cherchait en réalité à gagner du temps. Son frère, Soubise, armait des vaisseaux avec la complicité des Rochelais.

À la fin de décembre 1624, le duc de Rohan envoya sa femme prêcher la bonne parole en Languedoc. La duchesse Marguerite était fille de Sully. Elle appartenait à la frange militante du parti protestant. L'ardeur de sa foi ne l'empêchait pas d'avoir des mœurs assez légères. Elle collectionnait les aventures galantes, sans penser à mal. Tallemant des Réaux dit qu'elle eût été une femme parfaite « en un pays où l'adultère eût été permis ». Ces amourettes n'entamaient en rien le zèle et le dévouement qu'elle montrait à l'égard de son mari. Le 26 décembre, elle était à Nîmes ; le 29, à Avignon ; le 6 janvier 1625, à nouveau à Avignon. Elle réunissait les consuls, les gentilshommes et autres notables, rameutait les populations. C'était une petite bonne femme apparemment fragile, mais brûlant d'une flamme intérieure, émouvante et intrépide. Elle allait ainsi par les campagnes, dans un carrosse noir, attelé de chevaux noirs et monté par des valets en livrée noire, pour frapper les imaginations. Il s'agissait de réveiller le zèle des croyants, d'attiser leurs craintes et leurs colères. La duchesse avait une merveilleuse éloquence. Pendant ce temps, le duc, qui résidait à Castres, préparait le soulèvement.

Ce fut son frère, Benjamin de Rohan, seigneur de Soubise, qui ouvrit les hostilités. Il avait équipé cinq vaisseaux de guerre, recruté une petite troupe et réquisitionné des chaloupes. Avec cette flottille, il sortit brusquement du port de La Rochelle et mit le cap sur l'île de Ré. La surprise fut totale et il occupa cette île quasi sans coup férir. Il se dirigea ensuite vers l'embouchure de la petite rivière du Blavet, près de laquelle s'élevait le fort de Port-Louis. Sept beaux vaisseaux y mouillaient. Ils appartenaient au duc de Nevers. Ce dernier, toujours obsédé par son idée de croisade, projetait de conquérir Constantinople avec cette armada en miniature ! Soubise prit les sept vaisseaux à l'abordage ; puis, à la tête d'une véritable flotte de combat, il cingla vers l'île d'Oléron qui fut prise en un tournemain. Il revint ensuite à l'île de Ré, dont il fit son repaire. Il calfata ses vaisseaux, les approvisionna et repartit vers la Gironde. Il voulait remonter la Garonne et canonner Bordeaux. Les Bordelais furent pris de panique ; ils craignaient pour leurs maisons de campagne et leurs riches vignobles. Soubise s'était installé à Castillon-du-Médoc, ville proche de Bordeaux, et comptait en faire sa base logistique. Mais le premier président du parlement de Bordeaux, M. de Gourgens, ne se laissa pas intimider ; il calma l'émoi général et envoya prévenir Toiras qui commandait Port-Louis et le duc d'Épernon, gouverneur de Guyenne. Toiras arriva à Blaye et, traversant la Gironde, contraignit Soubise à lâcher prise et à se retirer à Saint-Martin-de-Ré.

Soubise restait néanmoins maître de la mer, de La Rochelle à Bordeaux. Le roi n'avait pas assez de vaisseaux pour l'attaquer. Il ne pouvait cependant laisser impunis de tels actes de piraterie. Richelieu demanda aux Hollandais les vingt vaisseaux qu'ils s'étaient engagés à lui fournir en cas de besoin. Il obtint aussi sept vaisseaux du roi d'Angleterre : parvenus à Dieppe, les matelots anglais refusèrent de combattre au service de la France ; on les remplaça par des équipages français. On pouvait douter du loyalisme des Hollandais obligés a se battre contre leurs coreligionnaires. Néanmoins, nous disposions désormais d'une flotte assez forte pour écraser Soubise.

Pendant que ces événements se déroulaient, le duc d'Épernon avait pris une initiative pour le moins malheureuse. Il s'était rendu à Montauban avec une forte troupe, non dans l'intention d'assiéger cette ville, mais de défier ses habitants. Ses soldats saccagèrent et brûlèrent les environs. Ce défi lancé aux protestants donna aussitôt ses fruits. La révolte gronda dans toutes les villes protestantes, dans les Cévennes et le Haut-Languedoc. C'était à nouveau la guerre civile !

Louis XIII voulait entrer immédiatement en campagne, châtier ces insolents rebelles. Richelieu l'en dissuada. Bien renseigné, il savait qu'une large fraction du parti protestant désapprouvait la rébellion, malgré les provocations – aussi très suspectes – d'Épernon et les spectaculaires mais éphémères succès de Soubise. Richelieu chargea le connétable de Lesdiguières et le maréchal de La Force de négocier avec les rebelles. Ce choix était contestable, car ils avaient abjuré, l'un pour obtenir la connétablie, l'autre pour recevoir le bâton de maréchal. Mais c'étaient des hommes de bon sens et leur sympathie pour leurs anciens coreligionnaires était évidente. Ils conseillèrent un bon accommodement avec le roi. Un moment, Rohan et Soubise parurent disposés à traiter. Ils offraient de concourir, par terre et par mer, à la prise de Gênes, moyennant subsides. Ils posaient toutefois comme préliminaire la démolition de la forteresse de Port-Louis. Richelieu recourut à un subterfuge. Il fit proposer aux chefs rebelles de différer la question de Port-Louis : une délégation de Rochelais viendrait exposer ses griefs au roi. La paix semblait prochaine.

Cependant, l'escadre hollandaise était arrivée en vue de La Rochelle. Elle était commandée par l'amiral Haultain de Zoete. Elle devait être rejointe par la flotte anglo-française, commandée par l'amiral Mautin. Les deux escadres avaient été placées sous les ordres du duc de Montmorency. Soubise, arguant de la signature prochaine de la paix avec Louis XIII, obtint sans peine la signature d'une trêve avec l'amiral hollandais. Mautin pour sa part refusa de signer, en quoi il se montra plus perspicace que son collègue ! Le 16 juillet 1625, vers onze heures du matin, sans avoir dénoncé l'armistice avec les Hollandais, Soubise sortit du port de La Rochelle avec une trentaine de navires et attaqua l'escadre hollandaise, qui ouvrit le feu. Le vaisseau du vice-amiral Dorp fut incendié par un brûlot. Quatre autres vaisseaux furent rapidement coulés. Haultain de Zoete incendia le reste de son escadre dans la baie de l'Aiguillon.

Restait l'escadre de Mautin, qui était intacte. L'amiral français évita les brûlots et canonna les vaisseaux de Soubise si vivement que celui-ci rompit le combat et vira de bord. Mautin le prit en chasse. Soubise se réfugia de justesse dans le port de Saint-Martin-de-Ré. Le 14 septembre, le duc de Montmorency appareilla de la rade d'Olonne avec les vaisseaux anglais et ceux qu'il avait fait venir de Bretagne. Il trouva l'escadre de Soubise dans la Fosse-de-Loix. Cette rade formait une échancrure dans le nord-ouest de l'île de Ré. Soubise avait échoué ses bâtiments à l'abri d'un banc de sable. Les vaisseaux de Montmorency ne pouvaient s'aventurer sans risques sur ces hauts fonds. Montmorency ordonna à Toiras de débarquer avec trois mille hommes. Soubise tenta d'empêcher le débarquement, fut battu et s'enfuit, « laissant pour gages son chapeau et son épée ». Une chaloupe le transporta à l'île d'Oléron. La victoire semblait assurée. Mais, le lendemain, Guiton [1], profitant de la marée montante, remit à flot les navires échoués dans la rade de la Fosse-de-Loix et tenta d'entrer dans le port de La Rochelle. Il fut immédiatement pris en chasse par Montmorency. Neuf de ses bâtiments furent capturés. La *Vierge*, qui était le plus beau d'entre eux, sauta, endommageant les quatre vaisseaux du roi qui l'encadraient. Il restait cependant à Soubise huit à dix bâtiments ancrés à Oléron. Pour échapper à Montmorency, il mit à la voile et cingla vers l'Angleterre, où il trouva refuge.

Le parti de la Réforme était une fois de plus vaincu, non pas entièrement détruit. Tant que La Rochelle ne serait pas démantelée, elle resterait le centre de la résistance à l'autorité royale. Néanmoins, depuis la défaite navale qu'ils venaient de subir, les rebelles paraissaient décidés à traiter. Richelieu chargea le maréchal de Schomberg de poursuivre les négociations. Il estimait que leurs chefs préféraient avoir affaire à un soldat plutôt qu'à un cardinal ! Un édit de pacification fut octroyé aux protestants ; il confirmait la paix de Montpellier. Toutefois, La Rochelle devait accepter la présence d'un commissaire du roi, s'engager à ne plus armer de vaisseaux pour la guerre [2], restituer les biens de

1. Futur maire de La Rochelle.
2. Il suffisait à l'époque de pourvoir un vaisseau d'artillerie pour en faire un vaisseau de guerre !

l'Église qui avaient été spoliés, permettre le culte catholique et démolir le fort Tasdon. Le fort du Blavet resterait en revanche debout. Somme toute, les Rochelais et les chefs rebelles s'en tiraient à bon compte ! Il va sans dire que leur soumission fut insincère. Richelieu ne se faisait aucune illusion à ce sujet. On l'accusa d'avoir ménagé les hérétiques. On le surnomma « pape des huguenots ». Certes, il avait empêché Louis XIII d'infliger un châtiment plus sévère aux rebelles. Mais il préférait une mauvaise paix à la guerre civile.

On a signalé, au début du chapitre précédent, l'arrivée d'une ambassade extraordinaire du Saint-Siège. Urbain VIII en avait chargé son neveu, Francesco Barberini. L'entrée du légat, coïncidant avec celle de Buckingham, passa presque inaperçue. Il venait apporter la dispense pour le mariage d'Henriette de France et de Charles Ier d'Angleterre. Il venait aussi apporter et défendre les contre-propositions de son oncle dans l'affaire de la Valteline. Urbain VIII n'avait pas les talents politiques de son prédécesseur. Il voulait sincèrement la paix et croyait pouvoir réconcilier Louis XIII et Philippe IV, dans la perspective d'une croisade contre les Turcs. Il préconisait donc le libre passage des Espagnols par la Valteline, la suppression partielle de la suzeraineté des Grisons sur les Valtelins qui seraient placés sous la double protection du roi de France et du roi d'Espagne. Cette solution, pour le moins étrange, fut jugée inacceptable. Le légat fut reçu avec honneur, logé magnifiquement dans une chambre proche de celle du roi. Richelieu lui marquait une déférence appuyée, le cajolait, lui prodiguait des compliments, pour endormir sa méfiance. Louis XIII réunit un grand Conseil pour examiner les propositions du pape. Le temps passait. Le légat décida de se retirer à Avignon, pour y attendre la réponse définitive du roi.

Les Espagnols renoncèrent d'ailleurs à l'arbitrage d'Urbain VIII. Philippe IV ne voulait pas d'un conflit avec la France ; il avait trop de difficultés par ailleurs. Il consentit donc à signer le traité de Mançon (1626) qui réservait le passage de la Valteline aux Français, limitait la suzeraineté des Grisons au versement d'un tribut annuel par les Valtelins et impliquait la démolition des forts espagnols qui subsistaient. C'était un grand succès pour Louis XIII et Richelieu. Il irrita fortement nos alliés. Les Grisons, la Sérénissime République de Venise, le duc de Savoie et le roi d'Angleterre protestèrent. On les mettait devant le fait accompli. Ils se plaignaient de n'avoir pas été consultés. Le duc de Savoie se montrait le plus virulent : on le calma en lui laissant espérer le titre de roi : il n'était que prince, bien que son État fût indépendant. Charles Ier et Buckingham s'estimaient gravement lésés. Ils escomptaient toujours une rupture entre la France et l'Espagne. Le traité de Mançon les ramenait brutalement à la réalité. Ils se vengèrent, petitement, sur la reine Henriette, par des humiliations assez indignes et en la privant d'une partie de sa suite française. Les persécutions contre les catholiques anglais recommencèrent. Les clauses principales du contrat de mariage étaient délibérément violées. Redoutant l'influence de la reine sur son mari, Buckingham manœuvrait pour la discréditer.

Des libelles [1] d'origine étrangère, rédigés en latin, couraient Paris. Richelieu en était la cible. On l'accusait de protéger l'hérésie. C'était en réalité Louis XIII qui était visé. On essayait par ce moyen d'opposer le roi à son ministre, et par là d'affaiblir un gouvernement dont on redoutait l'efficacité. Ces libelles n'eurent aucun effet sur l'opinion. D'ailleurs, la position de Richelieu était désormais trop assurée et son autorité ne faisait que croître. Le roi ne pouvait plus se passer de lui.

1. Les *Mysteria politica*, attribués au jésuite Keller, et l'*Admonitio*.

V

LA CONSPIRATION DE CHALAIS

Gaston, frère du roi, venait d'avoir dix-huit ans. Il était duc d'Anjou et portait, comme on sait, le titre de « Monsieur ». Il ne ressemblait en rien à Louis XIII. Il respirait le bonheur de vivre, avec une tendance un peu trop marquée à la débauche et au blasphème. Sa jovialité, son esprit pétillant, son alacrité n'étaient pas sans rappeler Henri IV. Il était le fils préféré de Marie de Médicis qui veillait à lui assurer, faute de mieux, une grande fortune. Il était donc convenu, et depuis longtemps, qu'il épouserait Mlle de Montpensier, la plus riche héritière du royaume. Or, en 1626, le moment semblait venu de réaliser ce projet. Un tel mariage déplaisait à la reine Anne d'Autriche. On peut même écrire sans exagération qu'il la désespérait. Après une lune de miel de deux ans et plusieurs fausses couches, elle était délaissée par Louis XIII, et passait injustement pour stérile. Si Louis XIII mourait – son état maladif laissait prévoir une fin prématurée –, Monsieur hériterait de la couronne. S'il avait un fils de Mlle de Montpensier, cet enfant deviendrait roi de France après la mort de son père, à moins qu'Anne d'Autriche, devenue veuve, épousât celui-ci et lui donnât elle-même un fils. C'était le raisonnement que tenait la duchesse de Chevreuse pour consoler la reine et lui remonter le moral. Anne d'Autriche avait de la sympathie pour son beau-frère, mais son influence sur lui était superficielle.

Mme de Chevreuse pouvait davantage. Experte en galanterie, il ne lui fut pas difficile de séduire le comte d'Ornano. C'était le précepteur de Monsieur. Écarté sur les instances de Richelieu qui le suspectait de pousser Gaston à postuler des commandements et à sortir de sa condition de cadet, puis rétabli dans sa fonction, il était non seulement écouté, mais aimé par son élève. Mme de Chevreuse n'eut aucun mal à le mettre de son parti : il haïssait le cardinal et la reine mère en raison de son éviction momentanée. Ce fut en vain que la reine mère obtint pour lui le bâton de maréchal. Amoureux de Mme de Chevreuse, d'Ornano fit le mauvais choix. Au lieu de persuader Monsieur d'épouser Mlle de Montpensier, il usa de toute son influence pour l'en dissuader. Ce fut pareillement un jeu pour la belle duchesse d'obtenir l'adhésion des frères de Vendôme, du comte de Soissons et du prince de Condé, tous appartenant, directement ou non, à la famille royale. Il se forma de la sorte un parti opposé au mariage de Monsieur, dont l'unique objectif était de nuire à Louis XIII et à Richelieu. Le maréchal d'Ornano eut la sottise d'écrire en Angleterre, en Hollande, en Savoie et même à quelques gouverneurs. Monsieur pouvait être obligé de fuir la cour et, le cas échéant, de se réfugier à l'étranger. Comme il était inévitable, quelques lettres du maréchal tombèrent dans les mains de Richelieu. Elles n'apportaient point de preuves formelles, mais compromettaient leur auteur et divers personnages de la cour.

Depuis le début de l'année 1626, on parlait d'une cabale contre le cardinal. Ce bruit ne fut pas pris au sérieux. La correspondance du maréchal semblait le corroborer et le préciser. On rendit ce dernier responsable du comportement de Monsieur. Ce dernier s'obstinait à refuser d'épouser Mlle de Montpensier, malgré les objurgations de sa mère et de son frère. Ni les promesses ni les menaces ne l'amenaient à se soumettre. Richelieu et Schomberg conseillèrent au roi de faire arrêter d'Ornano et, par là, de mettre fin au complot. Ce fut le roi lui-même qui se chargea de l'arrestation. Il semble qu'il prenait un certain plaisir à ce genre d'opération. Le 4 mai 1626, vers dix heures du soir, il fit appeler le maréchal. Il jouait de la guitare quand d'Ornano entra. Il lui tint des propos fort civils et se retira un instant dans sa garde-robe. Du Hallier, capitaine des gardes, se présenta avec ses hommes, arrêta le maréchal. Cette scène se déroula dans la chambre même où naguère Henri IV avait fait arrêter Biron. Louis XIII convoqua ensuite Gaston pour lui annoncer la nouvelle. Monsieur avait le caractère trop flexible et trop fourbe pour protester. Il prit cependant la défense du maréchal, en insinuant qu'il avait été injustement calomnié et qu'il ferait un sort au calomniateur. Louis XIII avait peu d'estime pour son frère ; il prit ces menaces à la légère et il eut tort. Les jours suivants, les frères du maréchal furent arrêtés, ainsi que Déagant et Modène. Sa femme fut assignée à résidence, hors de Paris.

Richelieu, on l'a déjà dit, préférait la campagne à la ville. Il aimait les jardins et les ombrages. Il avait besoin des arbres pour se ressourcer. Il y était à même d'approfondir ses réflexions, loin des bruits de Paris et des visites parfois importunes. Il s'était retiré pour quelques jours au château de Fleury, cependant que le roi et la cour se trouvaient à Fontainebleau. On lui annonça l'arrivée d'Achille d'Étampes et de son neveu, le comte de Chalais. Achille d'Étampes, sieur de Valençay, était commandeur de Malte. Il s'était naguère distingué sur les galères de son Ordre dans plusieurs combats navals contre les Barbaresques. Puis il était passé au service de Louis XIII et avait pris part au siège de Montauban. Il était de plus un fidèle partisan de Richelieu. Le comte de Chalais était maître de la garde-robe du roi. Il briguait le commandement de la cavalerie légère. Bien qu'il eût la confiance de Louis XIII, il avait adhéré au parti de Monsieur. Il était même de ses intimes. Or, Monsieur, poussé par la duchesse de Chevreuse, projetait d'assassiner Richelieu. Il se fût arrêté au château de Fleury, avec quelques seigneurs, pour y déjeuner avant de partir pour la chasse. Au cours du repas, une querelle eût éclaté, au cours de laquelle le cardinal eût été poignardé. Chalais fit part de ce projet à son oncle, qui lui reprocha en termes véhéments sa collusion avec Monsieur et l'obligea à le suivre à Fleury pour dénoncer le complot. Chalais était influençable et craignait son oncle. Il ne fit pas de difficultés à lui obéir et révéla tout à Richelieu. Celui-ci fit immédiatement prévenir le roi, qui envoya sur-le-champ une soixantaine de chevau-légers et de gendarmes à Fleury, avec les gentilshommes de la reine mère. Sous leur escorte, le cardinal gagna Fontainebleau sans encombre. Les domestiques de Monsieur arrivaient précisément à Fleury pour y préparer le repas de leur maître et de ses amis.

On avait persuadé Monsieur que le meilleur moyen de sauver le maréchal d'Ornano était de tuer Richelieu. Ce l'était aussi d'isoler le roi et de battre en brèche son autorité grandissante. Le complot ayant échoué, il fallait se rabattre sur la solution seconde : la fuite de Monsieur à l'étranger. De là, il pourrait dicter ses conditions au roi. « La Chevrette » tirait les ficelles de la conspiration. Les appartements de la reine étaient le centre de toutes ces intrigues. On apprit que les frères de Vendôme travaillaient à soulever la Bretagne. Fils d'Henri IV et de Gabrielle d'Estrées, donc frères naturels de Louis XIII, ils se croyaient assurés de l'impunité. César, duc de Vendôme, était gouverneur de la Bretagne et Alexandre, son cadet, grand prieur de Malte. César se flattait d'ériger la Bretagne en État indépendant, dont il eût été le prince. Alexandre postulait la charge d'amiral de France, dont Montmorency songeait à se démettre. Le roi coupa court à leurs manigances. Se rendant à Nantes, il fit étape à Blois. Il y convoqua les deux Vendôme. Ils crurent habile de répondre à cette invitation. Ils arrivèrent à Blois le 11 juin 1626. Louis XIII les accueillit fraternellement ; il était même fort enjoué. Au cours de la nuit, les capitaines du Hallier et Mauny firent irruption dans la chambre des Vendôme et, d'ordre du roi, les arrêtèrent.

– « Eh bien, mon frère, dit le duc, ne vous avais-je pas bien dit en Bretagne, qu'on nous arrêterait ? »

– « Je voudrais être mort et que vous y fussiez », répondit Alexandre.

– « Je vous avais bien dit, rétorqua César, que le château de Blois était un lieu fatal pour les princes [1]. »

Ils furent conduits à Amboise et jetés en prison. Le sang royal ne les avait pas protégés de la colère de Louis. Richelieu n'avait pas suivi la cour. Mal portant, traversant une crise dépressive, il avait écrit au roi, lui offrant sa démission. Le roi lui avait aussitôt répondu :

« Tout, grâce à Dieu, a bien succédé depuis que vous y êtes (au Conseil) ; j'ai toute confiance en vous et il est vrai que je

1. Allusion à l'assassinat du duc de Guise par ordre d'Henri III.

n'ai jamais trouvé personne qui me servît à mon gré comme vous. Assurez-vous que je ne changerai jamais et que quiconque vous attaquera, vous m'aurez pour second [1]. »

Il lui annonça l'arrestation des Vendôme et l'invita à le rejoindre à Blois, si sa santé le lui permettait. Dès qu'il arriva à Blois, Richelieu fut informé des visites furtives et fréquentes que Chalais rendait à Monsieur. Chalais avait une fois de plus retourné sa veste. Mme de Chevreuse l'avait séduit et ramené au parti de Monsieur. Amoureux fou, Chalais renouvelait les imprudences du maréchal d'Ornano. Le temps pressait, car Mlle de Montpensier étant arrivée à Blois, le mariage était imminent. Chalais écrivit au duc d'Épernon en le priant de recevoir Monsieur dans son gouvernement de Guyenne et au duc de La Valette, son fils, de donner asile au fugitif dans son gouvernement de Metz. Monsieur écrivit lui-même à d'Épernon, qui transmit la lettre au roi. Sur ces entrefaites, Chalais eut une querelle avec Roger de Grammont, comte de Louvigny. Ce dernier révéla que Monsieur et ses amis avaient résolu d'assassiner le roi. Monsieur hériterait de la couronne et épouserait Anne d'Autriche.

La cour s'était installée au château de Nantes. Dans la nuit du 8 juillet 1626, Chalais fut arrêté et incarcéré dans l'une des tours. Il dit :

– « Je crains plus une longue prison que la mort, n'était l'ignominie. »

Cette arrestation ne retint pas Monsieur d'aller excursionner fort gaiement, en compagnie de ses amis, à Saint-Nazaire et dans l'estuaire de la Loire. C'est assez dire l'inconsistance de son caractère. Il y joignit la perfidie. Contre les duchés d'Orléans et de Chartres, plus le comté de Blois, plus une pension de cinq cent mille livres pour l'entretien de sa maison, il avait accepté enfin d'épouser Mlle de Montpensier. Douce violence, car la fiancée lui apportait les principautés de Dombes et de La Roche-sur-Yon, les duchés de Châtellerault et de Saint-Fargeau, produisant quatre cent mille livres de rente ! Monsieur accepta aussi très volontiers de dévoiler le complot ourdi en son nom. Interrogé les 11 et 12 juillet en présence de la reine mère, du roi et du cardinal, il révéla tous les détails, livra tous les

1. Pour vous seconder.

noms. Chalais lui avait conseillé de s'enfuir de Nantes et de soulever Paris contre le roi. L'arrestation de Chalais avait stoppé ce projet d'extrême justesse. La date et l'heure de la fuite avaient été fixées. Monsieur exprima les plus vifs regrets de sa conduite, et prit l'engagement solennel d'être fidèle à son frère. Il n'était pas avare de serments. Le 5 août 1626, dans la soirée, il épousa Mlle de Montpensier et sa fortune.

Au fond de sa prison, Chalais apprit la célébration du mariage. Il déclara, en espérant que ses paroles seraient notées et répétées au cardinal :

– « Voilà une action de haut biseau d'avoir non seulement rompu et dissipé une grande faction, mais anéanti l'espérance de la rallier ni de la raccommoder jamais. Il n'appartenait qu'au Roi et à Monseigneur le cardinal de faire ce coup d'État. Il est bien employé qu'ils aient pris Monseigneur (Gaston d'Orléans) entre bond et volée. Ô grand Roi, et trois fois heureux de se servir d'un si grand ministre ! Ô grand ministre digne d'un très grand Roi ! »

Ces flatteries venaient un peu tard. Chalais n'avait aucune indulgence à attendre de Richelieu, et moins encore de Louis XIII. Le Vassor, dans son *Histoire du règne de Louis XIII*, insinue que le cardinal se serait rendu dans la prison de Chalais et qu'il lui eût promis sa grâce, s'il consentait à parler. Richelieu ne pouvait se substituer au roi et promettre ce qu'il n'était pas en son pouvoir d'accorder. D'ailleurs, il eût été inutile de recourir à ce subterfuge. Se sentant perdu, Chalais renchérissait sur les dénonciations de Monsieur. Il affirma qu'après l'attentat manqué de Fleury, les conjurés cherchèrent une autre occasion d'assassiner Richelieu. Il écrivit au roi pour le supplier de lui pardonner, en précisant qu'il n'avait été de la faction que treize jours. Il envoyait à Mme de Chevreuse des lettres énamourées : « Si ces beaux yeux, que j'adore, regardent cette lettre, j'augure bien de ma fortune et, s'il advient le contraire, je ne souhaite plus ma liberté, puisque j'y trouverais mes supplices. » Mme de Chevreuse ne daigna pas répondre. Ses « beaux yeux » regardaient ailleurs et elle avait surtout peur de se compromettre. De rage, Chalais la dénonça. Il n'épargna pas non plus la reine.

Le roi institua une chambre criminelle, composée de magistrats de Rennes et présidée par Michel de Marillac, le nouveau garde des sceaux. Le 18 août, Chalais fut déclaré « atteint et convaincu du crime de lèse-majesté ». Il fut condamné à avoir la tête tranchée, place du Bouffay, à Nantes. Sa tête serait mise au bout d'une pique au-dessus de la porte de Sauvetout. Son corps serait partagé en quatre quartiers et exposé dans les quatre rues principales. Avant son exécution, Chalais serait mis à la torture, ses biens confisqués et sa descendance déchue de noblesse.

Jeanne-Françoise de Lasseran-Massercone, princesse de Chalais, s'agenouilla devant le roi et implora sa clémence. Louis XIII fut inflexible. Cependant, touché par les larmes de cette malheureuse, qui lui rappelait que son fils était filleul d'Henri IV, il fit grâce à Chalais des peines accessoires, mais maintint la peine capitale. L'exécution avait été fixée au 19 août, dans la soirée. On ne trouva pas le bourreau de Nantes : il avait été acheté par les amis de Chalais. On gracia deux gibiers de potence qui acceptèrent de faire l'office de bourreaux contre leur liberté. Ces bourreaux improvisés ne savaient pas se servir de l'épée suisse, vouée à cet usage. Ils ne firent qu'entailler le cou de Chalais et durent l'achever avec une doloire. Le moribond ne cessa de crier « Jésus Maria », jusqu'à ce que sa tête tombât du billot.

Cette boucherie – qui n'avait été voulue ni par le roi ni par le cardinal – était de nature à calmer les agitateurs. De plus, on avait décidé de faire comparaître le maréchal d'Ornano ; il était promis au même châtiment, mais il mourut, d'une rétention d'urine, le 18 septembre, à la Bastille. Les deux Vendôme restaient emprisonnés à Amboise. Frères naturels du roi, il était d'autant plus difficile de les juger qu'il avait pardonné à Monsieur. La duchesse de Chevreuse fut pareillement épargnée, quoique la plus coupable. Elle n'eût pas manqué d'accuser la reine, de rameuter l'opinion. Le roi se contenta de l'exiler en Poitou. Quand elle reçut la notification de la sanction qui la frappait, elle ne put retenir sa colère et traita le roi d'« idiot incapable » et le cardinal de « faquin ». Après cet exploit, elle préféra se retirer en Lorraine.

Restait Anne d'Autriche. Elle portait une part de responsabilité. Elle dut, en présence du roi, de la reine mère et de Richelieu, subir la lecture des interrogatoires de Chalais, lequel avait porté contre elle des accusations très graves. Le roi consentit à lui accorder son pardon. Il eut l'élégance de faire détruire les pièces les plus compromettantes. Cette scène humiliante refroidit encore les rapports entre les deux époux.

VI

GRAND MAÎTRE DE LA NAVIGATION

Lesdiguières mourut en septembre 1626 et Louis XIII supprima la connétablie. Le duc de Montmorency offrait de résilier ses fonctions de grand amiral (contre une indemnité d'un million deux cent mille livres) ; le roi décida également la suppression de cette charge. Il voulait être désormais le chef suprême de l'armée de terre et de mer. Toutefois, la marine de guerre était pour ainsi dire inexistante, surtout sur nos côtes océanes. On a vu que, pour mettre fin aux exploits de Soubise, il avait fallu demander des vaisseaux aux Hollandais et au roi d'Angleterre. Richelieu convainquit le roi de la nécessité de créer deux escadres et des avantages qui en résulteraient pour la sécurité de nos côtes et de nos vaisseaux de commerce. Louis XIII le nomma, en octobre 1626, grand maître, surintendant général de la navigation de commerce de France. Il était précisé toutefois que le cardinal ne pourrait exercer le commandement des forces navales. Richelieu refusa tout traitement, y compris le fructueux droit d'épave, pour financer la construction des navires et l'achat de matériel. Peu après, sur l'ordre de Louis XIII, il achetait le gouvernement du Havre. Il existait d'ailleurs chez les Richelieu une tradition maritime indiquée plus haut. Un grand-père du cardinal avait largement contribué, précisément, à la fondation du Havre, sous le règne de François Ier ; il avait le grade de vice-amiral.

Il ne s'agissait point, en 1626, de restaurer notre marine, mais de la recréer. Richelieu avait élaboré un plan, qu'il soumit à l'approbation du roi. Ici, on doit souligner que, si la plupart des rois de France se désintéressèrent des questions maritimes, Louis XIII eut au moins le mérite de les comprendre et de soutenir Richelieu, malgré l'immensité de la tâche et de la dépense. Richelieu n'innova pas, à proprement parler. Mais, selon sa méthode, il perfectionna ce qui était. Il voulait doter la flotte du Levant de quarante galères de combat. Ce type de bâtiment, aux lignes effilées, à faible tirant d'eau, se mouvant à la voile et à la rame, convenait à la navigation dans la Méditerranée. Sa rapidité lui permettait de surprendre les pirates barbaresques infestant cette mer, et son artillerie, supérieurement étudiée, de les affronter avec un succès assuré. Elles exigeaient quatre à cinq cents rameurs, à raison de quatre ou cinq par banc. On dut réduire le nombre de ces unités à vingt-quatre par suite des difficultés de recrutement : il n'y avait pas assez de forçats !

La flotte du Ponant serait dotée de quarante vaisseaux ronds (à fort tirant d'eau), capables de résister à la canonnade et à la grande houle de l'Atlantique. Faute de ports assez profonds pour les recevoir, ces vaisseaux, déplaçant au maximum deux mille tonneaux, étaient de dimensions moyennes : les Anglais comme les Hollandais en avaient de beaucoup plus importants. Mais on avait affiné leurs lignes et leur artillerie était plus puissante. Les plus gros portaient cinquante pièces. Richelieu commanda des vaisseaux en Hollande, qui servirent probablement de modèles. Puis, des ingénieurs ayant été formés, les bâtiments furent construits sur nos chantiers. Toute l'Europe maritime admira *La Couronne*, vaisseau amiral construit à La Roche-Bernard. Il avait soixante-dix mètres de long, seize de large et son grand mât atteignait soixante-douze mètres. Il portait quatre-vingt-huit canons, chiffre record. Huit d'entre eux tiraient en chasse (à l'avant) et huit en retrait (à l'arrière). Des forges et des fonderies furent créées à Brest, au Havre et à Brouage. Apportant tous ses soins à la qualité du personnel, Richelieu organisa des écoles de canonnage pour les matelots et des écoles d'hydrographie pour les officiers, où se côtoyaient nobles et roturiers. Il se préoccupa de la discipline et rédigea des règlements dont Colbert s'inspirera plus tard.

Mais, pour refaire une marine, l'effort et l'ingéniosité ne suffisent pas. Il faut vingt ans d'expérience et beaucoup de ténacité. La marine de Richelieu, à peine naissante, ne joua qu'un rôle minime pendant le siège de La Rochelle. Elle ne devint réellement opérationnelle qu'en 1638. Cette année-là, nous remportâmes les victoires navales de Guétharia et de Gênes. L'année suivante, Sourdis enleva une flottille de galions espagnols et s'empara du port de La Corogne. En 1640, Maillé-Brézé fut vainqueur à Cadix. En 1641, Sourdis tint tête durant quatre jours à l'escadre du duc de Fernandina, devant Tarragone : les Espagnols étaient très supérieurs en nombre. En 1642, devant Barcelone, Maillé-Brézé vainquit le duc de Ciudad-Réal. Ce palmarès – si l'on peut dire ! – montre la qualité de l'œuvre accomplie par Richelieu.

Mais le cardinal ne s'en tenait pas seulement aux galères et aux vaisseaux de guerre. Jetant les yeux sur une mappemonde, il méditait de doter la France de colonies analogues à celles de l'Espagne et de l'Angleterre. De développer le trafic maritime et de ne point laisser la maîtrise de la mer aux seuls Anglais. Trop peu de nos hommes d'État ont eu une pareille vision panoramique, englobant à la fois le présent et l'avenir, pareille compréhension de la vocation maritime de la France et pareille ambition. L'imagination, le sens de la grandeur s'alliaient en lui au pragmatisme.

Conscient des difficultés, il voulut, à la fin de 1626, faire approuver cette orientation nouvelle de sa politique aux représentants du royaume. Mais, ayant vécu l'expérience des états généraux de 1614, il leur préféra une assemblée plus efficace et plus discrète. Bref, en réunissant l'Assemblée des notables, le 2 décembre, son objectif était d'obtenir commodément la caution des individus les plus marquants du royaume. Bien entendu, Louis XIII souscrivit à ce projet. Ce fut Michel de Marillac, garde des sceaux, qui ouvrit la séance. Le discours qu'il prononça avait reçu l'aval de Richelieu. Marillac informa l'assemblée du désir de Sa Majesté d'équilibrer les dépenses et les recettes de son État en opérant des retranchements sur les pensions, en prescrivant la démolition de places fortes inutiles à la défense du royaume, mais dans lesquelles on entretenait des garnisons. Le roi avait lui-même donné l'exemple en supprimant la connétablie et la charge de grand amiral.

Cependant, il devait envisager un accroissement des recettes « non par de nouvelles impositions que les peuples ne sauraient plus porter, mais par moyens innocents », à savoir : le rachat d'une partie des biens de la Couronne qui avaient été aliénés à vil prix, le rachat des droits de gabelle concédés à des conditions inacceptables, le développement du commerce maritime. Schomberg succéda au chancelier. Il exposa la situation militaire et montra la nécessité d'améliorer les places frontières et d'avoir une armée permanente de trente mille hommes. Richelieu prit la relève. Il adopta, comme on pouvait s'y attendre, les conclusions de Marillac et souligna l'urgence de créer une flotte « non tant pour remettre en France la marine en sa première dignité que, par la marine, la France en son ancienne splendeur ». Il proposa donc, dans un premier temps, la construction ou l'achat de quarante-cinq vaisseaux de guerre. L'assemblée approuva ce programme. Il restait à le financer. Les retranchements et les recettes envisagés ne couvriraient point cette énorme dépense. Le remède était à portée de main : il suffisait d'imposer une contribution aux riches, notamment à la noblesse et à l'Église. Mais il était impossible de demander ce sacrifice aux notables qui composaient précisément cette assemblée. Si Louis XIII et Richelieu avaient tenté l'expérience, ils eussent été probablement chassés du pouvoir. Cependant la révolution de 1789 eût, peut-être, été évitée. Il faut reconnaître que la conjoncture ne leur permettait pas d'affronter la crise qu'ils auraient provoquée. Louis XIII avait diminué la taille de six cent mille livres ; ce n'était qu'un geste, mais qui répondait à son souci de soulager les plus pauvres. Or, l'Assemblée des notables répartit la dépense concernant les armées de terre et de mer à raison d'un tiers pour le Trésor et de deux tiers pour les provinces.

Elle approuva toutes les mesures visant à rétablir l'ordre intérieur, notamment l'interdiction des libelles et l'interdiction aux évêques et aux gentilshommes de communiquer, sans autorisation du roi, avec les ambassadeurs, y compris le nonce apostolique. Elle approuva de même le retranchement des pensions dans la proportion de deux tiers et la liste des forteresses à démanteler. Elle demanda au roi de maintenir dans toute leur rigueur les peines frappant les criminels d'État, bien que

Richelieu eût proposé leur adoucissement. Ces diverses mesures dotaient la monarchie de moyens supplémentaires non négligeables. Elles précipitaient son évolution vers l'absolutisme.

L'assemblée se sépara le 24 février 1627. Elle avait surtout brillé par sa docilité. Louis XIII et Richelieu pouvaient se féliciter de l'avoir réunie. L'infortuné Louis XVI ne tira pas les mêmes satisfactions de l'assemblée de 1787 qui, dans son aveu d'impuissance, réclama la réunion des états généraux…

Cette même année 1626 – si fertile en événements – s'acheva sur le retour du maréchal de Bassompierre. Louis XIII l'avait envoyé à Londres en ambassade extraordinaire, avec une double mission : protester contre la saisie de plusieurs navires de commerce par des corsaires britanniques et tenter de réconcilier Henriette de France avec son époux. Bassompierre devait également sonder les intentions de Buckingham. L'alliance franco-anglaise, mise à mal par le traité de Mançon, semblait de plus en plus compromise. Son maintien dépendait largement de la volonté du favori de Charles Ier. Le jugement que Richelieu portait sur « Bouquinquan » ne manque pas de piquant : « C'était un homme de peu de noblesse de race, mais de moindre noblesse encore d'esprit, sans vertu et sans étude, mal né et plus mal nourri [1]. Son père avait eu l'esprit égaré, son frère était si fol qu'il fallait le lier. Quant à lui, il était entre le bon sens et la folie, plein d'extravagances, furieux et sans bornes en ses passions. » Il avait donc de sérieuses raisons de craindre que l'ambassade de Bassompierre fût un échec. Cependant la raison lui commandait de tenter un accommodement. Le maréchal de Bassompierre jouissait d'une grande réputation. C'était un superbe cavalier, mais aussi un esprit très ferme. En outre, il avait l'usage des cours, des manières de grand seigneur, mais non la servilité des courtisans. L'accueil qu'il reçut de Charles Ier et de Buckingham fut mitigé. On frôla l'incident lorsque Charles Ier aperçut dans la suite de l'ambassadeur le père de Sancy, qu'il avait précédemment chassé d'Angleterre. Bassompierre ne se démonta pas ; il prétendit que le père de Sancy était son confesseur. Reçu en audience privée, Bassompierre énuméra les griefs que Louis XIII avait contre

1. Éduqué.

« son bon frère » : notamment le non-respect du contrat de mariage de la reine, l'emprisonnement d'une partie de la suite qu'elle avait amenée en Angleterre, la reprise des persécutions contre les catholiques anglais, la saisie des navires de commerce français. Charles Ier était un impulsif. Il ne sut pas dominer sa colère. Il gronda soudain que Bassompierre était venu lui déclarer la guerre. Ce dernier garda son calme et répondit :

– « Sire, je n'ai pas l'office de héraut pour vous annoncer la guerre, mais bien celui de maréchal de France pour la faire quand le Roi mon maître l'aurait résolue ; jusqu'à présent il fait avec vous comme un frère. »

Le ton monta. Survint alors Buckingham qui se posa en arbitre de la querelle entre son roi et l'envoyé du roi de France, ce qui était offensant. Mais le favori signifiait par là à Bassompierre qu'aucune transaction ne pourrait intervenir sans son accord. Les jours suivants, l'ambassadeur fut témoin d'une violente dispute entre Charles et Henriette. Il s'efforça d'apaiser l'un et l'autre et parvint à les réconcilier momentanément. Il réconcilia aussi la reine et Buckingham. Il obtint même du roi une nouvelle maison pour Henriette, moins nombreuse que la première, mais exclusivement française : elle comptait cependant quarante-trois personnes. Il va sans dire que cet accord ne fut pas suivi d'effet. Bassompierre obtint aussi la libération de soixante-dix prêtres détenus dans les prisons de Londres, à condition de les ramener en France. Les questions essentielles restèrent en suspens. Charles Ier déclarait qu'il ne voulait point la guerre contre la France, mais Bassompierre sentait qu'il était insincère. On festoyait l'ambassadeur pour mieux le duper. Buckingham lui offrit un festin extraordinaire, suivi d'un ballet somptueux. Il essayait ainsi de l'apprivoiser, car il avait une idée derrière la tête, toujours la même : revenir en France pour revoir Anne d'Autriche. Il manœuvrait donc pour négocier lui-même avec le roi de France et Richelieu les conditions d'une alliance plus étroite, et trancher les litiges en suspens : la capture des navires français par des corsaires anglais et la saisie d'une flottille anglaise, transportant des barriques de vin, dans l'estuaire de la Gironde. Il avait persuadé Charles Ier de l'envoyer à Paris comme ambassadeur extraordinaire. Bassompierre répondit qu'il saisirait Louis XIII de cette requête.

Cette obstination de Buckingham était d'autant plus illogique qu'il n'ignorait pas l'hostilité du roi de France à son égard. Son ami, lord Holland, ambassadeur à Paris, lui avait écrit : « J'ai été ici l'espion le plus attentif à observer les intentions et les sentiments en ce qui vous touche. Je trouve beaucoup à craindre pour vous, et point de certitude d'un accueil sincère et sûr. Le ⚜ (Louis XIII) persiste dans ses soupçons, en parle très souvent et se laisse dire par les vilains que ♥ (Anne d'Autriche) a des tendresses infinies, vous imaginez vers qui. C'est, dit-on, un propos courant parmi les jeunes et étourdis bravaches de la Cour, qu'en présence de tous les bruits répandus, celui-là ne serait pas un bon Français qui souffrirait que ⚓ (Buckingham) revînt en France. »

Cette mise en garde ne servit à rien. Elle incita plutôt Buckingham à relever le défi. Bassompierre arriva à Douvres le 3 décembre. La tempête le retint à quai pendant deux semaines. La mer était encore grosse quand il s'embarqua. Son navire eut le plus grand mal à atteindre Dieppe et perdit une partie de sa précieuse cargaison. Finalement, l'ambassadeur extraordinaire ne put se présenter à Louis XIII que le 22 décembre 1626. Il rendit compte de sa mission qui, sans être un échec, n'était qu'une demi-réussite. Touchant à la requête de Buckingham, le roi opposa un refus catégorique. Bassompierre écrivit donc à celui-ci que sa présence ne serait pas agréable à Sa Majesté. Il eut beau enrober ce refus de circonlocutions diplomatiques, Buckingham en fut blessé. Il ne s'attendait pas à être traité en *persona non grata* par le roi de France. À vrai dire, sa vanité en souffrait autant que sa passion pour Anne d'Autriche. Dès lors, il n'eut de cesse de dresser Charles Ier contre Louis XIII.

VII

LES DUELLISTES

L'espionnage sévissait de part et d'autre de la Manche. Richelieu savait que Buckingham, malgré la pénurie du Trésor britannique, s'employait à armer une flotte considérable qui se rassemblait à Portsmouth. Buckingham n'ignorait pas que le cardinal avait été nommé grand maître de la navigation et que la France achetait des navires à l'étranger. Il connaissait aussi le nombre impressionnant d'unités figurant au programme adopté par l'Assemblée des notables. La France prétendait-elle enlever la maîtrise de la mer à l'Angleterre ? Cette crainte s'ajoutait aux raisons personnelles de Buckingham ; elle explique l'intervention anglaise en faveur des Rochelais, mieux que la passion du favori pour Anne d'Autriche, contrairement aux idées reçues. Buckingham était moins insensé que ne voulait le croire Richelieu. Dès le mois de mars 1627, il lança une offensive diplomatique contre la France, offensive à laquelle fut mêlé le peintre Rubens. Soubise, toujours réfugié en Angleterre, agit auprès de son frère, le duc de Rohan, qui se chargea de réveiller le zèle des protestants du Languedoc. En mars 1627, Buckingham envoya Walter Montagu, l'un de ses affidés, en Lorraine. Montagu y retrouva la duchesse de Chevreuse, précieuse alliée. Il convainquit aisément le jeune duc Charles IV d'entrer dans la coalition contre la France. De là, il passa en Savoie et, de là, à Venise : il s'agissait pour lui de détacher les alliés du parti français.

Simultanément, Buckingham expédiait à Bruxelles Balthazar Gerbier, l'un de ses agents, sous le prétexte d'acheter à Rubens une collection d'antiques et de lui commander un portrait. Gerbier décida le peintre – dont on connaît l'origine illustre – à se charger d'une mission diplomatique en Espagne. Mais Richelieu l'avait devancé. Il avait chargé du Fargis, notre ambassadeur à Madrid, de négocier un traité d'alliance avec Olivarès, Premier ministre de Philippe IV. Ce dernier ne fut pas dupe de la manœuvre de Richelieu. Il comprit que le cardinal voulait entraîner l'Espagne dans une guerre contre l'Angleterre et pratiqua une sorte de chantage. Son objectif était, lui aussi, d'isoler la France, non de l'aider à combattre l'Angleterre. Tout ce que du Fargis put obtenir fut une promesse de neutralité (traité du 20 mars 1627). Richelieu n'en demandait pas davantage. Il s'était assuré d'autre part de la fidélité des Hollandais. Les démarches de Buckingham n'avaient donc abouti qu'à alourdir la situation précaire de son pays. Cela ne ralentit pas son zèle. Il hâta les préparatifs, faisant feu de tout bois, engageant les bijoux de la Couronne pour couvrir ses emprunts, vendant les cargaisons des navires français capturés dans la Manche et dans l'Atlantique.

Richelieu avait mis en alerte les ports et les garnisons côtières, envoyé Toiras à l'île de Ré et des renforts à l'île d'Oléron. On ignorait sur quel point les Anglais attaqueraient, mais tout laissait prévoir que ce serait en Aunis, avec l'appui des Rochelais. Bref, on s'acheminait à grands pas vers la guerre et, par suite de leur écrasante supériorité navale, les Anglais avaient l'initiative. Ils avaient aussi un guide et un conseiller militaire de premier ordre, en la personne de Soubise. Il y avait donc peu d'illusions à se faire sur le comportement des protestants, du moins d'une partie d'entre eux. Certes, Louis XIII avait l'appui des « bons Français » et même des dévots, puisqu'il s'agissait de combattre un roi hérétique et ses complices. Mais il lui fallait une armée solide, bien encadrée. Or, les nobles ne brillaient pas par la discipline, si leur bravoure n'était pas en cause. De plus, des liens de fidélité, derniers débris de la féodalité, les attachaient à tel ou tel grand seigneur ou prince. Or, ils assumaient la plupart des commandements. Richelieu comme Louis XIII voulaient rompre ces liens, insérer la noblesse dans le programme de remise en ordre et de redressement du royaume. Selon leur conception, les nobles devaient justifier leurs privilèges par un dévouement sans faiblesse au roi, qui était leur chef naturel.

C'est dans ce contexte que se situe l'affaire Bouteville-des Chapelles. Elle serait d'importance secondaire, si elle n'illustrait la volonté du roi de se faire obéir, de faire rentrer la noblesse dans le rang, de l'obliger à se soumettre aux lois. Il ne s'agissait pour lui ni de l'humilier ni de l'abolir, mais de la rendre utile en mettant les qualités et les talents qui lui étaient propres au service du royaume. L'esprit d'indépendance, le goût de l'intrigue, quand ce n'était pis, une sorte de turbulence naturelle n'étaient pas ses moindres défauts. Il ne lui suffisait pas de se distinguer du commun par le luxe des vêtements (malgré l'édit somptuaire) et par un train de vie qu'elle ne pouvait soutenir sans aliéner ses biens, elle était obsédée par le point d'honneur. En tous lieux, en toutes circonstances, pour une phrase ironique ou mal tournée, une attitude tant soit peu arrogante, on dégainait. Cette manie du duel provoquait chaque année la mort de plusieurs centaines de gentilshommes, sinon plus. Elle frappait d'extinction de vieilles et valeureuses familles. Elle laissait des veuves et des orphelins le plus souvent dans le besoin : la mort de Louis de Richelieu en est un exemple éloquent. Elle enlevait aussi au service du roi des hommes particulièrement aptes au commandement. C'était pour cette noblesse batailleuse une sorte de divertissement, une caricature de la guerre ! Il existait aussi des champions du duel qui tiraient orgueil de leur sinistre palmarès, et des bretteurs soldés qui supprimaient cyniquement les gêneurs. De surcroît, les duellistes amenaient leurs amis, qui croisaient eux aussi le fer et s'entre-tuaient gaiement.

Le duel faisait de tels ravages qu'il avait été interdit dans la seconde moitié du XVIe siècle. Cette interdiction avait été reprise par plusieurs ordonnances, qui ne furent pas respectées. Louis XIII rendit un nouvel édit, dont Richelieu tenta en vain d'atténuer la rigueur, bien que la mort de son frère aîné l'obsédât. Cet édit fut enregistré par le Parlement en mars 1627.

François de Montmorency-Bouteville en fut la première victime. Il avait à peu près vingt-six ans et comptait déjà vingt et un duels. Il collectionnait les morts et les blessés comme d'autres les bonnes fortunes. Il avait tué le neveu du maréchal de Schomberg en 1624. Le Parlement l'avait condamné à mort, mais il avait été gracié. Deux ans après, il tua le comte de Thorigny pour une bagatelle. Tout de même, il jugea préférable de se dérober à la justice du roi et se réfugia en Flandre, avec son ami le comte des Chapelles. L'archiduchesse Isabelle, qui gouvernait les Pays-Bas, pour le compte du roi d'Espagne, les prit sous sa protection. Cependant, le marquis de Beuvron brûlait de venger Thorigny. Il partit pour les Pays-Bas, avec son écuyer Buquet, dans l'intention d'y retrouver Montmorency-Bouteville et de se battre à mort avec lui. L'archiduchesse Isabelle s'interposa et parvint à réconcilier les adversaires. Montmorency-Bouteville se retira en Lorraine, en attendant les lettres de rémission qu'il avait demandées à Louis XIII. Elles lui furent refusées. Le roi l'autorisa cependant à rentrer en France, mais à la condition formelle qu'il ne reparût plus à la cour ni même à Paris.

Montmorency se vanta de braver incessamment cette interdiction et de se battre en plein jour, sur la place Royale (aujourd'hui, place des Vosges). Il faut dire que Beuvron n'arrêtait pas de le relancer. Ni l'un ni l'autre n'avaient la moindre intention de tenir leur promesse envers l'infante. Arrivé à Paris le 10 mai 1627, Montmorency fixa rendez-vous à Beuvron pour le surlendemain, à deux heures de l'après-midi. Il avait pour témoins des Chapelles et La Berthe. Beuvron avait amené le fidèle Buquet, son écuyer, et son ami Bussy d'Amboise. Ce dernier tremblait de fièvre ; il avait été saigné trois fois par les médecins, mais il persista, par point d'honneur, dans sa volonté de participer au combat. Beuvron et Montmorency s'affrontèrent, puis jetèrent leurs épées, et s'attaquèrent au poignard, mais ne se blessèrent point. En même temps, des Chapelles tuait Bussy d'Amboise et l'écuyer Buquet blessait grièvement La Berthe. Ce combat en plein jour avait attiré les badauds.

Le scandale était patent. Beuvron, toujours flanqué de Buquet, n'attendit pas les suites. Il sortit sans délai de Paris et parvint à s'embarquer pour l'Angleterre. Des Chapelles et

Montmorency s'enfuirent aussi, mais prirent une autre direction : ils comptaient se réfugier en Lorraine. Le roi avait été prévenu ; il donna l'ordre de les poursuivre. Ils jouèrent de malchance, s'arrêtèrent à Vitry-le-Brûlé pour y passer la nuit, furent reconnus, appréhendés et ramenés à Paris sous bonne escorte. Il est certain que, sans la diligence de Louis XIII, ils échappaient. Ce fut encore le roi, et non Richelieu, qui ordonna au Parlement d'ouvrir sans désemparer le procès des deux coupables. Le Parlement manifesta d'autant plus d'empressement à obéir que Bussy d'Amboise était le gendre d'un des présidents. L'interrogatoire commença le 1er juin. La comtesse de Montmorency-Bouteville vint se jeter aux pieds du roi et implora sa clémence. Il ne daigna pas lui répondre. Elle essaya de récuser les juges. Elle écrivit au roi, fit écrire le duc de Montmorency et le prince de Condé. Ce fut en vain. L'évêque de Nantes avait obtenu la faveur de visiter les prisonniers. Il leur procura du papier et de l'encre, malgré l'interdiction, pour leur permettre d'écrire à Richelieu. Il se chargea lui-même de remettre les lettres au cardinal et se heurta à un mur.

Le 16 juin, le procureur général déposa ses conclusions : il requérait la peine capitale. Les accusés comparurent le 21 juin. Montmorency avait avoué. Des Chapelles au contraire s'obstinait à nier contre toute évidence. Soudain pris de remords en présence de son ami, il passa aux aveux. Le tribunal les condamna tous deux à avoir la tête tranchée en place de Grève. Toutefois, contrairement à l'usage, le Parlement avait décidé de renvoyer l'exécution de la sentence au lendemain. Ce sursis irrita Louis XIII : il n'en comprenait que trop la raison. En effet, la comtesse de Bouteville demanda audience ; elle était accompagnée de la princesse de Condé, des duchesses d'Angoulême, de Montmorency et de Ventadour. Le roi consentit à la recevoir. À nouveau elle implora miséricorde. Soudain elle s'évanouit. Louis XIII semblait ému. Pourtant, il se contenta de dire à la princesse de Condé :

– « Leur perte m'est aussi sensible qu'à vous ; mais ma conscience me défend de leur pardonner. »

Car telle était la décision qui avait été prise en Conseil. Dès lors, ni les larmes de Mme de Bouteville, ni son évanouissement, ni son état de grossesse avancée, ni la présence de la princesse de Condé et de ses amies ne pouvaient fléchir le roi. Bien plus, il ne laissa à personne le soin d'organiser le service d'ordre autour de l'échafaud.

Le 22 juin, vers cinq heures du soir, les deux condamnés furent conduits à la place de Grève, dans une charrette. L'évêque de Nantes et trois autres religieux les assistaient. Montmorency fut exécuté le premier. Des Chapelles monta sur l'échafaud avec le même courage. Il est hors de doute qu'en cette circonstance, Louis XIII força sa volonté. L'homme eût sans doute commué la peine. Le roi ne le pouvait pas, car son autorité était en jeu. Plus que le duel, c'était la provocation qu'il ne pouvait absoudre. On avait osé le défier, et non seulement enfreindre un édit. Richelieu traduisait fidèlement sa pensée, quand il écrivait au duc de Montmorency : « Le Roi a été plus fâché que je ne puis vous dire d'en venir à cette extrémité... Mais des rechutes si fréquentes auxquelles il (Bouteville) s'était porté volontairement en une chose qui combattait directement son autorité ont fait qu'il a cru être obligé en conscience devant Dieu et devant les hommes de laisser libre cours à sa justice. »

Le duc de Montmorency aurait dû relire de temps à autre cette lettre, faire son profit de cet avertissement.

Cette double exécution succédant à celle de Chalais, à la mort suspecte du maréchal d'Ornano, à l'emprisonnement des frères de Vendôme, frappa l'opinion de stupeur et irrita la noblesse tout en l'incitant à se tenir tranquille. Il va sans dire que l'on en rendit Richelieu responsable. Rubens écrivait alors à l'un de ses correspondants : « Je crains bien que M. le cardinal n'ait ainsi augmenté contre lui-même la jalousie et la haine non seulement des parents, mais encore de presque toute la noblesse du royaume. »

VIII

LA DESCENTE EN L'ÎLE DE RÉ

Ce furent les Anglais qui ouvrirent les hostilités. Leur flotte, placée sous le commandement de Buckingham, s'était rassemblée à Portsmouth. Elle appareilla le 27 juin 1627. Elle comprenait une centaine de vaisseaux, montés par quatre mille marins, transportant sept régiments de cavalerie et d'infanterie. Buckingham l'avait divisée en cinq escadres. Bientôt, elle fut aperçue au large de Brest, se dirigeant vers le sud. En même temps, parvenait à Paris et dans les autres capitales européennes un manifeste dans lequel Buckingham expliquait les raisons de l'intervention anglaise : soutenir les huguenots persécutés par Louis XIII, notamment ceux de La Rochelle, dont le roi Charles Ier s'était déclaré le protecteur. Selon Richelieu, « ces raisons parurent frivoles à toute la chrétienté ».

Le 20 juillet, les premières voiles furent en vue de l'île de Ré. Au milieu de la matinée, le pertuis breton était couvert de navires, spectacle impressionnant ! Le vaisseau amiral, nommé *Triumph*, portait à son grand mât, sous le pavillon britannique, une flamme noire et jaune, qui étaient les couleurs d'Anne d'Autriche. Plusieurs escadres se dirigèrent vers le sud-est et mouillèrent dans le détroit (deux à trois kilomètres) séparant l'île du continent. Les autres bordèrent la côte nord-est.

L'île de Ré est une bande de terres basses, ourlée de falaises ou de dunes. Longue de trente kilomètres, large de cinq, elle s'étrangle en son milieu : on dit qu'elle a « une taille de guêpe ». Elle est en réalité formée de trois îles reliées par des zones sablonneuses : Ars, Loix et Saint-Martin. Elle était défendue par deux forts d'inégale importance : le fort de Saint-Martin et le fort de La Prée, l'un et l'autre faisant face au pertuis breton. Les insulaires étaient à la fois pêcheurs et paysans. Les marais salants leur procuraient une petite aisance. Un important trafic maritime enrichissait les habitants de Saint-Martin, la capitale. Les Rétais, en majorité catholiques, avaient peu de sympathie pour les Rochelais qui le leur rendaient bien.

Les Anglais débarquèrent à Sablonceaux, une plage située à la pointe sud-est de l'île. C'était dans la soirée du 22 juillet. Les chaloupes, portées par la marée montante, déversèrent sans difficulté leurs chargements d'hommes et de chevaux. Toiras, à qui Richelieu avait confié la défense de Ré, sortit de Saint-Martin et tenta de s'opposer au débarquement. Il mit ses troupes à l'abri d'un cordon de dunes, en attendant le moment d'attaquer. Deux mille canons avaient ouvert le feu pour protéger le débarquement. Lorsque les Anglais furent assez nombreux, Toiras lança cinq escadrons de cavalerie. Les Anglais n'étaient pas encore en formation de combat. Ils reculèrent en désordre vers les chaloupes. Buckingham fit cesser le tir pour ne pas tuer ses propres soldats. Toiras fit alors donner son infanterie pour achever la déroute de l'ennemi. Mais elle s'empêtra dans le sable et dut battre en retraite sous un feu meurtrier : les canons avaient repris leur tir et les Anglais montés dans les hunes de leurs navires les fusillaient comme du gibier. Toiras se retira à Saint-Martin. Ses pertes étaient lourdes, surtout en officiers, cependant inférieures à celles des Anglais.

Le lendemain, huit mille Anglais campaient sur la pointe de Sablonceaux, avec leur matériel et leur artillerie. Buckingham ne doutait pas de se rendre maître de Ré en quelques jours. Il savait que Toiras était un capitaine valeureux, mais qui ne disposait que de deux milliers d'hommes. Il tablait aussi, en cas de nécessité, sur l'aide massive des Rochelais. La partie lui semblait facile, presque dérisoire. Il modifia la disposition de ses escadres qui bordèrent la côte nord de l'île, de Loix à Sablonceaux. Quelques unités surveillèrent le pertuis d'Antioche. Tout secours venant du pertuis breton ou de l'île d'Oléron semblait impossible. Toiras, estimant qu'il ne pouvait défendre la ville de Saint-Martin, s'était enfermé dans la citadelle. Richelieu avait fait en sorte qu'elle fût bien pourvue de vivres et de munitions. Il avait envoyé en renfort le régiment de Champagne, surnommé « l'Invincible ». La citadelle était solide. Elle avait un front de mer, dont les canons interdisaient l'approche des navires. Buckingham ne tenta point de la prendre d'assaut. Il l'investit méthodiquement, espérant la réduire par la famine. Cette erreur lui fut fatale. Il était brave, et même audacieux, mais piètre stratège. Inactifs et d'ailleurs assez peu valeureux, ses soldats pillaient et rançonnaient les villages. N'étaient-ils pas en pays conquis ?

Au bout d'un mois, Toiras ne parlait point de se rendre. Il soutenait cette guerre d'usure avec une alacrité qui déconcertait Buckingham, sans toutefois l'inquiéter. Cependant, jour après jour, les vivres s'épuisaient. Surestimant son adversaire, il redoutait un assaut ou un coup de main sur l'un de ses bastions. Sous la canonnade, ses remparts se lézardaient. Dans l'hypothèse où les artilleurs ennemis eussent concentré leur tir sur un point, leurs boulets pouvaient ouvrir une brèche. Le moral de ses hommes, réduits à la portion congrue, s'effritait. Buckingham lui fit passer une lettre des plus courtoises, presque admirative, par laquelle il lui conseillait de se rendre. Toiras répondit, avec la même courtoisie, qu'il entendait conserver Saint-Martin à son roi : « Ni le désespoir de secours, ni la crainte d'être maltraité en une extrémité, ne me peuvent faire quitter un si généreux dessein, comme aussi je me sentirais indigne d'aucune de vos faveurs, si j'avais omis un seul point de mon devoir en cette occasion ; et, d'autant plus que vous aurez contribué à cette gloire, d'autant plus serai-je obligé d'être toujours, Monsieur, votre très humble et très obéissant serviteur. » Buckingham lui fit porter des melons. Toiras le remercia par l'envoi de bouteilles de fleur d'oranger et de boîtes de poudre de Chypre. Cet échange de bons procédés était dans les usages de l'époque. Il n'enlevait rien à la détermination de leurs auteurs.

Pendant ce temps, Soubise travaillait l'opinion rochelaise. Il était arrivé en barque à La Rochelle, accompagné de quelques gentilshommes protestants et du secrétaire de Buckingham, William Becker. Il se présenta à la porte Saint-Nicolas, mais les autorités de la ville lui refusèrent l'entrée. Sa mère, la duchesse douairière de Rohan, logeait à l'hôtel de Marsan, au cœur de la cité. C'était une militante de la Réforme. Elle accourut, rameuta la foule et fit ouvrir la porte. William Becker fut conduit à l'hôtel de ville. Il croyait être accueilli en sauveur. Les Rochelais n'avaient-ils pas imploré le secours du roi d'Angleterre ? Étaient-ils résolus à recevoir dans leurs murs Buckingham et son armée, qui les libéreraient définitivement de l'oppression catholique et les protégeraient de la vengeance de Louis XIII et du cardinal ? Quelle ne fut pas sa surprise de se heurter aux réticences du maire ! Celui-ci réunit l'échevinage, puis fit savoir à Becker qu'il ne pouvait se résoudre à se rebeller contre le roi de France sans l'accord du duc de Rohan, chef du parti protestant. Becker regagna l'île de Ré avec cette réponse ambiguë. En réalité, l'opinion rochelaise était divisée. La classe possédante, les autorités cherchaient à préserver l'avenir, préféraient attendre l'issue du siège de Saint-Martin-de-Ré pour se décider. En outre, sachant que les troupes royales arrivaient, de plus en plus nombreuses, en Bas-Poitou et convergeaient vers l'Aunis, une partie de la population sentait son courage défaillir. Mais les marins, les petites gens – qui avaient moins à perdre –, souhaitaient la lutte à outrance. Huit cents d'entre eux débarquèrent à l'île de Ré. De plus, des vivres frais, des fûts de vin furent généreusement envoyés aux Anglais.

Richelieu avait essayé de maintenir les Rochelais dans l'obéissance qu'ils devaient au roi, de les rassurer sur ses intentions à leur égard. Il s'était engagé à ne pas toucher à leurs privilèges. Ses envoyés avaient été éconduits. Il avait appris par ses espions l'arrivée de Soubise, les propositions de Becker, la réponse évasive du maire, mais aussi l'aide apportée aux Anglais. Il avait maintes fois déclaré à Louis XIII qu'il ne serait pas vrai maître de son royaume tant que La Rochelle ne serait pas soumise, car elle servait de refuge aux rebelles, non tous protestants. L'attaque de Buckingham, sans déclaration de guerre, et le comportement des Rochelais le contraignaient à agir. Le roi n'était pas moins résolu que son ministre à en finir avec cette ville qui osait le braver et se permettait d'appeler l'étranger en renfort.

Quand la nouvelle du débarquement de Buckingham lui parvint, Richelieu se trouvait à Villeroy-en-Brie, auprès du roi. Louis XIII avait décidé de prendre le commandement de l'armée d'Aunis, confié jusqu'ici au duc d'Angoulême. Une fièvre violente l'avait contraint de s'arrêter au château de Villeroy. C'était, autant que l'on puisse diagnostiquer une maladie d'après des mémoires et des lettres, une grave infection à la fois pulmonaire et intestinale, d'origine probablement tuberculeuse. Elle mit ses jours en danger. Il surmonta cette crise, malgré les remèdes de ses médecins. Cependant, lors d'une brève période, le cardinal « régna » à sa place. Il dut prendre à l'instant les mesures qui s'imposaient, et d'abord trouver de l'argent. Il puisa dans ses réserves pour faire face aux dépenses les plus urgentes, emprunta un million cinq cent mille livres sur son crédit personnel, obtint quatre millions de livres des financiers.

Analysant la situation avec sa pertinence habituelle, il avait compris d'emblée la nécessité absolue de sauver la citadelle de Saint-Martin, clé de l'île de Ré : le sort de La Rochelle dépendait en effet du succès ou de l'échec de Buckingham. Que, si Toiras capitulait, Buckingham ferait de l'île de Ré une base logistique, d'où il menacerait constamment les côtes d'Aunis, l'estuaire de la Gironde et celui de la Loire. Il serait à même de bloquer le trafic maritime de Bordeaux et de Nantes. Faute de vaisseaux de guerre en nombre suffisant, on ne pouvait écarter cette menace. Richelieu fit acheter des vivres, réquisitionna et arma en guerre des bateaux, de Bayonne à Brest, et jusqu'à Saint-Malo, envoya des renforts considérables en Aunis, où l'armée royale compta bientôt vingt mille hommes. Les Rochelais, toujours indécis, lui envoyèrent un délégué, M. de Laleu. Il assura que les Anglais se retireraient, si le roi consentait à démolir le fort Louis. La ficelle était un peu grosse. Richelieu ne pouvait admettre qu'une ville rebelle posât ses conditions. Deux envoyés de Buckingham vinrent confirmer les dires de M. de Laleu sans plus de succès. Le duc d'Angoulême lui fit savoir que rien n'empêcherait les Anglais d'entrer à La Rochelle et qu'à son avis ce serait le début d'une nouvelle guerre de Cent Ans. Ces vues pessimistes – d'ailleurs assez suspectes – n'entamèrent point la détermination du cardinal. Il était puissamment aidé par Schomberg et par le père Joseph dont les agents s'activaient.

Dans la citadelle de Saint-Martin-de-Ré la situation devenait critique. Toiras réussit à faire passer ce message à l'armée royale : « Si vous voulez sauver cette place, envoyez-moi les pinasses le 8 du mois d'octobre, pour le plus tard, car le soir du 8, je ne serai plus dans la place, faute de pain. » Ce message laconique mais éloquent avait été copié en trois exemplaires. Il fut confié à trois nageurs volontaires, qui étaient des soldats du régiment de Champagne. Il s'agissait pour eux de traverser la croisière anglaise et de nager jusqu'à la côte. L'un d'eux se noya. Le second fut pris et massacré par les Anglais. Le troisième, Pierre Lanier, atteignit la côte et remit le message qui avait été placé dans un cylindre de fer blanc obturé avec de la cire. Louis XIII lui accorda une pension de cent écus. Richelieu fit charger de vivres et de munitions quinze pinasses qu'il avait fait venir de Bayonne et qui étaient à quai aux Sables-d'Olonne. C'étaient des bâtiments aux formes effilées, marchant à la voile et à la rame, réputés pour leur vitesse et leur maniabilité. Dans la nuit du 7 septembre, treize de ces pinasses parvinrent à forcer le blocus et à décharger leur cargaison au pied des remparts. Les autres furent coulées.

Grand maître de la navigation, Richelieu manquait d'expérience pratique. Mais il savait écouter les marins et surtout il s'était donné un conseiller en la personne de Philippe Prévost de Beaulieu, seigneur de Persac (en Poitou) et de Briailles (en Bourbonnais). Beaulieu s'était rendu célèbre, en 1609, pour avoir surpris et incendié vingt-trois galères barbaresques, avec un seul vaisseau et deux petits bâtiments auxiliaires. Le cardinal avait tiré ce hardi capitaine de sa retraite ; il n'eut pas à le regretter. Car, le 7 octobre, profitant de la nuit et de la grande marée, une flottille de trente-cinq navires, commandée par Beaulieu, força à nouveau le blocus anglais. Vingt-cinq passèrent et purent décharger leur cargaison. Les autres furent capturés ou coulés. Beaulieu dut se rendre, après une défense héroïque. On le conduisit devant Buckingham, qui se montra beau joueur, mais ne put s'empêcher de lancer cette pique : « Je ne puis m'imaginer que vous ne soyez des diables ou du moins des personnes condamnées à la mort, qui, pour vous en rédimer, avez voulu hasarder votre vie pour secourir cette place, laquelle je ne croyais pas le pouvoir jamais être. » Beaulieu répliqua : « Monsieur, parmi notre nation on n'a pas accoutumé de se servir des personnes condamnées à la mort, pour faire de bonnes actions, car l'on se bat à qui aura de l'emploi. »

Buckingham tenta d'incendier la flottille et dirigea lui-même l'attaque. Mais il fut pris sous le feu de la citadelle et dut se replier. Dès lors, il commença à craindre le pire, tout en affichant un optimisme de commande. La mauvaise saison approchait. Le ravitaillement s'amenuisait, car l'île de Ré offrait peu de ressources. La dysenterie décimait les régiments anglais. Les défenseurs de Saint-Martin avaient repris courage. Autour de La Rochelle, l'armée royale était de plus en plus nombreuse. Elle établissait ses bastions et ses batteries de part et d'autre de la rade rochelaise. Buckingham, redoutant d'être attaqué par les royaux, décida de prendre la citadelle de Saint-Martin, coûte que coûte. Le 20 octobre, il lança un premier assaut, qui se solda par un échec et des pertes très lourdes. Les Anglais, démoralisés, demandaient à rembarquer sur leurs vaisseaux. Buckingham leur annonça l'arrivée prochaine de renforts conduits par lord Holland. Le 6 novembre, il fit donner toutes ses forces, après une violente canonnade. Ce fut un nouvel échec. Six cents Anglais jonchaient le sol.

Buckingham fit démonter les canons. La mort dans l'âme, il se résignait à abandonner l'île de Ré. Les Rochelais protestèrent en vain : ils venaient de signer un traité d'alliance avec l'Angleterre. Le 8 novembre, Schomberg débarqua entre Sablonceaux et la pointe de Chauveau, avec mille huit cents hommes d'élite. Il se dirigea vers le fort de La Prée qui tenait toujours, puis vers la citadelle de Saint-Martin. Les Anglais retraitaient vers la presqu'île de Loix. Schomberg partit à leur poursuite. Ils s'engageaient sur une étroite chaussée qui traversait la rade, quand il les attaqua furieusement. Buckingham tenta de dégager ses fantassins, par une charge de cavalerie. Il se replia sous une grêle de balles. Payant de sa personne, il couvrit pourtant la retraite de ses hommes et fut le dernier à s'embarquer. Il avait fait savoir aux Rochelais qu'il ne tarderait pas à revenir avec une flotte encore plus imposante et une plus forte armée. En attendant, il les abandonnait à leur sort. Quinze cents morts jonchaient la digue de la presqu'île de Loix.

Le lendemain, Beaulieu fut conduit sur le *Triumph*, vaisseau amiral. Buckingham l'emmena dans sa chambre, dont les boiseries étaient dorées à l'or fin, dont le plancher était couvert de tapis de Perse, et où l'on voyait un portrait d'Anne d'Autriche éclairé par des chandelles. Buckingham fit un grand éloge de Monseigneur le cardinal, pour son courage et son esprit, disant que c'était « le premier homme du monde ».

Soubise se trouvait à bord du *Triumph* ; il s'était enfui des tout premiers de la presqu'île de Loix : il avait de l'eau jusqu'au cou quand les matelots le hissèrent dans leur barque.

IX

LE SIÈGE DE LA ROCHELLE

Louis XIII était en convalescence au château de Saint-Germain. Se sentant rétabli, il annonça son départ pour l'armée et confia la régence de la moitié nord du royaume à la reine mère, et non pas à Anne d'Autriche, reine régnante. Richelieu vint au-devant de lui à Parthenay. Puis, de conserve, ils se dirigèrent vers La Rochelle, où ils arrivèrent le 12 octobre. Le roi installa son quartier général à Aytré. Le cardinal occupait le petit manoir du Pont-de-La-Pierre. Gaston d'Orléans était au château de Dampierre. Marillac et les autres ministres se logèrent comme ils purent dans le village de La Jarrie. Le siège était effectif depuis le 10 septembre 1627, date à laquelle les Rochelais envoyèrent leurs premières salves d'artillerie sur les soldats et les ouvriers qui creusaient des tranchées. Malgré les sorties fréquentes et meurtrières des assiégés, la ville fut bientôt encerclée d'une circonvallation de douze kilomètres de longueur, renforcée de distance en distance de redoutes et de bastions dans lesquels des canons furent mis en batterie. Louis XIII avait approuvé ce dispositif. Plein d'allant, il se rendait d'un poste à l'autre pour stimuler les ouvriers par sa présence et surveiller la discipline de la troupe. Comme on le sait, la vie militaire comblait ses vœux. Richelieu, partiellement soulagé de ses responsabilités, s'employait, avec l'aide du surintendant des finances d'Effiat, à faire payer régulièrement les soldes, celle des hommes et celle des officiers, et distribuer du pain. Il leur procura des uniformes neufs, de bonne laine, en prévision de l'hiver.

Le siège menaçait d'être long, et d'autant que les Rochelais communiquaient avec la mer par un large goulet, limité au nord par la pointe de Chef-de-Baie et au sud par la pointe des Minimes, appelée aussi la pointe de Coreille. Tant qu'ils seraient à même de franchir ce goulet, ils pourraient s'approvisionner avec la complicité des marins et des paysans d'Aunis. De plus, ils faisaient fond sur la promesse de Buckingham de revenir à bref délai avec une armée plus importante. Les navires royaux étaient encore trop peu nombreux pour contrôler la rade. Il ne restait donc qu'une solution : fermer le goulet par une digue, travail gigantesque et coûteux. On ignore si ce fut le roi ou le cardinal qui prit la décision. Quoi qu'il en soit, on fit appel à l'ingénieur italien Targone, qui avait participé au premier siège de La Rochelle en 1621. Il reprit son projet d'obturer le goulet par des batteries flottantes reliées entre elles par des amarres, protégées par une estacade en bois. L'artillerie rochelaise endommagea gravement ce frêle barrage. Une tempête acheva de le détruire. Les batteries coulèrent ou furent drossées à la côte.

Louis XIII convoqua l'architecte Clément Métezeau, dont la famille était au service des rois de France depuis plusieurs générations. Métezeau proposa de barrer l'accès du port par une digue en pierre, faite de moellons « jetés à la hotte » et renforcée de pilotis formant parapet. Le projet étant accepté, il s'associa avec l'entrepreneur de maçonnerie Jean Thiriot. Ce dernier recruta quatre mille ouvriers, en leur offrant une haute paie en raison du danger et de la difficulté du travail. Il fallait tenir compte de la mauvaise saison, des courants et de la hauteur des marées. La digue devait relier la pointe de Chef-de-Baie à celle des Minimes, sur une longueur de quatorze cents mètres. Une ouverture centrale de deux cents mètres permettrait le passage du flux et du reflux, mais, dans cet espace laissé libre, des bateaux chargés de pierres et sabordés empêcheraient les vaisseaux d'approcher. Métezeau prétendait terminer cet ouvrage en cinq mois. C'était compter sans les coups de mer et les intempéries ! Le roi donnait l'exemple.

Richelieu écrivait à la reine mère en décembre 1627 : « Quoique le lieu soit très mauvais, que les tempêtes, que les vents et les pluies y soient ordinaires, qu'on soit dedans un continuel marécage, Sa Majesté ne laisse pas de demeurer avec autant de gaieté que s'il était au plus beau lieu du monde. Avant-hier, il fut trois heures durant à la digue. Non seulement y faisait-il travailler à sa vue, mais il voulut mettre lui-même la main à l'œuvre. » Au mois de janvier 1628, son zèle ne se ralentit point et fit l'admiration de Spinola [1]. Le vainqueur de Breda, grand spécialiste des sièges, étudia le dispositif. Impressionné par le gigantisme de la digue, il ne ménagea pas ses compliments. Mais, en février, la santé de Louis XIII se dégrada brusquement. La reine mère le pressait de revenir passer le reste de l'hiver à Paris. Richelieu s'opposa tout d'abord à son départ, croyant que le mal n'était que passager. Deux raisons dictaient son attitude. D'une part, il craignait que l'éloignement du roi n'eût un effet néfaste sur le moral de la troupe et des ouvriers de Métezeau. D'autre part, le sachant influençable, qu'il ne subît les pressions de son entourage. Ils eurent un entretien en tête à tête, à l'issue duquel Louis XIII le chargea du commandement de l'armée devant La Rochelle et lui donna pleins pouvoirs. Le cardinal l'accompagna jusqu'à Surgères. Ils se séparèrent en pleurant. Un peu plus tard, le roi confia à Gurgon, gouverneur de Marans et ami de Richelieu :

– « J'ai le cœur si serré que je ne puis parler du regret que j'ai de quitter monsieur le cardinal et de crainte qu'il ne lui arrive quelque accident : dites-lui de ma part que, s'il veut que je croie qu'il m'aime, qu'il ménage sa personne, et qu'il n'aille pas incessamment aux lieux périlleux, comme il fait tous les jours ; qu'il considère, si je l'avais perdu, en quel point seraient mes affaires. Je sais combien de gens se sont employés pour l'empêcher de se charger d'un si pesant fardeau : mais j'estime tellement ce service, que je ne l'oublierai jamais. »

Ensuite, il écrivit à Richelieu : « Vous vous pouvez assurer toujours de mon affection et croire que je vous tiendrai ce que je vous ai promis jusqu'à la mort ! Et il me semble quand je songe que vous n'êtes plus avec moi que je suis perdu. »

1. Il était envoyé par Philippe IV.

À quoi le cardinal répondit : « Les témoignages qu'il vous plut hier de me rendre de votre bonté et de votre tendresse à mon endroit font que les sentiments que j'ai de me voir éloigné du meilleur maître du monde me percent le cœur. »

Plein de zèle, Richelieu poussa les travaux de la digue. En mars 1628, elle était en voie d'achèvement. Il la renforça du côté du large de quelque deux cents épaves lestées de pierres et coulées. À l'intérieur, du côté de La Rochelle, vingt-six navires montaient la garde. De grands pieux, plantés obliquement et reliés par des chaînes, interdisaient l'accès du chenal, qui restait le point faible de l'ouvrage, d'autant que chaque marée de fort coefficient l'érodait. Le cardinal veillait aussi à la discipline et au moral des soldats. Il organisait des exercices fréquents, inspectait les postes. Il faisait célébrer des messes. Il offrait des réjouissances. On le voyait sur la digue, cuirassé et botté, l'épée au côté, avec la grande cape rouge battant au vent. C'était le cardinal-général et le rôle ne lui déplaisait pas. N'avait-il pas suivi les cours de M. de Pluvinel, pépinière d'officiers, avant de devenir évêque de Luçon ? Il réalisait ainsi ses ambitions de jeunesse. Parfois il souffrait de brusques accès de fièvre, mais, chez lui, un esprit de fer dictait sa loi au corps et repoussait la maladie. Le père Joseph du Tremblay suivait son maître comme une ombre. Un baudrier auquel pendait une grande épée traversait sa robe de capucin. Le siège de La Rochelle était à ses yeux une espèce de croisade.

Les Rochelais se défendaient toujours avec la même âpreté. Ils attendaient avec confiance le retour de Buckingham et rendaient coup pour coup, bien que leurs efforts pour détruire la digue en construction eussent échoué et que, désormais, les barques chargées de provisions fussent régulièrement interceptées. Leur nouveau maire (il y avait chez eux des élections annuelles) était Jean Guiton, un marin. Houspillant les tièdes, il déclarait que jamais il ne capitulerait, dussent les Rochelais périr jusqu'au dernier !

Les remparts de la ville étaient robustes et bien gardés, de plus entourés de fossés profonds et remplis d'eau. On ne pouvait tenter un assaut à moins de sacrifier des milliers d'hommes pour un résultat douteux. On ne devait donc raisonnablement espérer réduire cette ville-forteresse autrement que par le blocus.

Cependant, le père Joseph avait des intelligences dans la place. Il apprit que l'on pouvait passer par un souterrain proche de la porte Maubec, probablement une bouche d'égout fermée par une grille que l'on pouvait faire sauter. Dans la nuit du 11 avril, un commando mené par Michel de Marillac tenta le passage. Ce fut un échec, car les pétardiers (on dirait aujourd'hui les artificiers) s'égarèrent. Richelieu rendit compte au roi de cet événement. Il le tenait pareillement informé des faits tant soit peu notables et, bien entendu, de l'état d'avancement des travaux.

Louis XIII arriva à Surgères le 17 avril. Il passa les troupes en revue, puis se rendit à Aytré. Il était à nouveau plein d'allant. Il inspecta les retranchements, les bastions, la position des batteries d'artillerie, la digue qu'il étudia minutieusement, en compagnie du cardinal. Il ne ménageait pas ses compliments et, dans son for intérieur, se prenait d'admiration pour le cardinal-général. Il parlait aux soldats et aux ouvriers, avec cette simplicité qu'il tenait de son père et qui lui gagnait le cœur des simples. Malgré les rigueurs d'un long hiver et la précarité de leurs abris, ils restaient pleins d'ardeur. La présence du roi les électrisait.

Charles Ier n'avait pas digéré l'échec de Saint-Martin-de-Ré, mais pour autant il n'avait pas retiré sa faveur à Buckingham. Bien au contraire, il le chargea de préparer une seconde expédition pour secourir les Rochelais. Buckingham, malgré les difficultés de financement, parvint à réunir cinquante-trois bâtiments, dont seulement huit grands vaisseaux de guerre. Il ne s'agissait point cette fois de s'emparer de l'île de Ré, mais de forcer le blocus de La Rochelle et d'approvisionner les habitants. Buckingham, de plus en plus impopulaire, laissa le commandement à lord Denbig, qui était son parent. La flotte appareilla de Portsmouth le 8 mai. Poussée par des vents favorables, elle arriva en vue de La Rochelle le 15 mai. Les cloches de la ville sonnèrent à la volée. Dès que les navires anglais furent à portée, les batteries de Chef-de-Baie, des Minimes et de la digue ouvrirent le feu. Lord Denbig n'insista pas. Le lendemain, il essaya d'incendier la digue avec un brûlot et une chaloupe chargée de poudre. Un tir bien ajusté coula ces bâtiments. Le jour suivant, lord Denbig resta inactif. Guiton parvint à lui faire porter un message : « Ne laissez point périr vos frères que vous avez, avec tant de belles paroles, repus de promesses : toute l'Europe a les yeux sur vous. » L'amiral lui conseilla de traiter. Il estimait la digue indestructible, le passage central impossible à forcer, du moins avec les vaisseaux dont il disposait. Le 18 mai, la flotte hissa les voiles et disparut. Lord Denbig se retirait sans avoir combattu et regagnait paisiblement Portsmouth.

On a beaucoup épilogué sur cette retraite sans gloire, inventé des explications extravagantes, supposé même que lord Denbig avait été acheté. C'est méconnaître du tout les principes (immuables) de la marine britannique, selon lesquels on ne doit prendre que des risques calculés, n'engager une action qu'avec la quasi-certitude du succès. Lord Denbig jugeait la force navale dont il disposait insuffisante pour tenter l'assaut de la digue. Sa flotte comprenait surtout des bateaux de transport. On ne saurait donc objectivement lui donner tort.

La situation des Rochelais était désespérée. Ils avaient mangé leurs chevaux. Ils mangèrent les chiens, les chats, les rats, les poissons qu'ils pouvaient pêcher, les coquillages qu'ils ramassaient à marée basse, les herbes et les feuilles des arbres. Ils allongeaient la farine de racines de chardon, fabriquaient une mixture avec du cuir et du parchemin bouillis. Le 24 mai, le maire Guiton prit une décision impitoyable : il fit sortir de la ville les bouches inutiles. Une cohorte affamée et gémissante erra dès lors, et pendant des jours, entre les remparts et les tranchées des royaux qui reçurent l'ordre de les repousser. Femmes, vieillards, enfants, moururent ainsi, presque tous. Il y eut aussi quelques déserteurs : ils furent pendus. Pressé de toutes parts, menacé même dans sa vie, Guiton refusait de capituler. Il parvint à convaincre les habitants d'attendre la troisième intervention anglaise. Elle lui avait été annoncée. Il affirmait qu'elle était imminente. Dieu ferait un miracle pour sauver La Rochelle ! Guiton avait l'éloquence et l'énergie d'un prophète.

Furieux du retour de lord Denbig, Charles Ier avait failli renvoyer aussitôt la flotte à La Rochelle. Il admit pourtant la nécessité de la renforcer et surtout de la doter d'escadres de combat. Buckingham s'attela à la tâche. Il parvint à équiper plus de cent bâtiments, ce qui était un véritable tour de force, eu égard à son impopularité, à l'hostilité systématique du Parlement et à l'état misérable du Trésor. Il était convenu avec Charles Ier qu'il prendrait le commandement. Mais, le 2 septembre, il fut poignardé par John Felton, un de ses anciens soldats. Felton revendiqua ce meurtre, déclarant qu'il avait voulu punir l'Antéchrist. Il fut pendu. On le révéra comme un martyr.

La disparition de Buckingham retarda le départ. Le roi le remplaça par lord Lindsey. La flotte appareilla de Portsmouth le 17 septembre. Elle arriva dans la rade de La Rochelle le 2 octobre. Elle comprenait cent quatorze voiles. Les cloches de la ville sonnèrent à nouveau à toute volée. Cette fois, Guiton crut vraiment à la victoire. Lord Lindsey avait de grandes capacités, mais point de génie. Il se donna le temps d'étudier le dispositif ennemi, d'apprécier les chances de démolir une partie de la digue ou de forcer le passage central. Les cinq mille soldats qu'il avait embarqués pouvaient contribuer à la défense de La Rochelle, non tenter un débarquement sur un point de la côte : les vingt mille royaux les eussent enveloppés. Le 3 octobre, il engagea le combat. On se canonna de part et d'autre vigoureusement, pendant une bonne partie de la journée. Louis XIII et Richelieu se trouvaient dans le bastion de Chef-de-Baie. Le roi pointait lui-même un canon, indifférent aux boulets qui sifflaient au-dessus de sa tête. Les Anglais perdirent quelques bateaux et se retirèrent vers l'île de Ré. Le 4, ils lancèrent des brûlots contre la digue. Malgré l'écran de fumée qui les protégeait, aucun n'atteignit le but. Lord Lindsey ne voulait pas abîmer sa flotte pour le salut des Rochelais. Cinq mille boulets avaient été tirés. Il arrêta les frais et regagna majestueusement son mouillage. Il se contenta d'envoyer un parlementaire à Louis XIII pour lui recommander la clémence envers ses sujets rebelles et à ceux-ci de négocier leur reddition [1].

Les Rochelais contraignirent Jean Guiton à traiter. S'il n'avait pas cédé à leurs objurgations, ils l'eussent tué. La révolte grondait contre lui depuis plusieurs jours. On avait même tenté d'incendier sa maison. Mais cet homme intrépide n'avait peur de rien, pas même de défier le roi, dans la position où il se trouvait. Il envoya une délégation au camp royal, pour débattre des

1. La flotte anglaise ne repartit pour l'Angleterre que dans la nuit du 10 au 11 novembre.

conditions de la capitulation et, si possible, sauver les privilèges et les immunités de la ville, obtenir les honneurs de la guerre, etc. Elle fut reçue par Richelieu. Il répondit que le roi exigeait une capitulation sans conditions, mais qu'il accorderait son pardon et garantirait le libre exercice de la religion protestante. Les députés revinrent le lendemain apporter l'acceptation de la municipalité. Louis XIII les reçut au château de Laleu. Ce fut l'avocat de Goutte qui prit la parole :

– « Sire, ceux qui sont retenus dans les cachots ténébreux d'une prison obscure, lorsqu'ils viennent à se présenter à la lumière du soleil, leurs yeux, tout éblouis de l'éclat de ses rayons, à peine peuvent en supporter la clarté. De même, Sire, privés que nous avons été depuis un si long temps de l'honneur de vos grâces et faveurs accoutumées, nos faces toutes confuses de honte au seul souvenir des fautes que nous avons commises contre Votre Majesté, nous n'aurions point la hardiesse de comparaître en sa présence… »

Après ces fleurs de rhétorique dans le goût du temps, l'avocat demanda pardon pour les Rochelais et promit qu'ils vivraient et mourraient dans son obéissance. Louis XIII répondit brièvement :

– « Je prie Dieu que ce soit de cœur que vous me portiez honneur, et que ce ne soit pas la nécessité où vous êtes réduits qui vous fasse tenir ces paroles. Je sais bien que vous avez toujours été malicieux et pleins d'artifices, et que vous avez fait tout ce qui vous a été possible pour secouer le joug de mon obéissance. Je vous pardonne vos rébellions. Si vous m'êtes bons et fidèles sujets, je vous serai bon prince, et si vos actions sont conformes aux protestations que vous me faites, je vous tiendrai ce que je vous ai promis. »

Précédant le roi d'une journée, Richelieu entra dans La Rochelle. Il amenait avec lui des chariots chargés de pain et de vivres, qu'il fit distribuer. Sur vingt-sept mille habitants, il n'en restait guère plus de cinq mille. Les hommes en état de porter les armes n'étaient que cent cinquante. C'étaient des morts vivants qui hantaient les rues. « On trouva la ville toute pleine de morts, écrivit Richelieu, dans les champs, dans les maisons, et dans les rues et places publiques ; la faiblesse de ceux qui restaient était venue à tel point, et le nombre de ceux qui mouraient était si grand, qu'ils ne se pouvaient enterrer les uns les autres et laissaient leurs morts gisant où ils avaient expiré, sans que pour cela l'infection en fût grande dans la ville, pour ce qu'ils étaient si atténués de jeûne, qu'étant morts ils achevaient plutôt de se dessécher qu'ils ne pourrissaient. »

Jean Guiton osa se présenter avec une escorte de six archers. Richelieu lui interdit de s'intituler maire de La Rochelle, mais ne le fit pas arrêter. Il ne pouvait se retenir d'admirer son courage. Le lendemain, 1er novembre, la messe fut célébrée dans un ancien couvent transformé en magasin par la municipalité. Le roi fit son entrée l'après-midi. Les royaux occupèrent les portes et les bastions. Il n'y eut ni scènes de violence ni pillages. Aucune sanction ne fut prise contre la population. Seuls, l'ex-maire Guiton, cinq échevins et la duchesse douairière de Rohan furent frappés d'exil. En revanche, les biens ecclésiastiques durent être restitués. Le culte catholique fut rétabli. Les immunités et les privilèges furent abolis et l'on commença la démolition des superbes remparts, à l'exception du front de mer, des tours Saint-Nicolas, de la Chaîne et de la Lanterne.

Richelieu ne pardonna point aux Rochelais d'avoir immobilisé l'armée royale pendant plus d'un an (10 septembre 1627 au 30 octobre 1628). Il continua longtemps à les tenir en suspicion. Il voulut faire de Brouage un grand port, capable de rivaliser avec La Rochelle. La petite ville fut dotée de fortifications, d'un arsenal, de vastes casernements, d'un entrepôt de vivres, et ne manqua pas de faire sculpter les armes du cardinal sur le fronton de ses portes.

L'emplacement était mal choisi, car aujourd'hui ce port, où flottèrent les pavillons de toutes les nations, ne communique avec la mer que par un chenal étroit. Mais on peut voir, au centre d'une étendue mélancolique de marais, se dresser les murailles intactes de cette ville-forteresse. De même, Richelieu fit élever la puissante citadelle du château d'Oléron.

X

ITALIENS ET PROTESTANTS

Le pape Urbain VIII félicita chaudement Richelieu. L'Église avait enfin retrouvé son serviteur ; en le nommant cardinal, elle avait fait le bon choix ! Les ultramontains embouchèrent leurs trompettes. Ces éloges quelque peu excessifs n'étaient pas innocents. Ils reposaient d'ailleurs sur un malentendu. La prise de La Rochelle avait en effet un caractère politique, non religieux. Les Rochelais conservaient le droit d'avoir leurs pasteurs et leurs temples. Le roi les avait simplement mis hors d'état de se rebeller en abattant leurs remparts. Cependant, on ne voulut pas se rendre à cette évidence. On feignit de croire que, sur leur lancée, Louis XIII et Richelieu achèveraient d'extirper l'hérésie. Comme il est naturel en France, deux partis se formèrent.

Dès le mois de décembre 1628, le roi se trouva confronté à un double problème d'une urgence égale : la succession de Mantoue et la rébellion du duc de Rohan en Languedoc.

Le duc Vincent de Mantoue était mort sans héritier direct le 26 décembre 1627. Son plus proche parent était Charles de Gonzague, duc de Nevers (dont il a déjà été question au cours de cet ouvrage). Il hérita donc du duché. Mais il y avait d'autres compétiteurs : le duc de Savoie, le prince de Guastalla, la duchesse de Lorraine, tous se réclamant d'une parenté plus ou moins lointaine avec le défunt duc. Le duc de Savoie avait fort envie de mettre la main sur le marquisat de Montferrat qui bordait ses frontières. En outre, il déplaisait fort à Philippe IV d'Espagne de voir un prince français s'installer à Mantoue. En février 1628, le duc de Savoie envahit le Montferrat et s'empara de quelques places. Philippe IV ordonna à Gonzalve de Cordoue d'assiéger Casale. Charles de Nevers appela Louis XIII au secours, comme étant son suzerain. Le siège de La Rochelle empêcha ce dernier d'intervenir.

Il ne put davantage, et pour la même raison, mettre fin à la rébellion ouverte du duc de Rohan, chef militaire du parti protestant. Pour soutenir les Rochelais et obliger le roi à distraire une partie de ses troupes, il avait soulevé le Languedoc en septembre 1627. Louis XIII avait envoyé le prince de Condé contre lui, avec une petite armée. Non seulement Condé n'avait pas vaincu Rohan, mais, par ses cruautés, il avait aggravé la résistance des protestants. Désormais, Rohan était maître du Languedoc et des Cévennes. Il avait demandé l'aide des Anglais. Après la reddition de La Rochelle, n'ayant plus rien à espérer de Charles Ier, il entra en pourparlers avec les Espagnols. Déchu de ses honneurs et de son titre, il continuait à braver l'autorité royale et cherchait à se tailler une principauté.

Tel était le dilemme qui se posait au roi à la fin de l'année 1628. Le 29 décembre, il réunit le Conseil avant de prendre une décision. Fallait-il intervenir en Italie ou en Languedoc ? Quelle était la priorité ? Richelieu montra la nécessité d'intervenir d'abord en Italie. Il y allait de l'honneur du roi, dont c'était le devoir de porter secours à Charles de Nevers et dont c'était aussi l'intérêt. L'Espagne et l'Empire avaient profité du siège de La Rochelle pour battre en brèche la position internationale de la France et la priver de ses alliés. Le revirement du duc de Savoie en apportait la preuve. La reine mère s'opposa véhémentement à l'intervention en Italie. Toujours liée aux ultramontains, elle préconisa la lutte contre les hérétiques du Languedoc. Michel de Marillac et le cardinal de Bérulle appuyèrent cette opinion. Schomberg soutint la thèse de Richelieu. Ce fut la première faille dans l'amitié que la reine mère vouait à Richelieu. Elle subissait depuis quelque temps l'influence pernicieuse de Bérulle, dont la force de persuasion était grande et le sens politique à peu près nul. Mais elle avait une raison supplémentaire de nuire à Charles de Gonzague. Monsieur, devenu veuf après un an de mariage [1], était violemment épris de Marie de Gonzague. Sa mère ne voulait point de ce mariage, qu'elle estimait indigne d'un fils de France. La perte du duché de Mantoue la laissait indifférente. Faute d'intelligence, elle pratiquait une politique d'humeur. Richelieu s'était toujours efforcé de ne pas lui déplaire, de l'amener à ses vues « par des paroles de soie ». Mais, depuis la capitulation des Rochelais, tous, et le roi lui-même, reconnaissaient sa prépondérance ; il avait pris de l'assurance ; de plus, il connaissait l'opinion du roi.

– « Je ne suis pas prophète, dit-il, mais je crois pouvoir assurer Votre Majesté que, ne perdant pas de temps dans l'exécution de ce dessein, vous aurez fait lever le siège de Casale et donné la paix à l'Italie dans le mois de mai. Et revenant avec votre armée dans le Languedoc, vous réduirez tout sous votre obéissance et y donnerez la paix dans le mois de juillet. »

C'était le langage qu'il fallait tenir à Louis XIII. Le départ pour l'Italie fut donc décidé. Le roi voulut assumer le commandement de son armée et emmener Richelieu. La régence fut déférée à Marie de Médicis, ce qui était pour elle une sorte de compensation. Sans doute le roi ne pouvait-il désormais se passer des conseils du cardinal ; mais, peut-être, jugeait-il préférable de ne pas le laisser en tête à tête avec la reine mère, avait-il perçu leur rivalité naissante. Il avait plus de pénétration qu'on ne l'imagine et cette hypersensibilité des malades qui affine souvent leur esprit. Marie de Médicis ne désarmait pas ; elle lui répétait qu'il courait le risque de provoquer une guerre avec l'Espagne et avec l'Empire. Les généraux eux-mêmes étaient dubitatifs : ils estimaient les Alpes infranchissables en plein hiver. Il maintint l'ordre de départ fixé au 15 janvier 1629. L'armée se rassembla à Grenoble. Richelieu se chargea de l'intendance ; il assura les approvisionnements et le versement régulier de la solde, comme à La Rochelle ; il distribua les cantonnements.

Le roi disposait de vingt mille fantassins et de deux mille cavaliers. Il avait courtoisement informé le duc de Savoie de son

1. Sa femme était morte en mettant au monde une fille, la future « Grande Mademoiselle ».

intention de secourir Casale et lui avait demandé libre passage pour son armée, moyennant de justes compensations. Le duc de Savoie, lié aux Espagnols, s'abstint d'abord de répondre. Mais l'approche de l'armée royale, et son importance, lui dessillèrent les yeux. Il autorisa le passage, à condition de conserver les places qu'il avait conquises dans le Montferrat. Louis refusa. Se trouvant à Chiomanti, à l'entrée du Pas-de-Suse, il fit avancer son avant-garde. Les maréchaux de Bassompierre et de Créqui se récrièrent : les Savoyards avaient élevé des bastions qui barraient le passage. Louis XIII ne tint pas compte de leur avis. Comme un simple lieutenant, malgré la neige et le froid, tantôt à cheval et tantôt à pied, il reconnut les lieux, rencontra un berger qui lui indiqua un sentier permettant de tourner les défenses savoyardes. Il parvint à faire passer ses mousquetaires et ses fantassins d'élite et mena lui-même l'attaque. Bousculés, terrorisés, les Savoyards abandonnèrent leurs redoutes. La plaine du Piémont était ouverte. Le roi préféra envoyer un corps de troupes en direction de Casale. Ce qu'apprenant les Espagnols levèrent le siège.

Le duc Charles-Emmanuel de Savoie changea de sentiment. Il envoya son fils, le prince Victor-Amédée, auprès de Louis XIII. Le prince avait été précédé par sa femme, Christine (ou Chrétienne) de France, sœur du roi. Ils ne s'étaient pas revus depuis dix ans. Les négociations aboutirent rapidement. Le traité, signé le 11 mars, ramenait la Savoie sous l'influence française. Le duc consentait à l'occupation de la place de Suse par les Français ; il conservait en contrepartie la ville de Trino dans le Montferrat et recevait une pension de quinze mille écus. La place de Casale serait occupée par Toiras, promu maréchal en récompense de son héroïque défense de Saint-Martin-de-Ré. Le 19 avril, le roi signa un traité d'alliance défensive avec Venise, le Saint-Siège, les ducs de Mantoue et de Savoie. Il quitta Suse le 28 avril, pour rejoindre l'armée rassemblée à Valence. Il avait confié le commandement de l'armée du Piémont à Richelieu, qui restait à Suse, pour veiller à l'exécution du traité avec Charles-Emmanuel, pourvoir la forteresse de Casale de munitions et de vivres, régler les détails litigieux entre Mantoue et la Savoie et surtout prévenir un retour en force des Espagnols. Le cardinal fit de son mieux, mais, connaissant la fourberie de Charles-Emmanuel et les intrigues de Madrid, il était sans illusions sur la durée des accords.

Le succès de Louis XIII était en effet éclatant, mais précaire. N'avait-on pas découvert, par un hasard providentiel, que Charles-Emmanuel servait d'intermédiaire entre Philippe IV d'Espagne et le duc de Rohan ? Il importait donc d'en finir rapidement avec la rébellion protestante du Languedoc. Philippe IV, champion de l'Église, n'avait pas hésité à soutenir de ses deniers la révolte de Rohan, champion du protestantisme ! Il signa avec lui le traité du 3 mai 1629, par lequel il s'engageait à verser quarante mille écus d'or au duc rebelle. Ce traité officialisait la trahison de Rohan.

Richelieu quitta le Piémont vers la mi-mai. Il emmenait neuf mille hommes et mille trois cents chevaux. Le maréchal de Créqui restait à Suse avec six mille cinq cents hommes et cinq cent cinquante chevaux ; il ne devait évacuer la place que sur un ordre écrit du roi. « Ceux qui savent le particulier des affaires, écrivait Richelieu, n'estiment pas à petite merveille d'être sortis à souhait d'avec ledit duc de Savoie, dont la malice et l'industrie surpassent celles de Lucifer, qui n'a jamais fait état de sa parole, de sa foi et de son seing qu'en tant que ses affaires le requéraient, et, depuis cinquante ans qu'il règne, ne s'est étudié à autre chose qu'à se tirer par art, par ruses et par tromperies des mauvais pas où son injustice et son ambition l'avaient porté. »

Il rejoignit Louis XIII, qui assiégeait Privas, le 19 mai. L'arrivée imprévue des troupes du cardinal démoralisa les défenseurs. Ils capitulèrent le 26 mai. Par malheur, la ville fut mise à sac et incendiée. Les défenseurs furent passés au fil de l'épée. Ceux que l'on épargna furent pendus ou destinés aux galères. Richelieu tenta en vain d'arrêter ces excès. Ce qui ne l'empêcha pas d'écrire à la reine mère, non sans une pointe de cynisme :

« Cette rigueur non volontaire qui est arrivée, et la bonté dont le Roi usera envers les villes qui se rendront volontairement, devra faire connaître à beaucoup qu'ils auront à se mettre de bonne heure en l'obéissance, sans attendre qu'on les y contraigne. » Le pronostic était juste. Saint-Ambroix, Alès et Anduze ouvrirent leurs portes sans esquisser la moindre résistance. Il en fut de même de Castres, Montauban et Nîmes. Ce n'était pas seulement la conséquence des malheurs de Privas.

Les protestants du Midi étaient divisés. La collusion de leur chef avec les Espagnols les inclinait à traiter. Hormis les fanatiques, ils aspiraient à redevenir de loyaux sujets du roi de France. Pour éviter une défaite totale, Rohan entra en pourparlers avec Richelieu. Pour preuve de sa bonne foi, il proposait même le démantèlement des villes huguenotes. Mais l'heure était dépassée, où le roi négociait avec les protestants et leur accordait des concessions, parce que ses affaires l'appelaient ailleurs ou que ses ressources en hommes ou en argent s'épuisaient. Ce ne fut pas un traité qu'il signa avec eux, mais un édit de Grâce qu'il leur accorda le 27 juin. Cet édit maintenait les libertés religieuses définies par l'édit de Nantes, mais il supprimait les garanties politiques consenties par Henri IV, notamment les places dites « de sûreté ». Il interdisait en outre les assemblées, autres que religieuses, mais il maintenait les juridictions spéciales, composées de juges catholiques et protestants. Enfin, comme à La Rochelle, les biens spoliés devaient être restitués à l'Église. Il était clair que l'édit de Grâce visait à supprimer un parti politique, mais officialisait l'existence de la religion réformée. Les rebelles étaient définitivement amnistiés, y compris le duc de Rohan. Cent mille écus furent promis à ce grand seigneur, en réparation des pertes qu'il avait subies. Cependant, il fut condamné à l'exil. Il entra au service de la Sérénissime République, dont le Sénat lui confia le commandement de ses armées.

Louis XIII quitta Nîmes le 15 juillet, pour regagner Paris. Il laissait à Richelieu le soin de contrôler l'exécution de l'édit de Grâce, en particulier de procéder au démantèlement des remparts des cités ci-devant rebelles. Ce fut pendant ce séjour en Languedoc qu'il découvrit les griseries de la popularité. Il faisait dans les villes des entrées de souverain, à cheval comme un condottiere et non pas sur une mule comme il convenait à un prélat de la Sainte Église. On raconte que de braves gens, se méprenant un peu sur son état, demandèrent « à voir Madame la Cardinale, comme la femme la plus heureuse du monde d'avoir un tel mari » ! Il était salué par des vivats (peut-être de commande), accueilli par des discours fleuris de rhétorique, couvert d'éloges dithyrambiques. On criait sur son passage : « Vive le Roi ! Vive Monsieur le cardinal ! » Ce succès ne laissait pas de l'inquiéter, par ses excès mêmes. Il ne manquait pas de répéter que tout le mérite revenait au roi, qu'il n'était qu'un simple exécutant. S'il se laissait gagner par la vanité, il n'en craignait pas moins les réactions de son maître. Il lui écrivait : « On peut dire maintenant avec vérité que les sources de l'hérésie sont taries. Tout ploie sous le nom de Votre Majesté. »

Des rumeurs fâcheuses lui parvenaient de Paris. L'édit de Grâce scandalisait les dévots. Ils eussent voulu l'extirpation totale de l'hérésie, la conversion forcée des huguenots. Ils rendaient Richelieu responsable du pardon accordé aux rebelles, en particulier au duc de Rohan. Certains propos tenus par la reine mère lui avaient été rapportés. C'était pour lui un souci de plus. Un libelliste venimeux – stipendié par qui ? – lui avait lancé cet avertissement :

« Reconnaissez que vous êtes aujourd'hui maître de la liberté de millions de personnes et pouvez être demain le prisonnier d'un chétif guichetier… Il n'y a qu'une minute entre les caresses d'un empereur et un croc pour être traîné dans une ville, une potence pour être pendu et un chemin public pour mendier son pain ! »

Richelieu n'avait pas oublié l'assassinat de Concini. Il était superflu de lui rappeler ce souvenir.

XI

« *QUITTER TOUTE PENSÉE DE REPOS* »

Dès son arrivée à Privas, il avait eu vent du changement qui s'était opéré dans l'esprit de la reine mère à son endroit. Il comprit qu'elle ne lui avait pas pardonné d'avoir pris parti contre elle et décidé le roi à se rendre en Savoie et que de surcroît elle lui en voulait d'avoir aussi brillamment réussi. Elle était de cette nature de femmes qui, l'âge venant, ne supportent pas la contradiction et, loin de reconnaître leurs torts, n'ont de cesse de les aggraver. Il lui avait écrit, pour essayer de l'amadouer, une de ces lettres qui produisaient naguère de si bons effets : « En vérité je voudrais de bon cœur avoir tous les maux qui peuvent travailler Votre Majesté ; et, pour ce qui est de sa disposition à mon endroit, je lui avoue que j'ai tant de confiance en sa bonté et tant de reconnaissance, non pas de mes services, mais de l'affection que j'ai toujours eue de lui en rendre, que je ne puis croire qu'il y puisse avoir aucun changement en elle à mon préjudice. Cependant je confesse que les bruits en sont fâcheux. » Selon son habitude non exempte de perfidie, il offrait de se retirer des affaires, puisque ses services ne semblaient pas appréciés : « Je la supplie de me faire valoir sa volonté et de croire que, quelque chose qu'on lui puisse avoir dite ou qu'elle puisse avoir pensée, elle trouvera enfin que je n'ai jamais eu d'autres désirs que ceux qu'elle eût pu souhaiter… Je ne sais qui sont les auteurs de ces bruits ou des inventions qui en causent l'effet, s'il est véritable, mais je ne les veux point connaître, pour n'en avoir aucun ressentiment ; ainsi je prie Dieu qu'Il les bénisse et leur fasse la grâce de vous être aussi utiles comme je le leur serai assurément, si la perte de ma vie me peut rendre tel. »

Ce chantage discret n'obtint pas les résultats escomptés. Marie de Médicis avait un esprit sans grandeur et sans ouverture. Petitement, bassement, elle enviait la gloire de ce misérable évêque, sans relations et sans fortune, de noblesse insignifiante, dont elle avait fait un cardinal et un ministre. Elle l'avait pris sous sa protection, « élevé », imposé au roi. C'était « sa » créature. Et voilà qu'il se permettait de voler de ses propres ailes, d'oublier qui il était, ce qu'il lui devait, de négliger ses avis, bien plus : de contrecarrer sa politique en faveur de l'Espagne. Marie n'apercevait pas que les événements avaient évolué ; que c'en était fini de sa malencontreuse régence et qu'un grand règne venait de commencer. Elle redoutait surtout, dans son égoïsme incoercible, que l'influence de Richelieu n'occultât entièrement la sienne. Mais il y avait autre chose.

Comme on l'a dit plus haut, Gaston d'Orléans s'était amouraché (ou sincèrement épris) de Marie de Gonzague, fille du duc de Mantoue. Elle résidait au château de Coulommiers, chez sa tante, Mme de Longueville. La reine mère était opposée au mariage de son fils avec Marie. Elle lui avait proposé d'épouser une Médicis, sœur du grand-duc de Toscane. Gaston avait refusé. Louis XIII essayait, mollement, de faire entendre raison à son frère. N'ayant point encore d'héritier, il préférait à la vérité différer le plus possible le remariage de son frère. De toute manière, ce dernier ne pouvait convoler sans son autorisation. Monsieur était une pâte malléable ; il promit de renoncer à Marie de Gonzague. Mais, quand il apprit que le duc de Mantoue, craignant de perdre l'appui de Louis XIII, rappelait sa fille en Italie, son ardeur amoureuse se réveilla. Il résolut d'enlever Marie, de l'épouser secrètement et de s'enfuir avec elle aux Pays-Bas. La reine mère fut prévenue et s'empressa de faire conduire Marie et sa tante à Vincennes. Monsieur, dont le courage n'était pas la vertu majeure, se retira dans son apanage d'Orléans. Cependant, Marie recouvra sa liberté et revint à

Paris. La rumeur courait que son mariage avec Monsieur était imminent, car le cardinal de Richelieu l'approuvait. C'était du moins ce que Marillac et Bérulle insinuaient pour discréditer leur rival, et la reine mère n'était que trop portée à les croire. Que son protégé se mêlât des affaires de la famille royale, décidât de l'opportunité de marier Monsieur et donnât la préférence à Marie de Gonzague dépassait l'entendement ! Il va sans dire qu'en essayant de perdre Richelieu, Marillac et Bérulle avaient un autre objectif que leur ambition : empêcher la guerre avec l'Espagne, servir les intérêts de l'Église. Intelligents et subtils, ce leur était un jeu de manipuler la reine mère, dont le manque de clairvoyance s'aggravait avec l'âge. De son côté, Gaston tenait le cardinal pour responsable de ses déboires sentimentaux.

Louis XIII l'avait durement admonesté :

– « Je me plains de vous, du peu de respect que vous rendez à la Reine notre mère. Je me plains du peu de compte que vous faites de garder les paroles que vous m'avez si souvent et si solennellement données. Je me plains de quoi vous vous tenez si souvent loin de moi. Je me plains des désordres et débauches de votre vie… »

Ces plaintes, Monsieur les interpréta comme des menaces. Il s'enfuit en Lorraine au début de septembre.

Cette fuite précéda de quelques jours le retour de Richelieu du Languedoc. Il arriva le 19 septembre à Fontainebleau, où résidait la cour. Une escorte d'honneur vint l'accueillir à Nemours. Les courtisans lui tressèrent leurs habituelles couronnes d'éloges et de flatteries : elles cachaient quelques épines. Un bon nombre d'entre eux avaient cabalé contre lui ; ils attendaient avec confiance le résultat de leurs intrigues et se disaient que la Roche tarpéienne était proche du Capitole. Le roi n'étant pas encore rentré de la chasse, Richelieu s'en fut saluer la reine régnante, puis la reine mère. Il a raconté, dans ses *Mémoires*, que Marie de Médicis ne daigna pas répondre à son salut. Mais, d'après Matthieu de Morgues, elle lui aurait demandé comment il se portait et il aurait répondu aigrement :

– « Je me porte mieux que beaucoup de gens qui sont ici ne voudraient. »

Quoi qu'il en soit, l'accueil de Marie de Médicis fut glacial, voire agressif, en tout cas si rude que Richelieu, sur le coup de l'humiliation, offrit à nouveau sa démission au roi. Mais n'était-ce pas pour sonder ses intentions, peut-être l'obliger à choisir entre sa mère et lui ? Il avait une sensibilité à fleur de peau, une grande instabilité de nerfs, mais aussi un caractère plein de hardiesse. Louis XIII lui ressemblait d'ailleurs sur ce point. Il fut bouleversé par la requête de Richelieu, plus encore par le choix qu'on lui imposait de faire aussi brusquement. On dit même qu'il en pleura. Mais il se ressaisit, assura Richelieu de son amitié et de son soutien. Il le pria de garder ses fonctions, déclarant que, si cela était nécessaire, « il se déferait plutôt des importunités de la Reine sa mère et de celles des cabaleurs ». Ces cabaleurs étaient bien sûr Marillac, Bérulle et certaines dames de l'entourage de Marie de Médicis. Le roi parvint à réconcilier sa mère et Richelieu, mais les picoteries et les incidents mineurs continuèrent, empoisonnant l'atmosphère de la cour.

Marie de Médicis avait enlevé l'intendance de sa maison à Richelieu, déclarant à son fils que « son intention n'est point de le prier d'ôter la connaissance des affaires de son État au cardinal, s'il le juge utile à son service, mais de permettre qu'elle ne s'en serve plus dans les siennes, pour ne pas être obligée de traiter avec cet insolent ailleurs qu'en la présence du Roi et dans ses conseils ». La réponse de Louis XIII fut péremptoire : le 21 novembre 1629, il nomma Richelieu principal ministre ; le 26, il érigea la terre de Richelieu en duché-pairie, conférant ainsi au cardinal rang de grand seigneur. Peu après, Alphonse de Richelieu, ancien chartreux devenu archevêque d'Aix par la volonté de son frère, était nommé cardinal de couronne. Les partisans de Marie de Médicis murmuraient ; ils rappelaient malicieusement le souvenir de Luynes et du maréchal d'Ancre. Le roi n'avait cure de ces médisances. À la fin de novembre, il chargea son principal ministre de diriger l'armée d'Italie et lui conféra le grade de « lieutenant général du Roi représentant sa personne en Italie ». Cette nouvelle faveur fit scandale. Le titre de lieutenant général revenait selon l'usage à Monsieur. Mais Gaston musardait en Lorraine ; plus exactement il négociait, non sans appréhension, son retour à Paris. Il ne rentra que le 18 avril 1630. Bien qu'il se fût réconcilié avec son frère, il revit

Marie de Gonzague. Celle-ci rompit le projet de mariage pour sauver le duché de Mantoue, sacrifiant son amour à la raison d'État : on était au siècle de Corneille !

Richelieu avait quitté Fontainebleau le 29 décembre 1629. Il arriva à Lyon le 18 janvier 1630. Comme il l'avait prévu, Philippe IV et le comte-duc Olivarès n'admettaient pas que Casale fût occupée par les Français. Il avait donc en toute hâte envoyé des vivres, des munitions et de l'artillerie à Toiras. Peu après, il apprit que les Espagnols et les Impériaux, au nombre de quarante mille, commençaient à investir simultanément Casale et Mantoue, et s'étaient emparés de plusieurs petites places dans le Montferrat. L'intention de déposséder Charles de Gonzague était claire.

Le roi de France ne pouvait tolérer cette spoliation. Toute l'Europe avait les yeux sur lui. Louis XIII avait donc décidé d'envoyer une seconde expédition en Italie et délégué ses pouvoirs à Richelieu, malgré l'opposition de la reine mère et des partisans acharnés du maintien de la paix avec l'Espagne. Richelieu trouva à Lyon une armée de vingt mille hommes, commandée par le duc de La Force. Il fit mouvement vers Grenoble, puis se dirigea vers Suse. La question se posait de savoir si Charles-Emmanuel de Savoie tiendrait les engagements qu'il avait souscrits et consentirait au passage des Français. Il atermoya, selon ses habitudes, essaya de tirer le meilleur parti de l'embarras de Richelieu. Il ne répondit pas à l'ultimatum qui lui fut signifié. La présence des Espagnols et des Impériaux dans le Montferrat et le Mantouan le rassurait. Les royaux envahirent la Savoie le 18 mars. Charles-Emmanuel n'essaya pas de résister. Il se replia en hâte vers Turin. Pignerol, laissée quasi sans défense, fut prise le 29 mars par les Français, en présence du cardinal. Cette forteresse était d'une grande importance stratégique ; elle contrôlait les communications avec le Dauphiné. Pris de panique, Charles-Emmanuel appela les Espagnols au secours.

Louis XIII partit de Troyes le 23 avril, après avoir reçu la soumission de Monsieur. Le 2 mai, il était à Lyon. Il réunit un conseil de guerre à Grenoble, en présence de Richelieu. La poursuite des opérations y fut décidée. Chose étrange, dès qu'il eut annoncé son départ pour l'Italie, la reine mère, la reine régnante et le chancelier Marillac bouclèrent leurs bagages. Le roi leur intima l'ordre de rester provisoirement à Lyon, se défiant à juste raison de leur apparente sollicitude.

Il se rendait parfaitement compte que sa mère et sa femme étaient « plus espagnoles et savoyardes que jamais », selon le mot de Saint-Simon. Elles persistaient surtout dans leur volonté de paix à tout prix avec l'Espagne, non dans l'intérêt du royaume, mais dans le dessein de perdre Richelieu. La reine mère avait feint d'approuver l'expédition d'Italie, pour ne pas contrarier son fils, mais elle attendait l'occasion d'y mettre fin, car elle en tenait le cardinal pour responsable. Elle espérait amener le roi à suspendre les hostilités et à traiter avec l'Espagne, se flattant de ruiner par ce moyen la carrière de Richelieu. C'était en somme une lutte d'influences, mais feutrée et d'autant plus perfide. Marie de Médicis y excellait. Ainsi Louis XIII, dans cette conjoncture difficile, ne trouvait aucun réconfort auprès des siens. Tout au contraire, il devait se garder de sa mère, de sa femme et de son frère et ne pouvait faire fond que sur Richelieu. Par bonheur, ses troupes étaient partout victorieuses ; elles avaient pris Chambéry, Montmélian et Annecy. Toiras tenait bon dans Casale, bien que Spinola dirigeât le siège. La présence du roi, les ordres qu'il donnait, faisaient merveille. Mais il était de plus en plus inquiet des menées de sa mère et surtout il traversait à nouveau une période de déficience physique due à sa maladie. Ces crises coïncidaient presque toujours avec un état dépressif affaiblissant sa volonté : ce que les médecins appelaient « mélancolie », car ils confondaient la cause avec l'effet.

Pourquoi, dans cette phase décisive des opérations, tenait-il tellement à ce que Marie de Médicis donnât son approbation à la conquête de la Savoie et à la poursuite de la guerre ? Sans doute subissait-il encore son influence, au point que l'on a pu parler d'un véritable triumvirat entre elle, le roi et son principal ministre. On a vu cependant quels progrès Richelieu avait accomplis dans l'esprit du roi. Pourtant ce dernier persistait à vouloir associer sa mère aux affaires. Il la pria de venir à Grenoble. Elle refusa. Il lui proposa Vizille : nouveau refus ! Il céda et remonta vers Lyon, avec Richelieu. Devant sa mère, il fit le bilan des opérations et souligna la nécessité de secourir Casale. Il ajouta que sa présence était indispensable pour juguler les rivalités qui divisaient ses généraux et pour empêcher les désertions. Marie de Médicis se récria sur sa mauvaise santé. Elle dit qu'elle craignait de le perdre ; qu'il laisserait le royaume sans dauphin, etc. Et cela avec les pleurs et les gémissements dont, en bonne Florentine, elle était coutumière. Marillac prit la relève et se livra, avec une brutalité surprenante, à une attaque en règle contre Richelieu. Il lui reprocha de mener le roi à sa perte, dans le seul but de satisfaire son ambition personnelle. Richelieu reprit un à un ses arguments en faveur d'une continuation de la guerre, mais ce fut en vain : la reine mère ne voulut rien entendre.

Le roi repartit néanmoins pour Saint-Jean-de-Maurienne où sévissait une épidémie de « peste ». Pendant son absence, six mille soldats avaient déserté. Découragé et de plus en plus mal portant, Louis renonça à passer en Italie et à prendre le commandement de l'armée. Richelieu ne put l'empêcher de regagner Lyon. Peu de jours après, on l'informa que les Impériaux s'étaient emparés de Mantoue par surprise. En revanche, nos armées continuaient à progresser ; la Savoie était à peu près conquise, ce dont le vieux duc Charles-Emmanuel mourut de dépit : Victor-Amédée, mari de Chrétienne de France, lui succéda. L'épidémie de peste continuait ses ravages, mais Richelieu savait affronter les périls. Pourtant, quand il sut que le roi s'apprêtait à rentrer à Paris, sur les instances de Marie de Médicis et de sa coterie, il quitta précipitamment Saint-Jean-de-Maurienne. Le 23 août, il était à Lyon. Certes, il ne pouvait admettre que le roi abandonnât les affaires d'Italie au moment le plus décisif, et cela sous l'influence de sa mère. Mais il savait aussi que son propre avenir était en jeu et préférait être sur place pour défendre ses intérêts. De plus, des négociations étaient en cours et il pouvait craindre un désaveu formel.

Les Espagnols et les Impériaux se déclaraient disposés à traiter, mais à quelles conditions ! La France devait évacuer Suse, Pignerol et Casale, renoncer à soutenir Charles de Gonzague. L'héritage de Mantoue et de Montferrat serait dévolu après arbitrage. Le pape Urbain VIII se posait en médiateur. Il avait pour représentant un certain Jules Mazarin qui, pour l'heure, jouait la carte de la paix et qui était appelé à succéder plus tard à Richelieu. Mazarin faisait à cette occasion ses premières armes de diplomate.

Or, Louis XIII avait beau répéter qu'il ne lâcherait jamais Pignerol, on le sentait hésitant, partagé entre deux tendances, plein d'appréhensions. Le comportement de la reine mère n'était pas moins ambigu : elle faisait bon visage à Richelieu, mais, dès qu'il avait le dos tourné, le vilipendait. Elle déclarait hautement qu'il fallait garder Pignerol, mais en secret elle travaillait pour la paix. Ces divergences compliquaient sérieusement la tâche de nos diplomates, notamment ceux qui négociaient avec l'empereur. Ils ne savaient plus à qui obéir. L'autorité de Richelieu s'émiettait, bien que le roi lui conservât ostensiblement sa faveur. Une partie des grands seigneurs contrecarraient son action. Des libelles de plus en plus corrosifs lui aliénaient l'opinion. Qu'était devenue la belle unanimité qui avait permis de triompher de Buckingham, des Rochelais et des protestants du Midi ? « Le plus grand homme du monde » était devenu brusquement le responsable de tous nos malheurs. Toutes les haines se catalysaient sur lui. Perpétuelle versatilité des Français ! Cependant, l'horizon s'éclaircissait du côté de l'Italie. Le vainqueur de Breda achevait de mourir sous les murs de Casale. Une fois de plus, Toiras avait sauvé la situation. De surcroît, une trêve était intervenue entre les belligérants, grâce à Mazarin. Elle serait aussi mensongère que les précédentes, mais donnerait le temps de renforcer l'armée décimée par la peste et par les désertions. À condition toutefois que le roi retrouvât son esprit de décision et conservât son Premier ministre. Rien n'était moins sûr ! Les diplomates étrangers, y compris les Vénitiens qui étaient les plus pragmatiques et les plus sagaces d'entre eux, ne savaient quel pronostic formuler à l'intention de leurs gouvernements. L'indécision du roi avait une tout autre cause que celles qu'ils supposaient.

XII

LA MALADIE DE LYON

Le 22 septembre 1630, le roi tenait conseil à l'abbaye d'Ainay, quand il fut pris de frissons. Il revint à l'archevêché de Lyon et s'alita, terrassé par un violent accès de fièvre. La reine mère accourut et s'installa à son chevet. Richelieu fit de même. Les médecins diagnostiquèrent une fièvre tierce et appliquèrent le remède adéquat : les saignées ! Elles affaiblirent le malade et facilitèrent les progrès de l'infection. Dès le 25, conscient de la gravité de son état, le roi demanda au père Suffren de lui dire quand il serait temps de mettre sa conscience en règle. Le 27, les médecins le jugèrent perdu. Ils prévinrent le père Suffren. Le malade étouffait et délirait. Quand la crise se calma, il se confessa et communia. Richelieu ne le quittait pas. Il était au comble de l'inquiétude, ravagé de chagrin. S'il lui était arrivé naguère de feindre la douleur avec un parfait talent de comédien, celle-là venait du cœur ! Il aimait et révérait l'homme tout autant que le maître. Au moment de le perdre, il découvrait soudain l'étendue de l'amitié qu'il avait pour lui. Il n'ignorait point non plus le sort que lui promettaient ses ennemis. Certain regard de la reine mère, surpris à la dérobée, l'eût naguère jeté dans le désarroi ; désormais il ne rencontrait que son indifférence. Il lui importait peu de vivre, si son œuvre était ruinée ! Or, elle ne tenait qu'à l'existence du roi. Marie de Médicis était dans de tout autres sentiments. Chez elle, la reine avide de pouvoir l'emportait sur la mère. Sans doute versait-elle des pleurs, mais elle n'avait jamais aimé son fils aîné. Certes, la nature parlait en elle car il est toujours déchirant de se séparer d'un être que l'on a mis au monde après l'avoir nourri de sa substance. Mais ses larmes venaient de la chair, non du cœur. Devant ce moribond, elle ne pouvait se retenir d'envisager le proche avenir, d'élaborer les mesures qu'elle devrait prendre d'urgence. Elle pleurait et gémissait, à la manière théâtrale des *mamma* de son pays, mais elle entrevoyait en même temps les perspectives radieuses qui s'ouvraient devant elle : Gaston aurait besoin d'un guide ; il serait de longtemps inapte à gouverner !

Alphonse de Richelieu, cardinal-archevêque de Lyon, avait ordonné les prières des Quarante heures, fait exposer le Saint Sacrement dans les églises et les chapelles des couvents. Mystique ardent, il implorait Dieu de sauver le roi. On avait apporté le cœur de saint François de Sales dans la chambre du malade ; on le lui donna à baiser. Il y eut une courte amélioration pendant la journée du 28 ; certains se reprirent à espérer, mais d'autres pensèrent que le roi s'acheminait vers la mort. Le 29, le mal redoubla. Le 30, les douleurs devinrent intolérables, mais cessèrent brusquement, lorsqu'un flux de sang inonda les draps. C'était un abcès intestinal qui venait de crever, provoquant une hémorragie. Le malade, épuisé mais conscient et serein, fit célébrer la messe dans sa chambre et communia. Puis, il demanda qu'on ouvrît les portes. Il voulait mourir en public, selon la tradition des rois, ses aïeux. D'une voix à peine audible, il prononça ces quelques mots :

– « Je suis marri de n'avoir plus la force de pouvoir parler. Le père Suffren vous parlera pour moi et vous dira ce que je voudrais vous dire au lit de ma mort. Je vous demande pardon à tous de tout ce en quoi je puis vous avoir offensés et ne mourrai pas content si je ne sais que vous me pardonnez et vous prie d'en dire de même de ma part à tous mes sujets. »

L'assistance s'agenouilla, murmurant :

– « C'est à nous, Sire, à vous demander pardon ; jamais vous ne nous avez offensés ; pardonnez-nous, Sire… »

Il fit signe à la reine Anne d'Autriche d'approcher ; il l'embrassa ; ce qu'il lui dit ne fut pas entendu. Soudain, après une dernière évacuation de matières purulentes, la vie reprit le dessus. Vers dix heures du soir, le malade put se lever et prendre quelque nourriture. Les médecins déclarèrent qu'il était guéri. Deux jours après, il était debout et sa convalescence commençait. Richelieu écrivit au maréchal de Schomberg, qui était l'un de ses fidèles, cette lettre pathétique : « Je ne sais si je suis plus mort que vif, pour avoir vu ce matin le plus grand et le plus vertueux des Rois et le meilleur maître du monde en tel état, que je n'espérais pas le voir vivant le soir. Il a plu à Dieu par Sa bonté de nous délivrer de cette appréhension par un abcès qui s'est ouvert, lequel il avait dans le corps, ce qui a tellement changé l'état auquel il était, que les médecins répondent maintenant de sa guérison. Je vous avoue que, quelque parole que donnent les médecins, mon esprit n'est pas encore revenu des appréhensions incroyables que j'ai eues. Je prie Dieu que ceux que j'aime comme vous ne se trouvent jamais en des accidents semblables, dont par la grâce de Dieu nous sommes maintenant garantis. »

La guérison quasi miraculeuse du roi renversait les plans ourdis par la reine mère et son entourage, mais la partie n'était pas encore gagnée pour Richelieu. Dans l'attente de la mort de Louis, les cabaleurs avaient préparé l'avènement de Monsieur, qui serait dénommé Gaston Ier. Mme du Fargis, dame d'atour de la reine régnante, mit en avant le mariage de celle-ci avec Monsieur. Elle le fit prévenir à tout hasard : il menait alors joyeuse vie à Paris. Le chancelier de Marillac était le plus enragé de tous. Il s'était adjugé la fonction de principal ministre. Il avait distribué les ministères entre ses affidés, sans oublier son frère Louis. Que ferait-on du cardinal de Richelieu ? La reine mère le tenait pour responsable de l'expédition en Italie, surtout de la maladie du roi. On adopta joyeusement cette thèse. Son éviction des affaires, dès que le roi serait mort, allait de soi, mais c'était un châtiment trop doux. Les uns, comme le duc de Guise, proposaient de le supprimer et les volontaires ne manquèrent pas pour se charger de l'opération. Michel de Marillac partageait cette opinion. Les autres réclamaient le bannissement. D'autres encore opinaient, comme Bassompierre, pour l'emprisonnement perpétuel. Aucun ne songeait à un jugement dans les formes : le cardinal était un homme trop dangereux.

Une majorité se dessina en faveur de la mise à mort. Les femmes n'étaient pas les moins acharnées, parmi lesquelles la princesse de Conti et la duchesse d'Elbeuf.

Il y avait un traître parmi ces exaltés, ou plutôt un bon Français. Richelieu connut la composition du nouveau gouvernement, le projet de mariage de Monsieur avec Anne d'Autriche, le sort qu'on lui réservait, les noms des principaux cabaleurs. Ses détracteurs insinuent qu'il songea à fuir ; que le duc de Montmorency offrit de l'escorter jusqu'à Brouage. Ces ragots ne résistent pas à l'examen. Tout au plus peut-on admettre qu'il projetait de se réfugier à Avignon, terre papale, en cas de malheur. Mais il préféra rester auprès du roi. Il se nourrissait à peine, ne pouvait ni ne voulait dormir. Le visage livide, mouillé de pleurs, il priait, non pour lui-même, mais pour la guérison de son maître. Il lui coûtait peu de risquer sa vie !

La guérison du roi lui procura un sursis inespéré et lui permit surtout de retrouver son implacable lucidité. Les deux reines s'étaient liguées contre lui. La même haine les avait provisoirement réconciliées, non l'amour qu'elles portaient à Louis, non la peur de le perdre. Depuis qu'il était en convalescence, elles l'assiégeaient, chacune à sa manière, de leurs insinuations, de leurs requêtes passionnées. Anne d'Autriche, avec une douceur insistante et ce qu'il lui restait de tendresse pour cet homme qui l'avait tant négligée. Marie de Médicis, avec cet emportement qu'elle ne savait freiner. Elle énumérait ses sempiternels griefs contre Richelieu : son ingratitude, sa fourberie, son ambition dévorante, sa tyrannie. C'était à Saint-Jean-de-Maurienne que le roi avait failli mourir. Ne l'avait-il pas retenu dans cet endroit maudit malgré l'épidémie de peste ? Au lieu d'extirper entièrement l'hérésie, comme c'était son devoir de prélat, n'avait-il pas conseillé la tolérance et traité avec les rebelles, sans se soucier de charger la conscience de son maître ? Cette maladie de Lyon était un châtiment de Dieu et Son ultime avertissement. À quoi songeait Richelieu en envoyant nos armées en Italie ? À sa propre gloire, et non pas au bien du royaume. Agissant ainsi, il lançait un défi au roi d'Espagne et à l'empereur, car il préférait la guerre à la paix. À preuve cette cuirasse qu'il arborait sous sa cape de dignitaire de l'Église et ces entrées orgueilleuses dans les cités du Languedoc ! Il usurpait la puissance royale. Ne disait-on pas à la cour que bientôt le roi ne garderait pour lui que le pouvoir de guérir les écrouelles… Les pleurs, les soupirs hypocrites, les gémissements assaisonnaient ces discours. L'idée ne venait pas à cette mère abusive qu'en assaillant son fils de la sorte, elle l'exposait à une rechute. Et, de fait, la fièvre le reprit pendant quelques jours. Cet accès n'eut pas de conséquences, malgré les saignées. Toutefois, le convalescent demeurait extrêmement faible et les turbulences de sa mère l'accablaient. Elle voulait lui arracher au moins la promesse de congédier Richelieu. Sans refuser, pour avoir enfin la paix, il finit par dire qu'il n'était pas encore en état de prendre une décision ni de s'occuper lui-même des affaires et que, de retour à Paris, après sa guérison, il aviserait. Elle interpréta cette réponse comme une promesse et cette promesse comme une certitude. Elle recouvra sa bonne humeur, se montra pleine de sollicitude envers son fils, et fit bon visage à Richelieu.

Le 19 octobre, le roi partit pour Roanne, première étape de son retour à Paris. Richelieu et la reine mère furent retenus à Lyon. On venait de recevoir le protocole d'un accord signé à Ratisbonne par le père Joseph et Brûlart de Léon avec les représentants de l'empereur. Quand il prit connaissance de ce document, Richelieu fut abasourdi et furieux. Ce projet, s'il était ratifié par Louis XIII, eût mis fin à la politique menée contre les Habsbourg espagnols et allemands. Nous devions rompre nos alliances avec les puissances protestantes, soutenir inconditionnellement l'empereur et la Ligue catholique, évacuer nos positions en Italie. Le duc de Savoie rentrait en possession des territoires perdus, hormis Suse et Pignerol qui restaient occupées par les Français. Ceux-ci devaient également évacuer la forteresse de Casale. En contrepartie, l'empereur s'engageait à conférer l'investiture à Charles de Gonzague pour le duché de Mantoue.

À l'issue d'un Conseil, présidé par la reine mère en l'absence du roi, Richelieu refusa de ratifier le projet de traité et envoya de nouvelles instructions aux deux plénipotentiaires. Chose très étrange, la reine mère, tenant la place du roi, avait soutenu Richelieu contre Marillac, déclaré hautement que le traité était inacceptable ! Ce retournement était inexplicable et Richelieu en fut la dupe. Il se crut réconcilié avec sa rivale. Elle se montrait si aimable envers lui, qu'il sollicita l'honneur de l'accompagner durant le voyage. Elle accepta de bonne grâce. Qu'espérait-il ? Probablement reconquérir son amitié, reprendre, à la faveur du tête-à-tête, l'influence qu'il exerçait naguère sur elle. Il la savait tellement influençable ! Elle avait subi pendant tant d'années la fascination de son esprit. Marie de Médicis entra dans le jeu, savoura les délices de la dissimulation, tout en sentant monter en elle le mépris que cette servilité apparente lui inspirait. Cependant, en son for intérieur, elle demeurait impatiente de se venger et ne put s'empêcher d'écrire à son fils de se débarrasser le plus vite possible de cet ambitieux.

Soudain, la situation en Italie se dénoua de la façon la plus imprévue. Le général Spinola était mort en septembre 1630 sous les murs de Casale ; son successeur ne le valait pas et Toiras tenait toujours la citadelle. Ignorant le projet de traité de Ratisbonne et appliquant les ordres reçus de Richelieu, le maréchal de La Force faisait mouvement vers Casale afin d'attaquer les assiégeants. Or, l'envoyé du pape, Mazarin, venait d'obtenir un accord avec Piccolomini et Collalto, commandant les troupes hispano-impériales. Le 26 octobre, comme les Français et les Espagnols étaient sur le point de se livrer bataille, il surgit, agitant une écharpe blanche et criant : « *Alta ! Alta ! Pace ! Pace !* » (Halte ! Halte ! Paix ! Paix !) Il galopa audacieusement devant le front des troupes. Les fusils s'abaissèrent. Les artilleurs rangèrent leurs mèches. Les généraux entourèrent Mazarin. Il leur donna lecture de l'accord qui venait d'être signé. Les Espagnols évacueraient la ville de Casale et les Français sortiraient de la citadelle. Le duc de Savoie récupérerait ses États et le duc de Mantoue les siens, y compris le Montferrat. L'investiture était promise à Charles de Gonzague-Nevers. Le maréchal de La Force prit sur lui de signer l'accord, mettant fin à la seconde expédition d'Italie et consacrant en somme le succès de nos armes.

La persévérance de Richelieu portait ses fruits et Louis XIII en était conscient. L'annonce de la paix réjouissait un chacun. Elle aurait dû combler d'aise la reine mère et ses partisans. Ils eussent préféré quelque noire défaite qui eût éloigné le roi de son principal ministre. Dès son retour à Paris, Marie de Médicis changea à nouveau d'attitude. Richelieu comprit qu'elle préparait une nouvelle attaque contre lui.

XIII

LA JOURNÉE DES DUPES

Les historiens sont en désaccord sur la date et les circonstances de cette fameuse journée au cours de laquelle le duel entre la reine mère et Richelieu atteignit son paroxysme et trouva son dénouement. Ils ont à la vérité beaucoup d'excuses, car les mémoires du temps, nombreux et consistants, embrouillent l'affaire plus qu'ils ne l'éclaircissent. Les *Mémoires* de Richelieu, étrangement laconiques, résument la crise en quelques phrases. Saint-Simon vient encore compliquer les choses par un récit dramatique, en tout point admirable, rédigé à partir du récit de son père, le premier duc de ce nom, alors écuyer de Louis XIII et qui prétend avoir été le témoin de l'affrontement entre la reine mère et le cardinal. Il prétend de même qu'après cette scène véhémente, le roi demanda conseil à son écuyer, ce qui est invraisemblable : moins, cependant, que le discours-réponse dudit écuyer, vraie leçon de dialectique ! Saint-Simon se souciait plus d'effets de style que de vérité quand il s'agissait de grandir sa famille. Mais en raison de ses éminentes qualités d'écrivain et de metteur en scène, il était inévitable qu'il influençât nombre d'excellents auteurs. Pierre Chevallier [1] a pris ses distances vis-à-vis de Saint-Simon, des autres mémoria-

1. Voir Bibliographie.

listes et de la plupart des historiens du règne de Louis XIII. Il a eu la curiosité de consulter les archives diplomatiques, toujours riches de substance et le plus souvent d'une grande précision. Les scrutant et les comparant, il a démontré, de façon définitive, que la journée des Dupes se déroula en réalité les 10, 11 et 12 novembre 1630. Ce triplement apporte la seule explication acceptable et rend intelligibles des événements passablement contradictoires.

Arrivant de Saint-Germain, Louis XIII s'installa à l'hôtel des Ambassadeurs, rue de Tournon : c'était l'ancien hôtel de Concini. Il y avait en effet d'importants travaux de restauration dans le palais du Louvre. La reine mère résidait au palais du Luxembourg. Richelieu se trouvait à l'hôtel du Petit-Luxembourg, qu'elle lui avait naguère offert. Dans la matinée du dimanche 10 novembre, Louis XIII assista à la messe dans la cathédrale Notre-Dame, puis rendit visite à la reine régnante et à la reine mère. Au début de l'après-midi, il reçut Gaston d'Orléans et Richelieu, auxquels il imposa une réconciliation en quelque sorte « officielle ». On imagine ce pauvre roi qui, en marge des affaires, cherchait sans cesse à rétablir l'harmonie dans son entourage ! Monsieur, étant du parti de la reine mère pour tracasser son frère aîné, haïssait Richelieu : il le rendait responsable de son éviction des commandements militaires ; il lui en voulait surtout d'être le principal soutien de Louis. Cette réconciliation du 10 novembre était donc aussi insincère que les précédentes.

Après cet entretien, le roi se rendit au palais du Luxembourg, pour y tenir Conseil dans l'appartement de sa mère. Au cours de cette réunion, on débattit du commandement de l'armée d'Italie. Il fut décidé de rappeler le maréchal de La Force et de le remplacer par Louis de Marillac, soldat plein de mérite. Ce fut Richelieu qui proposa Marillac, dans le but évident d'être agréable à la reine mère et dans un souci d'apaisement, bien qu'il s'agît du frère de Michel de Marillac, garde des sceaux. Rien n'annonçait l'orage qui allait éclater.

Le Conseil était terminé ; la reine mère pria Richelieu de rester un moment avec elle. Soudain, son visage se durcit. Elle signifia brutalement au cardinal que, depuis un an, elle n'avait plus confiance en lui, mais qu'elle avait différé jusqu'ici sa décision de se passer de ses services. En conséquence, elle lui retirait les charges de chef de son Conseil, de surintendant de sa maison et d'aumônier. De plus, et pour faire place nette, elle congédiait les personnes de sa famille et jusqu'au dernier des domestiques qu'il avait placés près d'elle. Mme de Combalet, dame d'atour, Mme de Pont-Courlay, dame d'honneur, et Mme de La Porte perdaient donc leur emploi. La reine mère faisait fond sur l'effet de stupeur que cette épuration massive produirait à la cour et dans l'opinion. Elle pensait rendre ainsi la position de Richelieu intenable. Elle ne comptait pas moins sur la fragilité de nerfs de celui-ci et imaginait que, sous le coup qui le frappait, il se démettrait lui-même de ses fonctions de principal ministre.

Le roi ne connaissait que trop les emportements de sa mère. Il crut pouvoir arranger les choses, une fois de plus. Il suggéra donc à Richelieu de se rendre le lendemain au Luxembourg, afin de prendre officiellement congé d'elle, puisqu'il quittait son service. Il croyait que cette visite de courtoisie apaiserait le courroux de sa mère, d'autant qu'il précéderait le cardinal et s'efforcerait de la raisonner. Celui-ci ne partageait certainement pas l'optimisme du roi. Il savait que Marie de Médicis était incapable de pardonner et pouvait différer sa vengeance pendant des années, sans cesser de se montrer aimable envers ceux dont elle avait résolu la perte. On imagine son anxiété durant la nuit du 10 au 11 novembre ! Mais il s'en voulait surtout d'avoir été la dupe de cette matrone pendant le voyage de retour à Paris. Plus que jamais, son avenir dépendait de la volonté du roi. Certes, il ne cessait de recevoir de sa part des marques de confiance, voire d'attachement. Pourtant la reine mère ne finirait-elle pas par l'emporter ? Aucun signe ne trahissait le choix de Louis XIII, s'il l'avait déjà fait.

Le 11 novembre, à la fin de la matinée, le cardinal se rendit au palais du Luxembourg, comme il en était convenu avec le roi. Il monta au deuxième étage et se dirigea vers l'antichambre de l'appartement de Marie de Médicis. Les huissiers lui interdirent l'entrée, d'ordre de Leurs Majestés le roi et la reine mère. C'était une détestable surprise ! Le sieur cardinal connaissait admirablement les lieux. Mais il trouva toutes les portes closes et pareillement gardées. Il se souvint alors d'un couloir secret entre la chapelle et la chambre de la reine mère. Ayant soudain recouvré son audace, il se glissa dans ce couloir et poussa la porte de la chambre. Marie de Médicis avouera plus tard :

– « Si je n'avais pas négligé de fermer un verrou, le cardinal était perdu ! »

C'était sa façon d'interpréter les choses. En bonne Italienne, elle incriminait la fatalité. Cependant, il y a quelques raisons de penser qu'une tierce personne, acquise à Richelieu, avait sciemment oublié de fermer cette porte à clef. Quoi qu'il en soit, quand Richelieu entra, il surprit une conversation véhémente entre le roi et sa mère.

– « Je gagerais, dit-il, que Leurs Majestés parlent de moi. »

– « Oui ! » cria la reine mère.

Et sa colère déborda. Elle clama la haine qu'elle contenait depuis si longtemps, et son mépris. Tous les reproches défilèrent, dans un flot de paroles, où perçait la vulgarité foncière de cette femme : l'ingratitude de Richelieu, son ambition, ses mensonges, son ambition effrénée et coupable, son népotisme, ses fautes envers le roi, etc. Elle s'étranglait de fureur et sa lourde face se congestionnait. Lorsque le cardinal put placer un mot, il déclara que c'était pour lui la plus grande infortune que de perdre la protection de Sa Majesté. Qu'il voyait bien que sa disgrâce était sans remède et qu'il ne lui restait plus qu'à se retirer. Le roi lui dit qu'il entendait le garder à son service, en lui ordonnant toutefois de se retirer à Pontoise. Richelieu présenta à nouveau ses excuses avant de prendre congé. Marie de Médicis lui tourna le dos, clama qu'elle ne voulait plus le voir et lui interdisait de reparaître devant elle. Désolé, le roi déplora de n'avoir rien pu faire en faveur du cardinal. Se retournant vers son fils, elle gronda qu'elle quitterait la cour si le cardinal y restait ! Que le roi choisît entre elle et lui ! Les nerfs de Richelieu cédèrent. Il se jeta à genoux et sanglota : le fait fut confirmé par le roi lui-même. Cette humiliation involontaire redoubla la colère de Marie. Elle répéta à Richelieu qu'elle ne voulait plus se trouver désormais en sa présence et que rien ni personne ne la ferait changer d'avis. Le roi fit signe à Richelieu de sortir. Il resta quelques instants avec sa mère et prit congé.

Prenant comme toujours ses désirs pour des réalités, la reine mère se crut victorieuse. La mine sombre du roi quand il sortit du palais, la pâleur du cardinal et son expression défaite, avaient été observées par les courtisans. Ils ne doutèrent pas un instant de la disgrâce de celui-ci. Très peu d'entre eux lui restaient attachés. Il avait le cœur trop haut et une intelligence trop pénétrante, pour être compris de ces créatures qui partageaient leur existence entre les intrigues et les futilités. Il était trop appliqué aux affaires, trop abrupt dans ses décisions malgré sa trompeuse courtoisie ; il avait trop d'idées contraires aux intérêts privés. Mais surtout on lui imputait l'entière responsabilité des rigueurs dont la noblesse se disait victime, de l'exécution du pauvre Chalais, de Montmorency-Bouteville, de la guerre en Piémont, de la persistance de l'hérésie, etc. N'était-ce pas lui qui, abusant de la confiance de Sa Majesté le roi, lui avait extorqué les décisions les plus hasardeuses, et les plus dispendieuses, sans autre profit que sa gloire personnelle ? N'avait-il pas constamment cherché à séparer la mère et le fils, la femme et le mari, à isoler le roi pour mieux le retenir dans ses rets ? Ses prétendus succès reposaient sur le mensonge et l'imposture. Il était à l'image du maréchal d'Ancre et méritait la même fin... Sur ces entrefaites, le chancelier de Marillac survint. Il feignait l'ignorance. La reine mère le manda. Elle lui annonça triomphalement le renvoi du cardinal et de sa coterie. Elle lui laissait entendre que le roi le nommerait ministre principal. À cette nouvelle, la joie des courtisans redoubla. C'était à qui serait le premier à féliciter la reine mère de son succès et à flagorner Marillac. Repue de compliments, elle se croyait maîtresse de tout.

Louis XIII était parti pour Versailles. Il avait ordonné à Richelieu de l'y rejoindre. Perplexité du cardinal ! Que signifiait exactement cette convocation en un lieu aussi insolite ? Le meilleur ou le pire. Richelieu n'osait espérer que le roi le maintînt en place contre le gré de sa mère. Tout, au contraire, indiquait qu'il le sacrifierait, fût-ce à regret ! Ébranlé par la scène qu'il venait de subir, Richelieu se sentait perdu. On avance, sans preuves, qu'il songeait à fuir, à se retirer dans son gouvernement du Havre. Son ami, le cardinal de La Valette – que le duc d'Épernon surnommait cruellement « le cardinal-valet » –, se chargea de lui remonter le moral. « Qui quitte la partie la perd ! » lui dit-il. Et il lui montra qu'en fuyant il laisserait le champ libre à la reine mère et à Marillac, décevrait le roi et, par cette désertion, provoquerait peut-être un revirement en sa défaveur. Que La Valette ait tenu, ou non, ces propos, Richelieu se décida pour Versailles.

Ce n'était alors qu'un manoir à peine plus grand qu'une maison de campagne, jouxtant une forêt giboyeuse. Louis XIII venait y chasser. La ville de Versailles n'était qu'un village et rien ne laissait prévoir l'extension qu'elle connaîtrait sous le règne suivant. La maison n'avait qu'un étage et son rez-de-chaussée se limitait à quatre pièces. Jamais Louis XIII n'y avait tenu Conseil. Aucun de ses ministres n'y avait été reçu. Ce n'était qu'un relais de chasse pour y souper entre veneurs, au besoin pour y passer la nuit.

Le choix même de ce petit château suggérait un entretien à huis clos, loin des gêneurs et des indiscrets. Il donnait quelque espérance à Richelieu, mais celui-ci était trop mortifié et trop perturbé pour croire à une issue favorable. À peine eut-il salué le roi, qu'il réitéra son offre de démission. Louis lui répondit qu'il avait décidé de le garder à son service. Richelieu insista. Il avait, déclara-t-il, mûrement réfléchi et préférait se retirer. Le roi s'exclama. Richelieu exposa ses raisons. S'il restait, la reine mère s'abstiendrait de paraître au Conseil et les intrigues reprendraient de plus belle, assaisonnées de calomnies et d'accusations de toutes sortes. Si, pour y couper court, on usait de rigueur, il serait accusé de tyrannie. Tout le monde le détestait : les Grands, parce qu'il voulait mettre fin à leur indocilité, les contraindre à servir ; le peuple, parce qu'il succombait sous les impôts. Si le roi retombait malade, les événements de Lyon se reproduiraient inéluctablement. Bien qu'il eût toujours évité d'offenser la reine mère, elle ne lui pardonnerait jamais et chercherait une occasion de se venger. Il refusait d'être une pomme de discorde entre la mère et le fils. Le roi rétorqua qu'il agissait dans le seul intérêt du royaume. Qu'il commettrait une lourde erreur, ferait preuve d'ingratitude et de faiblesse, s'il abandonnait son meilleur serviteur. Il ajouta qu'il suivrait volontiers les conseils de sa mère, si elle ne se montrait inapte à gouverner. Quant à Richelieu, ce serait une bassesse de sa part s'il renonçait à continuer son service.

– « Mais, Sire, de quels yeux le monde verra-t-il Votre Majesté me garder, avec le reproche public d'être ingrat à l'égard de la reine ? »

– « Il ne s'agit pas de la reine, mais de la cabale et des monopoles de tel ou tel qui ont provoqué cette tempête. Je m'en prendrai à eux ! »

Ainsi la raison d'État l'emportait, mais après quels débats intérieurs ! Pourtant, on aperçoit qu'à aucun moment Louis XIII ne songea réellement à se séparer de Richelieu. Qu'il ait souffert d'être obligé d'écarter sa mère, cela tombe sous le sens, mais, nonobstant le déferlement verbal de celle-ci, il restait inébranlable. D'ailleurs, il pouvait se demander si elle tiendrait parole et s'abstiendrait de paraître au Conseil.

Après cet entretien avec Richelieu, le roi convoqua ses ministres, à l'exception de Michel de Marillac qui fut invité à s'arrêter dans le village de Glatigny. Les ministres arrivèrent assez tard et le Conseil eut lieu pendant la nuit du 11 au 12 novembre, le garde des sceaux étant absent, et pour cause ! Il était d'ailleurs sans illusions sur son avenir, du fait même qu'on lui avait demandé d'attendre à Glatigny. Le roi informa les ministres de la décision qu'il venait de prendre et de sa volonté d'en finir avec les cabales contre le principal ministre. Il nomma plusieurs personnes, mais c'était Michel de Marillac qui portait, selon lui, la plus lourde responsabilité dans les intrigues visant à affaiblir le gouvernement. Certes, Marillac menait une vie exemplaire et accomplissait sa fonction de façon irréprochable. Néanmoins le roi jugeait nécessaire de l'éloigner, car son opposition systématique au cardinal était un ferment de désunion. Le Conseil accepta volontiers le remplacement de Michel de Marillac par Châteauneuf, qui avait été chargé de plusieurs ambassades (et qui était un des amis de Richelieu). Au cours de la même séance, le Conseil pourvut au poste de premier président du Parlement. Ce fut Nicolas Le Joy que l'on distingua. Il était également un des affidés du cardinal.

Restait une question assez délicate à résoudre, mais urgente. Quelle serait la réaction de Louis de Marillac en apprenant la destitution de son frère ? Il commandait une armée de sept mille hommes. Il était aimé et respecté. Ne pouvait-il, sur un coup de colère, prendre une initiative dangereuse ? Malgré l'accord avec Piccolomini et Collalto, la situation en Piémont restait explosive. Il parut nécessaire de relever Marillac de son commandement et de le rappeler à Paris. Cependant, pour prévenir une tentative de rébellion, mieux valait s'assurer de sa personne. L'ordre secret d'arrêter Louis de Marillac fut envoyé à ses lieutenants, les maréchaux de La Force et Schomberg.

Le 12 novembre, peu après l'aube, le secrétaire d'État de La Ville aux Clercs arriva à Glatigny. Il venait réclamer les sceaux à Michel de Marillac. Ce dernier ne put cacher son désarroi. Si près de réussir et d'enlever la place de principal ministre, la disgrâce le frappait de plein fouet ! Puis il se ressaisit et demanda à entendre la messe, ce qui lui fut accordé. Profondément chrétien et même d'une piété quelque peu exaltée, il remercia Dieu du châtiment qu'Il lui infligeait en punition de ses péchés. Après la messe, il remit les sceaux à La Ville aux Clercs, persuadé qu'il pourrait ensuite rentrer chez lui. Un exempt l'arrêta et le fit monter dans un carrosse. Le prisonnier ne savait où on le conduisait. Avant d'arriver à Caen, on le dirigea sur Lisieux. Finalement, on se décida pour Châteaudun et on l'incarcéra dans l'ancien château-forteresse de Dunois. Il y fut traité comme un criminel et mourut de chagrin en 1632. Quant à Louis de Marillac, il reçut en même temps sa nomination de commandant en chef de l'armée d'Italie (datée du 10 novembre) et sa mise en état d'arrestation (12 novembre). Il n'opposa aucune résistance à ses collègues La Force et Schomberg. On le transféra à Sainte-Menehould et, comme le roi ne pouvait se déjuger, on s'ingénia à réunir des pièces d'accusation contre l'infortuné maréchal.

Revenons à la journée du 12 novembre. La Ville aux Clercs, après avoir retiré les sceaux à Michel de Marillac, reçut la mission combien plus difficile d'informer la reine mère des événements qui venaient de se dérouler et des décisions prises par le roi. Elle n'en crut pas ses oreilles et demanda son carrosse pour partir sur-le-champ à Versailles. La Ville aux Clercs l'en dissuada fortement. Elle n'insista pas. Mais elle était déjà résolue à se battre jusqu'au bout, ne comprenant pas qu'elle avait perdu la partie et que la seule planche de salut était pour elle d'accepter un accommodement d'ailleurs souhaité par son fils. La consternation régnait dans le palais du Luxembourg, surtout dans l'entourage de la vieille reine. Le palais se vida comme par enchantement. On dit que les rats quittent toujours les navires en perdition, quand ils en ont le moyen. Le comte de Serrant, qui était un bel esprit, trouva le mot de la fin : « C'est la journée des dupes ! » s'exclama-t-il.

XIV

LES VERTS RAMEAUX DE LA HAINE

Jusqu'ici Louis XIII avait évité de mettre sa mère en cause dans ses déclarations officielles. C'était aux cabaleurs qu'il imputait la crise qu'il venait de dénouer. Ce roi, dont tant d'historiens soulignent le manque de volonté, était, comme on l'a déjà constaté à plusieurs reprises, tout à fait apte à prendre une décision capitale, et à la prendre seul ! Pour autant, il lui avait coûté d'humilier sa mère. Il considérait de son devoir filial de se réconcilier avec elle. Il souhaitait même la voir reprendre sa place au Conseil, à condition toutefois qu'elle renonçât à attaquer Richelieu et cessât toute collusion avec les opposants à sa politique. Il lui envoya donc le surintendant Bullion pour lui proposer un *modus vivendi* susceptible de sauver les apparences, à tout le moins de ménager sa susceptibilité. Il suffisait qu'elle parût au Conseil et feignît d'ignorer la présence du cardinal. Elle répondit à Bullion qu'elle n'avait pas à paraître au Conseil, puisque Richelieu en était le maître et que le roi ne pouvait se passer de ses services. Bullion ne manquait pas d'habileté, mais son insistance fut vaine : il se heurtait à un mur. Elle ne comprenait pas que le roi lui offrait le moyen de sortir de l'impasse et de recouvrer une partie de son influence. Il ne lui demandait qu'un peu de compréhension et de flexibilité.

Le 21 novembre, recevant une délégation du Parlement, Louis XIII crut devoir faire une mise au point :

– « Vous savez où l'animosité a porté la Reine ma mère contre M. le cardinal. Je veux honorer et respecter ma mère, mais je veux assister et protéger M. le cardinal contre tous. »

La reine mère crut que ces propos du roi lui avaient été dictés par Richelieu. Elle était furieuse. Par la suite, toutes les démarches tendant à un rapprochement échouèrent. Cependant le cardinal Bagni, nonce apostolique, réussit à lui arracher son consentement à une entrevue avec le roi et Richelieu. L'entretien fut courtois, mais stérile. Le 25 décembre, elle se décida à faire venir le cardinal. Leur entretien dura deux heures. Le lendemain, Richelieu fit ses confidences au diplomate vénitien Contarini, lequel s'empressa de noter [1] : « Richelieu ne pouvait et ne voulait plus se fier à la reine, qui, comme tous les Italiens, conservait en elle toujours les verts rameaux de la haine. Il appréciait toutefois l'accommodement intervenu pour que l'on sût qu'il n'avait pas mérité l'affront d'une disgrâce et pour que le roi et la cour ne fussent pas sujets à des inconvénients par l'absence de la reine. Il ajouta que pendant son entretien particulier avec la reine, elle s'était plainte des événements passés, mais surtout de la trop grande sévérité manifestée à l'égard des frères Marillac. Son principal désir était de les voir libérés et elle promit qu'elle se comporterait dans l'avenir avec lui de la même façon que le cardinal en agirait avec elle. Richelieu précisa qu'à son sens l'esprit de la reine n'était pas apaisé entièrement, puisque la reine suivait les conseils de ses ennemis. »

Elle tint ses engagements envers le roi, mais à sa manière. Elle reparut au Conseil, mais ignora Richelieu et s'abstint même de lui adresser la parole. Elle empoisonnait ainsi l'atmosphère des réunions, suscitait un malaise insupportable. Bien entendu, elle maintenait les contacts avec ses partisans. Anne d'Autriche, qui détestait Richelieu, avait partie liée avec sa belle-mère. Elle avait elle aussi travaillé à la perte du cardinal. Mais les langues se déliaient peu à peu. Des renseignements confidentiels parvinrent au roi, lui révélant les dangers d'une

1. Cité par Pierre Chevallier.

infiltration espagnole de plus en plus marquée. Non seulement, sous prétexte de défendre la religion, les cabaleurs conspiraient contre Richelieu, mais d'une certaine manière ils trahissaient la France. Il renvoya brutalement la suite espagnole d'Anne d'Autriche. Il exila Mme du Fargis qui était sa confidente. L'ambassadeur d'Espagne, Mirabel, avait ses petites et grandes entrées chez la reine régnante. On lui signifia sans ménagement qu'il devrait se soumettre désormais à la règle commune et demander audience. Les deux reines se vengèrent comme elles le purent : elles s'abstinrent d'assister aux divertissements de la cour.

Marie de Médicis fit un pas de plus. Elle parvint à mettre Gaston d'Orléans dans son jeu, se flattant de dresser le frère contre le frère. Comme on le sait, Monsieur n'aimait guère le cardinal, mais enfin il avait accepté de se réconcilier avec lui, à vrai dire sous l'influence de ses deux conseillers : Le Coigneux et Puylaurens. Ces deux personnages avaient été achetés : le premier par sa nomination de président à mortier, le second par un don de cent cinquante mille livres et par la promesse d'un titre ducal. Ils voulurent davantage. Le Coigneux demanda le chapeau de cardinal et Puylaurens exigea sa nomination immédiate. Ne recevant pas assez vite satisfaction, ils persuadèrent Monsieur de faire un coup d'éclat.

Richelieu avait quitté le Petit-Luxembourg pour s'éloigner de la reine mère. Il s'était installé rue Saint-Honoré, dans le Palais-Cardinal alors tout neuf. Il était périlleux d'habiter cette belle demeure dans une époque troublée, car elle n'offrait aucune sécurité. « Lorsque le cardinal vient du Louvre, écrit Matthieu de Morgues, qu'il trouve toute la rue de Saint-Honoré embarrassée par les carrosses de ceux qui l'attendent chez lui, qu'il voit sa cour, son escalier, sa salle et son antichambre chargés de courtisans, d'officiers et députés, il ne considère pas que sa maison est remplie de ses ennemis ; qu'il n'a ses gardes que contre ceux qui le visitent ; qu'il craint les mains de ceux qui fléchissent le genou devant lui ; et qu'il est dans la presse des hommes sans toucher jamais la main d'un ami… » Il est évident que les gardes dont Louis XIII avait gratifié Richelieu ne le garantissaient pas d'un attentat. Dans la conjoncture, il pouvait tout craindre. Trop de gens lui promettaient le sort du maréchal d'Ancre, pour qu'il n'y eût pas anguille sous roche. Cependant, faut-il ajouter foi au singulier dialogue entre Anne d'Autriche et son apothicaire Michel Danse, dont Richelieu fait état dans ses *Mémoires* ? Lopez, un riche financier, espion du cardinal, et Michel Danse se trouvaient dans le cabinet de la reine, quand elle entra, les yeux larmoyants, et se plaignit « du traitement qu'on lui faisait ». « On » désignait évidemment Richelieu. « – Votre Majesté connaît bien les desseins de M. le cardinal, répondit Michel Danse ; il lui veut faire ôter son apothicaire, pour la faire mourir et faire épouser Mme du Combalet au Roi. – Vous êtes un méchant homme de tenir ce discours, interrompit Lopez ; à qui l'avez-vous ouï dire ? – À la Reine », répliqua Michel Danse. Et celle-ci eût ajouté : « *No es mas tiempo de hablar con el cardinal pero bien de hacer* » (Il n'est plus temps de parler avec le cardinal, mais bien d'agir).

Quelles étaient les intentions de Monsieur, quand, le 30 janvier 1631, il descendit de son carrosse dans la cour du Palais-Cardinal ? Il est au moins permis de se le demander ! Il entra fort brusquement, avec son escorte de gentilshommes. Toutes les portes s'ouvraient devant le frère du roi. Les gardes s'effacèrent, nonobstant les ordres reçus. Monsieur fit irruption dans la chambre du cardinal et l'apostropha en ces termes :

– « Vous trouverez bien étrange le sujet qui m'amène ici. Tandis que j'ai pensé que vous me serviriez, je vous ai bien voulu aimer. Maintenant que je sais que vous manquez à tout ce que vous m'avez promis, je vous retire la parole que je vous ai donnée de vous affectionner. »

Richelieu demanda en quoi il lui avait manqué. Monsieur rétorqua qu'il n'avait pas tenu les promesses faites à ses conseillers ; qu'il ne tenait aucun compte des réclamations du duc de Lorraine au sujet de terres réunies à la Couronne, et, surtout, de « laisser croire au monde que Monsieur abandonne la Reine sa mère ». Richelieu voulut se justifier. Monsieur lui coupa la parole :

– « Il n'est pas besoin de plus grands éclaircissements... Si votre qualité de prêtre ne m'avait pas retenu, je vous aurais déjà traité comme vous le méritez ; mais sachez que votre caractère ne vous garantira pas à l'avenir des châtiments qui sont dus à ceux qui offensent des personnes de notre rang... »

Si Richelieu, considérant la mine arrogante des gentilshommes entourant Monsieur, avait craint un guet-apens, ces paroles n'étaient pas faites pour le rassurer. C'était bien la mort de Concini que lui annonçait Monsieur. Cependant, il ne broncha point. Comme il le reconduisait, ce dernier lui annonça son départ pour Orléans et déclara que « si on le pressait, il se défendrait bien ». C'était donc une déclaration de guerre contre le roi et son principal ministre que Monsieur venait de signifier. Et sinon, il n'avait pas osé accomplir ce qu'il projetait sur la personne du cardinal.

Dès que Monsieur fut parti, Richelieu envoya Bouthillier prévenir le roi, qui se trouvait à Saint-Germain. Ce dernier s'empressa de revenir à Paris et se rendit directement au Palais-Cardinal. Il était furieux de l'esclandre que s'était permis son frère et, plus encore, de son départ inopiné pour Orléans. Il dit à Richelieu :

– « Ne craignez rien, je serai votre second contre tout le monde, sans excepter mon frère ; mon honneur y est engagé ; le mal qu'on vous fera, je le regarderai comme fait à moi-même et je saurai vous venger. »

Le cardinal lui apprit que, la veille, la reine mère avait remis à Monsieur les pierreries qu'il avait héritées de sa femme et qu'elle gardait en dépôt. Ces pierreries représentaient une très grosse somme. À quoi Monsieur les destinait-il ? Le roi se rendit aussitôt au palais du Luxembourg. Il reprocha à sa mère de ne pas l'avoir prévenu. Elle prétendit ignorer le départ précipité de Gaston pour Orléans et se mit « à vomir feu et flammes » contre le cardinal, dont elle supposait qu'il avait renseigné le roi sur la remise des pierreries.

Cette fois, la mesure était comble. Louis XIII était au bout de sa longanimité. La reine mère, par ses accès de colère et son incroyable obstination, par ses intrigues pernicieuses, sa collusion suspecte avec Gaston d'Orléans et Anne d'Autriche, le forçait à prendre une décision qui serait sans appel. Le 12 février, la cour se transporta au château de Compiègne. Marie de Médicis était du voyage. Elle avait décidé de suivre son fils partout où il se rendrait. C'était aller au-devant d'une rupture définitive. Louis XIII fit cependant une ultime tentative de conciliation. Il utilisa le médecin Vautier, en qui la reine mère avait une entière confiance, puis le maréchal de Schomberg, puis le garde des sceaux Châteauneuf. Ces démarches successives enhardirent Marie de Médicis au lieu de l'amener à de meilleurs sentiments et de l'inciter à la prudence. Elle croyait amollir la volonté de son fils, alors qu'elle la durcissait. Mais il était au-dessus de ses forces de ne pas fulminer contre Richelieu. La haine lui ôtait le peu qu'il lui restait de raison. Elle espérait encore sortir victorieuse de cette lutte, parce qu'elle faisait fond sur l'attachement du roi. C'est ici l'erreur – très banale – de toutes les mères abusives.

Louis XIII, fidèle à sa méthode, réunit un Conseil pour examiner la conduite à tenir. La décision qu'il était à la veille de prendre – et qu'il avait déjà prise inconsciemment –, il voulait l'appuyer sur les avis de ses ministres, en particulier du principal d'entre eux. La situation en était venue à tel point qu'il ne s'agissait plus désormais d'une regrettable querelle de famille, mais d'une affaire d'État. La fuite de Monsieur à Orléans laissait craindre une nouvelle rébellion, dont on ne pouvait pronostiquer l'ampleur. Cette fuite était le résultat des intrigues de la reine mère et de ses complices. Il fallait donc trancher dans le vif, et rapidement ! Plusieurs solutions furent débattues. Une seule emporta la décision du roi : l'éloignement de la reine mère et sa mise en résidence surveillée. Rien ne transpira de sa décision. On s'étonna pourtant de voir arriver à Compiègne mille cinq cents gardes françaises commandées par le maréchal d'Estrées.

Le 23 février, de bonne heure, Châteauneuf se fit annoncer chez Anne d'Autriche. Il venait l'informer que « le Roi, pour certaines raisons qui regardent le bien de son État, est obligé de laisser sa mère en ce lieu à la garde du maréchal d'Estrées ; il prie la Reine de ne la point voir, de se lever et de le venir trouver aux Capucins, où il est allé avec intention de l'attendre ». Désobéissant au roi, la reine se précipita dans la chambre de sa belle-mère, qui était assise sur son lit, tenant ses genoux embrassés.

– « Ah ! ma fille, s'écria-t-elle, je suis morte ou prisonnière. Le Roi me laisse-t-il ici ? Et que veut-il faire de moi ? »

Anne d'Autriche lui répéta en pleurant ce que le chancelier lui avait annoncé. Les deux femmes s'étreignirent, communiant dans la haine qu'elles avaient l'une et l'autre à l'encontre de Richelieu. Puis la jeune reine s'esquiva. Quand elle eut rejoint le roi, il la fit monter en carrosse. Il n'avait pas daigné prendre congé de sa mère.

Ce furent La Ville aux Clercs et le père Suffren qui annoncèrent à Marie de Médicis que son fils avait décidé de se séparer d'elle ; qu'il lui assignait Moulins comme résidence et lui octroyait le gouvernement du Bourbonnais. Elle parut résignée. Elle écrivit même au roi une belle lettre de soumission : « Je me suis résolue de vous rendre l'entière obéissance que vous demandez de moi et de me retirer à Moulins, en attendant que Dieu, protecteur de mon innocence, vous ait touché le cœur... » Elle n'avait d'autre choix, car les issues du château comme les portes de la ville étaient gardées. Le maréchal d'Estrées avait reçu l'ordre d'exercer la plus stricte vigilance. Elle était bel et bien prisonnière. On lui enleva ses amies, la princesse de Conti, les duchesses d'Elbeuf, d'Ornano, de Lesdiguières, toutes réputées pour leurs intrigues, qui furent invitées à se retirer sans délai dans leurs terres. Le médecin Vautier fut arrêté et embastillé, de même que le maréchal de Bassompierre : il avait eu le tort de prendre ouvertement parti contre le cardinal. Ce dernier n'avait pas le triomphe léger. Il lui envoya cette lettre ironique, méritant d'être citée car elle ajoute une touche d'humour noir au portrait de Richelieu :

« Monsieur, pour m'acquitter de ma promesse, je vous envoie un chapelet, avec lequel je vous assure que vous pourrez gagner des indulgences. Mais d'autant qu'on ne peut obtenir rémission de la peine, que premièrement on n'ait celle de la coulpe [1], je vous conseille de la rechercher en faisant autant d'éclat de la grâce de votre Créateur que vous avez fait autrefois, dit-on, de celle des créatures. Par ce moyen, les armes que je vous mets en main ne vous seront pas inutiles ni à moi aussi, si j'ai part au bien que vous en ferez. J'en demande le dixième [2], qui appartient à l'Église. Mais toutefois, si vous jugez que ce soit trop, je me contenterai du vingtième, à la charge que j'aurai les prémices, estimant avec vous que le pre-

1. Remords.
2. Allusion à la dîme due à l'Église.

mier *Ave Maria*, que vous direz sans doute avec dévotion, vaudra mieux que trente autres qui courent grand hasard d'être dits avec divertissement. Vous êtes si courtois, que vous ne me dénierez pas ce que je vous demande, et, en cette considération, je me permets une faveur particulière à moi seul, ne croyant pas que la vertu de vos prières ait été jusqu'ici si connue, qu'elle ait convié personne à les mendier ni vous-même à la départir. Je fais l'un maintenant, vous ferez l'autre s'il vous plaît, considérant que je mérite certainement cette part que je désire à votre souvenir et en vos oraisons, puisque je veux être non seulement en partie, mais entièrement à vous comme votre serviteur très humble. »

On imagine la rage du maréchal en recevant ce chapelet et cette lettre ! Richelieu le laissa méditer son erreur tactique pendant douze années. Bassompierre sortit en effet de la Bastille en 1643 !

Marie de Médicis, prisonnière à Compiègne, cherchait quelque subterfuge pour gagner du temps. Elle se raccrochait à l'espoir que son fils changerait d'avis, persuadée qu'il était dévoré de regrets. Elle croyait aussi que l'opinion prendrait fait et cause pour elle : un fils emprisonnant sa mère ! Or, personne ne la plaignait, hormis ses partisans, dont le murmure s'éteignait peu à peu par crainte des sanctions. Des réparations étant nécessaires au château de Moulins, elle demanda l'autorisation de s'installer provisoirement à Nevers. Elle demanda aussi qu'on lui rendît le médecin Vautier. Louis XIII acquiesça. Elle différa cependant son départ, sous des prétextes fallacieux. Puis, elle feignit de craindre qu'on voulait l'enlever et la transporter de force en Italie, « ... lieu à la vérité de ma naissance, mais, en ayant apporté avec moi, lorsque je suis venue en France, tout ce que j'y avais de vaillant, il ne me reste ni honneur, ni bien, ni retraite que par la grâce de ceux qui, éloignés maintenant de parenté et ne m'ayant jamais vue, auraient beaucoup de raisons de ne pas me recevoir dans leurs États, si mon propre fils ne m'a pu souffrir dans les siens ». Aux émissaires que lui envoyait le roi, elle répondait qu'on ne « la ferait partir que par les cheveux ».

Comme elle ne cessait de clamer à tous les échos qu'elle était prisonnière, Louis XIII crut habile de retirer les gardes françaises de Compiègne. Ce fut une faute, mais il croyait que ce geste de bienveillance déciderait sa mère à partir spontanément pour Nevers. Or, elle n'attendait qu'une occasion pour s'enfuir. Dans la nuit du 18 juillet 1631, ses complices la firent sortir du château, avec ses coffres. Un carrosse l'attendait à quelque distance ; il prit la direction de La Capelle. Cette place forte, proche de la frontière des Pays-Bas espagnols, avait le marquis de Vardes pour gouverneur. Marie de Médicis avait pris contact avec le fils de celui-ci, le jeune comte de Vardes, qui promit de lui livrer la place. Qu'espérait-elle ? Rameuter l'opinion européenne contre Louis XIII et Richelieu ? Contribuer au succès de Gaston d'Orléans ? Elle ne put rien faire. Le comte de Vardes était surveillé par les agents du cardinal. En quittant brusquement la cour pour regagner La Capelle, il donna l'éveil. Son père, le marquis de Vardes, loyal serviteur de la Couronne, se lança à sa poursuite et se fit rendre la forteresse. Lorsque Marie de Médicis approcha de La Capelle, il était trop tard. Elle fut obligée de poursuivre sa route et franchit la frontière des Pays-Bas espagnols. L'infante Isabelle s'empressa de lui accorder l'« asile politique ».

Le scandale fut retentissant. Marie de Médicis y laissa sa réputation. Peu lui challait, car elle n'avait jamais aimé sa patrie d'adoption, hormis pour les honneurs et l'argent qu'elle y récoltait, et pour le pouvoir qu'elle avait usurpé si longtemps. Elle ne devait pas revoir son fils. Elle préféra mourir solitaire et quasi dans le dénuement, à Cologne, en 1642. D'une constance indéfectible dans ses inimitiés, elle usera ses forces et consommera ses dernières richesses à nuire à Louis XIII et à son principal ministre.

Pendant ce temps, Monsieur filait le parfait amour avec Marguerite de Vaudémont, sœur du duc Charles de Lorraine. C'était un moyen assuré de provoquer et d'inquiéter son frère aîné. Après son altercation avec Richelieu, il avait fui dans son apanage d'Orléans. De là, il était passé en Bourgogne, dont le gouverneur Bellegarde se disait son ami, mais refusa de l'aider. Louis XIII le suivait avec une petite troupe. Monsieur goûtait assez peu les affrontements. Il préféra se retirer en Franche-Comté, province appartenant alors à l'Espagne. Il lui parut néanmoins plus prudent de se mettre sous la protection du duc de Lorraine, souverain dans son petit État. Étant désormais hors d'atteinte, il lui fut loisible de nouer les fils d'un complot. Il excellait dans ce genre d'exercice que les velléitaires cultivent avec dilection ! Son objectif était, cela va sans dire, de contraindre Louis XIII à se défaire de Richelieu.

QUATRIÈME PARTIE

LE DUUMVIRAT

(1631-1642)

Comment pourriez-vous écouter les leçons du livre de Dieu, ayant fermé les oreilles pour n'ouïr point les voix de la nature qui vous avertit tous les jours, par les infirmités et par les fréquents remèdes que vous prenez, de ce que vous êtes et de ce que vous n'êtes pas ? Il ne faut point de valet de chambre qui vous crie tous les matins, comme on faisait au Roi de Perse : « Souvenez-vous que vous êtes homme ! » Les maux de tête, les ardeurs du sang, les fièvres de lion qui ne vous quittent point, les seringues, les lancettes et les baignoires vous donnent avis que non seulement vous êtes mortel, mais que vous possédez la vie avec des conditions onéreuses.

Matthieu de Morgues
(*Remontrance du Caton Chrétien*).

I

BONS POUR L'EXEMPLE

On lit dans les *Mémoires* du cardinal : « La multitude des coupables fait qu'il n'est pas convenable de les punir tous. Il y en a qui sont bons pour l'exemple et pour retenir à l'avenir, par crainte, les autres dans le respect des lois. » Tel fut en effet le cas du maréchal de Marillac, puis du duc de Montmorency. Ils périrent l'un et l'autre par la faute de Marie de Médicis.

Ci-devant reine de France et régente, mère d'un roi, des reines d'Angleterre et d'Espagne, elle n'acceptait pas sa déchéance. Son gendre Philippe IV appréciait modérément qu'elle se fût réfugiée dans ses États ; il eût préféré qu'elle se retirât en Allemagne. Or, elle avait quitté Avesnes pour Mons et l'infante Isabelle, qui gouvernait les Pays-Bas espagnols, l'avait invitée à Bruxelles. Monsieur avait bien entendu rejoint sa mère ; il était à ses ordres. La vieille sirène le berçait de ses rêves belliqueux. Elle l'avait persuadé de lever une armée de mercenaires. Les ducs de Bouillon, d'Épernon, de Guise et de Lorraine lui semblaient acquis. Elle claironnait que, dès sa rentrée en France, une multitude de gentilshommes hostiles à Richelieu tireraient l'épée. Elle évaluait à plus de quinze mille les volontaires dont elle pourrait disposer, outre l'armée de Gaston d'Orléans. Cependant, il lui fallait de l'argent, et beaucoup. L'Espagne rejeta sa requête, mais la gouvernante des Pays-Bas accorda une aide substantielle à Monsieur : elle ignorait alors la position de Philippe IV. Monsieur quitta Bruxelles et compléta les effectifs de son armée. Ce que voyant, Charles de Lorraine mit à la disposition de son futur beau-frère une armée comptant vingt milliers d'hommes.

Marie de Médicis entra même en négociations avec le général allemand Wallenstein, lequel eût volontiers contribué à la victoire de Monsieur sur son frère, à condition de conserver pour lui les places qu'il eût conquises en France : ce détail ne refroidit pas l'enthousiasme de Marie de Médicis. Elle avait en outre gagné à sa cause le gouverneur de Calais : il était convenu qu'il livrerait ce port aux Espagnols. La victoire de Gustave Adolphe, roi de Suède, à Breitenfeld, le 17 septembre 1631, obligea l'empereur Ferdinand II à mobiliser toutes ses forces. Charles de Lorraine dut répondre à l'appel de son suzerain et dégarnir provisoirement ses frontières.

Louis XIII et Richelieu n'ignoraient rien des agissements de la reine mère et de Monsieur. Ils prirent la menace d'invasion très au sérieux et la devancèrent par des mesures énergiques et rapides. Ils concentrèrent des troupes en Champagne, renforcèrent les garnisons des places frontières et, pour maintenir le duc de Bouillon dans la rectitude, firent occuper Sedan. Restait la Lorraine, à moitié allemande et toujours fluctuante. À l'approche de l'armée royale, Charles IV prit peur ; il ne pouvait compter sur l'aide de l'empereur, dont la situation était critique. Louis XIII avait de nombreux griefs contre lui : l'asile accordé systématiquement aux rebelles et surtout à Gaston d'Orléans, les facilités accordées aux Impériaux pour occuper Vic et Moyenvic, etc. Les explications mensongères de Charles aggravèrent son cas. Après avoir repris Vic et Moyenvic, le roi lui imposa un traité (6 janvier 1632) par lequel le duc s'engageait solennellement à pratiquer une politique favorable à la France et, notamment, à chasser de ses États tout individu rebelle à l'autorité royale : cette mesure visait Gaston d'Orléans et ses affidés. En outre, Charles remettait la place forte de Marsal en gage de sa bonne foi. Mais ce qui montre bien la fourberie du personnage, c'est qu'il avait omis de préciser que Monsieur avait épousé Marguerite de Vaudémont trois jours avant et avec son consentement. Ce mariage bâclé restait civilement illégal, puisqu'il avait été contracté sans l'autorisation de Louis XIII. Mais Charles ne donnait pas cher de la vie du roi, souvent malade, et voyait déjà sa sœur reine de France ! Cette perfidie lui coûta cher !

Ces événements n'étaient pas sans provoquer des remous à l'intérieur du royaume. On signalait des troubles en Provence et en Languedoc, c'est-à-dire dans les gouvernements respectifs du duc de Guise et du duc de Montmorency. Richelieu avait de bonnes raisons de se défier de la loyauté des grands seigneurs et de leur clientèle. Ce fut dans ce contexte qu'il décida de faire un exemple. Bien sûr, il convainquit Louis XIII de cette nécessité, mais il prit personnellement les choses en main. Entre tous les coupables détenus dans les prisons royales, il choisit Louis de Marillac, parce qu'il était maréchal de France et comptait de nombreux amis parmi les militaires de haut rang comme au sein du clergé et du parti dévot. Ce n'était pas un bon choix, car, malgré les investigations du conseiller Laffemas, le dossier était à peu près vide. Richelieu s'acharna contre le malheureux maréchal ; il voulait le punir d'avoir naguère trahi sa confiance, pactisé avec ses ennemis. Cet acharnement fit de Marillac une victime. Non seulement Louis XIII ne songea pas à refréner le zèle du cardinal, mais il s'empressa d'approuver toutes ses initiatives. Marillac, apprenant qu'on allait faire son procès, demanda, comme c'était son droit, à être jugé par le Parlement. Cette requête fut rejetée sans explication et le Parlement protesta en vain. Un tribunal d'exception fut institué. Il commença à siéger en septembre 1631. La bienveillance, cependant relative, de certains magistrats à l'égard de l'accusé irrita Richelieu. Marillac fut transféré à Pontoise en février 1632, puis à Rueil dans le château qui appartenait à Richelieu, le 8 mars. La composition du tribunal avait été modifiée ; c'était désormais le chancelier Châteauneuf qui le présidait. L'issue du procès ne faisait aucun doute, bien qu'on ne pût reprocher à Marillac que des profits illicites sur les subsistances de l'armée et les travaux de fortification, pratique alors fort répandue. Il fut condamné à la peine de mort, le 8 mai, par treize voix sur vingt-trois. Le 10 mai, quand on le conduisit en place de Grève pour être décapité, il dit :

– « Je vois bien que nous quittons le chemin de la Bastille, pour prendre celui de Paradis... »

Il avait cru que le roi lui ferait grâce et convertirait la peine de mort en emprisonnement. Il mourut comme il avait vécu, courageusement et pieusement. « Le monde m'immole au monde, dit-il, et moi je m'immole à Dieu. »

Ce coup de semonce – ou plutôt ce crime politique – ne servit à rien. Il ne donna même pas à réfléchir à celui qui, pouvant l'éviter, s'apprêtait à subir un sort identique.

Monsieur ne renonçait pas à ses projets. Il disposait alors d'une petite armée formée de mercenaires étrangers (espagnols, allemands, croates et napolitains), trop disparate pour être disciplinée. Il proposa à Montmorency de soulever le Languedoc en même temps qu'il franchirait la frontière avec ses propres troupes. Il avait la certitude de partialiser la Bourgogne et d'augmenter ainsi ses effectifs. Les deux armées feraient leur jonction en Languedoc. Le roi d'Espagne avait promis son aide. Son émissaire était l'abbé d'Elbène, frère de l'évêque d'Albi. Ainsi, Monsieur, manipulé par sa mère et par le duc de Lorraine, n'hésitait pas à déclencher une guerre civile contre son frère !

Des troubles avaient éclaté dans plusieurs grandes villes. Ils étaient consécutifs aux difficultés économiques résultant de récoltes médiocres et davantage de la pression fiscale. Sporadiques, mal coordonnés, ils avaient été vite réprimés. En Provence, l'attitude du duc de Guise avait appelé l'attention de Richelieu. Le duc ne devait pas avoir la conscience tranquille, car il prit prétexte d'un pèlerinage en Italie pour mettre une frontière entre le cardinal et lui.

En Languedoc, dont Montmorency était gouverneur, la situation était particulière. Il s'agissait d'un conflit remontant à 1629. Richelieu voulait y substituer le système de la répartition de la taille par les États de cette province à celui des « élus ». Ces élus étaient en réalité des officiers de finance propriétaires de leurs charges. Il en résulterait un gain appréciable pour le Trésor. Les États s'opposèrent violemment à cette mesure. Le roi, dans un souci d'apaisement, consentit que les « élus » fussent placés sous le contrôle des États. Le duc de Montmorency ne soutint pas ces derniers, bien qu'il y perdît une confortable gratification. Jusqu'ici, il ne manifestait aucune hostilité à l'égard de Richelieu. Cependant, il n'oubliait pas qu'il était le chef de la plus ancienne et de la plus puissante dynastie féodale du royaume. Ses aïeux n'avaient pas cessé de servir et, à l'occasion, de soutenir les rois de France. Lui-même s'était distingué en Italie contre le prince de Savoie et en Aunis contre Soubise. Il ambitionnait de jouer auprès de Louis XIII le rôle de son aïeul, le connétable de Montmorency, auprès d'Henri II. Après la mort de Lesdiguières, il avait espéré la connétablie, mais Louis XIII supprima cette charge. Sa déception fut grande. Il dut ensuite renoncer à son titre de grand amiral de France, au profit de Richelieu, nommé surintendant de la navigation. Il est vrai qu'à cette occasion il fut largement indemnisé, mais ceci ne compensait pas cela. Si dénué qu'il fût de sens politique, Montmorency percevait bien qu'un monde nouveau s'esquissait, au détriment de la haute noblesse. Ce recul lui était difficile à accepter.

En attendant des jours meilleurs, il gouvernait la belle province de Languedoc avec bonheur. Il s'y comportait en vice-roi. Son autorité était grande, car librement acceptée. Il menait grand train, donnait des bals, des spectacles et des festins grandioses. Les femmes l'adoraient. C'était un cavalier fort élégant, fort enjoué et bon vivant. Il avait alors trente-sept ans et la vie lui ouvrait de vastes perspectives. Sa femme était Marie-Félicie des Ursins (francisation d'Orsini), apparentée à Marie de Médicis. Sous son influence, Henri de Montmorency resta en relation avec Monsieur, première imprudence. Marie-Félicie croyait au retour de la reine mère et à l'éviction de Richelieu. Elle était de ces gracieuses créatures qui mêlent d'instinct l'amour et la politique. Tendres fantômes, on les rencontre, dans le cours de l'Histoire, acharnées à perdre l'homme qu'elles admirent ou chérissent.

Mme de Montmorency rêvait pour son mari d'une gloire sans pareille, le plaignait d'être écarté des affaires, pour ainsi dire exilé de la cour, ignoré par le roi malgré ses services éminents, consommant les plus beaux de ses jours dans cette lointaine province. Il était le premier baron du royaume. À ce titre, il pouvait, il se devait et il devait à ses amis, d'accomplir un grand dessein, d'assumer un grand rôle. Monsieur lui en offrait l'occasion. Monsieur qui serait bientôt roi, puisque Louis XIII n'avait pas d'héritier.

Le duc se laissa tenter. Il tenait par toutes ses fibres à cette caste qui avait son propre code de l'honneur et se mettait au-dessus des lois, collaborant avec les rois plutôt qu'elle ne les servait. Il ne médita point la leçon de Marillac. Dans la hiérarchie nobiliaire, un abîme séparait un Montmorency d'un petit gentilhomme du rang de Marillac et même de Richelieu, bien que le roi eût fait un duc et pair de son principal ministre. Pourtant, il avait assez de connaissances militaires pour mesurer le risque qu'il courait. Au moins fallait-il se donner un peu de temps et coordonner les deux actions que proposait Gaston d'Orléans. Quelque sympathie qu'il eût pour ce dernier, il devait savoir que c'était une tête inconséquente, et se souvenir de Chalais abandonné à la vindicte royale. En cas d'échec, Monsieur serait intouchable, en tant que frère du roi et héritier présomptif du trône. Montmorency était donc condamné à réussir ou à fuir ! Les États du Languedoc furent trop heureux d'appuyer sa démarche. Il fit arrêter les récalcitrants et les agents du roi. Un certain nombre de cités se déclarèrent pour lui, non toutes. Le parlement de Toulouse refusa de s'associer à un mouvement dont la cheville ouvrière était l'évêque d'Albi. Les gentilshommes adhérèrent en masse, attirés par le nom de Montmorency, comme les papillons par une chandelle. Ils amenaient des volontaires. Cela ne formait pas une armée bien considérable, mais enfin, croyait-on, elle s'augmenterait bientôt des mercenaires de Monsieur. Quelques semaines étaient encore nécessaires pour achever les préparatifs.

C'était compter sans l'énergie du cardinal-duc et du roi, et sans l'impatience déraisonnable de Gaston d'Orléans. Dès la mi-juin 1632, Monsieur franchit la frontière avec une armée d'environ cinq mille hommes, dont l'unique but était de gagner de l'argent et de piller. Il lança une proclamation ridicule et marcha vers Dijon, qui le reçut à coups de canon. Pour éviter les royaux, il se dirigea en grande hâte vers le Languedoc. Il est superflu de préciser les méfaits commis sur son passage ! La réaction du roi et de Richelieu fut rapide. Après avoir prélevé quelques régiments sur les garnisons d'Île-de-France et de Picardie, Louis XIII fonça vers le Midi.

Le maréchal de Schomberg fut envoyé en avant-garde avec mille deux cents cavaliers et mille fantassins. Le 1er septembre, il se heurta aux troupes rebelles (environ cinq mille hommes). Inférieurs en nombre, ses soldats l'emportaient par l'efficacité. Les rebelles chargèrent à la manière ancienne, superbement, follement. Leurs cadavres jonchèrent bientôt le sol. Montmorency fit des prodiges de valeur (selon l'expression militaire bien connue), reçut dix blessures, dont aucune n'était mortelle. Les royaux, impressionnés par son courage, laissèrent aux siens le temps de le dégager. Ils s'abstinrent et le duc fut pris. On le soigna et il se rétablit. Le roi regrettait qu'il ne fût pas mort de ses blessures ou n'eût pas été tué au combat. Cette fin héroïque eût été digne du dernier Montmorency ! Mais, puisqu'il survivait, on devait le juger. Détenu dans le château de Lectoure, il fut transféré à Toulouse, pour comparaître devant le parlement. Ce ne fut pas de gaieté de cœur que les juges remplirent leur office, car Montmorency était respecté de tous. Mais Richelieu les avait gratifiés de la présence du chancelier Châteauneuf pour orienter le procès conformément à ses vues et accélérer le jugement. Pour plus de sûreté encore, il s'installa à Toulouse avec le roi. Henri de Montmorency ne marchanda pas sa vie. Il s'abstint même de récuser le tribunal, alors qu'il était justiciable du Parlement de Paris. Il reconnut ses fautes et se déclara seul responsable de la rébellion. Lorsque les juges interrogèrent Guitaut sur les circonstances de sa capture, celui-ci rendit hommage à sa bravoure :

– « Le feu et la fumée dont il était couvert m'empêchèrent d'abord de le distinguer. Mais, voyant un homme qui, après avoir rompu six de nos rangs, tuait encore des soldats dans le septième, je jugeai certainement que ce pouvait être que M. de Montmorency. Je ne le sus certainement que lorsque je le vis à terre sous son cheval mort. »

Montmorency fut condamné à mort. Il fit mander à Richelieu que, s'il consentait à fléchir le cœur du roi, et s'il y parvenait, le roi n'aurait pas de meilleur serviteur. Cependant, si l'on estimait sa mort plus utile à l'État, il ne voulait point de miséricorde. Les interventions arrivaient de toutes parts : le pape, le doge de Venise, le duc de Savoie demandaient sa grâce. La reine Anne d'Autriche risqua timidement la même démarche, avec la permission de Richelieu. Le duc d'Épernon vint de son gouvernement de Guyenne ; il avait soixante-dix-huit ans et croyait que son avis serait écouté. Mais le roi restait inébranlable. La foule assemblée sous ses fenêtres joignait ses supplications à celles des dignitaires et des officiers. Il ne voulait pas entendre. À M. de Charlus qui venait de lui remettre le collier de l'Ordre et le bâton de maréchal du condamné, et le suppliait à genoux d'accorder la grâce, il répondit :

– « Non, il n'y a point de grâce, il faut qu'il meure. On ne doit pas être fâché de voir mourir un homme qui l'a si bien mérité. On doit seulement le plaindre de ce qu'il est tombé par sa faute dans un si grand malheur… »

Mais il se détournait pour cacher ses larmes. N'eût été Richelieu, il aurait peut-être accordé sa grâce. Montmorency fut décapité, le 30 octobre. Pas un instant il ne se départit de son courage ni de son élégance. La lignée des Montmorency, déjà illustre sous le règne de Philippe Auguste, s'éteignait avec lui.

Il avait eu le temps avant de mourir d'écrire à sa femme cette lettre qui a été conservée :

« Mon cher cœur, je vous dis le dernier adieu avec une affection toute pareille à celle qui a toujours été entre nous ; je vous conjure, pour le repos de mon âme et par Celui que j'espère voir bientôt par Sa miséricorde dans le ciel, de modérer votre ressentiment. J'ai reçu tant de grâces de mon doux Sauveur, que vous avez tout sujet d'en recevoir une grande consolation. Adieu encore une fois. »

La sentence qui avait été prononcée contre le duc était assortie de la confiscation de ses biens. Louis XIII en restitua une partie à la parenté du défunt, mais conserva Chantilly. La duchesse, dont on redoutait la vengeance, fut emprisonnée à Moulins. Elle y resta jusqu'en 1634, pour entrer comme novice au couvent des Visitandines de cette ville. Elle y prit le voile et mourut Supérieure en 1666. Inconsolable, elle fit élever à la mémoire de son mari un admirable monument funéraire dû au ciseau du sculpteur Anguier. Pendant trente-deux ans, elle partagea son temps entre la prière et les larmes, au milieu de ses souvenirs de famille : les portraits des Orsini, du pape Sixte Quint qui était son grand-oncle et de son mari dont le front portait l'auréole d'un saint.

En 1642, Louis XIII et Richelieu, faisant étape à Moulins, chargèrent un gentilhomme de la saluer de leur part. Elle lui répondit :

– « Monsieur, vous direz, s'il vous plaît, à votre maître que mes larmes parlent pour moi, et que je suis sa très humble servante. »

II

LE DÉMARIAGE DE MONSIEUR

Après la défaite de Castelnaudary et la capture d'Henri de Montmorency, Monsieur s'était trouvé dans une situation dramatique. Il se replia en hâte vers Béziers et, de cette ville, envoya un plénipotentiaire au roi. Il offrait sa soumission, mais à des conditions exorbitantes : une place de sûreté (comme Béziers, Laon, La Fère ou Verdun), la restitution des places confisquées à Charles IV de Lorraine, l'amnistie pour ses complices, l'installation de la reine mère en tel endroit qu'il lui plairait, un million pour lui-même afin de rembourser ses dettes envers le roi d'Espagne et le duc de Lorraine. Le roi jugea ces prétentions ridicules. « Mon frère, répondit-il, les propositions que le sieur de Chaudebonne m'a faites de votre part sont si peu convenables à ma dignité, au bien de mon État et au vôtre propre, que je ne puis y faire réponse que ce que je vous ai fait savoir par le sieur d'Aiguebonne, pour témoigner de mon affection à votre endroit. »

Abandonné de tous, à la merci du gouverneur de Béziers qui était fidèle au roi, Monsieur craignit pour sa liberté et préféra se soumettre. Le roi consentait à lui pardonner et même à amnistier ses amis, en excluant toutefois Montmorency et quelques autres. Ne pouvant châtier l'héritier du trône comme il le méritait, écœuré par sa veulerie et sa trahison, il s'abstint de le rencontrer. Monsieur s'empressa de déguerpir et s'en fut d'une traite à Tours. Cependant, pris de remords (ou de simple scrupule), il fit demander la grâce de Montmorency. L'exécution de celui-ci lui servit de prétexte pour s'enfuir à nouveau à l'étranger. Il lança un manifeste dans lequel il affirmait que la grâce de Montmorency lui avait été formellement promise ; qu'ayant été trompé, il devait assurer sa propre sécurité. C'était un mensonge éhonté, car dans l'acte de soumission signé à Béziers le 29 septembre, il s'était engagé « à ne se point intéresser au châtiment que le Roi ferait de ceux qui l'auraient suivi », exception faite des « domestiques » se trouvant alors avec lui. Parmi ces « domestiques », se trouvait le sieur de Puylaurens, son favori et conseiller. Or, la septième clause du traité faisait obligation au même Puylaurens d'avertir le roi de tout ce qui serait conclu de dommageable pour le bien de l'État et pour « les personnes principales » (Richelieu) qui le servaient. Puylaurens avait omis certains détails, comme le mariage illicite entre Monsieur et Marguerite de Vaudémont. Il prit peur et précipita la fuite de Monsieur. Parti de Tours, ce dernier arriva à Bruxelles, par des chemins détournés, le 23 novembre. Il n'y retrouva pas la reine mère. Elle était partie pour Malines, afin de ne pas le rencontrer. Elle était furieuse contre lui, car elle le tenait pour responsable de l'échec de la rébellion et de la mort de Montmorency et lui reprochait sa soumission. Elle avait alors pour confident le redoutable père Chanteloube, un oratorien, qui était l'ennemi de Puylaurens. Parlant de sa mère, Monsieur en vint à dire :

– « Son opiniâtreté a causé tout le mal. Il faut maintenant qu'elle s'amuse à prier Dieu. Quant au Père de l'Oratoire, je voudrais que le diable l'ait emporté ! »

Il n'empêche que la présence de Monsieur à Bruxelles ne laissait pas d'être préoccupante. Elle compliquait notre politique extérieure dans un moment assez critique (voir chapitre suivant). De plus, l'exécution de Montmorency avait frappé l'opposition de stupeur ; elle ne l'avait pas terrassée. Richelieu ne tarda pas à en avoir la preuve. Le roi était rentré directement à Paris : il lui tardait de retrouver ses équipages de chasse ! Richelieu avait pris le chemin des écoliers, si l'on peut dire ! Accompagnant la reine Anne d'Autriche, il projetait de lui faire visiter La Rochelle et Brouage avant de regagner la capitale, et, peut-être, d'user de son charme pour désarmer ses préventions contre lui. Il avait usé du même procédé envers la reine mère lors du retour de Lyon, et l'on sait pour quels résultats ! La duchesse de Chevreuse et le chancelier Châteauneuf étaient du voyage. La première étape fut le château de Cadillac appartenant au duc d'Épernon. Le cardinal souffrait d'une fistule et d'une rétention d'urine. Il se défiait tellement de son hôte, qu'il partit en hâte pour Bordeaux, où il s'alita. Le duc d'Épernon le vint voir tous les jours, mais avec cent gardes ! En s'asseyant au chevet du malade, il lui disait :

– « Je ne viens point pour vous incommoder, mais pour savoir l'état de votre santé. »

La Porte, dans ses *Mémoires*, insinue que le duc aurait volontiers fait jeter le cardinal dans une geôle du Château-Trompette, s'il n'avait cru que sa maladie était mortelle. Mais il se trouva un chirurgien bordelais qui, avec de la bougie de cire cannelée, vida la vessie du cardinal. La Porte, qui était valet de chambre de la reine et son homme de confiance, regagna Blaye, où elle s'était arrêtée avec sa suite. Il rencontra en chemin l'envoyé du chancelier, lequel lui confia que son maître « était en grande impatience de savoir si Son Éminence mourrait de cette maladie ». Lorsque la reine, le chancelier et Mme de Chevreuse surent qu'il était sauvé, la consternation se peignit sur leurs visages. L'assiduité de Châteauneuf auprès d'Anne d'Autriche déplut au cardinal. Ce fut pis quand il apprit que ce barbon était tombé dans les rets de « la Chevrette ». Après s'être reposé à Brouage, il retrouva le roi, venu à sa rencontre à Rochefort-en-Yvelines. Leurs retrouvailles furent plus qu'amicales, affectueuses. Le roi embrassa Richelieu ; il avait tremblé pour sa vie ; il était très monté contre Châteauneuf. La liaison du chancelier et de la duchesse faisait jaser la cour. Leurs missives amoureuses furent interceptées. Ils s'y moquaient sans retenue du roi et du cardinal qu'ils appelaient crûment « cul pourri » par allusion à sa fistule.

Totalement subjugué par cette intrigante, enivré par sa conquête, Châteauneuf perdait le sens commun. Mme de Chevreuse lui écrivait : « Je vous ordonne de m'obéir, non seulement pour suivre votre inclination, si elle vous y convie, mais pour satisfaire à mon désir qui est de disposer absolument de votre volonté. » Il y eut plus grave. Fontenay-Mareuil, ambassadeur de France à Londres, fut informé que la reine mère, la reine d'Angleterre et Monsieur préparaient l'assassinat du cardinal, puisque Louis XIII ne se décidait pas à mourir. L'ambassadeur avertit le roi. Châteauneuf fut arrêté le 25 février 1633 et conduit à Angoulême. Il y resta prisonnier pendant dix ans.

Richelieu ne s'en tint pas là. Il est toutefois juste de remarquer que le roi n'était pas moins acharné à sévir. Le neveu de Châteauneuf fut emprisonné au château de Couzières, près de Tours. Le secrétaire, les serviteurs de l'ex-chancelier furent sérieusement inquiétés. Pour couper court aux intrigues de Monsieur, ses complices furent poursuivis en justice. Ses collaborateurs directs, le président Le Coigneux, le maître des comptes Montsigot, le conseiller Deslandes-Payen, furent condamnés, les deux premiers à la peine capitale, le troisième au bannissement, par le parlement de Bourgogne. Laffemas, alors intendant en Champagne, fut chargé de juger avec le présidial de Troyes une quarantaine de gentilshommes de cette province. Le 6 mars 1633, il écrivait à Richelieu : « Monseigneur, je ne vous ennuierai point d'affaire pour cette fois, sinon que j'ai décrété prise de corps contre trente-quatre gentilshommes ou autres qui ont levé contre le Roi, et je suis prêt de décréter contre huit autres qui ont fait beaucoup de mal au pays... Je ne fais que commencer... » Et, le 20 mars : « Pour vous rendre compte, donc, Monseigneur, de ce qui se fait en cette province, je vous dirai que j'ai instruit force contumaces contre plusieurs gentilshommes assez qualifiés, qui sont bien convaincus d'avoir levé des troupes... Nous pourrons avoir des supplices différents, encore que tout aille à la mort... J'ai déjà fait plus de soixante décrets de prise de corps qui étonnent toute la province... Il y en a dix auxquels je n'ai pas touché parce qu'ils sont condamnés aux galères pour crimes néanmoins assez légers. On leur eût fait beaucoup de bien de les condamner à mort plutôt que de les laisser languir ou périr de faim depuis sept ou huit mois qu'ils sont condamnés... »

Il fit même arrêter un parent de la reine mère, Jean de Médicis, marquis de Saint-Ange, toutefois à titre préventif. Le présidial de Troyes rendit ses sentences : l'écartèlement pour le vicomte d'Hôtel, le marquis de Sablonnières, les barons de

Cirey, Changy, de Tenances, les sieurs de Villedonnay, père et fils ; la pendaison pour d'Elbène, le marquis de Vardes, Chavagnac, Saint-Hilaire, La Varenne et La Frette ; la décollation et la roue pour quelques autres. La plus belle prise de Laffemas fut le chevalier de Jars, issu de l'illustre maison de Rochechouart. Réfugié en Angleterre, il était repassé en France. On l'avait arrêté en Champagne et déféré devant le présidial qui le condamna à la décapitation. Il reçut sa grâce sur l'échafaud, alors que le bourreau empoignait sa hache.

Dans la province voisine, le parlement de Dijon manifestait la même rigueur. Il condamnait à mort les favoris de Monsieur : les ducs d'Elbeuf et de Puylaurens, La Coudray-Montpensier et Goulas. Hormis le chevalier de Jars, tous ces condamnés avaient fui à l'étranger ; ils ne furent exécutés qu'en effigie. Plus tard, Louis XIII leur accordera des lettres d'abolition ; mais, dans l'immédiat, il s'agissait pour lui de faire place nette dans les provinces frontières, et de rogner les griffes de Monsieur en terrorisant ses complices. Gaston s'efforçait en vain d'obtenir des secours en hommes et en argent de Madrid, de Londres ou de Vienne. L'ayant jugé à l'œuvre, on ne lui faisait plus confiance. Sa brouille avec la reine mère se prolongeait. Il ne pouvait compter que sur la protection de l'infante Isabelle.

Louis XIII et Richelieu furent informés de son mariage clandestin avec Marguerite de Vaudémont, mariage célébré avec l'accord de Charles IV de Lorraine. Ce mauvais tour s'ajoutait à l'attitude ondoyante du jeune duc. Ils résolurent de le châtier. Ce n'était en vérité qu'un prétexte pour consolider notre frontière en face de l'Allemagne. Bien entendu, Richelieu s'était arrangé pour avoir la confirmation officielle de la célébration et de la consommation du mariage, car il veillait toujours à mettre le droit de son côté. Puis, le Parlement de Paris rendit un arrêt portant saisie du Barrois mouvant, fief qui relevait de la couronne de France. Louis XIII occupa Bar-le-Duc avec son armée, entra en Lorraine et mit le siège devant Nancy. Cette ville capitula le 25 septembre 1633. Incapable de résister, Charles IV dut accepter les conditions du roi. Elles étaient draconiennes, équivalaient à la suppression de l'État lorrain en tant que tel. Il préféra abdiquer en faveur de son frère, le cardinal

Nicolas-François de Lorraine. Ce dernier renonça à la pourpre pour se marier et s'enfuit ensuite en Toscane. Charles IV se réfugia en Allemagne et entra au service de l'empereur. Le duché de Lorraine, occupé par les troupes françaises, sa capitale, pourvue d'un gouverneur français, offraient désormais toute sécurité. C'était une annexion de fait, non de droit. Il était à prévoir que les dynastes lorrains tenteraient des efforts désespérés pour recouvrer leur principauté, avec l'appui de l'empereur et du roi d'Espagne.

Richelieu ne s'en tint pas là. Il obtint du Parlement un arrêt établissant que Monsieur avait été l'objet d'un rapt de la part du duc de Lorraine, qui l'avait contraint à épouser sa sœur. Par voie de conséquence, le Parlement prononçait la nullité du mariage. On retrouve ici la manie de Richelieu d'en faire toujours un peu trop. En effet, cet arrêt n'était pas de nature à hâter la réconciliation du roi et de son frère. Or, il devenait urgent que Monsieur rentrât en France, car on s'acheminait à grands pas vers une guerre ouverte avec l'Espagne. C'était là le grand dessein que Louis XIII et Richelieu ourdissaient en secret.

Le hasard les servit, car l'infante Isabelle mourut subitement en novembre 1633. Monsieur perdait sa protectrice, mais aussi une conseillère avisée : elle le poussait à retourner en France. Or, l'envoyé de celui-ci, l'abbé d'Elbène, et les négociateurs du roi achoppaient toujours sur la question du mariage. Monsieur fit appel à l'indulgence et à l'affection de son frère pour qu'il donnât enfin son approbation. Aimait-il donc vraiment Marguerite de Vaudémont, ou s'obstinait-il par caprice d'enfant gâté ? Après la mort de l'infante, sa situation prit mauvaise tournure. Le marquis d'Aytona, nouveau gouverneur des Pays-Bas espagnols, avait reçu des instructions très strictes de Philippe IV. Monsieur devait être considéré comme un otage. On ne devait en aucun cas lui permettre de quitter les Pays-Bas. Sans être prisonnier, il faisait l'objet d'une surveillance attentive. De plus, le marquis d'Aytona l'avait obligé à promettre qu'il refuserait tout accommodement avec Louis XIII jusqu'à nouvel ordre. Dès lors, Monsieur n'eut plus qu'une envie : se réconcilier avec son frère. Il accepta les propositions qui lui furent faites : la restitution de ses biens et de ses titres, un don de quatre cent mille livres, l'examen de son mariage par une juridiction compétente et la liberté, en cas de dissolution, de se remarier à sa guise. Puylaurens, cheville ouvrière de cet accord, recevait un titre de duc et le gouvernement de la province de Bourbonnais. Toutefois, le retour en France devait être effectif.

Monsieur tint ses engagements. Le 8 octobre 1634, prétextant une partie de chasse, il gagna la frontière française, après une chevauchée continue de dix-huit heures. C'était un véritable exploit ! Le roi retrouva son frère avec soulagement. Il lui dit :

– « Je vous ai pardonné, ne parlons plus du passé mais de la joie que je ressens très grande de vous revoir ici. »

Cependant, le plus difficile restait à faire, et c'était le « démariage » de Monsieur. Richelieu espérait, de même que Louis XIII, qu'il renoncerait spontanément à Marguerite de Vaudémont. Mais, comme toujours, il atermoyait. Richelieu crut pouvoir utiliser l'influence de Puylaurens pour accélérer les choses. Non seulement ce dernier reçut son brevet ducal, mais le cardinal, se prenant d'une brusque amitié pour lui, lui donna l'une de ses nièces, Mlle de Pontchâteau, en mariage. Par ce moyen astucieux, Puylaurens entrait non seulement dans la clientèle du cardinal, mais dans sa propre famille. Le calcul n'était pas mauvais, car Monsieur ne prenait aucune décision sans l'accord de son favori. Les espoirs que Richelieu plaçait sur son neveu par alliance furent cruellement déçus. Puylaurens, se croyant assuré de l'impunité, ne remplit pas son contrat. Le 14 février 1635, à l'occasion d'un ballet, il fut arrêté et conduit à Vincennes, en compagnie de Coudray-Montpensier et du Fargis, autres favoris de Monsieur. Richelieu persistait à croire que celui-ci était le jouet de son entourage. Il lui donna pour surintendant Léon Bouthillier (futur comte de Chavigny) et renouvela d'autorité le personnel de sa maison.

Monsieur, malgré les pressions dont il fut l'objet, resta sur ses positions. Il était de fait que, si son mariage civil avec la princesse lorraine pouvait être considéré comme nul par défaut d'autorisation du roi, le mariage religieux restait valable. Richelieu soumit la question à l'assemblée du clergé qui se tenait à Paris : il ne courait pas le risque d'être démenti ! Le

10 juillet 1635, les évêques jugèrent le mariage non valide, puisque le roi n'y avait pas consenti. Le malheureux prince protesta contre cette décision. Richelieu l'obligea à reconnaître par écrit la nullité du mariage. Un tel acte, signé sous la contrainte, avait peu de valeur, sinon aucune. Monsieur saisit le pape Urbain VIII, persuadé qu'il obtiendrait rapidement son approbation. Le Saint-Siège prit un an de réflexion, avant de signifier au roi et à son frère qu'il examinerait la cause (3 juillet 1636). Richelieu ne tenta pas de faire pression sur la Curie. Il avait des préoccupations plus urgentes.

III

VERS UNE GUERRE OUVERTE

En 1629, Richelieu avait exposé son programme de politique extérieure. Plus exactement, il l'avait proposé à l'agrément du roi et de la reine mère, puisque c'était encore le temps du « triumvirat ». Ce programme est intéressant à connaître, dans la mesure où il met parfaitement en relief la pensée maîtresse du cardinal : « un dessein perpétuel d'arrêter le cours du progrès d'Espagne ». D'entrée de jeu, il fixait ses objectifs : s'ouvrir des passages avec les États voisins, les secourir contre l'oppression des Espagnols. Il fallait donc, selon lui, fortifier Metz et mettre la main sur Strasbourg, renforcer l'alliance avec les Suisses, « tant parce qu'ils séparent l'Allemagne de l'Italie que parce que, faisant profession de la guerre, ce n'est pas peu de les acquérir et en priver ses ennemis ». Il fallait aussi reconquérir le marquisat de Saluces, pour verrouiller le passage de Alpes. Il ajoutait qu'« on pourrait encore penser à la Navarre et à la Franche-Comté, comme nous appartenant, étant contiguës à la France et faciles à conquérir toutes fois et quantes que nous n'aurions autre chose à faire ; mais qu'il n'en parlait point d'autant que ce serait imprudence d'y penser, si premièrement ce qui était ci-dessus n'avait réussi, pour, en outre, qu'on ne le pouvait faire sans allumer une guerre ouverte avec l'Espagne ; ce qu'il fallait éviter autant qu'on pourrait ». Il ne parlait pas non plus des provinces agrégées aux Pays-Bas espagnols, formant l'ancien comté de Flandre relevant jadis de la mouvance française. Il ne voulait inquiéter ni la Hollande ni l'Angleterre.

La politique qu'il envisageait se limitait donc à faire reculer la puissance espagnole et à établir une sorte de patronat sur les États qu'elle cherchait à annexer ou qu'elle menaçait. Elle ne manquait cependant pas de hardiesse à une époque où une large fraction de l'opinion française persistait à voir dans le roi d'Espagne le champion du catholicisme contre la Réforme. De plus, Richelieu feignait d'ignorer que les Habsbourg étaient maîtres à la fois de l'Espagne et de l'Allemagne ; que l'empereur était suzerain de l'Alsace et de la Lorraine et ne tolérerait pas davantage que la Franche-Comté devînt française. En somme, l'empereur Ferdinand II était plus directement intéressé aux projets de Richelieu que Philippe IV d'Espagne. C'est ce qui explique que Louis XIII et son ministre aient été amenés rapidement à s'engager dans les affaires allemandes, tout en tenant l'Espagne en respect.

Il y avait eu, dès 1626, un différend avec Ferdinand II. Notre roi Henri II avait mis la main sur les Trois-Évêchés (Metz, Toul et Verdun) en 1552. Depuis cette date, ces territoires étaient occupés par les Français, mais c'était une occupation de fait, non de droit. En cas de conflit avec le roi de France, les évêques recouraient à l'arbitrage de l'empereur. En 1626, François de Lorraine, évêque de Verdun, s'opposa à la construction de la citadelle ordonnée par Richelieu ; il excommunia le substitut du procureur du roi, qui le fit arrêter et conduire à Paris. L'évêque se retira ensuite à Nancy et de là passa en Allemagne, où il décida l'empereur à intervenir. Les Impériaux occupèrent Vic et Moyenvic. Les Espagnols armèrent dans le Luxembourg. Louis XIII rassembla une armée en Champagne. La guerre fut évitée de justesse.

La Lorraine ne donnait pas moins de tablature. Charles IV avait essayé d'annexer le Barrois, fief venant de sa femme, mais relevant de la couronne de France. Louis XIII l'en avait empêché. Mécontent, le duc s'était embarqué sans discernement dans le complot de Chalais et les intrigues de Buckingham. Puis, aggravant son cas, il avait donné asile à Gaston d'Orléans (1629) et l'on a vu précédemment ce qui en était résulté pour sa dynastie.

L'Empire était un puzzle de principautés d'inégale importance, sur lesquelles l'empereur n'exerçait guère qu'une autorité nominale. De surcroît, il était devenu le champ de bataille des catholiques et des protestants (luthériens et calvinistes). Cependant, depuis la victoire de la Montagne Blanche (1620), la puissance de Ferdinand II n'avait cessé de s'accroître. Il avait écrasé Christian IV de Danemark. Outre l'armée de la Ligue catholique commandée par Tilly, il disposait de celle de Wallenstein. Sous l'emprise des jésuites, il crut pouvoir imposer le catholicisme à toute l'Allemagne. Le 6 mars 1629, l'année même où Richelieu exposait son programme de politique extérieure, l'empereur publiait le célèbre édit de Restitution. Cet édit, pour le moins prématuré, faisait obligation aux protestants de restituer les biens ecclésiastiques qu'ils avaient spoliés. Wallenstein fut chargé de l'appliquer. C'était un condottiere de haute volée, commandant une armée de mercenaires qui se payaient sur l'habitant. Ses méfaits irritèrent Maximilien de Bavière, lequel, bien qu'à la tête d'un État catholique, supportait assez mal les exigences de Ferdinand II.

Richelieu suivait avec attention les événements d'Allemagne. Il était ponctuellement renseigné par les capucins du père Joseph du Tremblay. Il eut vent des inquiétudes de Maximilien de Bavière. Ce fut par cette porte très étroite qu'il se glissa dans les affaires allemandes. Maximilien reçut d'abord fort mal ses avances, puis il s'amadoua quand il comprit que le ministre de Louis XIII avait le même but que lui : limiter la puissance des Habsbourg d'Autriche. Pourtant il refusa de s'engager, ne partageant pas les vues de Richelieu sur les moyens à mettre en œuvre. Il n'en restait pas moins favorable à la France. Simultanément, Richelieu renouvelait le traité d'alliance avec les Hollandais (17 juin 1630). Ce traité faisait de Louis XIII le protecteur des protestants contre les Habsbourg, à la place du roi d'Angleterre. Il immobilisait une armée espagnole sur la frontière des Pays-Bas, ce qui empêchait Philippe IV d'intervenir au besoin en Allemagne.

L'année suivante, Richelieu joua un atout majeur. Pendant le siège de La Rochelle, Hercule Girard, baron de Charnacé, lui avait parlé avec enthousiasme de Gustave Adolphe, roi de Suède, « nouveau soleil levant qui, ayant eu guerre avec tous ses voisins, avait remporté sur eux plusieurs provinces ». Charnacé était un grand voyageur ; il connaissait la Russie et la Pologne et il avait rencontré Gustave Adolphe. Richelieu eut une idée fulgurante : pourquoi ne pas utiliser le roi de Suède contre l'empereur ? Il envoya Charnacé en Suède, avec pour mission de réconcilier le jeune roi et son rival Sigismond de Pologne et d'esquisser un pacte d'alliance avec lui. La médiation de Charnacé rétablit la paix entre les deux rois. Cependant Gustave Adolphe, luthérien convaincu, montra peu d'empressement à s'allier avec Sa Très Chrétienne Majesté. Au début de 1630, Charnacé reçut l'ordre de lui offrir un subside annuel de six cent mille livres, à charge pour lui de défendre la liberté des cités et des princes protestants d'Allemagne, mais à condition de ne pas entraver l'exercice du culte catholique et de ne pas s'en prendre, le cas échéant, à Maximilien de Bavière. C'était aller un peu loin, et un peu trop vite ! Gustave Adolphe se cabra, mais il manquait d'argent. Richelieu n'ignorait pas cette pénurie. Il lui suffisait de patienter. D'ailleurs il avait déjà partiellement atteint son but. Gustave Adolphe, brûlant d'en découdre avec les catholiques, venait d'envahir la Poméranie.

Or, l'empereur avait réuni la Diète à Ratisbonne, afin de faire élire son fils roi des Romains. Ce fut un échec. De surcroît, les Électeurs lui imposèrent le renvoi de Wallenstein, ce qui réduisit ses forces aux quarante mille soldats de la Ligue. Sur ces entrefaites, les plénipotentiaires français envoyés par Richelieu – Brûlart de Léon et le père Joseph – arrivèrent à Ratisbonne. Ils signèrent le traité dont il a été question plus haut, pendant la maladie de Louis XIII à Lyon. Ce traité réglait les affaires italiennes, de façon satisfaisante, mais obligeait le roi à ne rien entreprendre, directement ou indirectement, contre l'empereur. Richelieu le désavoua, et pour cause : Gustave Adolphe était sur le point d'accepter l'aide de la France ! Charnacé signa d'ailleurs avec lui le traité de Bärwald, par lequel le roi de Suède s'engageait à entretenir trente mille fantassins et huit mille cavaliers, pendant cinq ans, moyennant le versement annuel d'un million de livres. Après le sac de Magdebourg, les protestants allemands s'agrégèrent en masse à l'armée suédoise. Le 17 septembre 1631, Gustave Adolphe écrasa l'armée de la Ligue catholique. Il ne restait à Tilly qu'une dizaine de milliers d'hommes en état de porter les armes. Au lieu de foncer sur Vienne, Gustave Adolphe obliqua vers l'ouest, occupa Mayence et Francfort, créa un duché de Franconie qu'il attribua à son meilleur lieutenant, Bernard de Saxe-Weimar.

Ces progrès foudroyants alarmèrent Richelieu. Il ne voulait pas d'une unification des États allemands au profit de l'un ou l'autre parti, mais entendait opposer les protestants et les catholiques. L'aide pécuniaire qu'il avait accordée à Gustave Adolphe ne l'avait d'ailleurs pas empêché de conclure un traité d'alliance défensive avec Maximilien de Bavière. Or, Gustave Adolphe nous offrait l'Alsace, la Franche-Comté, voire la rive gauche du Rhin, contre une intervention militaire effective. Richelieu refusa de se laisser entraîner dans un conflit qui aurait surtout profité à la Suède. Il redoutait que Gustave Adolphe ne fondât un empire protestant en Allemagne. Si ambitieux qu'il fût pour la France, il ne voulait pas sacrifier les princes catholiques. Premier ministre, il restait cardinal de la Sainte Église !

Cette dualité foncière explique les contradictions apparentes de sa politique. Louis XIII était d'ailleurs en parfaite communion d'idées avec lui ; roi de France jaloux de sa grandeur, il n'en demeurait pas moins un chrétien fervent, n'oubliant jamais que son sacre avait fait de lui le lieutenant de Dieu en son royaume. Pour sa part, face à l'invasion suédoise, l'empereur avait intérêt à ménager la France ; il ne pouvait se permettre d'ouvrir un deuxième front en Italie. C'est pourquoi il préféra céder relativement au duché de Mantoue, dont il investit Charles de Gonzague-Nevers. Les Espagnols cédèrent aussi sur la question savoyarde. Les deux traités de Cherasco (6 avril et 19 octobre 1631) nous conféraient une position privilégiée. Grâce à Mazarin nous gardions Pignerol, place stratégique de premier ordre. Richelieu avait donc les mains libres du côté de l'Italie. Il se contenta pourtant de poser des pions sur l'échiquier germanique, avec une prudence extrême. Le prince-Électeur de Trèves se plaça sous la protection de la France. Pour le « sécuriser », nos troupes occupèrent Ehrenbreitstein et Philippsbourg. L'Électeur de Cologne s'apprêtait à nous livrer la puissante citadelle de Dinan, qui contrôlait la Meuse. Richelieu avait recommandé à ses émissaires d'agir avec délicatesse, afin de ne pas dévoiler les intentions du roi. Il fut moins heureux dans sa tentative de rapprochement entre Gustave Adolphe et Maximilien de Bavière. Le roi de Suède força le passage du Loch défendu par Tilly (15 avril 1632) et envahit la Bavière qu'il dévasta sauvagement. Richelieu cessa de lui verser des subsides. De son côté, l'empereur rappela le condottiere Wallenstein, dont les soixante mille hommes se joignirent à l'armée de Tilly. La position de Gustave Adolphe était alors plus brillante que solide. Il était trop loin de ses bases et le typhus décimait ses troupes. Il attaqua pourtant les Impériaux à Lützen (16 novembre 1632), gagna cette bataille, mais fut tué. Il était alors résolu à envahir l'Autriche. Sa mort portait un coup redoutable au parti protestant. « Si le roi de Suède eût attendu six mois à mourir, écrivait Richelieu, il y a apparence que les affaires de Votre Majesté en eussent été plus assurées. » Et il ajoutait : « La première chose à laquelle le Roi devait tendre était de tâcher à faire par argent, quoi qu'il lui en pût coûter, continuer la guerre en Allemagne et en Hollande. »

Il est évident que, si la paix intervenait entre la Hollande et l'Espagne d'une part, entre l'empereur et les protestants d'Allemagne d'autre part, la France resterait seule en face des Habsbourg et, dans cette hypothèse, courait le risque d'être envahie simultanément au nord et au sud.

Voulant écarter cette menace, Richelieu envoya le marquis de Feuquières en Allemagne, avec une double mission : persuader l'Électeur de Saxe de prendre la tête du parti protestant et empêcher le chancelier suédois Oxenstiern de signer un traité de paix avec les Impériaux sans l'accord de la France. Feuquières promettrait le soutien du roi qui se chargerait volontiers de mettre des garnisons dans les principales villes alsaciennes ! Depuis la mort de Gustave Adolphe, Oxenstiern gouvernait la Suède au nom de la petite reine Christine. Feuquières préféra négocier avec lui, plutôt que de se rendre en Saxe. Grâce à lui, les quatre Cercles de l'Ouest (à savoir le Haut-Rhin, le Bas-Rhin, la Franconie et la Souabe) signèrent à Heilbronn, le 13 avril 1633, un pacte d'alliance avec la Suède, pour la défense des libertés germaniques et le rétablissement des princes dépossédés par l'empereur. Les quatre Cercles se plaçaient sous l'autorité d'Oxenstiern, qui serait assisté par leurs représentants pour la conduite des affaires. En août, le chancelier suédois convoqua une assemblée des princes protestants à Francfort. Ceux-ci approuvèrent les décisions prises à Heilbronn.

Un traité d'alliance fut ensuite conclu (à Francfort, le 5 septembre 1633) entre la France, la Suède et les Cercles. Feuquières essaya en vain d'obtenir l'adhésion des Électeurs de Saxe et de Brandebourg. Cependant, au cours de son séjour à Dresde, il eut un entretien avec un certain comte Kinski, confident de Wallenstein. Le comte Kinski lui confia que Wallenstein commençait à se défier de l'empereur et que, si on l'aidait à s'emparer du trône de Bohême, il était prêt à s'entendre avec Oxenstiern et les États de l'Union de Heilbronn. Feuquières en informa aussitôt Richelieu, lequel prétendit ensuite ne pas avoir donné suite aux propositions de Wallenstein : mais il avait pour habitude de ne pas reconnaître ses échecs ! En réalité, il fit promettre à Wallenstein de lui verser un subside annuel d'un million de livres. Il s'engageait à le reconnaître, le cas échéant, comme roi de Bohême.

Sur ces entrefaites, Bernard de Saxe-Weimar fit irruption en Bavière, avec une armée germano-suédoise. Il s'empara de Ratisbonne le 14 novembre 1633. Wallenstein arriva trop tard pour sauver cette ville. Il évita même l'affrontement. L'empereur lui retira son commandement, le déclara coupable de haute trahison et ordonna son arrestation, ou son exécution : Wallenstein fut assassiné le 25 février 1634 à Egra, où il s'était réfugié. Cette mort inspira cette réflexion douce-amère à Richelieu : « Si un maître a peine à trouver un serviteur à qui il se doive confier entièrement, un bon serviteur en a d'autant davantage de se fier totalement en son maître, qu'il a près de lui mille envieux de sa gloire et d'autant d'ennemis qu'il a faits pour son service... que l'esprit d'un prince est jaloux, méfiant et crédule. » Peut-être, en écrivant ces lignes, songeait-il autant à lui-même et à Louis XIII qu'à Wallenstein et à Ferdinand II.

Cependant, mettant à profit ces événements, il continuait à avancer ses pions et progressait en direction du Rhin. On a vu dans quelles conditions la Lorraine avait été occupée. Le roi prit ensuite sous sa protection la place de Montbéliard et l'abbaye de Lure (en Franche-Comté), puis l'évêché de Bâle. Feuquières obtint l'accord d'Oxenstiern et des princes de l'Union pour mettre une garnison à Philippsbourg (26 août 1634). Cette infiltration « pacifique » se serait probablement poursuivie, si l'Union n'avait subi la cuisante défaite de Nordlingen (5 et 6 septembre 1634). Cette ville, défendue par les Suédois, fut assiégée par l'ancienne armée de Wallenstein, renforcée par un contingent espagnol commandé par l'infant Don Fernando, frère de Philippe IV. Bernard de Saxe-Weimar tenta de forcer le blocus et fut totalement battu. L'empereur reprenait l'avantage. Ses troupes s'avancèrent jusqu'à Francfort. Les Électeurs de Cologne et de Mayence se mirent aussitôt sous sa protection.

Le désastre de Nordlingen stimula l'esprit de résistance des protestants. Le comité de l'Union décida de porter l'armée à quatre-vingt mille hommes et d'en confier le commandement à Bernard de Saxe-Weimar. Oxenstiern envoya un émissaire à Paris, afin d'engager Louis XIII à se déclarer « ouvertement », c'est-à-dire à déclarer la guerre à l'empereur. Richelieu préférait retarder encore cette déclaration, et Louis XIII partageait cette opinion. Le traité signé le 1er novembre 1634 ne donnait qu'à demi satisfaction à Oxenstiern. Il subordonnait en effet notre intervention militaire au comportement du Brandebourg et de la Saxe à l'égard de l'empereur. Or, Richelieu savait que ces deux Électeurs négociaient déjà avec Vienne. Cependant, il avait obtenu le droit d'occuper l'Alsace, Brisach et sa région, et le libre passage sur le pont de Kehl. C'était là un avantage considérable.

Les négociations avec les Hollandais furent plus aisées. Le traité passé avec eux le 15 avril 1634 et valable un an fut renouvelé le 8 février 1635. Il prévoyait essentiellement l'invasion de la Belgique par une armée franco-hollandaise de trente mille hommes. Les Belges auraient la possibilité de former un État autonome, dont les deux puissances signataires assureraient la protection. Et, sinon, celles-ci se partageraient leur territoire. Quelques mois après, Oxenstiern se rendit à Paris et négocia un nouveau traité directement avec Richelieu. Ce traité fut signé à Compiègne, le 28 octobre 1635. Il subordonnait l'intervention militaire de la Suède à celle de la France. De plus, Oxenstiern exigea que Worms et Mayence fussent attribuées aux Suédois, alors qu'elles étaient à majorité catholique. Mais Richelieu n'avait pas le choix, car la situation évoluait en faveur de l'empereur. Ferdinand II venait en effet de renoncer à l'application de l'édit de Restitution. De plus, les princes protestants étaient las de se battre, las de supporter les exactions des troupes étrangères, de plier sous l'autorité des Suédois et des Français. Ils songeaient surtout à leurs intérêts. Le 30 mai 1635, Ferdinand II signait avec l'Électeur de Saxe et le landgrave de Hesse-Darmstadt un traité dont l'une des clauses leur accordait pour quarante ans les biens ecclésiastiques sécularisés jusqu'en 1627. Le duc de Mecklembourg, les autres princes recouvrèrent leurs biens, sauf de rares exceptions. Les concessions de l'empereur lui ramenèrent aussi le duc de Brunswick, le duc de Saxe-Weimar, l'Électeur de Brandebourg, les princes de Basse-Saxe, les villes de Francfort, Nuremberg et Strasbourg. C'était l'amorce d'un sentiment national qui provoquait ces actes de soumission.

Richelieu comprit que le revirement politique de Ferdinand II n'était pas entièrement de son fait, mais résultait des suggestions de Philippe IV, ou plutôt du comte-duc Olivarès. Celui-ci n'avait pas moins de talent ni de détermination que Richelieu ; il lui rendait coup pour coup. C'est pourquoi Richelieu continuait à penser que le principal ennemi de la France n'était point l'empereur aux prises avec une interminable guerre de religion, mais l'Espagne.

Au début de 1635, la politique de bascule entre le parti catholique et le parti protestant se trouvait donc sérieusement compromise. Les interventions limitées, les versements de subsides, les pactes astucieusement élaborés ne suffisaient plus à maintenir l'équilibre des forces recherché par Richelieu. La Suède et l'Union de Heilbronn n'étaient pas en mesure d'affronter les Impériaux, malgré les efforts de Bernard de Saxe-Weimar. Ce dernier dut abandonner la vallée du Main et le duché de Franconie. La garnison française de Philippsbourg se laissa surprendre. Le duc de La Force, qui commandait l'armée de Lorraine, fut obligé d'évacuer Trèves. Bref, le repli était général. Ce fut le moment que choisit Olivarès pour provoquer la France. Il donna l'ordre d'arrêter et de conduire en Allemagne l'archevêque-Électeur de Trèves, notre allié. Le 19 mai 1635, le héraut d'armes de Louis XIII, flanqué de son tambour, se présenta à Bruxelles pour y lire cette proclamation :

« Je viens vous trouver de la part du Roi mon maître, mon unique et souverain seigneur, pour vous dire que, puisque vous n'avez pas voulu rendre la liberté à Mgr l'archevêque de Trèves, Électeur du Saint-Empire, qui s'était mis sous sa protection, lorsqu'il ne la pouvait recevoir de l'Empereur, ni d'aucun autre prince et que, contre la dignité de l'Empire et le droit des gens, vous retenez prisonnier un prince souverain, contre lequel vous n'avez pas de guerre, Sa Majesté vous déclare qu'elle est résolue de tirer raison par les armes de cette offense qui intéresse tous les princes de la chrétienté. »

Ce fut en ces termes surannés que fut déclarée cette guerre, laquelle ne devait prendre fin qu'en 1648 avec les traités de Westphalie et, en 1659, avec le traité des Pyrénées. Le monde chevaleresque n'était pas encore entièrement éteint : cette déclaration revêtait la forme d'un défi selon l'usage médiéval. Pour autant elle était suprêmement habile, car elle concernait Philippe IV d'Espagne et le cardinal infant, gouverneur des Pays-Bas, et non pas l'empereur. Au contraire, le roi de France feignait de se substituer à celui-ci pour défendre un « Électeur du Saint-Empire ». Une fois de plus, Richelieu cherchait à mettre le droit de son côté. Cette fiction ne manquait pas de cynisme. Mais le sieur cardinal estimait que l'empereur n'était pas à craindre. Malgré ses succès répétés, Ferdinand II était encore loin de pouvoir nous attaquer sur la frontière rhénane. D'ailleurs, il ne pouvait déclarer la guerre qu'après la réunion d'une Diète et le vote favorable des princes allemands. En revanche, il était à prévoir que les troupes espagnoles tenteraient de forcer notre frontière avec les Pays-Bas. Mais, selon le calcul de Richelieu, les troupes du stadhouder de Hollande les prendraient à revers.

Telles avaient été ses savantes combinaisons diplomatiques depuis 1629. Désormais, la parole était aux armes.

IV

PRÉLIMINAIRES

Le siège de La Rochelle, les campagnes militaires en Savoie, dans l'Ouest et dans le Midi, quoique de portée limitée, avaient éclairé Richelieu sur les imperfections de notre armée. Elles étaient nombreuses et graves, résultant à la fois des désordres budgétaires de l'État et d'un archaïsme en lequel survivait la féodalité. Cela explique les hésitations de Richelieu à envisager une guerre ouverte contre l'Espagne. D'ailleurs, à force de temporiser, on peut bien dire qu'il laissa passer plus d'une occasion favorable d'intervenir en Allemagne autrement que par des subsides. Malgré ses efforts de réorganisation, il n'avait pas atteint ses objectifs. Nous n'étions pas prêts à soutenir un conflit général, ni du point de vue stratégique ni du point de vue tactique. La France formait un bloc compact de territoires, alors que les territoires espagnols étaient dispersés et d'un accès difficile : c'était là notre seul avantage. Cependant, les traités passés avec les Suédois, les Hollandais, la Savoie et quelques princes italiens ne nous mettaient pas à l'abri d'une invasion. Nos moyens financiers étaient insuffisants et notre armée n'était imposante que sur le papier.

À la fin du règne d'Henri IV, les effectifs en temps de paix ne dépassaient pas dix mille hommes, répartis en cinq régiments d'infanterie (les gardes françaises et les quatre « vieux » :

Picardie, Piémont, Champagne et Navarre), les compagnies des gendarmes d'ordonnance et de chevau-légers. La maison militaire comprenait les gentilshommes au bec de corbin (deux cents), la compagnie écossaise, les gardes du corps à cheval, les Cent-Suisses, les chevau-légers, les gendarmes du Dauphin et les carabins qui devinrent ensuite les mousquetaires (armés d'un mousquet). Cette armée augmenta sous le ministériat de Luynes par suite des rébellions et de la lutte ouverte contre les huguenots. Les régiments Normandie, Chappe, Rambures, Bourg d'Espinasse, Sault, Vaubécourt et Beaumont devinrent permanents. Les effectifs des gardes suisses et les quatre « vieux » furent portés à deux mille hommes.

Sous le ministère de Richelieu, l'armée compta soixante mille hommes. Ce chiffre fut porté à cent trente-cinq mille fantassins et vingt mille cavaliers en 1635 : en réalité, le secrétaire d'État à la Guerre ne fut jamais à même d'évaluer correctement les effectifs, et l'on comprendra aisément pourquoi. Aux approches de la guerre, il fallait lever hâtivement une centaine de régiments supplémentaires.

Le système de mobilisation, dans son acception moderne, n'existait pas. Les charges militaires étaient vénales, comme les charges civiles et judiciaires. Le Trésor y trouvait son profit, mais la qualité en souffrait. Ces colonels (ou mestres de camp), qui avaient acheté leurs régiments, ces capitaines, qui étaient « propriétaires » de leurs compagnies, avaient des connaissances fort inégales et, si leur bravoure était ordinairement irréprochable, leur indiscipline n'était pas moins notoire. Le roi leur versait une prime de recrutement et d'équipement, à charge pour eux de procéder au recrutement. Il prenait aussi à sa charge la solde qui faisait l'objet de plusieurs versements par an en fonction de la « montre », c'est-à-dire du dénombrement des soldats présents à leur corps. D'où les abus passés à l'état d'usages. Colonels et capitaines alignaient un certain nombre de soldats fictifs que l'on appelait « passe-volants ». Ils empochaient la différence et récupéraient ainsi le prix de leurs charges. Il en était de même des désertions non signalées, mais toujours comptabilisées. De même encore des soldats tués ou mis hors de combat par suite de maladie ou de blessure. Les régiments entretenus (permanents) comptaient en moyenne deux mille hommes ; les régiments improvisés, de sept cents à mille. Les sergents recruteurs jugeaient sur la taille et la robustesse apparente, non sur les aptitudes. L'éducation des recrues se bornait au maniement du mousquet et de la pique. Chaque compagnie était commandée par un capitaine assisté d'un lieutenant, d'un enseigne et de deux sergents. Elle comprenait en outre un fifre et un tambour pour rythmer la marche. Les capitaines, dont l'un portait le titre de major, relevaient de l'autorité du colonel, lequel donnait son nom au régiment. Le maréchal de Schomberg étant mort (d'une apoplexie, en 1632), aucun des officiers généraux n'avait de réelles qualités de stratège, sauf le maréchal de La Force qui était âgé.

Richelieu avait consenti de gros efforts financiers pour accroître le parc d'artillerie, mais les canons étaient lourds, peu maniables, disparates et, sauf exceptions, de faible calibre. Ils servaient surtout à la défense des citadelles et aux opérations de siège. D'ailleurs, une connotation péjorative s'attachait alors à cette arme dont l'utilisation impliquait des connaissances précises. Les nobles lui préféraient la cavalerie. On considérait les artilleurs comme des ouvriers militaires plus que des soldats. Richelieu fit en sorte que leurs officiers eussent des grades analogues à ceux des autres armes.

Depuis qu'il était surintendant de la navigation, il n'avait cessé de s'occuper de la marine de guerre. En 1635, elle était capable de tenir la flotte espagnole en respect. L'escadre du Ponant alignait quarante vaisseaux de guerre et l'escadre du Levant, vingt galères de combat. Le meilleur de nos amiraux était Mgr de Sourdis, archevêque de Bordeaux, certainement plus apte au maniement des vaisseaux qu'à la prédication ! On avait fait appel à des capitaines-marchands reconnus pour leur compétence et leur pugnacité. L'ordre de Malte était une pépinière d'excellents officiers, où nous puisâmes à discrétion.

Le cardinal avait apporté le même soin à restaurer ou à construire les forteresses des ports et des frontières. Il avait sélectionné les meilleurs ingénieurs-architectes : d'Argencourt, du Plessis-Besançon, de Ville étant les plus connus. Mais, faute de crédits, il restait encore beaucoup à faire.

Il était secondé dans ses tâches multiples par le roi, par le secrétaire d'État à la Guerre, Sublet de Noyers, ministre-protée et travailleur infatigable, plein d'allant et d'initiative, également par une pléiade d'intendants militaires qui contrôlaient l'emploi des deniers publics, les fournisseurs et, accessoirement, le comportement des généraux, pour ne pas dire que le cardinal les avait chargés de les espionner. Cependant, il n'y avait point de services d'intendance structurés. Le problème majeur restait d'approvisionner l'armée en campagne. L'État passait de gros marchés avec les munitionnaires, lesquels volaient effrontément et réalisaient de grandes fortunes en peu de temps. Parfois, Richelieu faisait acheter du pain par les évêques ! Il avait prévu que chaque régiment fût suivi de quinze chariots transportant des vivres : ce programme était loin d'être réalisé.

Le manque d'argent demeurait sa perpétuelle poire d'angoisse. Le budget ne permettait même pas d'entretenir l'armée en temps de paix. En temps de guerre, on devait recourir à des emprunts de plus en plus onéreux. On les négociait avec les « traitants ». Leurs exigences croissaient à mesure que le crédit de l'État s'anémiait. Richelieu n'était pas un expert en finances, tant s'en faut ! Il se contentait de houspiller le surintendant et ses commis. Mais il avait fait un choix : restaurer la grandeur de la France, faire rayonner la gloire de Louis XIII sur toute l'Europe. Toute autre considération n'avait pas de valeur à ses yeux. Il lui paraissait légitime de pressurer le peuple, car il avait la certitude de lui préparer un grand avenir. Louis XIII éprouvait certainement plus de compassion à l'égard des malheureux ; il avait aussi plus d'estime pour les laborieux. Mais l'implacable volonté de Richelieu l'entraînait et il finissait toujours par céder.

L'Espagne semblait, à première vue, dans une position meilleure que la France. Elle disposait en tout cas d'une armée plus solide, sinon mieux commandée. Ses fameux *tercios*, réputés invincibles, formaient une phalange compacte, sur laquelle régnait une discipline exemplaire. Mais, comme on l'a noté, ses territoires à défendre étaient divisés : les Pays-Bas espagnols et l'Allemagne, au nord, l'Italie et l'Espagne, au sud. Le fameux couloir de la Valteline les séparait. De plus, malgré les cargaisons d'argent affluant de ses colonies, le Trésor espagnol était en difficulté et l'économie, chancelante. La France avait l'avantage d'une terre fertile, d'une culture diversifiée et d'une population plus nombreuse ; elle pouvait se suffire à elle-même. Quant à l'Allemagne, depuis le temps qu'elle servait de champ de bataille aux protestants et aux Impériaux, qu'elle était pillée et ravagée, elle avait cessé d'être un réservoir de mercenaires et sa prospérité de naguère n'était plus qu'un souvenir. Dans le conflit qui s'amorçait, l'Angleterre aurait pu jouer un rôle de contrepoids, si le roi Charles Ier n'avait été aux prises avec son Parlement et réduit à l'impuissance : il ne comptait plus.

Lorsque le héraut de Louis XIII et son tambour s'étaient présentés à Bruxelles, le 19 mai 1635, notre armée, commandée conjointement par les maréchaux de Châtillon et de Brézé, avait déjà franchi la frontière du Luxembourg. Le jour même de la déclaration de guerre, elle rencontra aux Avins, près de Huy (dans les Ardennes belges), un corps d'armée commandé par le prince-condottiere Thomas de Savoie. Ce n'était que l'avant-garde de l'armée principale rassemblée par le cardinal-infant, gouverneur des Pays-Bas espagnols. Les Français étaient vingt-cinq mille. Thomas de Savoie ne disposait que de treize mille hommes. Il accepta néanmoins le combat et fut rapidement battu. Il abandonna sur le terrain le tiers de son armée et tous ses canons. Quarante drapeaux furent envoyés à Paris. On chanta victoire ! Ensuite, Châtillon opéra sa jonction avec le prince d'Orange. Les Franco-Hollandais s'emparèrent de Tirlemont, mais échouèrent devant Louvain et se séparèrent. Faute de ravitaillement, les Français vécurent sur le pays et commirent de telles exactions qu'ils furent promptement exécrés par les habitants. Ils désertaient en masse, si bien qu'il ne restait que six mille hommes au maréchal de Châtillon et à Brézé. Les Hollandais s'empressèrent de les rapatrier par bateaux, tant ils avaient hâte de se débarrasser de leurs encombrants alliés ! Pendant ce temps, le cardinal-infant, ayant reçu un renfort de quinze mille hommes, était passé à l'offensive et avait pris la citadelle de Schenk contrôlant le confluent du Rhin et de la Meuse.

L'empereur n'était pas encore en guerre contre la France, mais il s'y préparait. En attendant, il autorisa le duc de Lorraine à tenter de réoccuper son duché. Il lui prêta même un corps de troupes commandé par l'excellent général Gallas. Le duc d'Angoulême et le maréchal de La Force perdirent rapidement le contrôle de la situation. Les Lorrains supportaient mal la présence des Français. Ils accueillirent leur ancien duc en libérateur. Plusieurs villes lui ouvrirent leurs portes. En septembre, Louis XIII quitta Paris pour tenter de redresser la situation. En arrivant à Saint-Dizier, il écrivit à Richelieu ce billet d'une sécheresse éloquente : « Je suis très fâché de vous écrire qu'il n'y a pas, à Saint-Dizier, ni trésorier ni munitionnaire et que toutes les troupes sont sur le point de se débander. » Sa présence releva le moral des soldats et son activité incessante rétablit provisoirement l'ordre. Il s'empara de Saint-Mihiel au début d'octobre, mais ne se risqua pas à livrer bataille au duc de Lorraine et à Gallas. Son armée n'était pas assez forte, malgré les contingents amenés par le cardinal de La Valette et Bernard de Saxe-Weimar. L'un et l'autre avaient dû abandonner les places au-delà du Rhin et repasser ce fleuve. Le roi regagna Paris, le cœur plein d'amertume.

Le bilan de la campagne de 1635 laissait craindre le pire. L'invasion des Pays-Bas espagnols avait tourné court par l'incapacité et la mésentente des généraux. Les villes d'outre-Rhin étaient perdues, sans que La Valette et Saxe-Weimar les eussent sérieusement défendues : leur retraite stratégique, certes accomplie selon les règles de l'art, n'en masquait pas moins une défaite. Gallas et le duc Charles tenaient une partie de l'ancien duché de Lorraine. Sur ces entrefaites, on apprit que les Espagnols s'étaient emparés par surprise des îles de Lérins, au large de la côte provençale. Cette suite de revers accabla Richelieu qui, malade, n'avait pu accompagner Louis XIII sur le front. Cependant, tout n'était pas perdu. La Valteline avait été sauvée par le duc de Rohan, ci-devant chef du parti protestant et rentré en grâce. Attaqué au nord par les Impériaux descendant du Tyrol et au sud par les Espagnols, il les avait battus successivement à plusieurs reprises. C'était un événement d'une grande portée, et non seulement un fait d'armes remarquable. En sauvant la Valteline, Rohan verrouillait le couloir entre l'Italie et l'Allemagne. Les Espagnols ne pourraient acheminer des renforts venus d'Italie vers l'Empire et les Pays-Bas. Par ailleurs, à l'approche de l'hiver, Gallas et le duc de Lorraine abandonnèrent leurs conquêtes et repassèrent le Rhin. Le manque de vivres, les pluies, le froid et les maladies les contraignirent à se retirer. La Lorraine se retrouvait « française », mais après quelles dévastations et avec quelle amertume chez les habitants !

« Ces deux grandes armées du Roi, écrivait Richelieu, qui étaient capables de ruiner les Impériaux et les chasser honteusement au-delà du Rhin, ne firent autre chose que de se tenir sur la défensive et les empêcher d'entrer dans la France ; la jalousie des chefs, fatale à la France, en fut une des principales causes. Le maréchal de La Force, vieilli dans les armées, croyait mériter qu'on dût confier à lui seul le commandement de l'armée, ne considérant pas que la religion qu'il professait, qui est en mauvaise odeur, en ôtait au Roi le moyen, afin que les Lorrains ne crussent pas qu'on voulût établir l'hérésie parmi eux. Il n'avait pas moins de jalousie du cardinal de La Valette, qui commandait une autre armée qu'il estimait être traitée plus favorablement que la sienne. Il n'y avait pas plus d'intelligence entre les maréchaux de camp, lesquels commandant chacun à son jour, chacun d'eux craignait que son compagnon en fît davantage… »

Il fustigeait l'indiscipline de la noblesse, l'insolence des chevau-légers du roi et de ses gendarmes. Et il concluait : « Tous ces manquements avaient leur première et originelle cause dans l'aversion qui était encore dans les esprits à cause de la division de la Reine mère avec le Roi, qui avait fait naître dans les cœurs de la plupart une haine secrète contre le gouvernement, de sorte qu'il y en avait presque autant en notre armée qui eussent désiré que l'ennemi eût emporté l'avantage sur nous, qu'il y en avait qui souhaitaient que le succès fût à la gloire du Roi. »

Argumentation très spécieuse, par laquelle Richelieu essayait de voiler ses erreurs. Le choix de deux généraux pour commander une armée, l'un contrôlant l'autre, était une de ses inventions. De plus, en associant un cardinal-soldat et un protestant de la vieille garde, il avait lui-même suscité leur mésentente. Quant à l'hostilité d'une partie de l'armée à l'encontre du gouvernement, il exagère beaucoup et, surtout, il omet de préciser qu'elle le concernait exclusivement.

Il ne se laissa pas abattre pour autant. Au prix d'un effort que l'on peut sans exagération qualifier de gigantesque et malgré son mauvais état de santé, il parvint à réunir une infanterie de cent soixante-dix mille hommes et une cavalerie de vingt et un mille chevaux, munies de l'artillerie nécessaire et formant onze corps d'armée. De plus, et sans se soucier de nos alliés suédois, il passa un traité avec Bernard de Saxe-Weimar. Ce prince et son armée se mettaient au service de la France qui en assurerait la solde et le ravitaillement. Il recevait pour mission de défendre l'Alsace.

À la fin de 1635, l'empereur avait entièrement redressé la situation. Les Suédois continuaient la guerre, mais dans un secteur limité et sans aucune chance de succès. La soumission de presque tous les princes protestants à Ferdinand II leur avait porté un coup fatal. La campagne franco-hollandaise qui venait de s'achever ne les avait en rien soulagés de la pression des Impériaux. Il était donc prévisible que Ferdinand II joindrait à bref délai ses forces à celles de Philippe IV. Les opérations qu'il avait lancées en Lorraine et sur le Rhin étaient les prodromes d'une déclaration de guerre. Pendant l'hiver de 1635-1636, Louis XIII et Richelieu, aidés par les maréchaux, élaborèrent un plan de campagne. Comptant sur l'intervention du prince d'Orange pour immobiliser une partie de l'armée du cardinal-infant dans les Pays-Bas, ils décidèrent de se tenir sur la défensive en Picardie, et d'attaquer sur les autres fronts, c'est-à-dire en Allemagne et en Italie. Ils projetèrent notamment de s'emparer de Dole, ville d'Empire, ce qui était un défi à l'égard de Ferdinand II. Richelieu crut notre marine assez forte pour reprendre les îles de Lérins tenues par les Espagnols. Cette stratégie ne manquait pas de hardiesse. Pourtant elle nous obligeait à diviser nos forces, de sorte que nous ne disposions pas d'une armée assez importante pour remporter une bataille décisive. Il est vrai qu'en réalité nous n'avions pas l'initiative et que nous ignorions le point sur lequel l'ennemi porterait son effort.

V

1636

Louis XIII était meilleur tacticien que stratège. Cependant, le 2 mars 1636, il écrivait à Richelieu : « J'ai songé toute la nuit au dessein des ennemis vers la Picardie ; ce ne peut être que pour surprendre quelque place, ou pour fortifier quelque poste avantageux sur la rivière de Somme, pour faire des courses [1] et leur donner l'entrée libre dans la France (je crois que ce dernier est leur dessein) ; ma pensée là-dessus est qu'il faut, le plus tôt que l'on pourra, assembler un corps un peu considérable... »

Notre dispositif était alors le suivant. Trois armées royales couvraient nos frontières : l'une en Picardie, l'autre en Franche-Comté et en Alsace sous les ordres du prince de Condé, la troisième en Italie, commandée par le maréchal de Créqui. Le comte de Soissons reçut l'ordre de renforcer la frontière picarde, mais, faute d'une armée de réserve, il ne disposait que de cinq mille fantassins et mille deux cents cavaliers, forces insuffisantes pour engager, en cas de nécessité, une action d'envergure. On observera au passage que deux princes du sang s'étaient vu confier des commandements importants. C'était une initiative de Richelieu. Louis XIII y avait consenti à regret, car il doutait du loyalisme de son cousin, le comte de Soissons.

1. Incursions.

À la belle saison, selon l'usage, les hostilités commencèrent et les mauvaises nouvelles ne tardèrent pas à affluer : d'Italie, où le maréchal de Toiras venait d'être tué ; d'Alsace, où nos troupes, submergées, se repliaient devant l'ennemi et se maintenaient à grand-peine dans la place d'Haguenau ; de Franche-Comté, où, contrairement aux prévisions, Dole opposait une résistance acharnée au prince de Condé. Richelieu suggéra à Louis XIII de faire un vœu à la Vierge pour qu'Elle protégeât le royaume. Cet acte de foi n'empêcha pas le cardinal-infant Don Fernando de rassembler une puissante armée sous les ordres du redoutable Piccolomini, du prince Thomas de Savoie et de Jean de Werth avec sa cavalerie croate à demi sauvage. Des mouvements de troupes furent signalés à Richelieu dès la mi-juin, entre Valenciennes et Mons. Il ordonna au comte de Soissons de concentrer ses troupes dans la région de Guise pour interdire le passage de l'Oise à l'ennemi. Mais il lui donna pour second le maréchal de Brézé, peut-être à l'instigation du roi. Ce dernier laissait entendre qu'il se rendrait bientôt en Franche-Comté, car le siège de Dole traînait en longueur. Cependant, pour ménager la susceptibilité du prince de Condé, il différait son départ. De plus, Richelieu s'efforçait de le retenir à Paris. Il redoutait quelque trait de hardiesse imprudent de sa part, car Louis XIII avait le goût du risque et payait un peu trop de sa personne.

Lorsque l'ennemi lança son attaque massive sur la Picardie, il était déjà tard dans la saison. Ce fut sa première erreur. En outre, il ne régnait pas un accord parfait entre le prince Thomas, Piccolomini et l'impétueux Jean de Werth. Richelieu avait renforcé les garnisons des places s'échelonnant sur la frontière picarde. Il se fiait un peu trop à la pugnacité de leurs défenseurs. Il lui restait alors la possibilité de prélever quelques régiments dans l'armée du prince de Condé. Il s'en abstint, car on attachait une importance capitale à la prise de Dole. Heureusement pour lui, la stratégie pratiquée restait archaïque. Elle excluait, sauf exceptions, la guerre de mouvement. On perdait un temps précieux à assiéger les places, au lieu de foncer dans le territoire de l'adversaire et de le contraindre à opérer un vaste repli. Il est clair que, si le prince Thomas et ses lieutenants avaient progressé résolument et rapidement vers Paris, Louis XIII avait peu de chances de sauver son royaume et la France serait devenue un satellite de l'Espagne, ce dont rêvaient non seulement Philippe IV, mais tout bon Castillan !

L'armée du cardinal-infant comptait cinquante mille hommes aguerris, bien armés et bien encadrés. Des milliers de chariots suivaient, transportant le ravitaillement et les munitions. L'artillerie, avec des canons de divers calibres, était à la mesure du rôle que le cardinal-infant lui avait assigné. Don Fernando, résolu à frapper un coup décisif, n'avait pas lésiné sur les moyens. Le 2 juillet, cette belle armée franchit la frontière sans rencontrer de résistance et vint mettre le siège devant La Capelle, très petite place forte, commandée par le baron du Bec. Ce dernier essaya de se défendre, mais la population l'obligea à capituler (le 9 juillet). Puis ce fut le tour du Catelet, où commandait Saint-Léger. Richelieu tenta de minimiser les choses, en déclarant que La Capelle et Le Catelet n'étaient que « deux trous » ; cependant, il était fort inquiet. Pour faire un exemple, il proposa que le baron du Bec et Saint-Léger fussent mis en jugement, et il envoya Bellejambe et Choisy pour procéder contre eux. L'un et l'autre furent condamnés à être écartelés en place de Grève pour crime de lèse-majesté. Ils ne furent d'ailleurs exécutés qu'en effigie, car, prévenus à temps, ils s'étaient enfuis.

Guise tenait bon. Son gouverneur, le maréchal de Guébriant, surprit les assiégeants, les força à reculer. Les Espagnols ne s'obstinèrent pas ; ils obliquèrent vers l'ouest en direction de Bray-sur-Somme et de Corbie. Le comte de Soissons suivait la marche de l'ennemi, mais, trop inférieur en nombre, il n'osait l'affronter en bataille rangée. Le 1er août, Bray fut prise d'assaut et évacuée par les Français. Le comte de Soissons franchit la Somme dans des conditions extrêmement périlleuses et se replia vers Noyon. La route de Paris était ouverte ! Mais les Espagnols voulaient prendre Corbie avant de marcher vers la capitale. En attendant, ils ravageaient les contrées avoisinantes. Depuis le franchissement de la frontière, ils pillaient, détruisaient les récoltes, incendiaient les villages, sans épargner les églises, massacrant tout ce qui était à portée, sans excepter les femmes et les enfants. L'armée du très catholique Don Fernando semait la terreur et la désolation partout où elle passait !

Les populations fuyaient devant l'envahisseur, dans un exode lamentable.

Les Parisiens furent pris de panique. Des files de carrosses chargés d'objets précieux et de victuailles encombraient les routes de Chartres et d'Orléans. Certains allèrent jusqu'à Tours. Tout se mêlait dans cette horde de fuyards : de riches seigneurs, d'opulents bourgeois, des magistrats, des artisans, des domestiques et des gens du commun. C'était une cohue indescriptible et qui eût entravé un éventuel acheminement des armées. À bout de nerfs, Richelieu voulait se démettre de sa charge, se retirer en quelque solitude pour y finir ses jours. Mais Louis XIII gardait son sang-froid, retrouvait le génie de ses aïeux et l'optimisme d'Henri IV. Roi-soldat, il sut par sa présence, par son attitude agissante, par les mesures qu'il prit sans chercher à dissimuler le danger par une propagande mensongère, redonner confiance aux Parisiens. Il était grand temps !

Les vieilles colères se réveillaient. On demandait pourquoi les places frontières avaient été laissées à l'abandon, pourquoi l'on avait laissé démolir une partie des remparts de Paris pour agrandir la ville, pourquoi les portes étaient encombrées de maisons nouvelles qui gêneraient la défense, pourquoi l'armée du comte de Soissons manquait de poudre et de mèches et restait inactive en face des Espagnols, à quoi l'on avait employé le produit des impôts, puisque le Trésor était vide ! On rendait Richelieu responsable de tous ces maux. Certains murmuraient que les canons et les munitions dont il avait pourvu sa place forte du Havre auraient été mieux employés ailleurs, etc.

Le cardinal était découragé, mais son ami, le père Joseph du Tremblay, le houspillait.

– « Est-ce là, disait-il, le moyen d'attirer la miséricorde divine ? N'est-ce pas plutôt pour exciter la colère de Dieu, et enflammer Sa vengeance ? C'est dans ces périls qu'il faut de fortes résolutions et une extrême confiance en la bonté divine, qui dispose des États pour Sa gloire, qui sait les relever s'ils sont abattus, par des moyens inconnus à la prudence humaine… »

Richelieu se releva et redoubla de zèle pour seconder le roi. Dès lors, les ordonnances se succédèrent rapidement et l'on ne sait, du cardinal ou de Louis XIII, à qui en attribuer l'initiative. Le ban et l'arrière-ban du royaume furent convoqués. Ordre fut donné aux gouverneurs des provinces de rassembler tous ceux qui étaient astreints au service du roi : les nobles et les miliciens des villes et autres communautés tenues de fournir et d'entretenir leurs contingents d'hommes et de chevaux. À Paris, tous les anciens militaires et tous les nobles (à peine de perdre leurs privilèges) durent se présenter au maréchal de La Force dans les vingt-quatre heures, et se rendre en armes à Saint-Denis, le 10 août.

La Force avait soixante-dix-sept ans mais une verte vieillesse. Il était populaire, parce qu'il avait été un fidèle compagnon d'Henri IV et qu'il lui ressemblait un peu. Il tint bureau sur la place de Grève, et les volontaires affluèrent : simples ouvriers, crocheteurs, valets de tout poil. Il les enrôlait joyeusement, pour peu qu'ils fussent en état de porter les armes. Tous voulaient se battre à ses côtés. Sans doute La Force était un vieux brave, une belle figure de soldat ; il trouvait un rôle à sa mesure. Mais ce qu'il faut comprendre et qui est autrement important, c'est que, dans la plus pure tradition capétienne, le peuple retrouvait son roi ; l'antique alliance entre la personne royale et ses sujets les plus authentiques dans leur simplicité se renouait. Le roi appelait à l'aide. Son peuple répondait en masse à son appel. C'était là l'ancienne France dans sa naïveté sublime. Assurément, Louis XIII entendait ce langage mieux que Richelieu, car, en fin de compte, c'était le sien.

On le vit bien lorsque, le 5 août, au Louvre, dans la galerie des Rois, il reçut les délégations des corps de métier. Ces braves gens s'agenouillèrent, selon l'usage. Il les releva, les embrassa, les écouta. Ils venaient offrir leur vie et leurs biens pour aider Sa Majesté à chasser les ennemis du royaume. Ils suppliaient le roi de ne pas s'exposer à la guerre, mais de rester au milieu d'eux qui s'engageaient à le « garder et défrayer ». Il les remercia de secourir le royaume « en un tel besoin ». Il savait trouver les mots qui touchent le cœur des humbles, peut-être parce que, sous sa couronne royale et dans sa passion de la gloire, il était l'un d'entre eux. Lorsque la délégation des corps de métier sortit du Louvre, il y eut « tant d'acclamations de joie et tant de cris redoublés de Vive le Roi ! qu'il ne s'en était jamais ouï de plus grands ». Dès le lendemain, le Parlement prit à ses frais l'entretien de deux mille hommes. Les corps de métier ne furent pas en reste. Les savetiers et les passementiers se distinguèrent en versant cinq cent mille livres. Les traitants et autres financiers, les universités délièrent les cordons de leur bourse. C'était à qui montrerait le plus de générosité. Des jurés visitèrent les boutiques et les ateliers. Ils dressèrent la liste des ouvriers et commis aptes au service militaire. Personne ne récrimina. L'émulation était universelle. Monsieur lui-même, dans son apanage d'Orléans, se dépensait pour mettre sur pied un corps de six à sept mille cavaliers ; il était certainement patriote, mais à sa manière !

Le roi se dépensait sans compter. Il veillait à la formation de l'armée de secours, à l'instruction des recrues, piquiers ou fantassins. Il parcourait Paris sans escorte, parlant à chacun sans esprit de démagogie, mais parce que la nature l'avait fait ainsi et qu'il se sentait réellement le Père de son peuple. Sa grandeur tenait à cette simplicité, à ce charisme, inexplicable vertu. Richelieu travaillait comme un forcené, bien que tenaillé par ses maux habituels ; il usait ses forces, mais n'osait se montrer, connaissant son impopularité et redoutant quelque attentat sur sa personne. Il se risqua pourtant hors de son repaire, probablement sur les instances du roi. On fut stupéfait de voir son carrosse sortir du Palais-Cardinal. Le principal ministre était accompagné du maréchal de La Force et de quelques personnes. Il n'avait pas d'escorte. Cet acte de courage séduisit les Parisiens. Imitant le roi, il s'arrêtait pour parler aux passants. On lui répondait avec un étonnement respectueux. Nul n'osa l'apostropher. Ses yeux d'aigle, sa pâleur ravinée par les veilles et la maladie, en imposaient. Certains percevaient confusément l'implacable génie qui l'habitait et lui conférait une sorte de grandeur tragique. Et d'autres se laissaient tout bonnement émouvoir en présence du vice-roi de France.

Corbie était investie depuis le 7 août. Elle était défendue par Soyecourt avec mille huit cents hommes. Thomas de Savoie tenait absolument à prendre cette place. Il était en désaccord avec Jean de Werth qui voulait au contraire accélérer la marche sur Paris. Ce fut sa seconde erreur. Il laissa le temps à Louis XIII de réunir une armée de trente mille hommes pour couvrir la capitale. Cette armée était composée de Parisiens et de provinciaux, groupés en compagnies de cent hommes (soixante mousquets et quarante piques). Il était donc d'une importance capitale que la place de Corbie tînt le plus longtemps possible ; elle immobilisait l'ennemi. Ce fut en vain que le roi fit passer un message à Soyecourt, lui ordonnant de résister jusqu'à l'extrême limite de ses forces. Corbie capitula le 15 août. Soyecourt fut condamné à l'écartèlement, mais par contumace, car il avait préféré s'enfuir comme le baron du Bec et Saint-Léger.

Le Parlement releva la tête. Il osa critiquer la gestion de Richelieu, notamment pour ce qui concernait les places de Brouage et du Havre dont il était gouverneur. L'occasion lui parut propice d'exercer un contrôle de l'emploi des deniers publics. Il députa au roi. Ce dernier rabroua vertement les magistrats :

– « Ce n'est point à vous de vous mêler des affaires de mon État ; je vous défends de continuer votre délibération et d'entreprendre d'être mes tuteurs en vous mêlant de mes affaires... Je vois qu'il en est parmi vous qui sont espagnols ! »

La Somme ayant été franchie par l'ennemi, Louis XIII et Richelieu préparèrent la défense de Paris. Se partageant la tâche, ils réquisitionnèrent un cheval sur trois, des munitions, de la poudre et des vivres, stockèrent du blé, firent mettre les remparts de la ville en état de défense, détruire les moulins entre l'Oise et la Somme, et rompre les ponts sur ces deux rivières. Le comte de Soissons abandonna la ligne de l'Oise, se replia sur l'Aisne. Les Espagnols approchaient de Paris. Rien ne semblait pouvoir désormais arrêter leur avance. C'était une situation en tout point semblable à celle de 1914. De même, certains ministres préconisaient un repli sur la Loire avec l'armée qui achevait ses préparatifs.

– « Cet avis n'est pas le mien, trancha Louis XIII. Des remèdes faibles n'en sont pas à un mal pressant. »

Le 1er septembre, une avant-garde de six cents cavaliers arriva en vue de Pontoise, mais se retira avant d'engager le combat. Ce fut la pointe extrême de l'avance ennemie et le moment où Thomas de Savoie commit sa troisième erreur. Trop éloigné de ses bases, craignant d'être pris à revers par les Français, manquant de vivres et de fourrage par suite des dévastations perpétrées par ses propres soldats, il donna l'ordre de repli et cela malgré les protestations de Jean de Werth. De plus,

Richelieu avait agi. Sur ses instances, le prince d'Orange entrait enfin en campagne.

Paris était sauvée. Les riches pouvaient retourner à leurs plaisirs et le peuple à son travail. La joie se peignait sur tous les visages. Mais le roi, dédaignant la cour, voulait achever son œuvre. Il réunit son Conseil à Chantilly le 4 septembre et décida de passer à la contre-offensive. Richelieu tenta en vain de l'empêcher de se rendre au front. Il avait confié le commandement de l'armée à Monsieur. Mais, comme on sait, le roi se défiait des capacités de son frère. Monsieur faisait cependant de son mieux. Il avait repris la place forte de Roye après trois jours de siège. Suivant à distance les Espagnols qui avaient repassé la Somme, il investit Corbie. Les Espagnols y avaient laissé une garnison de trois mille fantassins et de deux cent cinquante cavaliers. Le roi rejoignit son frère, le frustrant ainsi du bénéfice de la victoire. Après un bombardement nourri, la garnison capitula le 10 novembre, avec les honneurs de la guerre.

Le prince Thomas de Savoie tenait tellement à conserver Corbie qu'il avait dépensé cent mille écus pour en augmenter les fortifications ! Cette place, comme toutes celles dont il s'était emparé, était perdue pour lui. La Picardie était entièrement libérée, mais après quelles dévastations ! La Bourgogne avait échappé de peu au même sort. Le prince de Condé avait reçu l'ordre de lever le siège de Dole qui s'éternisait sans résultat, et de ramener son armée sur le front de Picardie. Le 22 septembre, Gallas et le duc de Lorraine avaient envahi la Bourgogne avec trente mille hommes et quarante canons. Après avoir pris Mirebeau, ils avaient fait mouvement vers Dijon, dont Condé était gouverneur. Il y fut rejoint par l'armée de Bernard de Saxe-Weimar et du cardinal de La Valette. Gallas et le duc de Lorraine firent la même erreur que Thomas de Savoie en Picardie. Ils mirent le siège devant une petite place forte commandée par le sieur de Machaut. Condé parvint à renforcer la garnison, dont la vaillance fut exemplaire. Une inondation de la Saône acheva de décourager les assaillants. Ils plièrent bagage et retraitèrent vers l'Allemagne, en abandonnant leur artillerie.

En revanche, notre escadre avait tenté en vain de reprendre les îles de Lérins aux Espagnols. Ceux-ci s'étaient emparés de

Saint-Jean-de-Luz par surprise. En Allemagne, Ferdinand II achevait sa vie, mais il avait enfin obtenu l'élection de son fils (le futur Ferdinand III) comme roi des Romains. Les Habsbourg d'Autriche resteraient donc les maîtres du Saint-Empire. La relative et difficile victoire de la France n'était donc pas sans ombres et l'avenir restait incertain.

VI

LA TRAHISON DE LA REINE

« Tout Paris pour Chimène a les yeux de Rodrigue ! » Ce vers de Boileau illustre, dans un raccourci saisissant, le succès retentissant de Corneille. Selon l'idée reçue, 1636 est l'année du *Cid* et de Corbie. En réalité, cette tragédie était en répétition dans les derniers mois de l'année. Ce ne fut que le 7 janvier 1637 que la première représentation eut lieu au théâtre du Marais. Elle déchaîna l'enthousiasme. Tout Paris, gentilshommes, bourgeois, gens du peuple, voulut entendre la tirade de Rodrigue (« Percé jusques au fond du cœur... ») et voir couler les larmes pathétiques de Chimène. Pour Corneille, c'étaient la gloire et la fortune conquises en une seule soirée ! Sur ordre de Louis XIII, Mondory conduisit sa troupe au Louvre et donna trois représentations devant la cour. Richelieu, partageant l'engouement général, fit également donner deux représentations au Palais-Cardinal. Il pensionna Corneille et demanda au roi de l'anoblir. Il l'admit parmi ses familiers. Corneille lui dédia *Horace*, en témoignage de reconnaissance. Ce qui dément formellement la légende selon laquelle Richelieu l'eût tourmenté par jalousie d'auteur.

De prime abord, le triomphe du *Cid* paraît assez déconcertant. On pouvait interpréter cette tragédie comme une glorification du caractère espagnol. C'était de Guilhem de Castro, tragédien castillan, que Corneille s'était inspiré. Or, nous étions en guerre avec Philippe IV et, quelques mois auparavant, les Parisiens s'étaient crus perdus ! On ne sait ce qu'il adviendrait d'un auteur contemporain s'il prenait de telles libertés avec l'événement. Il serait tenu pour suspect. La critique, fermement orientée, le fustigerait ou l'ignorerait. Or, personne n'accusa Corneille de complaisance envers les Espagnols, même ses détracteurs. C'est donc que le public se retrouvait dans les personnages du *Cid*. À la vérité, cette exaltation, cette soif de grandeur et de gloire, ce conflit entre l'amour et le devoir, ce sens de l'honneur, c'étaient ceux mêmes des hommes de ce siècle. Tout au moins cherchaient-ils à se hausser à ce niveau, sans toujours y parvenir, il est vrai. Il y avait de l'héroïsme dans l'air ! Les personnages du *Cid* n'étaient pas espagnols, mais français jusqu'au bout des ongles, français du règne de Louis XIII. Le ton épique adopté par Corneille ne choquait en rien les spectateurs, car, dans sa lutte contre les Habsbourg, le royaume du lys vivait lui-même une épopée grandiose, était au cœur d'une tragédie dont l'Europe entière était le théâtre. Ce qui prouve, s'il en était besoin, que le succès d'une œuvre tient à sa confluence avec l'événement. Que la France ait été dans une période de facilité ou de renoncement, et *Le Cid* aurait chuté.

Louis XIII, qui n'était pas grand expert en littérature, aima cette tragédie. Elle éveillait en lui des résonances profondes. Le conflit entre l'amour et le devoir, il l'avait vécu, douloureusement. Il connaissait le prix du sacrifice et le poids des malheurs domestiques. « Percé jusques au fond du cœur », il n'avait guère cessé de l'être, il l'était à nouveau et il le serait jusqu'à son dernier souffle, car il ne pouvait avoir d'autre destin. La gloire d'un grand règne aurait pu le consoler. Elle ne fit que l'effleurer, comme un éphémère rayon de soleil perce soudain le front des nuages qui bientôt l'engloutissent. C'était, sans le savoir mais en le pressentant confusément, le règne de ce fils qu'il n'avait pas encore qu'il préparait. Il ne pouvait compter sur le soutien de personne, hormis du cardinal. Sa famille n'avait pas arrêté de le desservir, sinon de le trahir, à commencer par la reine mère. On peut bien dire que le seul service que lui rendit Marie de Médicis fut de le mettre au monde ! Monsieur lui en voulait d'être son frère aîné. Les princes du sang complotaient au moindre prétexte.

Quelques semaines après le triomphe du *Cid*, Louis chevauchait vers Orléans, pour tenter une fois de plus de ramener Monsieur à son devoir. Encore ignorait-il le complot auquel son frère était mêlé et qui expliquait sa fuite. Lorsqu'il était arrivé à Corbie, en septembre 1636, Monsieur n'avait pas caché sa mauvaise humeur. L'arrivée du roi le privait du commandement en chef de l'armée. Il tint Richelieu pour responsable de cette frustration. De plus, le cardinal, ayant accompagné le roi, se permettait de lui donner des ordres discrets. Le 14 octobre, Monsieur congédia la noblesse de son apanage, pour marquer le coup. La perte n'était pas grande pour l'armée royale, car les gentilshommes de Monsieur s'étaient montrés peu efficaces. Leur départ était cependant symptomatique, et ressemblait fort à une désertion. Monsieur prit l'engagement de continuer ses fonctions, pour rassurer son frère. Pourtant, le 20 octobre, il quitta Corbie pour regagner la capitale. Son ami et complice, le comte de Soissons, resta provisoirement à son poste, tout en préparant sa fuite en grand secret. L'un et l'autre redoutaient que ne s'ébruitât le complot qu'ils avaient ourdi contre le cardinal et qui avait échoué par leur faute. Complot que les historiens désignent sous le nom de « complot d'Amiens », mais dont la plupart contestent l'existence.

Il est vrai qu'on ne le connaît que par deux sources : les *Mémoires* du comte de Montrésor et ceux d'Henri de Campion. Ce dernier ne lui consacra que ce bref passage : « Il [1] était alors à Sedan, où il avait suivi le comte de Soissons, lorsque ce prince s'y retira, après la prise de Corbie, à cause du soupçon qu'il eut que le cardinal de Richelieu voulait le faire arrêter, tant pour un grand démêlé qu'ils avaient eu ensemble, que pour un complot que le ministre lui imputait, et dont on se parlait à l'oreille : il s'agissait, disait-on, d'un projet d'assassinat contre le cardinal, tramé par le comte de Soissons, de concert avec le duc d'Orléans, et qui devait s'exécuter à Amiens. »

Montrésor est heureusement plus explicite. Selon lui, Gaston d'Orléans et le comte de Soissons, liés d'amitié, se seraient ren-

1. Le frère aîné d'Henri de Campion.

contrés à Péronne, où ils eussent décidé d'assassiner le cardinal. Le même Montrésor, Saint-Ibar, favori du comte de Soissons, Varicaville et Alexandre de Campion, gentilshommes de sa suite, furent chargés de l'exécution. On convint de poignarder le cardinal à sa sortie du Conseil. Monsieur devait donner le signal. Le Conseil se tint plusieurs fois à Amiens, mais toutes les occasions qui se présentèrent furent manquées. Ni Monsieur ni le comte de Soissons ne se décidèrent à faire le signe convenu, malgré les exhortations de leurs complices. Monsieur était un velléitaire, mais Soissons ne manquait pas d'audace. Ils n'osèrent pas ! Soissons souhaitait que Monsieur assumât la responsabilité du meurtre et Monsieur, que son complice en prît l'initiative. Ils appréhendaient certainement les réactions du roi apprenant que le cardinal avait été assassiné. Comme toujours, Monsieur eût été excepté de la répression, mais ses complices auraient payé ce crime de leur vie.

Après cet attentat manqué, Gaston d'Orléans et Soissons craignirent les indiscrétions. Ils crurent que le cardinal se servirait de ce prétexte pour prendre quelque mesure de rigueur à leur endroit. Le comte de Soissons rejoignit Monsieur le 20 novembre 1636. Ils dînèrent ensemble et, de conserve, sortirent de Paris. Soissons prit la route de Sedan et Monsieur, celle de Blois. Le roi déclara à l'ambassadeur vénitien Contarini :

– « Je ne sais pourquoi mon frère et M. le comte sont partis. Le comte a suspecté que je voulais le faire arrêter. Il est resté avec moi pendant six heures depuis Chantilly et je lui ai donné mes courriers qui l'ont servi jusqu'ici. Mon frère a cette mauvaise disposition de croire trop facilement le premier qui parle. Ils veulent être en sécurité. Mais quelle sécurité veulent-ils que je leur donne ?... Je vous assure qu'ils ne me feront aucun mal. Mes affaires sont à tel point que je n'ai aucun motif de les craindre... »

Richelieu ne partageait pas cette opinion, bien qu'il ignorât le complot d'Amiens. Soissons fit savoir au roi qu'il s'était retiré à Sedan, parce que le cardinal voulait absolument lui faire épouser sa nièce, Mme de Combalet. Pour sa part, Monsieur alléguait la non-reconnaissance de son mariage avec Marguerite de Lorraine. En réalité, Monsieur devait rejoindre le comte de Soissons à Sedan. Ils y attendraient la venue de la reine mère.

Le trio lancerait un manifeste réclamant la paix avec l'Espagne et l'exclusion de Richelieu. Simultanément, le cardinal-infant lancerait un autre manifeste présentant Richelieu comme le seul obstacle à la conclusion de la paix. Cependant, l'entreprise était risquée et Monsieur hésitait. Pour se donner le temps de la réflexion, il faisait traîner les négociations en longueur, maintenait ses exigences, se chargeait même des intérêts de Soissons dont il prenait résolument la défense. Il réclamait entre autres une place de sûreté. Le roi se montra conciliant ; il reconnut le mariage de son frère (à condition qu'il fût célébré une seconde fois) et paya ses dettes. Il fallut pourtant qu'il se rendît à Orléans avec une petite armée, pour que Monsieur consentît à signer l'acte de réconciliation. Désormais, il lui était impossible de rejoindre le comte de Soissons à Sedan. Le projet tombait à bas par sa faute.

Les négociations de Richelieu avec le comte de Soissons furent plus difficiles. Ce dernier était d'une autre trempe que Gaston d'Orléans. Il n'était pas dupe des belles promesses du cardinal ni de sa courtoisie un peu trop appuyée. Mais Richelieu doutait pareillement de la sincérité de Soissons. Ils parvinrent cependant à un accord qui sauvait la face. Le roi amnistia Soissons et l'autorisa à rester à Sedan pendant quatre années, s'il lui plaisait. Il l'« autorisait » parce qu'il ne pouvait le contraindre à regagner Paris ! Richelieu savait que le comte de Soissons, à l'abri des remparts de Sedan, recommencerait à intriguer contre lui. Mais l'éloignement de ce rebelle en puissance était, dans une certaine mesure, rassurant.

À peine en avait-il terminé avec le comte de Soissons et Monsieur que Richelieu dut faire face à un nouveau scandale combien plus délicat ! Depuis un an, la correspondance d'Anne d'Autriche était surveillée avec une particulière vigilance, mais la reine avait acquis une certaine expérience et, grâce à des complicités nombreuses, elle parvenait à expédier et à recevoir des lettres clandestines. Louis XIII ne la suspectait pas moins. Il savait qu'elle restait obstinément Habsbourg par le cœur et par l'esprit et qu'elle n'avait pu admettre la déclaration de guerre contre Philippe IV. Il n'ignorait pas non plus que, manipulée par les agents de l'Espagne et par certains religieux pour lesquels la politique primait la foi, elle cautionnait le redoutable parti dévot qui prônait la paix à tout prix sans se soucier des intérêts de la France.

Certes, elle avait quelques excuses : épouse délaissée, elle avait perdu toute influence, ce qui blessait sa fierté ; elle avait gardé pour ses frères (Philippe IV et le cardinal-infant Don Fernando) un tendre attachement ; elle ne pouvait oublier son pays natal, son enfance heureuse. Cependant, devenue reine de France par son mariage avec Louis XIII, son devoir lui commandait d'oublier ses souvenirs et de respecter scrupuleusement les volontés et décisions de son mari. Elle se fût pliée à cette exigence, s'il y avait eu entre eux un peu d'amour et même d'amitié. La reine mère l'avait humiliée. Richelieu avait pris la suite. Elle avait l'impression qu'il s'interposait entre elle et le roi, cherchait sans cesse à la discréditer. Très entourée, et peut-être trop, elle se sentait seule. Et elle employait cette solitude à intriguer. Compromise dans l'affaire de Chalais, elle ne s'était pas amendée. Le comportement de Monsieur et du comte de Soissons rencontrait son approbation chaleureuse. Elle haïssait le cardinal, tout en lui faisant bonne figure, et souhaitait sa mort.

Mais celui-ci était au fait de ses correspondances avec Mme du Fargis et le marquis de Mirabel, ci-devant ambassadeur d'Espagne à Paris, en poste à Bruxelles. Le 2 novembre 1636, il écrivait à Bouthillier de Chavigny : « Les dernières lettres interceptées, écrites de Flandre à Chenette [1], promettent qu'on verra quelque chose de nouveau et qu'on attend quelque changement qui les rendra *padrones y goustosos del campo* [2], et se moquant fort des armes et de l'inconstance de la France. » Anne d'Autriche ne savait pas que le redoutable cardinal entretenait une cohorte d'espions, en France comme à l'étranger ; qu'il faisait surprendre les courriers par de faux brigands de grand chemin et qu'il avait des spécialistes capables de rompre les cachets et de les recoller sans traces visibles. L'imprudente reine continuait donc d'écrire à Mirabel, à la reine d'Angleterre, au cardinal-infant, à l'ambassadeur d'Espagne à Paris, au duc de Lorraine. La Porte, son homme de confiance, remettait discrètement

1. Chenette désigne la reine.
2. « Maîtres et en pleine possession du champ de bataille. »

ses lettres au secrétaire de l'ambassadeur d'Angleterre, ou les adressait à la duchesse de Chevreuse exilée en Touraine. Il lui était plus difficile de les écrire, en raison de son entourage.

Le 10 août 1637, le cardinal reçut ce billet du roi : « Comme hier au soir je m'allais mettre au lit, le petit Lalande me vint dire que la Reine lui avait dit qu'elle ne pouvait venir à Chantilly plus tôt que mercredi ou jeudi, parce que son bagage n'était pas prêt ; je lui dis que ce n'était point cela et que c'est qu'elle voulait tenir cercle à Paris, deux ou trois jours. Je trouve étrange ce changement, car elle m'avait dit avant-hier soir qu'elle serait mardi à Chantilly sans faute. J'ai cru devoir vous donner avis de ce que dessus. »

Or, il y avait une quinzaine de jours qu'une lettre du marquis de Mirabel avait été interceptée, puis remise à la reine sans traces d'effraction, bien qu'elle eût été ouverte et qu'on en ait pris copie. Le cardinal guettait la réponse d'Anne d'Autriche. Le « changement » auquel le roi avait fait allusion, expliquait peut-être ce retard. Richelieu savait à quoi la reine passait son temps, quand, sous couleur de dévotion, elle séjournait à son cher couvent du Val-de-Grâce. Elle en profitait pour correspondre en toute quiétude avec les ennemis du roi et de son ministre. On lui avait appris l'existence d'une cassette dissimulée sous une dalle de la terrasse communiquant avec le cabinet que la reine s'était réservé. Il avait reçu le précieux avis de Mlle de Chemerault, l'une des demoiselles d'honneur. Il convainquit aisément le roi de faire saisir cette cassette, qui pouvait contenir des papiers de grande importance, et fouiller le Val-de-Grâce.

Louis XIII chargea le chancelier Séguier et l'archevêque de Paris (car il s'agissait d'un établissement religieux) de la perquisition. Le 12 août, il fit arrêter le « portemanteau » La Porte. Il s'apprêtait à remettre un billet de la reine au sieur de La Thibaudière, gentilhomme poitevin, qui avait accepté de le porter à Mme de Chevreuse. Il avait mal choisi son intermédiaire, car La Thibaudière était en relation avec Chavigny ! La Porte lui demanda en outre de donner verbalement certains renseignements à la duchesse. La Thibaudière accepta, mais pria La Porte de ne lui donner le billet de la reine que le lendemain, car il craignait de l'égarer. Les deux compères se séparèrent. Comme il arrivait à l'angle de la rue Coquillière et de la rue des

Vieux-Augustins, La Porte fut empoigné à bras-le-corps, jeté dans un carrosse, mené grand train à la Bastille et enfermé dans un cachot. On trouva sur lui le fameux billet.

Le même jour, le chancelier, accompagné d'un conseiller d'État, se rendit à l'hôtel de Chevreuse, où La Porte avait son logement. Sa chambre fut soigneusement fouillée, mais on ne découvrit que des paperasses insignifiantes. Il avait enfoui les lettres compromettantes et les chiffres dans une cavité obturée par un carreau de plâtre. La cachette ne fut pas découverte.

Le 13 août, le chancelier procéda à la perquisition au Val-de-Grâce. Il n'y avait point de cassette. Les papiers avaient été brûlés, ou dissimulés dans un autre endroit. Il est fort probable que la reine avait été discrètement prévenue par l'archevêque de Paris. Séguier interrogea la mère supérieure. C'était Louise de Milli, une Franc-Comtoise, sœur du gouverneur de Besançon, donc au service de l'Espagne. Elle feignit l'ignorance, ne se troubla pas quand le chancelier exhiba les copies des lettres interceptées. Elle répondit calmement qu'elle n'avait pas vu la reine écrire dans son couvent. Elle consentit de bonne grâce à montrer les lettres que la reine lui avait envoyées. Dans l'une d'elles, datée de 1632, Anne d'Autriche demandait que l'on transmette ses missives à une « parente » de la supérieure. Elle répondit que c'était une pauvre fille, depuis décédée. Il s'agissait de la duchesse de Chevreuse ! Après l'interrogatoire des sœurs, tout aussi infructueux, la supérieure fut déposée par décision de l'archevêque et il fut procédé, séance tenante, à l'élection de sa remplaçante. Mme de Pontchâteau, cousine de Richelieu, fut désignée. Louise de Milli et trois sœurs furent aussitôt conduites, sous escorte, à La Charité-sur-Loire, pour être reléguées dans un des couvents de leur ordre.

Le chancelier procéda ensuite à l'interrogatoire de la reine, qui était alitée et se disait malade. Séguier lui présenta la copie de la lettre de Mirabel. Elle ne nia point, mais affirma que ses correspondances étaient anodines, n'intéressaient en rien les affaires de l'État. Cependant, elle était fort inquiète. Elle envoya Le Gras, son secrétaire, demander au cardinal pourquoi La Porte avait été arrêté. Le Gras crut adroit de déclarer que la reine n'avait jamais écrit en Flandre, ni en Espagne. Elle l'envoya une seconde fois, et le pauvre homme, renouvelant ses protestations, s'attira cette réponse :

– « Le Roi en sait beaucoup plus que je ne vous en dis. »

Prise de panique, la reine endoctrina le père Caussin, par personne interposée. C'était le confesseur du roi. Caussin prit naïvement la défense d'Anne d'Autriche, affirmant que ses lettres étaient insignifiantes, purement mondaines et non politiques. Que la faute, si c'en était une, était vénielle et ne valait pas un tel remuement.

Richelieu vit dans l'intervention du père Caussin une preuve indubitable de la culpabilité de la reine. Celle-ci, se sentant perdue, lui demanda de l'entendre. Le 17 août, avec l'accord du roi, il se présenta devant elle, accompagné de Chavigny et de Sublet de Noyers, secrétaire d'État, du père Caussin et du père Faure, de Mme de Sénecé. Elle l'accueillit avec un soulagement visible, mais, dès qu'il lui posa des questions précises, elle se déroba. Richelieu lui mit le marché en main : il était prêt à intercéder auprès du roi et se faisait fort d'obtenir son pardon, mais à condition qu'elle cessât de dissimuler. Elle demanda alors à lui parler sans témoins. Mme de Sénecé, Sublet de Noyers et Chavigny sortirent de la chambre. Les deux religieux restèrent avec Richelieu.

La reine reconnut qu'elle avait écrit plusieurs fois au cardinal-infant, au marquis de Mirabel et à Gerbier, qui représentait le roi d'Angleterre dans les Pays-Bas espagnols. Sa correspondance était confiée à La Porte qui la remettait à Auger, secrétaire de l'ambassade d'Angleterre à Paris, lequel la faisait parvenir à Gerbier. Richelieu l'interrogea sur le contenu des lettres. « Entre choses, lit-on dans ses *Mémoires*, elle a témoigné quelquefois des mécontentements de l'état auquel elle était, et écrit et reçu des lettres du marquis de Mirabel, qui étaient en des termes qui devaient déplaire au Roi. Elle a donné avis du voyage d'un ministre en Espagne, pour qu'on eût l'œil ouvert à prendre garde à quel dessein on l'envoyait. Elle a donné avis au marquis de Mirabel qu'on parlait ici de l'accommodement de M. de Lorraine, et qu'on y prît garde. Elle a témoigné d'être en peine de ce qu'on disait que les Anglais s'accommodaient avec la France, au lieu de demeurer unis à l'Espagne. » Elle déclara en outre que la lettre saisie sur La Porte concernait une visite clandestine que Mme de Chevreuse comptait faire à Paris.

Richelieu sentait qu'elle ne disait pas tout, mais il se réservait d'interroger La Porte, voire de le remettre aux bons soins de Laffemas. Devant le désarroi et la douleur d'Anne d'Autriche, il se laissa gagner par l'émotion, se permit quelques paroles d'encouragement. Elle saisit la balle au bond, s'écria :

– « Quelle bonté faut-il que vous ayez, Monsieur le cardinal ! J'aurai toute ma vie la reconnaissance et l'obligation que je pense avoir à ceux qui me tirent de cette affaire. Donnez-moi la main. »

Il ne la prit pas, par respect. Cependant, la reine s'illusionnait beaucoup sur son indulgence. Elle était loin d'avoir partie gagnée. Dans l'après-midi du même jour, elle dut se résoudre à signer le procès-verbal de son interrogatoire, assorti de cet engagement : « Avouons ingénument tout ce que dessus, comme choses que nous reconnaissons franchement et loyalement être véritables. Nous promettons de ne retourner jamais à de pareilles fautes, et de vivre avec le Roi, notre très honoré seigneur et époux, comme une personne qui ne veut avoir aucuns intérêts que ceux de sa personne et de son État... »

Au-dessous de cette attestation, le roi ajouta de sa main : « Après avoir vu la franche confession que la Reine, notre très chère épouse, a faite de ce qui nous a pu déplaire depuis quelque temps en sa conduite, et l'assurance qu'elle nous a donnée de se conduire à l'avenir selon son devoir envers nous et notre État, nous lui déclarons que nous oublions entièrement tout ce qui s'est passé, n'en voulant jamais avoir souvenance ; ainsi voulons vivre avec elle comme un bon roi et un bon mari doit faire avec sa femme. »

Cependant, Richelieu lui remit une sorte de mémorandum, qu'il avait rédigé au nom du roi et dans lequel il était censé exprimer ses volontés :

« Je ne désire plus que la Reine écrive à Mme de Chevreuse, principalement parce qu'elle a été la cause de toutes les écritures qu'elle a faites ailleurs.

Je désire que Mme de Sénecé me rende compte de toutes les lettres que la Reine enverra et qu'elles soient fermées en sa présence.

Je veux aussi que Filandre [1] me rende compte toutes les fois que la Reine écrira, étant impossible qu'elle ne le sache, puisqu'elle garde son écritoire.

Je défends à la Reine l'entrée des couvents de religieuses, jusqu'à ce que je le lui aie permis de nouveau et, lorsque je le lui permettrai, je désire qu'elle ait toujours sa dame d'atour dans les chambres où elle entrera.

Je prie la Reine de bien se souvenir que, quand elle écrit ou fait écrire en pays étranger, ou y fait savoir des nouvelles par quelque voie que ce soit, directe ou indirecte, qu'elle-même m'a dit qu'elle se tient déchue, de son propre consentement, de l'oubli que j'ai fait aujourd'hui de sa mauvaise conduite.

La Reine saura aussi que je ne désire plus, en façon du monde, qu'elle voie Craft et autres entremetteurs de Mme de Chevreuse. »

Anne d'Autriche prit connaissance de ce document et porta cette mention : « Je promets au Roi d'observer religieusement le contenu ci-dessus. »

Peu après, le roi entra dans sa chambre et l'embrassa. Pour autant, Richelieu ne s'estimait pas satisfait. Il fit extraire La Porte de sa geôle et l'interrogea lui-même sans ménagement. La Porte ne céda ni aux promesses ni aux menaces. Il osa déclarer qu'il ne parlerait qu'avec la permission de la reine et ne dirait que ce qu'elle voudrait qu'il dît. Richelieu obtint de la reine un ordre écrit. La Porte pensa qu'il avait été extorqué à sa maîtresse et se mura dans un silence méprisant. Richelieu le remit à Laffemas. Ce dernier emmena le prisonnier dans la chambre aux tortures, lui montra les instruments de supplice. La Porte ne parut pas effrayé. Finalement, on le laissa tranquille.

Richelieu tenta de manœuvrer la duchesse de Chevreuse. Il l'assura de la bienveillance du roi et de la sienne. Elle ne tomba pas dans le piège. Aux deux émissaires que lui envoya le cardinal, avec mission de l'interroger subrepticement, elle eut le front de répondre qu'elle n'avait jamais rien autant souhaité que l'accord du duc de Lorraine avec le roi. Elle admit avoir correspondu avec lord Montagu, depuis qu'il était retourné en Angleterre, parce qu'elle le savait « fort affectionné à la France

1. La première femme de chambre de la reine.

et fort particulièrement serviteur de M. le cardinal ». Et elle s'engagea spontanément à se gouverner désormais « comme Sa Majesté l'ordonnera et M. le cardinal le conseillera ». Toutefois, se défiant de la bienveillance de Richelieu, elle s'enfuit le 6 septembre 1637 du château de Crouzières, passa par Tours et, déguisée en homme, partit pour l'Espagne, où elle fut reçue avec honneur.

On a beaucoup glosé sur la trahison d'Anne d'Autriche, avec une tendance marquée à minimiser les choses. Que les Espagnols n'aient pas pris les informations de la reine au sérieux ne constitue pas un argument valable. L'intention reste ; et elle est manifeste. D'ailleurs, comment ne pas appeler trahison le comportement d'une reine qui ose, en temps de guerre, renseigner l'ennemi ?

VII

LE PÈRE CAUSSIN

Depuis son arrivée au pouvoir, Richelieu n'avait guère cessé d'avoir un comportement obsidional. Tout l'inquiétait, car on le rendait responsable de tout. On pliait devant lui, mais on guettait l'occasion de le perdre. Absorbé par les affaires, il trouvait encore le temps de déjouer les intrigues, d'assurer sa propre publicité et de contrebattre la calomnie. Ce qu'il redoutait le plus, c'était de perdre la faveur de Louis XIII. Il tremblait qu'une autre influence ne vînt occulter la sienne.

L'affaire des lettres de la reine inspirait ce commentaire aux gens de cour, selon Mme de Motteville : « On disait que le cardinal l'avait voulu réduire à cette extrémité afin de la pouvoir renvoyer en Espagne, comme il en avait eu souvent le désir, ou du moins la réduire dans la nécessité de s'accommoder avec lui, et que, le craignant, elle se mît dans son parti. » Certains insinuaient même que le cardinal était amoureux de la reine et qu'il se vengeait d'avoir été rebuté.

Car le parti dévot ne désarmait pas. Il ne pouvait plus compter sur la reine qui l'avait longtemps cautionné, ni faire fond sur Gaston d'Orléans, bien qu'il fût toujours héritier présomptif de la couronne : il n'était pas sûr et manquait par trop d'esprit de suite. Il fallait donc envisager un autre moyen pour évincer Richelieu et parvenir enfin à la paix avec l'Espagne.

Richelieu le fournit lui-même à ses ennemis. Le père Gordon, confesseur de Louis XIII, venait de démissionner en raison de son grand âge. Il s'agissait de le remplacer, si possible avantageusement. Ne laissant rien au hasard, le cardinal demanda aux jésuites de lui proposer plusieurs noms. Il attachait une grande importance à ce que le confesseur du roi fût son obligé. On lui présenta trois candidatures : le père de La Salle, supérieur de la maison professe de cet ordre, le père Binet, provincial de France, et le père Caussin qui s'était rendu célèbre en publiant *La cour sainte*. Le père général tenait Caussin en haute estime et pensait qu'il avait les qualités requises pour être confesseur du roi. Les pères supérieurs des couvents de Paris se montraient plus réservés. À leur avis, le père Caussin manquait de cette prudence parfaite que ni l'intelligence ni la bonne volonté ne suppléent. Richelieu ne tint pas compte de cet avertissement. Il choisit le père Caussin. Le roi ne fit aucune objection. Le 24 mars 1637, Richelieu convoqua le nouveau confesseur dans son château de Rueil. Il commença par lui parler du roi :

– « Le Roi, dit-il, est sans vice ; sa vertu fait la bénédiction de son État ; il est important de le tenir dans cette pureté de mœurs. À la vérité, il paraît attaché à une des demoiselles de la Reine. Je n'y soupçonne aucun mal, mais une si grande affection entre des personnes de différent sexe est toujours dangereuse. »

Et, comme le bon père paraissait interloqué, il précisa sa pensée :

– « Il ne faut pas rompre cette liaison tout à coup, mais il est à propos de la découdre. »

Cette « demoiselle de la Reine » était Louise Motier de La Fayette. Elle avait alors dix-sept ans. Le roi l'aimait depuis deux ans et sa passion était partagée. Précédemment, il avait été amoureux de la belle Marie de Hautefort. Mais, rompant avec la tradition des Bourbons, il ne voulait pas de maîtresse. Selon Mme de Motteville, « parmi tant de sombres vapeurs et de fâcheuses fantaisies, il semblait qu'une belle passion ne pouvait avoir de place dans le cœur du Roi. Elle n'y était pas aussi à la mode des autres hommes, qui en font leur plaisir ; car cette âme, accoutumée à l'amertume, n'avait de la tendresse que pour sentir davantage ses douleurs et ses peines ».

Marie de Hautefort exerçait sur lui un attrait charnel. Il ne céda pas à la tentation. Et, quand Marie s'attacha à la reine, il ne s'intéressa plus à elle. Louise de La Fayette avait moins de beauté et un maintien timide, mais elle portait une grande âme, un cœur sensible. Elle avait aussi une voix charmeresse. Le roi se laissa séduire. Elle en vint promptement à l'aimer. Leurs apartés défrayèrent la chronique de la cour. Richelieu s'en émut. La famille de Louise lui était hostile. De plus, elle était au service de la reine. Surpris par sa maturité d'esprit et par l'intransigeance de son caractère, il comprit qu'il ne la mettrait pas dans son jeu. Craignant qu'elle ne prît trop d'empire sur le roi, il s'arrangea pour lui procurer un de ses séides comme confesseur : le père Carré.

Ce que vivaient en réalité le roi et Louise n'était point un amour platonique, mais l'héroïque aventure intérieure de deux âmes faites l'une pour l'autre et possédant au même degré l'horreur du péché. Il lui confiait ses déceptions, ses projets. Elle partageait ses rêves de grandeur. D'un entretien à l'autre, son influence sur lui s'affirmait. C'était ce que subodorait Richelieu et qu'il ne pouvait supporter ! Le père Carré était habile. Il capta la confiance de Louise, sut percer le secret de ce cœur. Il lui montra le péril extrême auquel sa liaison avec le roi exposait son âme encore innocente, précipita l'éveil de sa vocation religieuse et lui arracha le plus difficile des consentements : rompre avec l'homme qu'elle aimait pour épouser Dieu. Louis XIII était alors à l'armée. Quand il revint, Louise se rétracta. Le père Carré avait perdu sa peine ; tout était à refaire !

Le cardinal s'y prit autrement ; il acheta les services de Boisenval, valet de chambre de Louise. Ce dernier s'employa à éveiller les soupçons des deux « amants ». Cette manœuvre n'eut pas plus de succès que la précédente. Cependant, Louise avait pris en dégoût les flatteries éhontées des courtisans qui la traitaient en favorite. Les propos ironiques des autres filles d'honneur la blessaient. L'idée cheminait en elle de quitter le monde pour s'enfermer dans un couvent. Elle avait peur de son amour pour le roi, peur de sa propre faiblesse et de la damnation promise par le père Carré, si elle en venait à céder. Elle fit part au roi de sa décision. Il la supplia de ne pas l'abandonner.

Lui, si sage, il lui proposa de l'installer à Versailles, loin de la cour, pour l'avoir tout entière, à lui seul et pour toute la vie. Ils mêlèrent leurs larmes. Elle accepta de différer son entrée en religion.

C'était cela que Son Éminence demandait au père Caussin de « découdre ». Puisque le père Carré avait finalement échoué auprès de Louise, le père Caussin ferait pression sur le roi. Il l'endoctrina ensuite sur la conduite à tenir : ne point commettre d'indiscrétions, ne point se mêler des affaires de l'État, ne point importuner le roi par une assiduité intempestive, mais attendre d'être convoqué par lui, ne jamais proposer de candidats pour les évêchés et les abbayes, limiter les sermons à trois quarts d'heure au plus, rendre compte…

Le père Caussin n'éleva pas d'objections. Quelques jours après sa prise de fonctions, il rencontra Louise dans la chapelle du château de Saint-Germain. Elle exprima le désir d'avoir un entretien avec lui. Ce fut alors que Sublet de Noyers l'invita, de la part de Son Éminence, à examiner avec soin si la vocation de Mlle de La Fayette était solide et, dans l'affirmative, de hâter son entrée au couvent. Caussin demanda néanmoins l'autorisation du roi, qui répondit :

– « C'est La Fayette. Oui, je le veux bien, elle veut vous parler du dessein qu'elle a d'être religieuse. »

Le père Caussin se conforma scrupuleusement aux instructions du cardinal. Il se fit l'avocat du diable pour éprouver la vocation de Louise, tirant argument de son extrême jeunesse, de l'amitié que lui vouait le roi, de la déception qu'elle lui infligerait, etc. Louise resta inébranlable. Cette vocation remontait à son enfance, elle n'était donc pas prématurée. Sa décision de quitter le siècle était irrévocable. Elle ajouta finement que son seul déplaisir était de donner de la joie au cardinal par sa retraite. Caussin vint rendre compte au roi, qui lui dit :

– « Encore que je sois bien fâché qu'elle se retire, néanmoins je ne veux empêcher sa vocation, mais seulement qu'elle attende que je parte pour aller à l'armée ; conseillez là-dessus Mme de Sénecé. »

La réponse du roi inquiéta les ennemis du cardinal. Ils trouvèrent promptement la riposte. Mme de Sénecé, qui ne méritait pas toute la confiance de Richelieu, quoi qu'il crût le contraire, objecta que Louise ne pouvait entrer au couvent sans le consentement de ses père et mère. On écrivit donc aux parents. Colère du cardinal qui gronda : – « Il est inutile d'attendre le consentement des parents, puisque l'on a celui du Roi, qui lui tient lieu de père et de mère ; enfin il ne faut pas laisser languir une affaire qui ne peut être terminée trop promptement ! » Et il commanda à Caussin de ne plus s'en mêler. Il chargea, une fois de plus, le père Carré, qui était un dominicain, d'intervenir. Le 25 avril, ce dernier l'informa qu'on avait « fait jurer à la petite qu'elle attendrait encore trois mois avant que d'exécuter son dessein ». Mais la tendre insistance de Louise eut finalement raison de la résistance du roi. Le 9 mai, Richelieu dicta cette lettre à son secrétaire : « Je ne saurais représenter à Sa Majesté le déplaisir que m'apporte l'affliction qui la travaille, mais j'en porte par souhait la moitié pour le moins, pour la soulager, et je ne doute point que Dieu, pour la gloire duquel elle supporte patiemment ce qui la travaille, ne la console promptement. Les Rois qui se soumettent à Sa volonté et préfèrent Sa gloire à leur contentement n'en reçoivent pas seulement récompense en l'autre monde, mais en celui-ci ; et, en vérité, je n'espère pas peu de bénédictions temporelles pour Votre Majesté. »

Il savait que Mlle de La Fayette s'était présentée, avec l'autorisation du roi, à la supérieure du couvent de la Visitation, rue Saint-Antoine, et qu'elle avait reçu un accueil chaleureux. Que le roi avait dit au père Caussin :

– « Qu'est-ce qui la hâte ? Ne pouvait-elle encore différer quelques mois en attendant que je parte d'ici pour aller à l'armée ? Cette séparation m'eût été moins sensible, et maintenant j'en suis au mourir ! »

La même journée, il annonça à Richelieu son intention de partir pour Versailles ou Chantilly « pour essayer de passer mon affliction, qui me reprend de fois à autre extrêmement forte, surtout quand je suis seul… ».

Le 19 mai 1637, ce fut la séparation. Louise prit congé de la reine, qui la gratifia de quelques bonnes paroles et lui souhaita « la grâce d'être une bonne religieuse ». Les adieux avec le roi furent brefs, mais déchirants. Quand il monta en carrosse, elle se précipita vers une fenêtre et, le front collé aux vitres, murmura :

– « Hélas ! je ne le verrai plus ! »

Elle le revit, et plus tôt qu'elle n'aurait pu l'espérer. Dans l'après-midi du 30 mai, il se présenta au parloir de la Visitation et, derrière la grille, il s'entretint en chuchotant avec Louise. Cette visite inopinée, mystérieuse, alarma Richelieu. Pourquoi le roi ne lui en avait-il pas parlé ? Pourquoi Sublet de Noyers se trouvait-il en grande conversation avec la supérieure, quand le roi était arrivé ? Le père Caussin avait assisté à l'entretien. Richelieu le convoqua. Il commença par jouer l'indifférence, puis l'assaillit de questions. Mais le bon père ne savait rien, n'avait rien entendu. Le cardinal insista. Selon lui, là-dessous « il y avait du dessein ».

– « Eh quoi, s'exclama Caussin, qu'y avait-il à craindre ? Mlle de La Fayette n'est qu'une enfant. »

– « Vous n'êtes pas méchant, dit le cardinal, il faut que je vous apprenne la malice du monde ; sachez que cette enfant a failli tout gâter. »

Poussé dans ses retranchements, le père concéda que, peut-être, Mlle de La Fayette se ferait l'avocate de la France et de la chrétienté.

Richelieu ne comprenait pas que, d'ores et déjà, le jésuite le trahissait. Qu'il ne voulait être « ni son flatteur ni son esclave ». Et qu'il avait résolu de combattre ses maximes, s'il les trouvait contraires au salut et à la bonne conscience du roi. Il ignorait que Caussin avait passé une sorte de pacte avec Mlle de La Fayette à l'encontre du cardinal. Mesurant le risque qu'il courait, il avait même dit à Louise :

– « Souvenez-vous que, si l'on me met à la Bastille, je dois avoir part à vos prières, comme voisin et comme complice. »

L'un et l'autre étaient convenus d'intoxiquer doucement Louis XIII pour l'amener à congédier son principal ministre. L'un et l'autre devaient lui parler de la misère du peuple, de l'injustice de la guerre, du repos de la chrétienté. Les visites du roi à la Visitation se faisant plus fréquentes, Richelieu demanda à son frère de sonder les intentions du père Caussin. Alphonse de Richelieu jugea, un peu vite, le jésuite incapable de rien comprendre à la politique. Il le compara plaisamment à l'ange de l'Apocalypse qui avait un pied sur terre et l'autre dans le ciel. Il décela pourtant une troublante identité de vues avec Louise de La Fayette, mais cela lui parut de peu de conséquence.

Louise prit le voile, le 22 juillet, et la reine assista à la cérémonie. Les visites du roi continuèrent. C'était en vain que Richelieu essayait de l'en détourner, estimant qu'elles ne convenaient guère « à un grand Roi ». Mais Louise était devenue la confidente très aimée, indispensable. Ces chuchotements à travers les barreaux lui versaient du baume dans le cœur. Il y eut pourtant un incident. Comme Louise s'était enhardie jusqu'à attaquer la politique de Richelieu, il lui tourna brusquement le dos, et partit sans au revoir. Il est vrai qu'il renvoya ensuite le père Caussin pour la rassurer et lui promettre une visite prochaine. Rendue prudente par cette expérience, Louise ne lui parla plus que de ses devoirs envers la reine, sa femme, et Marie de Médicis, sa mère. Ignorant les soupçons du cardinal, Louis XIII lui envoyait des billets de ce genre : « Je fus hier à Sainte-Marie [1], ce qui m'a redonné santé parfaite et augmenté la dévotion. »

Richelieu n'était pas moins inquiet des entretiens du roi avec son confesseur, de leurs tête-à-tête. Il y eut une première alerte. L'évêque du Mans étant mort, Caussin proposa de le remplacer par l'abbé de La Ferté, ce qu'accepta le roi sans consulter Richelieu. L'emprise du jésuite sur l'esprit de Louis XIII s'affirmait : cette nomination en apportait la preuve. Cependant, Richelieu temporisa, comme un fauve guette sa proie. Ce fut le père Caussin qui se perdit lui-même.

Le 8 décembre, se croyant assuré de la protection royale, il jeta le masque. C'était le jour de la fête de Notre-Dame et le roi désirait se confesser. Au cours d'une audience précédant la confession, il osa déplorer l'alliance de la France avec la Suède et la Hollande, nations hérétiques, les horribles scandales qui en avaient été la conséquence en Allemagne, où plus de six mille églises étaient en ruine :

– « Sire, c'est vous qui avez fait venir les Suédois en Allemagne et vous répondrez devant Dieu de tous les brûlements, violements et autres désordres qu'ils commettent. Ce n'est pas assez de bien vivre et, en l'état où vous êtes, tout le bien que vous faites est inutile. Vous voulez faire venir le Turc en la chrétienté. »

1. Le couvent de Sainte-Marie de la Visitation.

– « Je voudrais, protesta le roi, que le Turc fût dans Madrid pour obliger les Espagnols à faire la paix et, par après, je me joindrais à eux pour lui faire la guerre. »

– « Votre Majesté ne peut désirer cela en conscience ? »

– « Je n'entreprends rien sans le bien consulter. »

– « On fait consulter par des gens gagnés. »

– « C'est par vos propres pères et des docteurs savants. »

– « On donne des autels pour gagner les consultants ! »

C'était une allusion au don de deux mille écus que Richelieu venait de faire pour construire le grand autel de l'église Saint-Louis, rue Saint-Antoine. Un instant déconcerté par la résistance du roi, Caussin changea de registre. Il parla de la misère du peuple accablé par la taille et par le logement des gens de guerre. Louis XIII parut ébranlé ; il soupira :

– « Ah ! mon pauvre peuple ! Je ne saurais lui donner de soulagement, étant engagé dans la guerre. »

– « Vous devez vous fier en l'affection de vos sujets, qui sauront bien vous défendre d'eux-mêmes, quand vous en aurez besoin. »

– « Il n'y a plus après cela qu'à se faire moine et quitter son état ; il vaut mieux pays gâté [1] que pays perdu. »

Caussin se laissa emporter soudain par son animosité. Il affirma que, seul, le cardinal de Richelieu était haï par le peuple. Et il exhorta le roi à mieux traiter la reine mère et à se servir d'Anne d'Autriche pour négocier la paix avec le roi d'Espagne, son frère.

Après cette mercuriale, Louis XIII se confessa, puis assista à la messe. Le trouble qui l'agitait s'ajoutait au chagrin qui avait traversé le seul bonheur qu'il ait connu. Tout était ténèbres en lui. C'était bien ce qu'avait espéré le jésuite, mais il avait mal ajusté ses calculs en confondant l'homme et le roi. Dans son sermon, il réclama la paix en termes pathétiques, au nom du peuple opprimé !

Le lendemain, 9 décembre, le père Caussin reçut de Chavigny l'ordre de se rendre chez le cardinal, afin de lui faire part directement de ses critiques. L'entrevue, qui eut lieu le même jour, fut glaciale et brève, d'ailleurs interrompue par l'arrivée

1. Ravagé par la guerre.

inopinée du roi. Confronté à Richelieu, le père Caussin perdit ses moyens : le regard d'aigle produisait son effet. Le roi le pria de se retirer. Richelieu entreprit alors de démontrer, point par point, l'inanité des arguments de Caussin. Il était passé maître dans ce genre d'exercice, et prêchait un convaincu. Louis XIII avait déjà choisi entre son principal ministre et son confesseur. Une fois de plus, Richelieu triomphait du parti dévot, qui venait d'abattre son dernier atout. Mais il aimait régler ses comptes. Le père Caussin apprit bientôt ce qu'il en coûtait d'imiter le cardinal de Bérulle et Michel de Marillac, de plaindre la reine mère et de proposer les services d'Anne d'Autriche ! Le 10 décembre, il reçut un ordre d'exil. Ses supérieurs ne le défendirent pas ; ils s'empressèrent de l'envoyer à Rennes et, de là, à Quimper. Il éprouva pourtant le besoin de se justifier. Il écrivit à Sublet de Noyers pour l'assurer, sur le salut de son âme, qu'il n'était d'aucune cabale et n'avait agi, selon sa conscience, que pour le bien du royaume et pour éviter la damnation du roi.

Le roi eut le mot de la fin. Comme l'ambassadeur de Venise s'étonnait de l'éloignement du père Caussin, il répondit :

– « Il y avait longtemps que je m'étais aperçu qu'il ne marchait pas dans la bonne voie, car il était tout espagnol. »

VIII

« CE N'EST PAS MOI QUI PARLE, C'EST MON ÉTAT »

Le cardinal avait un point faible. Lors de la déclaration de guerre à l'Espagne, il écrivait au surintendant Bullion : « Je confesse tellement mon ignorance en affaire de finance et vous y reconnais si entendu que le seul avis que je puis vous donner est de vous servir de ceux que vous trouverez plus utiles au service du Roi. » Bullion ne manquait ni de zèle ni d'ingéniosité, et ne s'embarrassait pas de scrupules excessifs, mais les difficultés auxquelles Richelieu lui demandait de faire face paraissaient insurmontables. En temps de paix, le déficit budgétaire posait déjà de graves problèmes : depuis Henri IV et la sage gestion de Sully, on s'efforçait en vain d'équilibrer les dépenses et les recettes. L'écart s'était creusé par suite des rébellions suscitées par les Grands, des campagnes contre les huguenots et en Savoie. La taille, principal impôt direct, avait numériquement triplé de 1628 à 1633. Il est vrai que la livre valait 2,39 sous le règne d'Henri IV et qu'en 1635 elle était tombée à 1,84. L'augmentation de la taille était donc moins élevée qu'il n'y paraissait. Il n'empêche que le poids fiscal avait atteint le seuil du supportable. Il fallait pourtant se procurer des ressources supplémentaires, à quelque prix que ce fût, même si l'on engageait dangereusement l'avenir. Souvent le Trésor était à sec et

Bullion ne pouvait satisfaire les ordres de versement. Il écrivait au cardinal, pour justifier son retard : « Votre Éminence peut s'assurer que, s'il était question de sauver ma vie, je ne m'y emploierais de meilleure sorte. » Pour financer les dépenses de guerre, Bullion recourut à tous les expédients imaginables.

Si la noblesse, vivant du revenu souvent hypothétique de ses domaines et des pensions qu'elle pouvait décrocher, s'appauvrissait, au contraire, la bourgeoisie devenait de plus en plus riche ; elle thésaurisait et cherchait à s'élever dans la hiérarchie sociale. Elle constituait une puissance avec laquelle il fallait compter. La classe oisive des privilégiés lui portait ombrage. D'une certaine manière, Richelieu combla ses vœux en multipliant les offices. C'était un moyen facile de faire sortir l'or et l'argent des coffres. Pour les roturiers, c'était le marchepied de la noblesse. C'était aussi un honneur, mais un honneur, si l'on peut dire, rentable. Toute charge procurait des ressources et, contre le versement de la paulette, elle était transmissible aux héritiers. Elle satisfaisait donc à la fois l'ambition, la vanité et l'appât du gain. En 1635, quarante-deux édits furent présentés à l'enregistrement du Parlement. Les magistrats protestèrent, mais en vain. Il est évident que la création de nouveaux offices dépréciait les charges existantes et obérait l'avenir. On inventa de nouveaux emplois d'une utilité contestable. On vendit même des charges municipales. On augmenta le traitement des officiers, mais en les obligeant à verser la plus-value de leur charge résultant de cette augmentation. Ces manipulations diverses rapportèrent environ quinze millions de livres à l'État.

On recourait aussi à l'emprunt, mais à des conditions exorbitantes, car l'État ne trouvait prêteur qu'à des taux usuraires. En voici des exemples : trente-quatre millions de livres à 20 pour cent, gagés sur la taille ; quatorze millions à 14,28 pour cent, gagés sur les aides ; trente millions à 13,46 pour cent, gagés sur les gabelles, soit plus de quatre-vingt-sept millions de livres, correspondant à quatorze millions d'intérêt annuel. Le plus souvent, les traitants amputaient tout ou partie des intérêts des sommes versées au Trésor. Mais les besoins étaient impérieux et telle était la détresse de l'État que l'on ne pouvait se soustraire aux exigences des financiers. Il faut cependant reconnaître que ceux-ci prenaient souvent des risques non négligeables et parfois se ruinaient, car, pour réunir les sommes nécessaires, eux-mêmes devaient contracter des emprunts.

Richelieu tonnait contre leurs abus ; il plaignait le malheur du peuple victime de ces tortionnaires, mais il savait bien qu'on ne pouvait se dispenser de leur concours. Il tonnait également contre les Élus, subdélégués des Trésoriers généraux pour la répartition de la taille. « Ces officiers, déclarait-il, sont la vraie source de la misère du Peuple, tant à cause de leur grand nombre, qui est si excessif qu'il fait plus de quatre millions en exempts, que pour leurs malversations si ordinaires, qu'à peine y a-t-il un Élu qui ne décharge sa Paroisse... et qu'ils ne craignent point de se charger de crimes en augmentant à leur profit les impositions à la charge du Peuple. » C'était le système entier de l'assiette et de la perception qu'il eût fallu changer. Richelieu étudia une réforme de grande ampleur, mais n'eut pas le temps de l'appliquer, ni même de l'amorcer. Élus et traitants continuèrent donc leurs méfaits.

Bullion fut aussi confronté au problème de la monnaie. Il n'y avait point de monnaie fiduciaire, mais seulement une monnaie métallique (or, argent, cuivre). Le prix de l'or par rapport à celui de l'argent avait augmenté de vingt-cinq pour cent en vingt ans. La dépréciation de la monnaie d'argent était consécutive à l'exploitation intensive des mines d'argent américaines. Provenant d'Espagne, elle avait envahi les États européens, provoquant une hausse générale des prix. Bullion essaya de ramener artificiellement le prix de l'or à « sa juste valeur ». Richelieu, qui n'entendait rien à ces mécanismes, le laissa faire. Un édit fixa la valeur de l'écu d'or à 3,5 livres, au lieu de 4,3 livres. Ce fut un tollé de la part des épargnants qui se prétendirent ruinés par cette mesure. On dut ramener la cote à 4,1 livres, mais on avait éveillé la défiance des capitalistes.

Les pièces étaient alors non pas fondues, mais frappées au marteau. Leurs formes étaient irrégulières. Il suffisait de rogner les contours, en respectant l'effigie centrale et l'inscription qui la bordait, pour récupérer de l'or. Les « rogneurs » étaient nombreux. En sorte qu'il existait des pièces lourdes et des pièces légères. À l'occasion d'un paiement, on pesait les pièces afin de vérifier leur grammage, d'où réajustement des prix et complications sans fin ! Naturellement, le montant des impôts était versé en pièces légères. Cornuel, intendant des finances, tenta de remédier à cette tricherie. Il fit interdire la pesée des pièces. Les commerçants ne tinrent aucun compte de cette interdiction. En revanche, les pièces dépréciées encombrèrent les caisses du Trésor. Cette mesure, pour le moins inopportune, provoqua le gel des transactions. Le gouvernement ordonna de porter à la monnaie les pièces légères qui restaient en circulation. Il les refondit et émit trois types de pièces : le louis, le demi-louis et le double-louis. Ces pièces, d'une facture superbe, étaient titrées vingt-deux carats, soit 916 pour mille au lieu de 958. Autrement dit, on avait économisé 4 pour cent de métal précieux, ce qui représentait un gain pour l'État de 80 millions dc livrcs et, pour les détenteurs de pièces légères, une perte équivalente.

On remplaça aussi les monnaies divisionnaires d'argent (teston, demi-quart d'écu, franc, demi et quart de franc) par des écus d'argent de trois livres et des louis d'argent de trente, quinze et cinq sols. Il eût fallu décrier en même temps les anciennes pièces lourdes. Bullion n'y songea pas et le résultat ne se fit pas attendre. Leur valeur augmenta par rapport à la nouvelle monnaie, puisqu'elles contenaient plus d'or. L'argent poursuivait sa courbe descendante. La pièce d'or de dix livres devint bientôt la pièce de vingt livres.

Cette politique financière, « incontournable » mais désastreuse, rencontrait les pires difficultés, surtout au niveau de l'exécution. Les parlementaires pliaient devant la volonté du roi, parce qu'ils ne pouvaient faire autrement, mais ils multipliaient les entraves quand il s'agissait d'appliquer les édits. Pourtant, excédé, le roi leur avait dit un jour :

– « ... Si vous saviez ce que fait un soldat quand il n'a point d'argent, vous ne vous comporteriez pas comme vous faites. L'argent que je demande n'est pas pour jouer ni pour faire de folles dépenses. Ce n'est pas moi qui parle, c'est mon État, c'est le besoin que l'on a : ceux qui contredisent mes volontés me font plus de mal que les Espagnols... »

Ce dont il avait pleine conscience et dont il souffrait le plus, c'était des malheurs de son peuple et surtout des paysans, car les villes étaient dans leur ensemble relativement épargnées. Certes, Richelieu partageait ce sentiment de compassion, quoique à un degré moindre, car, avant toute chose, il considérait le but assigné. Les paysans, qui représentaient les neuf dixièmes de la population, supportaient à eux seuls presque tout le poids fiscal. Encore subissaient-ils les malheurs de la guerre : pillages et destructions par l'ennemi, mais aussi le passage des armées, mais encore leur cantonnement pendant les mois d'hiver ! Il suffit de regarder, avec un peu d'attention, les gravures de Jacques Callot : *Pillage ou incendie d'une ferme* ou *Pillage d'une ferme*, pour se rendre compte des exactions, des violences allant parfois jusqu'à l'assassinat. Lorsque nos soldats libérèrent la Picardie de l'occupation espagnole, ils entrèrent dans des villages désertés par leurs habitants, en partie incendiés. Des cadavres d'humains et d'animaux jonchaient les salles et les étables. Les récoltes n'étaient plus que cendres, les grains et les victuailles avaient été volés, les barriques défoncées.

Il est peu de dire que les paysans contribuaient, par leurs sacrifices et leur labeur quotidien, à la lutte contre les Habsbourg ; mais, sans eux, le long effort que ce conflit exigeait n'eût pas été possible. Il en fut de même du petit peuple des villes, artisans et ouvriers. Les uns et les autres ne marchandaient pas leurs efforts. Quand ils se révoltaient, ce n'était pas contre le roi, mais contre le fisc et les abus de ses agents. On accepta le triplement de la taille comme une nécessité, mais on s'opposa, parfois les armes à la main, à l'instauration ou à l'augmentation d'impôts indirects, comme la gabelle, jugés intolérables.

L'examen rapide des révoltes populaires qui jalonnèrent le règne de Louis XIII est d'ailleurs instructif. Il met en valeur la progression du mécontentement, le caractère sporadique des crises, puis leur aggravation subite et leur extension.

Dès 1630, il y eut des « émotions populaires » (c'était l'expression en usage au XVIIe siècle) à Dijon contre les aides (droit perçu sur la circulation des marchandises, notamment le vin), en Provence, contre l'établissement des Élus. La même année, à Paris, lorsque le gouvernement doubla le droit sur les boissons vendues « à pot et en assiette », auquel les débitants étaient assujettis, il y eut une émeute. Les miliciens refusèrent de s'armer pour rétablir l'ordre. On envoya deux régiments de gardes et quelques séditieux furent pendus. Mais Richelieu préféra retirer l'édit. En 1632, les tarifs douaniers ayant été doublés, le peuple saccagea les locaux de la douane et assiégea la maison du prévôt des marchands. Richelieu envoya quatre régiments. Il y eut quelques pendaisons pour l'exemple. En 1635, une émeute éclata à Bordeaux, parce que le gouvernement voulut imposer aux cabaretiers le paiement d'un écu par barrique, ce qui provoquait l'augmentation du vin débité. Les séditieux pillèrent plusieurs maisons, tuèrent des officiers du roi et mirent le feu à l'hôtel de ville. Agen, Condom, La Réole, Périgueux imitèrent Bordeaux. À Montferrand, un curé eut le malheur de prêcher le paiement de l'impôt ; il fut assommé, laissé pour mort. L'édit fut retiré par Richelieu. En 1636, il y eut des rassemblements contre l'impôt en Angoumois et en Saintonge, toutefois sans heurts avec les autorités ; c'était cependant un avertissement. Au début de l'été, une émeute éclata à Périgueux ; elle se solda par des morts et des blessés. Émeutes à Rennes au cours de l'été 1636, quand on apprit que le roi voulait établir la gabelle, alors que la Bretagne en était dispensée : on renonça à ce projet et, après que les privilèges de la province eussent été confirmés, tout rentra dans l'ordre.

On ne pouvait se permettre de provoquer les Bretons car, dans le même temps, les régions d'Angoulême, de Barbezieux, de Blanzac, de Montmoreau et de Chalais entraient en combustion. L'incident de Blanzac était gravissime : quatre mille paysans, leurs curés en tête, avaient envahi le champ de foire, poussant des cris de mort. Ils mirent en pièces un chirurgien de Bergerac qui se trouvait là par hasard. Après cet exploit, ils ne se séparèrent point, mais occupèrent la petite ville. Grossie de nouvelles recrues, leur troupe atteignit dix mille hommes sommairement armés. Ils s'intitulèrent fièrement « Croquants » et marchèrent sur Angoulême. Ils commirent plusieurs assassinats dans le faubourg de La Couronne, menacèrent d'assiéger Angoulême, mais finirent par se disperser. Toutefois, une de leurs bandes dépeça vivant un commis des aides, à Saint-Savinien. La Gascogne et le Périgord prirent aussitôt la relève. Il s'agissait cette fois d'un véritable soulèvement, et qui risquait de faire tache d'huile. Les Croquants formèrent une armée improvisée de plusieurs dizaines de milliers d'hommes, encadrés par les seigneurs locaux. Redoutant une guerre civile, Richelieu envoya contre eux le duc de La Valette, lieutenant général de Guyenne. Les Croquants osèrent défier les royaux. Ils furent écrasés à La Sauvetat-du-Dropt le 1er juin 1637 et laissèrent mille deux cents des leurs sur le terrain.

L'instauration de l'impôt d'un sol par livre sur toutes les marchandises circulant dans le royaume accrut encore le mécontentement. Il provoqua une hausse de prix et un surcroît de chômage. Richelieu s'étonnait qu'une marchandise vendue cinquante sols avant l'impôt, et qui n'aurait pas dû dépasser cinquante-deux sols après l'impôt, coûtât en réalité soixante sols et plus. La spéculation est de tous les temps !

La plus grave des insurrections paysannes, et la mieux organisée, fut, en 1639, celle des « Va-nu-pieds » en Normandie. Comme on le sait, la royauté avait eu quelque mal à implanter son autorité dans cet ancien État de Guillaume le Conquérant. Encore avait-elle dû fréquemment, au cours des siècles, ménager les particularismes provinciaux. Cependant, la Normandie avait été pour les rois un soutien appréciable et constant. On vantait sa richesse. Elle était de toutes les provinces la plus imposée, payant à elle seule le sixième de la taille, soit plus de sept millions de livres. La colère des Normands est lente, mais redoutable. Quand les augmentations d'impôts devinrent insupportables, ils se concertèrent et préparèrent leur action. Les avertissements n'avaient pas manqué. On répondait ironiquement aux agents du fisc que, si l'on avait chaque année deux automnes, deux moissons et deux vendanges, on pourrait peut-être faire face.

L'établissement de la gabelle dans les Élections d'Avranches, de Carentan, de Coutances, de Mortain et de Valognes, mit le feu aux poudres. C'étaient jusqu'ici des régions jouissant du privilège de franc-salé. Furieux, les paysans d'Avranches assassinèrent le sieur de Poupinel dans une hôtellerie. Poupinel, seigneur de La Bernardière, était lieutenant criminel au présidial de Coutances. Ses meurtriers crurent qu'il venait lever l'impôt sur le sel. Les jours suivants, parut une troupe de plusieurs milliers d'hommes, obéissant à un certain capitaine « Va-nu-pieds ». On ignore qui se dissimulait sous ce pseudonyme : un curé de campagne ou un gentilhomme campagnard. En tout cas, il faisait porter devant lui un étendard sur lequel un saint Jean-Baptiste était brodé. Il avait organisé militairement sa bande et n'autorisait aucun désordre. Il avait l'appui de la population et de la noblesse, qui lui procuraient les vivres nécessaires. Ses partisans, qui portaient fièrement le surnom de « Va-nu-pieds », ne tuaient que les collecteurs d'impôts et leurs séides. Ils furent bientôt vingt mille et contrôlèrent le Cotentin. Le gouverneur, M. de Canisy, était réduit à l'impuissance. Il n'essaya pas de juguler la sédition ; peut-être ne le voulut-il pas, prenant en pitié cette « armée de misère ». Que réclamaient les « Va-nu-pieds » ? L'abolition des impositions instaurées depuis Henri IV. Puis, enhardis par l'impunité, ils exigèrent l'éviction de tous les fonctionnaires royaux. Le vieux mot de « horsain » (étranger à la Normandie) reprit tout son sens !

Le mouvement s'étendit à Caen, où les séditieux, commandés par le capitaine « Bras-nus », perpétrèrent de nombreux actes de violence. Il gagna Rouen. Le gouvernement venait de créer une taxe sur la teinture des draps ; il l'avait affermée huit cent mille livres. Un agent du fisc fut pris à partie, percé de clous, écrasé sous une charrette. Le présidial intervint mollement et le parlement de Normandie se déclara incompétent. Les insurgés pillèrent un magasin de salpêtre, saccagèrent les bureaux des finances, et assiégèrent la maison du sieur de Tourneville, receveur des gabelles. La bourgeoisie rouennaise avait laissé faire. Mais, quand elle vit le désordre s'installer, elle craignit pour ses biens et réagit vigoureusement. Les meneurs furent arrêtés et les « Va-nu-pieds » se dispersèrent.

Richelieu avait manifesté quelque bienveillance à l'égard des Croquants. Il ne voulait pas pousser à bout de braves gens dont il reconnaissait les mérites et la bonne volonté. Pour les « Va-nu-pieds », il proposa au contraire un châtiment rigoureux. Le comportement suspect des bourgeois de Rouen l'irritait au plus haut point. Le chancelier Séguier fut chargé de châtier les rebelles, avec l'appui du colonel Gassion et de quatre régiments composés de mercenaires étrangers, en majorité wallons et allemands. Gassion commença par Caen, dont les habitants furent désarmés. Le capitaine « Bras-nus » et plusieurs de ses complices furent rompus vifs et moururent sur la roue, paraît-il « sans repentance de leurs fautes » et vociférant des injures. Gassion, dont les soldats vivaient sur l'habitant, se dirigea ensuite vers Avranches. Les « Va-nu-pieds » s'étaient retranchés dans un faubourg. Ils en furent promptement délogés. Beaucoup furent tués, les autres pendus. La ville fut traitée en ville conquise et mise à sac. Puis Gassion rejoignit le chancelier Séguier à Rouen. Malgré les supplications de l'évêque François de Harlay et de l'échevinage, il entra dans la ville en conquérant. Les soldats furent logés chez l'habitant, nourris à ses frais. On préleva la solde sur les finances municipales. Le premier président du parlement tenta de se disculper. Deux jours après, il était suspendu de ses fonctions, ainsi que ses collègues. Les magistrats de la cour des aides subirent le même sort. De même les échevins. Séguier remplaça ces trois instances par des conseillers qu'il avait amenés avec lui. La population se vit infliger une amende d'un million de livres. La taxe sur les teinturiers fut rétablie avec effet rétroactif.

Le 8 janvier 1640, le chancelier ordonna le désarmement général de tous les habitants de la province. Séguier se rendit ensuite dans le Cotentin, dont il réunit la noblesse. Il n'ignorait pas que la plupart de ces gentilshommes avaient été complices des « Va-nu-pieds », sinon plus. Il leur accorda cependant une amnistie conditionnelle, en les rendant responsables du maintien de l'ordre.

Certes, cette succession presque ininterrompue d'édits fiscaux et de mesures répressives de plus en plus rigoureuses ne motive pas en faveur de Richelieu. Elle forme en tout cas un contraste saisissant avec sa conception première d'une monarchie paternelle et juste, d'une fiscalité équitable et modérée. Il est évident que, sous l'empire des événements, il dut ajuster ses rêveries généreuses aux dures réalités, oublier les bons sentiments, faire taire sa compassion. Il en vint à exiger du peuple ce qu'il s'imposait à lui-même, c'est-à-dire le maximum d'effort et la plus complète abnégation. Seul comptait à ses yeux le service de l'État. Ce qu'on peut lui reprocher, c'est son ignorance des mécanismes financiers. Elle le porta à ériger en système ce qui n'était qu'une nécessité provisoire. Si jaloux qu'il fût de son autorité et de celle du roi, il assujettit encore plus le pouvoir aux financiers et aux agents du fisc. Il créa ainsi une puissance latérale, omniprésente, redoutable : une technocratie dont le loyalisme envers la Couronne et le sens du bien public n'étaient pas évidents.

IX

LE VŒU DE LOUIS XIII

Le bilan de l'année 1637 n'était guère rassurant. La trahison de la reine, le complot du père Caussin, les remous que ces deux événements avaient suscités, augmentaient les inquiétudes du roi et de Richelieu. La situation extérieure ne leur donnait pas moins de tablature que la situation intérieure traversée d'émotions populaires et marquée par un mécontentement croissant dans les couches laborieuses. 1637 avait été jalonnée de revers, il est vrai compensés par des succès non négligeables, quoique limités ; l'avenir semblait gros de menaces. Premier échec grave pour notre diplomatie, Ferdinand II était parvenu à faire élire son fils Ferdinand comme roi des Romains : ce dernier était déjà roi de Hongrie. Lorsque son père mourut, le 15 février 1637, il devint sans difficulté empereur sous le nom de Ferdinand III. Quelles étaient alors les exigences de l'Allemagne à l'égard de la France ? La restitution pure et simple de toutes les positions occupées en Lorraine et en Alsace, outre celle des Trois-Évêchés. Richelieu eût peut-être consenti à rétrocéder l'Alsace, mais en conservant tout le reste. Le pape Urbain VIII se posait en médiateur. Il s'efforçait de réunir un congrès en vue de mettre fin aux hostilités et de rechercher des conditions honorables pour les deux parties. Richelieu avait acquiescé, tout en posant comme condition que les représentants de nos alliés (Hollandais et Suédois) fussent partie prenante à ce congrès. Le pape, en tant que souverain temporel d'un État indépendant, se défiait de l'emprise espagnole sur l'Italie et comptait quelque peu sur la France pour sauvegarder son indépendance. Mais, en tant que chef du catholicisme, il subissait l'influence de l'Espagne. Or, les Espagnols récusaient par avance les plénipotentiaires du parti de la Réforme. Il tombait sous le sens que le congrès n'aboutirait à rien, tant que le pape opposerait le même refus.

La position du comte-duc Olivarès était plus nuancée. S'il n'avait pas à faire face à des soulèvements paysans, non plus qu'à des intrigues de palais anémiant le gouvernement, il était confronté à une récession économique de plus en plus grave. L'afflux de lingots d'or et d'argent provenant des colonies d'Amérique commençait à se tarir. Pendant des décennies, la prospérité de l'Espagne avait été telle qu'on avait négligé d'équilibrer les exportations et les importations. Ayant la vie facile, la population avait pris des habitudes d'oisiveté. Nombre d'exploitations agricoles étaient à l'abandon. Ce phénomène de désertification des campagnes s'accompagnait d'une baisse de la démographie. L'immensité et la dispersion des territoires soumis à l'autorité du roi d'Espagne avaient entraîné la prolifération des militaires. Le rôle de champion de l'Église revendiqué par la cour de Madrid avait accru le nombre des religieux dans des proportions inouïes. L'État s'était endetté dans de telles proportions qu'il frôlait la faillite. Le maniement des monnaies n'avait eu d'autre résultat que d'augmenter le paupérisme. Les hordes de mendiants étaient nombreuses et plus agressives qu'en France, créant un climat d'insécurité permanente. Enfin, les Catalans persistaient à former un État dans l'État et, sans aller jusqu'à la dissidence, leur comportement ne laissait pas d'être inquiétant.

On comprend dès lors pourquoi Olivarès essayait de négocier la paix avec les envoyés secrets de Richelieu. Mais, comme l'empereur Ferdinand III, il exigeait la restitution de la Lorraine et des places conquises depuis la déclaration de guerre. Les pourparlers ne pouvaient donc aboutir. D'ailleurs, Olivarès n'ignorait rien des difficultés intérieures de la France, ni des faiblesses de notre armée, surtout au niveau du commandement.

De plus, si les finances espagnoles étaient déplorables, les fameux *tercios* faisaient toujours trembler l'Europe et l'intervention de la marine anglaise n'était plus à redouter.

La guerre continua donc, et sur plusieurs fronts. Nous commençâmes par perdre une position clef : la fameuse Valteline que nous avions si longtemps défendue avec succès. Le duc de Rohan avait réussi un coup de maître en repoussant, en 1636, les attaques simultanées des Espagnols et des Impériaux. Pour se maintenir dans cette position difficile, il demandait de l'argent à la fois pour solder ses troupes et pour s'assurer le concours des Grisons. On ne comprend absolument pas pourquoi en cette affaire si grave Richelieu se laissa influencer par l'Éminence grise. Le père Joseph détestait Rohan, sous le seul motif qu'il était protestant. Il jeta la suspicion sur lui, avec une mauvaise foi dont il est peu d'exemples. Rohan demandait un million de livres ; il n'en reçut que deux cent mille. Il avait établi un pacte d'alliance avec les Grisons. Le père Joseph en différa l'approbation par le roi, tant qu'il le put. Doublement déçus, les Grisons traitèrent avec les envoyés de Philippe IV. Le 18 mars 1637, ils attaquèrent en masse. Rohan parvint à sauver son armée, mais toutes les places de la Valteline étaient perdues. Il s'enfuit à Genève, ne sachant que trop le sort qui l'attendait s'il rentrait en France.

Ainsi, par les outrances d'un fanatique, nous perdions un de nos meilleurs généraux et laissions le passage libre entre le Milanais, le Tyrol et l'Allemagne. C'était une erreur stratégique incommensurable ! De surcroît, le 8 septembre suivant, le jeune duc de Savoie, Victor-Amédée, mourut, laissant la régence à sa femme Christine de France, laquelle fut immédiatement en butte aux intrigues de ses deux beaux-frères, le prince Thomas et le cardinal Maurice, tous deux hispanophiles prononcés. Il était capital pour la France de conserver au moins l'alliance de la Savoie : elle se trouvait déjà compromise.

Toutefois, si l'Espagne marquait un net progrès en Italie, il n'en était pas de même sur les autres fronts. Les royaux reprirent aisément Saint-Jean-de-Luz. Les Espagnols lancèrent une attaque surprise en Languedoc (à partir du Roussillon qui leur appartenait encore) ; ils se firent battre par la petite armée du duc d'Halluin, fils de Schomberg, à Leucate. L'Espagne n'eut pas meilleure fortune dans les Pays-Bas. Le cardinal-infant fut assailli simultanément par les Hollandais et les Français. Le cardinal de La Valette s'empara de Landrecies (26 juillet) et les Hollandais reprirent Breda, le 10 octobre. Pour autant, le cardinal-infant restait redoutable. Pendant que La Valette assiégeait La Capelle, Don Fernando fonça vers Maubeuge. Il faillit surprendre cette place, mais elle était défendue par un jeune colonel qui ferait parler de lui : le vicomte de Turenne. Il repoussa tous les assauts de l'ennemi.

À l'initiative de Richelieu qui voulait éprouver notre marine, Louis XIII avait résolu de reprendre les îles de Lérins. Les opérations commencèrent en janvier 1637. L'escadre, commandée par Mgr de Sourdis, établit un blocus que la flotte espagnole ne put rompre. Bien que les forteresses qui hérissaient ces îles fussent considérables, leurs garnisons capitulèrent en mai. La flotte espagnole tenta, pour effacer ce revers, de s'emparer du port de Saint-Tropez. Ce fut un échec complet. Désormais, nous avions la maîtrise de la Méditerranée. Louis XIII ne put que féliciter Richelieu d'avoir créé une force navale et se réjouit de l'avoir soutenu en dépit des critiques et de l'énorme dépense.

Par contre, en Allemagne, l'armée suédoise avait subi un grave revers. En 1636, le général qui la commandait avait remporté sur les Impériaux la brillante victoire de Wittstock. Il projetait de s'emparer de Leipzig l'année suivante. Il subit une défaite à Torgau et se replia vers la Poméranie. Une seconde armée impériale manœuvra pour le prendre à revers. Il parvint à s'échapper et cantonna ses troupes en Poméranie. Il était peu probable qu'en 1638 les Suédois pussent reprendre l'offensive. Tous les princes allemands reconnaissaient l'autorité de Ferdinand III, hormis le duc de Hesse-Cassel qui était peu redoutable.

Ces événements se déroulaient alors que la révolte des Croquants battait son plein ; que la Gascogne, la Guyenne, le Languedoc, le Quercy, le Périgord, l'Aunis, la Saintonge, le Poitou et le Limousin étaient en ébullition et que des « émotions » analogues étaient signalées dans le Berry, le Bourbonnais et la Marche. Le mouvement ne s'apaisa qu'en juin 1637 après la victoire du duc de La Valette sur ces pauvres paysans, à La Sauvetat-du-Dropt.

Comment, dans cette conjoncture difficile, Louis XIII ne se serait-il pas tourné vers le ciel ? On l'a dit, il était d'une piété exemplaire. Certes, la foi était générale : la prolifération des établissements conventuels en atteste. Mais elle s'accompagnait pour Louis XIII d'une ferveur agissante. Tout en s'appliquant à être un bon roi, il se souciait extrêmement de son salut. Ce n'était pas sans éprouver des scrupules parfois poignants qu'il avait autorisé Richelieu à traiter avec les Suédois, les Hollandais et les princes protestants. Il lui arrivait fréquemment de se demander en conscience si la guerre contre l'Espagne était une juste guerre, s'il était légitime de pressurer le peuple, s'il n'était pas comptable devant Dieu des âmes perdues par sa faute. Il y avait en lui ce conflit aigu entre le chrétien et le roi, entre la soif de grandeur et la pitié. Son orgueil royal s'accompagnait d'une humilité le portant à croire qu'il n'était qu'un instrument de la Providence. Mais, plongé dans des ténèbres par trop humaines, il se demandait s'il agissait en conformité avec la volonté divine. Il ne s'attribuait point le mérite des victoires. Il y voyait un bienfait du ciel. Et c'était le ciel qu'il interrogeait dans ses moments d'incertitude.

Comme tous les hommes de cette époque, il croyait aux prédictions. Il avait été frappé par la révélation d'une religieuse calvairienne, qui avait annoncé la reprise de Corbie et le siège de Saint-Jean-de-Losne, ce dont le père Joseph avait dressé procès-verbal à l'intention du roi. Un peu plus tard, Anne de Goulaine, en religion mère Anne de Jésus Crucifié, avait fait savoir que Jésus-Christ lui était apparu en disant : « Je fais des grâces et après on ne s'en souvient plus quand j'ai garanti des périls. Quand cela est, je change mes grâces en punition et je châtie les ingrats… Il faut que ton Roi ne soit pas de ce nombre… Je veux aussi qu'il fasse honorer ma Mère en son royaume, en la manière que je lui ferai connaître. Je rendrai son Royaume, par l'intercession de ma Mère, la plus heureuse patrie qui soit sous le ciel. »

Ces paroles s'ouvrirent un chemin jusqu'au tréfonds de l'âme de Louis XIII. Il ne savait comment manifester sa reconnaissance, ni comment faire honorer spécialement la Vierge par ses sujets. Il s'en ouvrit tout naturellement à Richelieu et au père Joseph. Très certainement, ils rédigèrent ensemble cette

« Déclaration pour la protection de la Vierge », qui atteint presque au style de Bossuet dans ses *Oraisons funèbres* et dont voici les passages essentiels :

« Dieu, qui élève au trône de leur grandeur, non content de nous avoir donné l'esprit qu'Il départ à tous les princes de la terre pour la conduite de leurs peuples, a voulu prendre un soin si spécial et de notre personne et de notre État, que nous ne pouvons considérer le bonheur du cours de notre règne sans y voir autant d'effets merveilleux de Sa bonté que d'accidents qui nous pouvaient perdre. Lorsque nous sommes entrés au gouvernement de cette Couronne, la faiblesse de notre âge donna sujet à quelques mauvais esprits d'en troubler la tranquillité ; mais cette main divine soutint avec tant de force la justice de notre cause, que l'on vit en même temps la naissance et la fin de ces pernicieux desseins.

En divers autres temps, l'artifice des hommes et la malice du diable ayant fomenté et suscité des divisions non moins préjudiciables pour notre Couronne que préjudiciables au repos de notre maison, il Lui a plu en détourner le mal avec autant de douceur que de justice. La rébellion de l'hérésie ayant aussi formé un parti dans l'État, qui n'avait d'autre but que de partager notre autorité, Il s'est servi de nous pour en abattre l'orgueil, a permis que nous ayons relevé ses saints autels en tous lieux où la violence de cet injuste parti en avait ôté les marques. Si nous avons entrepris la protection de nos alliés, Il a donné des succès si heureux à nos armes, qu'à la vue de toute l'Europe, contre l'espérance de tout le monde, nous les avons rétablis en la possession de leurs États, dont ils avaient été dépouillés.

Si les plus grandes forces des ennemis de cette Couronne se sont ralliées pour conspirer sa ruine, Il a confondu leurs ambitieux desseins pour faire comprendre à toutes les nations que, comme Sa Providence a fondé cet État, Sa bonté le conserve et Sa puissance le défend.

Nous déclarons que, prenant la très sainte et très glorieuse Vierge pour protectrice spéciale de notre Royaume, nous lui consacrons particulièrement notre personne, notre État, notre Couronne et nos sujets, la suppliant de vouloir nous inspirer une si sainte conduite, et défendre avec tant de soin ce

Royaume contre l'effort de nos ennemis, que, soit qu'il souffre le fléau de la guerre ou jouisse des douceurs de la paix – que nous demandons à Dieu de tout notre cœur –, il ne sorte point des voies de la grâce, qui conduisent à celles de la gloire... »

Louis XIII s'engageait à faire construire un nouveau grand autel à Notre-Dame de Paris [1] « avec une image de la Vierge qui tiendrait entre ses bras celle de son précieux Fils descendu de la croix ». Il voulait être représenté à leurs pieds, élevant vers eux son sceptre et sa couronne. Il ordonnait en outre à l'archevêque de Paris de commémorer son vœu, le jour de l'Assomption, et d'organiser une procession après les vêpres. Cette cérémonie devait avoir lieu dans tous les diocèses de France :

« Nous exhortons lesdits archevêques et évêques d'admonester tous nos peuples d'avoir une dévotion particulière à la Vierge, d'implorer en ce jour sa protection, afin que, sous une si puissante patronne, notre Royaume soit à couvert des entreprises de ses ennemis, qu'il jouisse longuement d'une bonne paix, que Dieu y soit servi et révéré si saintement, que nous et nos sujets puissions arriver heureusement à la dernière fin pour laquelle nous avons tous été créés. »

Il ordonna aussi la frappe d'une médaille commémorative. En ce temps-là, le Vœu de Louis XIII fut un grand événement.

---

1. Louis XIII ne vécut pas assez longtemps pour ériger cet autel. Toutefois, Philippe de Champaigne peignit un tableau représentant le vœu de Louis XIII. Tableau qui fut remplacé par un groupe de Coustou. Le *Vœu de Louis XIII* peint par Ingres répond exactement aux instructions du roi.

X

NAISSANCE DE LOUIS-DIEUDONNÉ

N'en déplût à Richelieu, Louis XIII poursuivit ses visites au couvent Sainte-Marie de la Visitation. Il n'en voulut pas à Louise de La Fayette de sa collusion avec le père Caussin. Les entretiens chuchotés derrière la grille peuplaient sa solitude morale. Louise lui parlait souvent de la reine. Elle priait, disait-elle, pour qu'il se rapprochât d'elle et pardonnât. Sa tendre insistance déconcertait le roi et parfois l'irritait. Caussin avait tenu le même langage. Le cardinal conseillait aussi ce rapprochement, mais le roi ne se sentait pas prêt à oublier la faute d'Anne d'Autriche, malgré la réconciliation officielle à laquelle il avait consenti sur les instances du cardinal. Or, dans la soirée du 5 décembre 1637, l'entretien avec Louise se prolongea plus que de mesure. Dehors, l'orage grondait, bien qu'on fût en hiver. Lorsque Louis XIII voulut sortir, l'orage redoubla. Il avait résolu de coucher à Saint-Maur, ce qui ne réjouissait guère sa suite, notamment Guitaut, capitaine des gardes : il souffrait de rhumatismes et la perspective de chevaucher de nuit, sous des trombes d'eau agrémentées d'éclairs, ne lui souriait guère. Il suggéra au roi de passer la nuit au Louvre, dans la chambre de la reine, car la chambre du roi était démeublée. Louis préférait attendre la fin de l'orage. Louise de La Fayette joignit ses instances à celles de Guitaut. Le roi objecta que la reine soupait et se couchait à l'heure espagnole, ce qui ne convenait guère à un lève-tôt. Guitaut répondit que la reine serait trop heureuse d'avancer l'heure de son repas. Le roi acquiesça et l'on envoya prévenir au Louvre. Anne d'Autriche se montra toute heureuse de cette visite imprévue et tardive. Ils soupèrent ensemble et partagèrent le même lit, jusqu'à l'aube du lendemain. Ce fut ainsi que fut conçu le futur Roi-Soleil : par le hasard d'un orage hivernal, la prière d'une sœur de la Visitation et les rhumatismes d'un capitaine des gardes.

Le 14 janvier 1638, le médecin Bouvard annonça à Richelieu la grossesse de la reine. La nouvelle se répandit rapidement à la cour, dans Paris, puis dans le royaume. Il y avait si longtemps que l'on espérait un dauphin ! De n'avoir pas de fils, Louis XIII se sentait diminué, humilié. Au surplus, mal portant et vieilli avant l'âge, il tremblait à la pensée que le royaume des lys ne tombât entre les mains de l'héritier présomptif, c'est-à-dire Gaston d'Orléans, son frère, caractère frivole et fourbe, insoucieux des affaires, adonné aux plaisirs, fâcheusement influençable et surtout sans esprit de suite. La stérilité persistante d'Anne d'Autriche était l'un des motifs principaux de leur désaccord. Les mauvaises langues insinuaient que le roi était impuissant, parce qu'il n'avait pas de maîtresses. C'était à la vérité un mari occasionnel, remplissant de temps à autre son devoir conjugal depuis la fin de la lune de miel. La froideur qu'il montrait à l'égard de sa femme était peut-être la conséquence du manque de complaisance de celle-ci. Si, pendant une courte période, elle avait aimé son mari, elle n'éprouvait plus pour lui qu'un sentiment d'estime, et encore relative ! Cependant, elle avait fait quatre fausses couches, la première passant pour accidentelle. Le médecin Bouvard leur conseilla de prendre les eaux de Forges (en Normandie) qui étaient ferrugineuses. Cette cure resta sans effet, sinon de rendre quelque couleur au roi. Ils allèrent en pèlerinage sur le tombeau de saint Fiacre, dans la Brie. Ils recoururent aux messes et aux prières, mais le ciel resta muet. Fort prosaïquement, Richelieu recommandait au roi d'être plus assidu auprès de la reine : « Le plus de familiarité que Sa Majesté pouvait avoir avec la Reine sa femme était le meilleur ; car outre que Dieu bénit ceux qui vivent bien, comme Sa Majesté faisait, un dauphin était nécessaire à la France et à la sûreté de sa personne. » Les amies de la reine la pressaient aussi de faire un dauphin, si elle voulait reprendre de l'influence sur le roi.

La rumeur courut, à plusieurs reprises, que Louis XIII songeait à la répudier, c'est-à-dire à faire annuler son mariage pour cause de stérilité. S'agissant de princes, il y avait des accommodements avec le Saint-Siège, nonobstant le droit canon : et les exemples ne manquaient pas de reines répudiées dans le cours de l'Histoire. Mais Anne d'Autriche était Habsbourg, sœur de Philippe IV et du cardinal-infant Don Fernando, parente de l'empereur. Le scandale eût été sans précédent ! D'ailleurs, Louis XIII avait trop de religion pour envisager un divorce. Malgré la conscience qu'il avait de son métier de roi, de ses devoirs envers ses sujets, il ne se donnait pas le droit de rompre une union bénie par Dieu. On prétend néanmoins qu'il eut un moment l'idée de se séparer d'Anne d'Autriche, pour épouser Marie de Gonzague-Nevers.

En 1637, avec l'affaire des lettres espagnoles, il tenait un prétexte pour reléguer Anne en quelque résidence surveillée, comme il avait fait de la reine mère, ou de l'enfermer dans un couvent. L'énormité de la faute eût justifié ce châtiment aux yeux du monde ; ni le roi d'Espagne ni le cardinal-infant n'eussent protesté. Louis XIII n'en fit rien et, dans cette mansuétude, il faut voir la main de Richelieu. Le cardinal connaissait mieux que personne les torts respectifs des deux époux : il recevait les confidences du roi et, par ses espions, il était renseigné sur les pensées de la reine (du moins celles qu'elle exprimait dans son entourage). À la vérité, il souhaitait, presque autant que le roi, que la reine eût un dauphin. Il croyait au ciel ; son esprit pragmatique ne repoussait pas l'idée d'une naissance miraculeuse. Mais la reine avait trente-sept ans et l'espoir d'un enfantement était mince !

Cependant, Bouvard affirmait que, cette fois, la grossesse de la reine aurait une bonne fin. Le 30 janvier, *La Gazette* de Théophraste Renaudot officialisa la nouvelle, mais en termes prudents. Ce fut une explosion de joie, à laquelle Monsieur, se montrant beau joueur, s'associa sans hésiter : cependant, la naissance d'un dauphin le priverait de sa qualité d'héritier du trône et diminuerait son importance. Les dignitaires de la couronne, les Grands du royaume, les courtisans, toutes les autorités se précipitèrent au château de Saint-Germain pour complimenter la reine et le roi. Chose curieuse, personne ne doutait que l'enfant à naître ne fût un dauphin. Toutes les églises, tous les couvents entrèrent en prière. À la fin d'avril, l'ambassadeur Contarini apprit que l'on avait élargi les robes de la reine « de quatre doigts » et il en informa aussitôt le doge de Venise. De son côté, le secrétaire d'État Chavigny informait Richelieu que la reine sentait de plus en plus « le mouvement de son enfant ». Elle se portait à merveille. Le roi se montrait plein de sollicitude à son endroit. Quand il était absent, il envoyait chaque jour un de ses gentilshommes prendre de ses nouvelles. Il ne cachait pas sa fierté. Cette paternité virtuelle le transformait. Il était de bonne humeur, presque jovial, goûtant pour la première fois au bonheur. Il s'épanouissait enfin !

Richelieu changeait également d'attitude envers la reine. À cela on peut voir plusieurs motifs, dont le principal tenait à l'hostilité persistante d'Anne d'Autriche. Elle s'était alliée à tous ses ennemis, la reine mère comme Monsieur et ses complices. Elle n'avait cessé de vouloir sa perte, parce qu'il entravait ses propres vues politiques et avait entraîné le roi dans la guerre contre les Habsbourg. Elle stimulait le zèle de ses détracteurs et ne se faisait pas faute de le moquer. De surcroît, elle avait subi ses humiliations et, d'une certaine manière, sa répression. Il lui avait enlevé la duchesse de Chevreuse, ses meilleures amies et ses serviteurs les plus fidèles. Pourtant il lui avait épargné le pire, en apaisant la colère du roi, et elle en était parfaitement consciente. Il s'agissait désormais pour Richelieu de remonter cette pente. Si la reine avait un fils, il était inéluctable qu'elle reprît de l'influence sur le roi et sur la cour. Elle serait la mère du futur roi.

Beaucoup pensaient que les jours de Louis XIII étaient comptés. L'éventualité d'une régence était donc à considérer. La reine régente se donnerait-elle pour ministre un homme qu'elle détestait ? Richelieu n'avait donc d'autres ressources, s'il voulait conserver le pouvoir, et il le voulait, que de tenter de regagner la confiance d'Anne d'Autriche. Il multiplia les prévenances, rendit de discrets services. C'est ainsi qu'il empêcha le surintendant Bullion de diminuer la dotation de la reine et qu'il s'empressa d'obtenir du roi la libération de La Porte. Quand il s'agit de nommer la gouvernante et le personnel du futur dauphin, il n'imposa pas son choix, mais amena doucement la reine à les agréer. Elle souhaitait la désignation de Mme de Saint-Georges, pour laquelle elle avait de l'amitié. Richelieu lui préférait la marquise de Lansac, fille de l'ancien précepteur de Louis XIII, M. de Souvré. Plus souple de caractère, ou plus ambitieuse, elle s'était engagée à rendre compte au cardinal, ponctuellement, des moindres faits et gestes de la reine. Celle-ci la convoqua et, à la suite d'un entretien, lui remit ses lettres de provision. Il en fut de même de la nourrice et des remueuses. Était-elle dupe des manœuvres de Richelieu ? Certainement pas, mais elle avait compris que son intérêt était de vivre en bonne intelligence avec lui, afin de désarmer sa méfiance. Elle le consulta spontanément sur le choix d'un nouveau confesseur.

En juillet, Louis XIII se rendit en Picardie. La place du Catelet était tombée aux mains des Espagnols. Le roi avait décidé de la reprendre. Mais les maréchaux de Châtillon et de La Force montraient si peu de mordant que le siège n'en finissait pas, et pourtant il ne s'agissait que d'une petite place forte ! La présence du roi empêcha que, par suite de l'incurie de ces deux généraux, l'armée se débandât sans avoir rien fait.

La reine désirait vivement son retour. Attention touchante, elle avait exprimé le souhait d'accoucher dans la chambre de son époux. Il avait acquiescé bien volontiers. Les médecins avaient prévu la naissance entre le 23 et le 28 août 1638. Le roi quitta la Picardie le 15 août et Richelieu le remplaça. Le 27, il écrivit à Chavigny : « Je suis étonné que les couches de la reine se diffèrent de jour à autre, passé le terme du 23ᵉ et demi, que M. Bouvard disait être le premier. Il m'a dit que le 28ᵉ était le dernier. Nous verrons si les médecins sont bons prophètes naturels. » Ils ne l'étaient pas, ou, plutôt, ils n'avaient pas été informés de la rencontre imprévue du 5 décembre. Le 31 août, point de naissance, et Richelieu mandait à Chavigny : « Je commence à craindre que le délai de l'accouchement de la reine nous donne une fille, toutefois j'espère mieux. » On croyait à l'époque que les filles étaient moins pressées que les garçons de venir au monde ! Le 2 septembre, le roi lui faisait savoir : « La

Reine se porte si bien, que je ne crois pas qu'elle accouche de quatre jours ; elle est deux jours dans le dixième mois. » Il se morfondait et s'inquiétait. Il avait pris froid à la chasse et la fièvre le tourmentait une fois de plus. Il regrettait aussi, par moments, de n'être pas en Picardie. Bouvard et ses compères se perdaient dans leurs calculs et ne savaient quelle explication inventer.

La reine ressentit les premières douleurs dans la nuit du 4 au 5 septembre. Elle avait grand peur. Les évêques de Lisieux et de Meaux célébrèrent deux messes dans sa chambre, pour la réconforter. Louis XIII, bien qu'il fût encore malade, se leva en hâte, accourut, prit sa femme dans ses bras, lui prodigua tout ce qu'il avait de tendresse, l'encouragea de bonnes paroles. Les heures passaient. À la fin de la matinée, elle le pria de prendre quelque nourriture, pour se soutenir. Un quart d'heure après, on le rappela. Mme de Sénecé lui cria :

– « Sire, c'est un dauphin ! »

Dame Péronne lui montra le nouveau-né, qui était, disait-elle, d'une « beauté et grandeur extraordinaires ».

La porte avait été ouverte à deux battants, suivant l'usage : un roi devait naître et mourir en public. Les princes de la famille royale, les grands seigneurs, le chancelier Séguier, le surintendant Bullion, les autres ministres, le premier président du Parlement de Paris, le prévôt des marchands, les principaux officiers de la Couronne étaient présents. Chavigny ne manqua pas de rendre compte à Richelieu, qui se trouvait à Saint-Quentin : « ... Le travail de la Reine a été le plus heureux du monde : elle n'a été malade que six heures ; après lesquelles, elle est accouchée d'un des plus beaux princes que l'on saurait voir. Le Roi a toujours été présent et ses deux accès de fièvre ne lui ont en rien diminué les forces. Monseigneur verra, par la lettre que Sa Majesté lui écrit, la joie qu'elle a d'être père ; elle est en effet extraordinaire. Sa Majesté a été aujourd'hui quatre ou cinq fois dans la chambre de Monseigneur le Dauphin, pour le voir téter et remuer... »

Il ajoutait ce coup de griffe à l'intention de Gaston d'Orléans, dont les ambitions s'effondraient : ce qui montre que ses compliments n'avaient été que de complaisance et dissimulaient l'espoir que l'enfant ne naîtrait pas ou serait une fille :

« … Monsieur est demeuré tout étourdi ; lorsque Mme Péronne lui a fait voir par raison physique [1] que la Reine était accouchée d'un fils. Il lui faut pardonner s'il est un peu mélancolique. Les six mille écus que le Roi lui a accordés, à la prière de Monseigneur, le consoleront un peu ; et, plus que toute chose au monde, l'assurance que je lui ai donnée, de la part de Son Éminence, que rien ne l'empêcherait de le servir toujours. »

Richelieu tailla sa plus belle plume pour complimenter le roi :

« … Je suis ravi que Monsieur le Dauphin ait les cheveux noirs et que d'aucuns remarquent qu'il ressemble à Votre Majesté… En vérité, *je crois* que, Dieu vous l'ayant donné, Il l'a donné au monde pour de grandes choses. » Dans une autre lettre, il prédisait pour le nouveau-né la destinée d'un Théodose. Dans le compliment qu'il adressa à la reine, il formait le vœu que l'enfant ait été donné à la chrétienté « pour apaiser les troubles et y apporter la bénédiction de la paix ».

Lorsque Contarini vint féliciter le roi, avant tous les autres diplomates, celui-ci le conduisit au berceau de son fils, et dit :

– « Voici un effet miraculeux de la grâce du Seigneur Dieu, car c'est bien ainsi qu'il faut appeler un si bel enfant après nos vingt-deux ans de mariage et les quatre malheureux avortements de mon épouse. »

L'enfant fut ondoyé par le premier aumônier et par l'évêque de Meaux. Il reçut le double prénom de Louis-Dieudonné. Son baptême serait célébré cinq ans plus tard, selon l'usage de la cour de France.

Des *Te Deum* furent chantés dans toutes les églises du royaume. Paris illumina. Ce n'étaient dans tous les quartiers que feux de joie et danses populaires autour de barils mis en perce pour la circonstance. On tira un feu d'artifice sur la place de Grève. Les corps constitués, les moines de tous les couvents processionnèrent. *La Gazette* célébrait les mérites de « cette Reine à laquelle il ne manquait rien que d'être mère ». Le cardinal, qui patronnait Renaudot, n'était pas oublié : « Le Roi arriva le mercredi à Saint-Germain, où le cardinal-duc se rendit, de nos armées, le même jour et quasi à la même heure que Sa

---

1. En exhibant le sexe de l'enfant.

Majesté, laquelle il trouva dans la chambre de Monseigneur le Dauphin, où la Reine était aussi. Il serait malaisé d'exprimer de quels transports de joie Son Éminence fut touchée, voyant entre le père et la mère cet admirable enfant, l'objet de ses souhaits et le dernier terme de son contentement. »

La reine eut la délicatesse de regretter l'absence involontaire du cardinal-duc à la naissance de Louis-Dieudonné. Il y fut sensible et se confondit en remerciements, tout en renouvelant ses excuses. En son for intérieur, pouvait-il s'empêcher de penser que Louis-Dieudonné était le fruit de la réconciliation qu'il avait imposée au roi et à la reine, que ce bel enfant lui devait en somme d'exister ?

Ce grand événement comblait les vœux de tout le royaume, car la dynastie s'en trouvait confortée [1]. Louis-Dieudonné se levait comme un soleil, dont les premiers rayons dissipent les ombres de la nuit.

Le 10 septembre 1638, à Madrid, naissait l'infante Marie-Thérèse, qui devait épouser Louis XIV en 1660. Leur mariage scellerait enfin la paix entre la France et l'Espagne.

1. Deux ans plus tard, Anne d'Autriche mettait au monde Philippe, duc d'Anjou, puis d'Orléans, qui serait appelé « Monsieur ».

XI

FONTARABIE

La naissance du futur Roi-Soleil venait à point nommé. Elle consola Louis XIII et Richelieu des déboires militaires, car l'année 1638 fut comme les précédentes une succession de victoires et de revers. Les pourparlers avec l'Espagne avaient été poursuivis, sans donner de résultats, car chacun des partis restait sur ses positions et, tout en paraissant souhaiter la paix, préférait s'en remettre aux hasards de la guerre. Tout en préparant la campagne de 1638, dont il espérait quelque avantage décisif, Richelieu n'était pas moins actif dans le domaine diplomatique. Il avait plusieurs sujets d'inquiétude. Le cardinal-infant était las de verser des subsides à la reine mère. Elle lui coûtait très cher pour de piètres résultats. Déçue dans ses espérances, elle prit brusquement le parti de quitter les Pays-Bas espagnols sans prendre congé de Don Fernando. Ce départ ressemblait à une évasion. Elle se réfugia en Hollande et reçut un accueil chaleureux du stadhouder et de la famille d'Orange. Cette attitude venant d'un prince allié, stipendié par la France, ne laissait pas d'être surprenante. De plus, Richelieu avait appris que le comte Olivarès avait envoyé un émissaire à Amsterdam afin de proposer une paix séparée. Il pouvait donc craindre un revirement des Hollandais. Mais les Espagnols n'étaient pas moins actifs à la cour de Londres ; ils s'efforçaient d'éviter que Charles Ier conclût un pacte avec Louis XIII.

Le roi d'Angleterre s'intéressait surtout à la restitution du Palatinat à ses neveux, et Richelieu à la maîtrise de la Manche. Or, Charles Ier se montrait peu disposé à opposer sa flotte aux escadres espagnoles. Il n'avait d'ailleurs pas les moyens d'équiper ses navires par suite de l'opposition de son Parlement. Le sieur cardinal appréhendait aussi la défection des Suédois, après la désastreuse campagne de Baner en 1637. C'est pourquoi il chargea le comte d'Avaux de renouveler sans retard l'alliance avec la cour de Stockholm, dont les réticences étaient manifestes. Il était urgent de prévenir les démarches de la diplomatie impériale. Le comte d'Avaux signa, en 1638, un nouveau traité avec les Suédois, valable trois ans, contre le versement d'un subside annuel d'un million de livres.

La campagne de 1638 débuta brillamment. Bernard de Saxe-Weimar était cantonné en Alsace. Il ouvrit les hostilités en liaison avec les Suédois de Baner. Suivant la vallée du Rhin, il s'empara de quatre places, dont Rheinfeld, défendue par Jean de Werth, qu'il fit prisonnier (2 mars). Il prit ensuite Fribourg-en-Brisgau (11 avril) et mit le siège devant Brisach. Cette place, pourvue d'imposantes fortifications et d'une garnison nombreuse, contrôlait les communications entre l'Autriche et l'Italie. Si les Impériaux la perdaient, les renforts venant d'Espagne devraient emprunter la voie maritime, c'est-à-dire border les côtes françaises de l'Atlantique et de la Manche avant d'entrer aux Pays-Bas : ils s'exposeraient donc aux attaques des escadres françaises ou hollandaises. Il était prévisible que l'empereur Ferdinand III tenterait l'impossible pour contraindre Bernard de Saxe-Weimar à lever le siège. Il n'y manqua pas.

Sur les autres fronts, nous disposions de cinq belles armées. Grâce à la persévérance de Richelieu, elles étaient bien équipées et leur approvisionnement était assuré. Il avait été moins heureux dans le choix de leurs généraux. Le maréchal de Châtillon commandait en Flandre ; La Force, en Champagne et en Picardie ; le duc de Longueville, en Bourgogne ; le prince de Condé, en Guyenne et le maréchal de Créqui, en Italie. Ils avaient les uns et les autres fait leurs preuves et leur bravoure était hors de cause mais ils péchaient par leur ignorance en matière de stratégie et, chez certains, par une combativité déclinante.

Au début de mai, Châtillon mit le siège devant Saint-Omer. Il conduisit les opérations si mollement qu'il laissa le temps au prince Thomas de Savoie d'introduire des renforts dans la place. La dysenterie se mit dans l'armée qui leva le siège. Nous investîmes ensuite Le Catelet. La présence de Richelieu à Saint-Quentin, qui relaya celle du roi à partir du 15 août, stimula le zèle des combattants. Le Catelet finit par capituler le 14 septembre. C'était un gain sans doute appréciable, mais sans proportion avec les effectifs engagés et avec l'argent dépensé.

En Italie, le maréchal de Créqui fut tué. Richelieu le remplaça par le cardinal de La Valette. Ce dernier arriva trop tard pour empêcher la prise de Verceil par les Espagnols. La route du Montferrat était ouverte. Plus grave encore fut la mort du jeune duc de Savoie, François-Hyacinthe. Il avait heureusement un frère cadet pour lui succéder. Néanmoins les deux beaux-frères de Christine de France, le prince Thomas de Savoie et le cardinal Maurice, lui contestèrent la régence. Ils prirent prétexte du fait que le défunt duc Victor-Amédée avait nommé sa femme régente au nom de François-Hyacinthe. Tous deux avaient l'appui de Philippe IV. La régente Christine avait du caractère et du tempérament. Elle supportait difficilement les conseils de Richelieu, mais laissait à ses amants une influence politique insupportable. Son confesseur, le jésuite Monod, était un ennemi déclaré de la France. Elle consentit à s'en défaire, mais elle refusa l'occupation de ses villes principales par les Français. Richelieu était obligé de la ménager, car elle était sœur de Louis XIII.

Il avait préparé une opération « terre-mer » de grande envergure sur la côte nord-ouest de l'Espagne. Ce fut son échec le plus cuisant – et il ne sut comment s'en excuser auprès du roi, l'ayant assuré d'un succès total. Il avait en effet décidé de s'emparer de Fontarabie. Cette place, proche de Saint-Sébastien, occupait un promontoire qui dominait la Bidassoa. Deux petits ports l'encadraient : Le Figuier qui ouvrait sur la rade et Le Passage. Le cardinal, fidèle à sa méthode (fort contestable), avait confié le commandement de notre armée au prince de

Condé et au duc de La Valette. Ces deux généraux se jalousaient. Le 2 juillet, le prince de Condé avait délogé les Espagnols du Passage et du Figuier. Le 5, l'investissement était terminé. Cependant, au cours de la nuit du 6, onze pinasses étaient entrées dans Fontarabie. Les mousquetaires qui étaient dans le port du Figuier ne purent en repousser que quatre, malgré un feu nourri. Condé décida d'abandonner ce port, pour concentrer toutes ses troupes, car il redoutait l'arrivée de la flotte de l'amirante de Castille. Richelieu avait prévu cette éventualité.

Au début d'août, des voiles furent en vue : c'était l'escadre de Mgr de Sourdis. Elle mouilla dans la rade. Elle comptait cinquante-deux vaisseaux de guerre et portait six mille soldats. Ces derniers débarquèrent et vinrent renforcer les assiégeants. Le 21 août, la flotte espagnole vint offrir le combat. Sourdis la dispersa en quelques heures. Lorsqu'il apprit la nouvelle, Richelieu exulta : cette victoire navale était un peu son ouvrage, en tout cas le fruit de sa ténacité ! Dans les premiers jours de septembre, les canons avaient ouvert une brèche dans les remparts de Fontarabie. Il fallait concerter un assaut. La Valette s'abstint pendant cinq jours de participer aux réunions de l'état-major. Cependant, Philippe IV avait envoyé une armée de secours qui prenait les Français à revers. Finalement, Condé ordonna l'assaut le 7 septembre. Prétendant que la brèche était trop étroite, La Valette ne soutint pas les troupes de Condé. Prises entre deux feux, celles-ci commencèrent à se débander. Malgré l'héroïsme du marquis de La Force (un des lieutenants de Condé), il fut impossible de les ramener au combat. Cet échec était une honte, car sept mille hommes avaient eu raison de douze mille soldats bien équipés et appuyés par une escadre intacte !

Richelieu était abasourdi. Il confia à ses collaborateurs : « La douleur de Fontarabie me tue ! » Le prince de Condé rejeta toute la faute de cette déroute sur le duc de La Valette. On pouvait cependant lui reprocher d'avoir mal pris ses dispositions et perdu un temps considérable. La Valette fut appelé à Paris. Il préféra s'embarquer subrepticement pour l'Angleterre. Le cardinal rédigea un mémoire contre lui, dont la conclusion était menaçante : « Si le désir de nuire aux affaires publiques a été le motif de sa faute, il mérite de mourir en public pour l'expiation d'icelle. »

Louis XIII était furieux. Il décida de châtier exemplairement La Valette. Ce dernier, étant duc, relevait de la justice du Parlement. Les présidents tentèrent de se saisir de l'affaire, peut-être dans le dessein de sauver le coupable. Le roi les rabroua et nomma une commission spéciale, qu'il présida en personne. « Je dirai seulement à ma manière, déclara-t-il, qu'il ne s'agit ici de la lâcheté du duc de La Valette, ni de son ignorance dans les fonctions de sa charge. Il s'entend fort bien et il a du cœur, je l'ai vu moi-même se comporter avec courage en plusieurs rencontres, mais il n'a pas voulu prendre Fontarabie... Il n'a donc pu se conduire comme il l'a fait que par un mouvement de jalousie qui ne peut être justifié par aucun prétexte. » Après cette déclaration péremptoire, la cause était jugée ! La Valette fut condamné à mort par contumace et exécuté en effigie [1].

L'année 1638 nous apportait cependant un gain inappréciable du côté de l'Allemagne. Le duc de Longueville avait battu le général Savelli à Blamont. Il avait repris Lunéville au duc de Lorraine. Et, surtout, Bernard de Saxe-Weimar, appuyé par les régiments français du maréchal de Guébriant, avait repoussé une armée impériale et pris Brisach, le 17 décembre. Cette place nous assurait la possession de l'Alsace. On a dit plus haut quelles étaient les conséquences de sa perte pour les Espagnols. Le duc de Lorraine se lamentait : « Enfin Brisach est pris, honte immortelle pour l'Empire ! Si à Vienne ils ne réparent pas cet affront, par quelque grand dessein et bien exécuté, il ne faut plus être soldat, mais moine, et laisser l'Empire à qui le prendra. » Le père Joseph, frappé d'apoplexie, se mourait dans le château de Rueil. On raconte que Richelieu, pour le tirer de sa léthargie, lui cria à plusieurs reprises :

– « Courage, père Joseph, Brisach est à nous ! »

L'Éminence grise mourut le 18 décembre. *La Gazette* annonça en termes émus le décès de ce moine qui avait su rester « pauvre auprès de l'abondance, humble dans les honneurs, chaste auprès des délices, obéissant en tout, sobre auprès des

1. Le jugement fut cassé en 1643, après la mort de Louis XIII.

festins, religieux dans le monde et capucin à la Cour». Richelieu l'avait proposé comme cardinal de Couronne. Ce fut Mazarin qui obtint le chapeau, en récompense des services rendus à la France depuis plusieurs années : des services officiels et secrets. Apprenant la mort du père Joseph, le roi exprima son regret : « Je perds aujourd'hui, avait-il dit, le plus fidèle de tous mes serviteurs, et M. le cardinal, son confident et son appui. » Si le père Joseph avait été un collaborateur exceptionnel pour Richelieu, s'il avait usé ses forces à son service, il ne lui était pas indispensable. Cependant, il perdait un ami qui lui restait très cher, un conseiller désintéressé, un esprit flamboyant auprès duquel son intelligence glacée trouvait du réconfort.

Depuis quelques mois, Marie de Médicis faisait à nouveau parler d'elle : et c'était un souci de plus pour lui, car il avait toutes les raisons de se défier de ses intrigues. Le 24 août 1638, il recevait ce billet du roi : « Je vous prie me mander, si la Reine ma mère m'envoyait quelqu'un sur les couches de la Reine, ce que j'ai à faire. » Richelieu répondit avec son tact habituel : « Si elle envoie un gentilhomme sur le sujet de la naissance de Monsieur le Dauphin [1], je crois que Votre Majesté le doit recevoir, la remercier de cet envoi ; et s'il parle à Votre Majesté d'autre chose, lui répondre selon la connaissance qu'elle a de ce qui s'est passé et sa prudence accoutumée, qui est plus grande que celle de tous ses serviteurs. » Il avait flairé que la reine mère profiterait de la grossesse d'Anne d'Autriche pour solliciter son retour en France. Elle se trouvait alors dans une position inconfortable. Si le prince d'Orange avait consenti à lui donner asile, les États de Hollande refusaient de lui verser une dotation. Les opinions ultracatholiques de Marie de Médicis n'étaient probablement pas étrangères à ce refus.

Le 13 septembre, MM. des États crurent bon d'inviter le cardinal à faciliter la réconciliation de la mère et du fils : « ... Nous avons véritablement reconnu en la Reine un si sensible amour pour le Roi son fils, tant de bonne volonté pour ceux qu'il honore de sa confiance et le peu de souvenir de ce qui s'est passé à son endroit... Votre Éminence aura l'honneur et la gloire d'avoir contribué plus que personne à une solide et

1. Qui n'était pas encore né !

cordiale réunion entre les personnes de la famille royale... » Richelieu jugea cette requête impertinente et chargea notre ambassadeur de signifier à MM. des États que la Hollande et la France n'avaient nul « besoin d'un tel hôte », tant qu'elles seraient alliées contre l'Espagne. Il suggérait que la reine mère se retirât dans sa ville natale de Florence, où le grand-duc la recevrait volontiers, étant précisé que le roi lui verserait une rente convenable.

Elle n'entendait point retourner à Florence. Elle avait d'ailleurs décidé de se réfugier en Angleterre, près de son gendre Charles Ier et de la reine Henriette-Marie, sa fille, puisque la Hollande la rejetait. Ce n'était point mal raisonner, car ainsi Louis XIII ne pourrait lui reprocher d'accepter l'hospitalité d'un prince allié de la France. Cette décision, somme toute opportune, déplut à Richelieu. Il confiait à Chavigny : « Cette pratique a été apparemment faite par les femmes... Ces animaux que le Roi sait, sont étranges ; on croit quelquefois qu'ils ne sont pas capables d'un grand mal, parce qu'ils ne le sont d'aucun bien ; mais je proteste en ma conscience qu'il n'y a rien qui soit si capable de perdre un État que de mauvais esprits couverts de la faiblesse de leur sexe. »

La reine mère s'embarqua pour l'Angleterre à la fin d'octobre. Richelieu s'étonna que le prince d'Orange ait facilité son passage, sans en référer au roi de France et sans avoir obtenu son agrément. La traversée, contrariée par le mauvais temps, ne dura pas moins d'une semaine. Charles Ier vint au-devant de sa belle-mère, mit un palais à sa disposition et lui octroya mille livres par jour pour son entretien. Il fit savoir à Louis XIII, non sans ironie, qu'il assurerait « un entretènement convenable à la mère de Leurs deux Majestés ». Louis XIII répondit sèchement qu'il avait déjà appris l'arrivée de Marie de Médicis à Londres, avec ses conseillers Fabroni, Le Coigneux et Monsigot, et que son bon frère pouvait s'attendre à « des brouilleries en la cour d'Angleterre ».

Richelieu n'avait aucune illusion sur les intentions de la pauvre exilée. Afin de prévenir ses manœuvres, il avait envoyé des instructions strictes à Bellièvre, notre ambassadeur en Angleterre. Il lui recommanda d'aller saluer la reine, mais de ne retourner chez elle sous aucun prétexte et de ne pas entrer en rapport avec les personnages de sa suite, en particulier Le Coigneux et Monsigot. Mais Marie de Médicis avait plus d'un tour dans son sac. Elle parut un jour, flanquée de son gendre et de sa fille, qui, avec la complicité de lord Holland, la laissèrent en tête à tête avec Bellièvre. Il chercha à se dérober. Elle l'obligea à l'écouter.

– « Les peines et les afflictions que j'ai souffertes depuis ma retraite dans les Pays-Bas m'ont inspiré des sentiments fort différents de ceux que j'avais en sortant de Compiègne. Je vous prie de faire savoir de ma part à M. le cardinal que je le conjure de me tirer de l'étrange misère où je me trouve et de la dure nécessité de demander du pain à mon gendre. Je voudrais retourner auprès du Roi. Non que je pense à me mêler d'aucune chose qui regarde le gouvernement de son État. Je ne cherche plus qu'à passer en repos le peu de temps que j'ai à vivre, et à me préparer doucement à la mort. Si M. le cardinal ne peut obtenir du Roi la permission de retourner à la Cour, qu'il demande du moins celle de demeurer dans quelque ville du royaume et d'y jouir de mes revenus. J'offre de chasser de ma maison tous ceux qui sont odieux ou suspects au Roi, et de faire aveuglément tout ce qu'il voudra. Ses ordres et les bons conseils de M. le cardinal seront l'unique règle de ma conduite. Voilà tout ce que je vous prie de faire savoir à celui-ci... »

Bellièvre répondit qu'il n'en ferait rien, eu égard aux ordres qu'il avait reçus. Mais, le 23 décembre, il rendit à Richelieu un compte détaillé de cet entretien. Le 20 janvier 1639, le cardinal rédigea un mémoire à l'intention du roi, dans lequel on peut lire : « ... Étant connue de l'humeur qu'elle est, s'il (le roi) la recevait en son Royaume, elle relèverait l'espérance de tous les mécontents, ce qui était d'autant plus à considérer que la plupart de ceux qui le sont étaient, de son temps, attachés à elle. Les Espagnols qui l'ont méprisée dans leur pays [1], quand ils l'y ont trouvée, ne manqueraient pas lors de la rechercher et de l'animer contre le repos de cet État, quand ils l'y verront rétablie. Ils n'avaient jamais rien tant désiré, depuis qu'ils l'avaient eue et connue en Flandre, que de la faire rentrer dans le Royaume, pour en tirer de l'avantage qu'ils voient bien n'en

1. Dans les Pays-Bas espagnols.

pouvoir recevoir étant dehors. Elle avait voulu encore, depuis sept ou huit mois, former, comme elle avait fait, un nouveau parti à Sedan avec Monsieur le comte [1] et le duc de Bouillon pour les faire entrer à main armée en France avec Piccolomini... Toutes ces considérations faisaient croire au cardinal qu'il fallait demeurer à la proposition qu'il lui avait toujours faite d'aller à Florence, où il lui donnerait un entretien proportionné à sa dignité. Par telle offre qu'il était prêt d'exécuter et qu'il désirait qu'elle acceptât, sa conscience et son honneur étaient à couvert devant Dieu et devant le monde, et il ne s'exposait pas à de nouvelles brouilleries, lesquelles il ne prévoyait pas pouvoir éviter ni dans le Royaume ni dans la Cour ni dans son cabinet, si la Reine mère revenait en France en quelque lieu que ce pût être. »

Convaincu par ces arguments, Louis XIII fit savoir à Bellièvre qu'il ne pouvait donner suite à la requête de la reine mère. Quand elle connut la réponse de son fils, Marie de Médicis publia un manifeste pour se justifier, ce qui n'était certainement pas le moyen d'arranger les choses ! La reine Henriette-Marie intervint alors auprès de son frère et du cardinal. Quant à Charles Ier, il envoya lord Jermyn à Paris, en le chargeant d'obtenir le retour de sa belle-mère. Richelieu se donna l'élégance de suggérer à Louis de consulter ses ministres sur l'opportunité de ce retour. Il déclara qu'il s'abstiendrait lui-même, ne voulant pas être juge et partie. Cette manœuvre était cousue de fil blanc, car il ne pouvait y avoir de ministre assez imprudent pour contrecarrer les vues de son patron ! Le roi fut touché par cette proposition. Il demanda donc au chancelier Séguier, à Bouthillier, Bullion, Chavigny et Sublet de Noyers d'opiner par écrit. Tous conclurent au rejet de la requête de la reine mère, estimant que son retour serait préjudiciable au royaume. Le plus sévère fut Sublet de Noyers, qui suggérait que le roi d'Angleterre fût remercié de ses bons offices, mais invité à ne plus s'entremettre à l'avenir des affaires domestiques de Sa Majesté, « étant bien raisonnable que chacun règle les affaires de sa maison ainsi qu'il le juge à propos, non au goût d'autrui ».

Louis XIII fit une réponse habile à lord Jermyn :

1. Le comte de Soissons.

– « Monsieur Jermyn, je loue ma sœur du bon naturel qu'elle témoigne pour la Reine ma mère. Je n'ai jamais manqué de bon naturel envers la Reine ma mère, mais elle a tenté tant de diverses choses contre mon État, et a pris tant de liaisons avec ceux qui en sont ennemis déclarés, que je ne saurais prendre aucune résolution que de n'en prendre point en ce qui la touche, jusqu'à ce que l'établissement d'une bonne paix me donne lieu de moins soupçonner ses intentions, que je ne dois faire maintenant. »

Autrement dit, il repoussait sa réponse jusqu'à la signature de la paix ! En outre, il récusait la demande d'argent, en sorte que les sommes données à la reine mère ne profitent pas aux ennemis de la France.

Il était une autre exilée volontaire, qui aurait bien voulu rentrer en France : la duchesse de Chevreuse. L'hospitalité espagnole l'ayant déçue, elle était passée en Angleterre. La reine Henriette-Marie avait également demandé son retour à Richelieu. N'obtenant pas gain de cause, la duchesse avait profité de la grossesse de la reine pour la supplier d'intercéder en sa faveur. Anne d'Autriche remit la lettre à Richelieu. Le temps était passé des correspondances clandestines au Val-de-Grâce ! Ce fut le cardinal qui répondit à Mme de Chevreuse : « Si vous êtes innocente, votre sûreté dépend de vous-même… » Réponse ambiguë et qui n'était pas de nature à rassurer l'exilée. Elle ignorait qu'il désirait fort trouver un accommodement avec le duc de Lorraine et songeait à utiliser l'influence que Mme de Chevreuse conservait sur lui. Il obtint pour elle des lettres d'abolition. Il l'autorisa à habiter son château de Dampierre et lui avança même dix-huit mille livres pour lui donner les moyens de revenir. Toutefois, toujours prudent, il exigea de ses mandataires la signature d'un reçu qui contenait l'aveu de sa culpabilité. Elle crut à un piège, persuadée que ni le roi ni Richelieu n'étaient disposés à la laisser en paix quand elle serait réinstallée à Dampierre. Elle différa son départ, demanda de nouvelles assurances, finalement choisit de s'abstenir. La reine mère était entourée d'ennemis de Richelieu, dont Mme de Chevreuse et le duc de La Valette (le vaincu de Fontarabie) étaient, pour l'heure, les plus dangereux.

XII

L'ANNÉE CHARNIÈRE

Richelieu avait, on le sait, l'esprit de famille. Il portait le plus grand intérêt à la carrière d'un de ses parents, Charles de La Porte, marquis de La Meilleraye. Il l'avait déjà fait nommer grand maître de l'artillerie. Il obtint de Louis XIII que celui-ci lui confiât le commandement de l'armée d'Artois. On ne concevait alors d'autre stratégie que de s'emparer des places fortes qui jalonnaient les frontières. Richelieu avait donné carte blanche à La Meilleraye, auquel il laissa le choix d'attaquer Saint-Omer, Arras, Hesdin ou Bapaume, tout en lui conseillant d'écarter les deux premières. La Meilleraye choisit prudemment Hesdin, qu'il investit le 4 juin 1639. Louis XIII vint en observateur, dès le début du siège. Il écrivit à Richelieu : « Je ne saurais vous témoigner la satisfaction que j'ai de M. de La Meilleraye, lequel sert avec telle affection et capacité, qu'on n'en saurait dire assez de bien et de tous ceux qui servent sous lui... » Lui-même mettait la main à la pâte, traçait des lignes (des tranchées) et des redoutes. Cependant, le cardinal gourmandait son parent ; il lui reprochait son excessive prudence : « Je vous compare aux chiens des bonnes meutes, qui, ayant le nez excellent et le pied gras, font des merveilles au découplé, mais avec tant d'efforts que, devant que le cerf soit pris, ils sont contraints à se rendre. »

Bien entendu, on le tenait régulièrement informé des dispositions prises par La Meilleraye. Son correspondant, Antoine de Ville, ingénieur en fortifications, lui parlait de l'effet d'une nouvelle bombe en forme de cylindre, dont le fracas épouvantable terrorisait les habitants de Hesdin. Il vantait la merveilleuse ordonnance du camp, où l'on trouvait les meilleures nourritures et où on se serait cru dans une ville paisible. Ces détails agaçaient prodigieusement Richelieu. L'approche du redoutable Piccolomini lui avait été signalée. Ce dernier dirigea ses forces vers Thionville, qu'assiégeait alors le marquis de Feuquières. La cavalerie française céda au premier choc, entraînant la déroute de l'infanterie. Feuquières eut un bras emporté par un boulet. Il fut capturé et mourut de sa blessure. Ses régiments se réfugièrent dans les citadelles de Metz et de Verdun. Richelieu prévint en hâte La Meilleraye, mais Piccolomini se retira, satisfait d'avoir libéré Thionville. Le 27 juin, deux mines ouvrirent des brèches dans les murailles d'Hesdin. Un premier assaut échoua, quoique mené avec vigueur. Le lendemain, 28, la ville capitula. Le roi apporta lui-même quelques modifications à l'acte de reddition préparé par La Meilleraye. La garnison espagnole sortit le lendemain, tambours battants, mèches allumées et balle en bouche. Le roi honora ce défilé de sa présence. Le comte de Hanapes, gouverneur de la place, s'avança vers lui, entre deux capitaines. C'était un vieillard de plus de quatre-vingts ans ; il avait été blessé par un éclat de bombe.

– « Sire, dit-il, j'ai été fait gouverneur d'Hesdin par un grand Roi et un grand Roi m'en fait sortir. Je tiens à grand honneur, puisque j'avais à perdre la place, de la remettre entre les mains de Votre Majesté. »

– « Vous l'avez si bien défendue, répondit Louis XIII, que le Roi votre maître n'en pourra être que très satisfait. »

Le cardinal-infant ne fut pas de cet avis. Lorsque le comte de Hanapes se présenta devant lui, il le fit jeter en prison !

Après le départ des Espagnols, nos troupes entrèrent dans Hesdin. Le roi descendit de cheval et monta sur la brèche. Deux officiers durent l'aider, car il souffrait d'un accès de goutte. La Meilleraye l'attendait en haut des décombres. Le roi prit la canne d'un des officiers.

– « La Meilleraye, dit-il, je vous fais maréchal de France ; voilà le bâton que je vous donne ; les services que vous m'avez rendus m'obligent à cela ; vous continuerez à me bien servir. »

La Meilleraye se confondit en remerciements.

– « Trêve de compliments, reprit le roi, je n'en ai pas fait de meilleur cœur que vous. »

Après Hesdin, le nouveau maréchal s'empara de Rumingheim, battit le marquis de Fuentès, puis, à Saint-Venant, le comte Ludovic et ses Croates. Il établit son camp à Arvin. Ses soldats « mangèrent le pays », selon l'expression consacrée. Pendant ce temps, le maréchal de Châtillon démantelait la place luxembourgeoise d'Ivoy qu'il venait de prendre.

Le travail de grignotage de la frontière espagnole se poursuivait, conformément aux vues de Richelieu. Nous avions désormais l'initiative des opérations. Le cardinal-infant ne pouvait plus que se défendre.

En revanche, Bernard de Saxe-Weimar donnait de la tablature à Richelieu. L'entretien de son armée coûtait fort cher, mais les résultats qu'elle avait obtenus passaient les espérances. Louis XIII ne ménageait pas ses compliments au prince-condottiere. Soudain Bernard jeta le masque. Il refusa de remettre Brisach au roi, prétendant que celui-ci s'était engagé à lui laisser les droits détenus par les Habsbourg d'Autriche sur le landgraviat d'Alsace. Or, jamais il n'avait été question que le prince possédât des places fortes en Alsace, avec le droit d'y mettre des garnisons. Il était simplement un condottiere à la solde de la France. Mais il avait la mentalité du défunt Wallenstein qui servait l'empereur tout en essayant de se tailler une principauté. Richelieu chargea le comte de Guébriant de le ramener à la raison. Ce fut un échec. Cependant, Bernard affirma qu'il ne se séparerait jamais de la France. Guébriant revint à la charge et s'attira cette étrange réponse :

– « Je ne souffrirai jamais que l'on puisse me reprocher que j'aie été le premier à démembrer l'Empire. »

Le cardinal était de plus en plus inquiet. Il écrivait à d'Avaux, notre ambassadeur en Allemagne : « Jusqu'à présent, l'on impute son mauvais procédé à la dureté de son naturel, qui est fort attaché à ses intérêts particuliers ; mais deux choses empêchent de croire qu'il le pût porter à changer de parti :

l'une sa réputation, qui lui est chère, et l'autre les grandes sommes de deniers qu'il a tirées du Roi, lesquelles l'Empire et l'Espagne ne lui sauraient donner. » Cette lettre était à peine parvenue à son destinataire qu'on apprit la mort quasi subite de Bernard. Il avait trente-sept ans ! La cour de France prit le deuil. Richelieu craignait que l'empereur ne récupérât l'armée privée de son chef. Il dépêcha sans délai Guébriant, accompagné de deux négociateurs, auprès du baron d'Erlach et des principaux lieutenants de Bernard. Il n'y avait qu'un langage à tenir à ces militaires, qui étaient surtout des aventuriers. Le baron d'Erlach reçut six mille écus de pension et la même somme en terres lors de la signature de la paix. Ses lieutenants, Nassau, Oëhm et Schönbeck, ainsi que les colonels de ses régiments, furent également pensionnés et dotés. Cette manne produisit l'effet escompté. Officiers et soldats s'engagèrent à « marcher en tous lieux, soit en Allemagne, France, Lorraine ou Pays-Bas, ainsi qu'il leur serait commandé par Son Altesse de Longueville, général de Sadite Majesté ». Car Louis XIII avait placé le duc de Longueville à la tête de cette armée.

Bien lui en prit, car le roi d'Angleterre se manifesta soudain. Il proposait de confier l'armée de Bernard au fils du ci-devant Électeur palatin, son neveu. Richelieu posa deux conditions : le roi d'Angleterre adhérerait à la coalition contre l'Espagne ; il entretiendrait six mille hommes de pied en Allemagne. Le prince palatin (Charles-Louis) n'eut pas la patience d'attendre la fin des négociations entre son oncle et Louis XIII. Il débarqua clandestinement en France et, déguisé en laquais, se dirigea vers l'Alsace. On l'intercepta à Moulins et on le conduisit à Vincennes. Bellièvre assura le roi d'Angleterre que son neveu serait traité avec civilité, « jusqu'à ce que Sa Majesté eût découvert le dessein qu'il avait, passant inconnu dans ses États, contre ce qu'on avait accoutumé de pratiquer envers les grands princes ».

Longueville avait décidé de prendre ses quartiers d'hiver dans le Palatinat. Il s'empara de diverses bourgades riveraines du Rhin. Le 27 décembre 1639, le comte de Guébriant organisa le passage du fleuve, qui dura huit jours et huit nuits et fit dire aux Allemands que rien n'était impossible aux armes du roi de France.

Partant de Poméranie, les Suédois avaient repris l'offensive. Baner, vainqueur à Chemnitz, ravagea la Bohême, la Moravie et la Silésie, mais ne put s'emparer de Prague qui fut sauvée par le frère de Ferdinand III, l'archiduc Léopold. L'autorité impériale se lézardait à nouveau. Plusieurs princes protestants du centre de l'Allemagne s'allièrent aux Suédois. Désormais, non seulement la France ne courait plus le risque d'une invasion allemande, mais il était clair que l'Espagne devrait bientôt supporter seule le poids de la guerre, car l'empereur n'avait plus la possibilité de redresser la situation. La politique extérieure de Richelieu donnait ses premiers fruits.

Cependant, il fut moins heureux en Savoie. Sachant combien la régence de Christine de France était menacée, il l'abreuvait de conseils un peu trop appuyés. Le 14 janvier 1639, elle lui avait répondu : « Je ne fus jamais dans une si profonde léthargie que je ne connusse toujours clairement ce que je dois à votre mérite et à la passion que j'ai de rencontrer les occasions de vous plaire. Je sais que des personnes qui ne sont pas trop bien intentionnées, et particulièrement M. d'Hémery, ont travaillé à obscurcir la candeur de mes actions, voulant même trouver des taches au soleil. Mais il vous plaira considérer ce que j'ai fait, non seulement du temps du duc Charles-Emmanuel, mon beau-père, et de feu Monseigneur [1], mais depuis ma Régence. Vous connaîtrez parfaitement que je ne pouvais agir davantage pour suivre vos conseils et m'employer au service du Roi Monseigneur mon frère. »

Richelieu ne demandait qu'à la croire, bien qu'il goûtât peu l'impertinence de cette lettre. Mais l'empereur avait cassé le testament de Victor-Amédée conférant la régence de la Savoie à Christine de France. Et le prince Thomas avait quitté les Pays-Bas espagnols pour se rendre à Turin. Avec l'aide de son frère, le cardinal Maurice, il s'empara en quelques semaines des principales places du Piémont. La duchesse appela au secours, quand il ne lui resta plus que Turin. Le Sénat de Savoie nomma Thomas et Maurice corégents. Richelieu organisa une entrevue à Grenoble entre Louis XIII et sa sœur. Il prétendait obtenir de la duchesse qu'elle confiât son fils et toutes les places du

1. Victor-Amédée, mari de Chrétienne (ou Christine).

Piémont au roi. Elle refusa, bien qu'elle fût dans une situation désespérée. Elle joua à son frère la comédie des larmes et il se laissa émouvoir. À la vérité, Chrétienne voulait éviter le sort de la Lorraine à son pays, et cela Louis XIII le comprenait. Comme le frère et la sœur étaient aussi obstinés l'un que l'autre, l'habileté de Richelieu ne servit à rien.

Le cardinal de La Valette étant mort en août, d'une fièvre continue, fut remplacé par le comte d'Harcourt. Cet excellent général trancha le nœud gordien, en battant les Espagnols et le prince Thomas à Turin. L'avantage restait donc à la France et la parole était aux diplomates. Richelieu envoya sur place Mazarin, qu'il venait de prendre à son service. Cet Italien, qui se disait, plaisamment mais sincèrement, « canonisé français », fit merveille. Il débarrassa la duchesse d'un indésirable amant. La régence fut confirmée. Thomas et Maurice renoncèrent à leurs prétentions contre dédommagement et, lâchant les Espagnols, se mirent au service de la France. Le cardinal-infant perdait son meilleur général.

Le coup le plus redoutable à la puissance espagnole avait été porté par les Hollandais. Philippe IV avait décidé d'envoyer par mer un renfort de vingt mille hommes aux Pays-Bas. La flotte espagnole rencontra les escadres hollandaise commandées par l'amiral Tromp. Elle se réfugia à Douvres, pour éviter le combat. Tromp l'attaqua dans la rade anglaise de Portsmouth et l'anéantit presque entièrement. Désormais, les Pays-Bas espagnols ne pouvaient attendre qu'un hypothétique secours de l'empereur. Année charnière, 1639 marque le début du déclin des Habsbourg.

XIII

LA MARFÉE

Les années 1640-1641 confirmèrent les progrès de la France. Le succès le plus considérable fut la prise d'Arras, au terme d'un siège difficile (le 9 août 1641). La frontière des Pays-Bas espagnols était désormais largement ouverte et la couverture de Paris mieux assurée. La même année, Baner et Guébriant s'avancèrent presque jusqu'à Ratisbonne, où la Diète était réunie dans le but de rétablir la paix. Après la mort de Baner (en mai), Guébriant et les Suédois reprirent l'offensive et battirent les Impériaux à Wolfenbüttel. Cette victoire ne modifia pas sensiblement la situation et, dès lors, les opérations stagnèrent. Philippe IV se demandait à quoi l'empereur employait les subsides qu'il lui envoyait ! Il avait lui-même fort à faire. Les Catalans étaient en rébellion ouverte contre lui. Ils formaient, avec l'Aragon et Valence, l'un des trois États englobés naguère dans le royaume d'Aragon, que Charles Quint avait réunis à la Castille. Pour autant, leurs libertés avaient été maintenues, ainsi que leurs Cortès. Lors de l'attaque de Salses par le prince de Condé, ils avaient fourni des volontaires dont la combativité avait été notée. Le comte Olivarès commit alors une lourde erreur. Au lieu de confier aux Catalans, comme ils le demandaient, la défense de leur frontière, il accabla leur province d'une lourde occupation militaire. Les Castillans ne les aimaient pas ; ils se conduisirent comme en pays conquis. Bientôt le mécontentement gronda.

En juin 1640, un incident mineur dégénéra en insurrection, à Barcelone. Le vice-roi fut assassiné. Les rebelles massacrèrent tous les Castillans qu'ils débusquèrent. À la suite de quoi, les Cortès rompirent avec Philippe IV et firent appel à Louis XIII. Ils n'avaient pas oublié que jadis les rois de France étaient aussi comtes de Barcelone. Richelieu sauta sur l'occasion. Il députa près des Cortès l'ingénieur-diplomate du Plessis-Besançon. Ce dernier signa un traité d'alliance avec les Catalans qui « déposèrent » Philippe IV et élurent Louis XIII comte de Barcelone. Du Plessis-Besançon organisa la défense de cette ville et repoussa l'assaut des Espagnols, mais il ne put s'emparer de Tarragone, où ils s'étaient repliés. Il leur restait aussi Collioure, Perpignan et Salses contrôlant la frontière nord de la Catalogne. C'étaient ces trois places qui intéressaient principalement Richelieu. Il n'ignorait pas que, si les Catalans détestaient les Castillans, ils n'aimaient pas plus les Français. À ses yeux, le titre de comte de Barcelone accordé à Louis XIII était illusoire. En revanche, la possession du Roussillon portait la frontière française aux Pyrénées, mais il fallait d'abord s'emparer de Perpignan, Salses et Collioure.

Simultanément, le Portugal secouait le joug espagnol. Ce royaume était en principe indépendant ; il avait son gouvernement et son parlement, mais soumis à la tutelle de Philippe IV. La vice-reine, duchesse douairière de Mantoue, et Vasconcellos, son principal ministre, étaient à ses ordres. Or, il existait un représentant de l'ancienne dynastie de Bragance, le duc Jean. Il devint le chef occulte de la résistance. Philippe IV lui ordonna de se rendre à Madrid. Le 1er décembre 1640, les rebelles s'emparèrent du palais royal, massacrèrent Vasconcellos et sa garde espagnole, proclamèrent roi le duc Jean, sous le nom de Jean V. Philippe IV envoya une armée au Portugal. Elle était trop peu nombreuse pour vaincre le parti du roi. En janvier 1641, Jean V avait envoyé un ambassadeur à Paris. Louis XIII ne refusa pas son aide. Une escadre, commandée par le marquis de Brézé, neveu de Richelieu, vint mouiller à Lisbonne, pour appuyer la flotte portugaise si elle était attaquée par l'amirante de Castille.

L'Empire réduit à traiter, les Pays-Bas espagnols menacés dans leur existence, la Savoie revenue à l'obédience française, les passages fermés entre l'Italie et l'Allemagne, la Catalogne en dissidence, le Portugal avec un Bragance, la meilleure flotte espagnole perdue à Douvres avec vingt mille soldats, tel était le bilan de sept ans de guerre avec la France. Le comte Olivarès n'avait plus aucune chance d'aboutir à cette paix blanche dont il rêvait encore lors de ses pourparlers avec les émissaires de Richelieu. Pourtant il ne désarmait pas. Dans le duel implacable qui l'opposait à Richelieu, pas un instant il n'avait faibli. Faute d'épée, il se servirait du poignard, et ce ne serait pas la première fois !

Il n'ignorait rien de la situation en France. Il avait assez d'agents et d'hispanophiles pour le tenir exactement informé. Il connaissait les difficultés financières du gouvernement. La révolte des « Va-nu-pieds » de Normandie, sa terrible répression, les troubles qui agitaient l'Anjou, la Bourgogne, la Bretagne, le Bordelais, le Bourbonnais, lui avaient mis un peu de baume au cœur. De même l'impôt d'un sol par livre, les taxes sur le tabac, les boissons, les emprunts forcés, la contribution arrachée à l'assemblée du clergé, les sanctions infligées aux parlementaires récalcitrants, la misère de certaines provinces, la menace d'une guerre civile... Il était aux aguets du moindre incident susceptible d'être exploité, d'un faux pas de son rival, d'une occasion de réduire son pouvoir à néant.

L'impopularité de Richelieu était alors à son paroxysme. On le haïssait dans tout le royaume. L'opposition grandissait, tenace, bien que toutes les tentatives de rébellion se fussent dénouées dans la honte et le sang et bien que, malade et vieillissant, le cardinal eût gardé son mordant. Il avait des collaborateurs et des domestiques, mais point de véritable ami, hormis Louis XIII. La partie serait à moitié gagnée, si l'on parvenait à rompre leur accord. On pouvait aussi tenter de réveiller l'hostilité des Grands. Richelieu les avait muselés, mais ils ne lui pardonnaient pas la décapitation de Chalais et de Montmorency, le démantèlement des châteaux, le recul de leur caste, les humiliations infligées à la reine Anne d'Autriche, non plus que l'exil de la reine mère et de ses complices. Les huguenots ne pouvaient davantage oublier le siège de La Rochelle et la perte de leur chef, Benjamin de Soubise, lui aussi à Londres.

Olivarès prêtait une attention particulière aux agissements du comte de Soissons, de Charles de Lorraine et de leurs comparses. Ces princes étaient sans le savoir environnés d'espions. Ils n'étaient pas les seuls. Le cardinal venait encore d'aggraver son cas en mariant sa nièce, Claire-Clémence, fille du maréchal de Brézé, au duc d'Enghien, fils aîné du prince de Condé. Ce mariage était une mésalliance, qui scandalisa l'opinion. Les mauvaises langues insinuèrent que le cardinal avait obligé le prince de Condé à donner son fils à Claire-Clémence. La vérité était que, par servilité et par cupidité, le prince avait contraint le duc d'Enghien à épouser la nièce du cardinal. Il avait même offert sa fille Anne (future duchesse de Longueville) au petit marquis de Brézé, frère de Claire-Clémence ! Le duc d'Enghien se résigna difficilement à épouser celle-ci. Au cours du bal qui suivit le festin de noces, la mariée tomba en dansant une courante. On l'avait affublée de si hauts talons qu'elle ne pouvait marcher ! Toute l'assistance éclata de rire, y compris le duc d'Enghien. Ce fut un triste ménage ; pourtant, Claire-Clémence avait des vertus que son mari ne soupçonnait pas.

À l'occasion de ce mariage, Louis XIII dit soudain à Richelieu :

– « Je vous prie de ne vous point mettre dans la presse [1], comme vous fîtes l'autre fois. »

Ce conseil était opportun. On avait arrêté à Paris, en décembre 1640, un étrange ermite nommé Guillaume Poirier, originaire de Vendôme, et Louis Allaiz, un de ses complices. Cet ermite était accusé de plusieurs crimes. Guillaume Poirier avait déclaré que, dix-huit mois plus tôt, incarcéré dans une prison de Vendôme, on l'avait conduit dans la maison d'un chanoine où se trouvait le duc de Vendôme. Celui-ci lui avait proposé d'assassiner Richelieu. Poirier avait accepté et recruté deux autres complices, frère Louis Allaiz et un ermite résidant à Gisors. Poirier et Allaiz furent transférés à la Bastille et le chancelier Séguier tint à les interroger personnellement. Ils maintinrent leurs déclarations. Coïncidence bizarre, le duc de Vendôme envoya sa femme et ses deux fils à la cour. La duchesse déclara que l'accusation portée contre son mari était irrecevable, car

1. Dans la foule.

fondée sur le témoignage de deux malfaiteurs, indignes de foi. Elle ajouta crânement que le duc était prêt à venir à la cour pour se justifier, si le roi le souhaitait.

Vendôme était, comme on sait, fils de Gabrielle d'Estrées, donc demi-frère de Louis XIII. Invité à se présenter à la cour, il quitta son château d'Anet, mais, aux approches de Paris, il fut pris de frayeur et tourna bride. Après avoir traversé la Normandie, il s'embarqua pour l'Angleterre. Louis XIII écrivit à Richelieu : « Le procédé de mon frère Vendôme ne m'a point surpris, car je n'ai jamais cru qu'il se présentât à la confrontation. Soit qu'il soit venu à Paris ou non, son absence fera voir à tout le monde que l'accusation qu'on lui a mise sus est véritable. » La duchesse de Vendôme et ses fils reçurent une lettre de cachet leur enjoignant de se retirer dans leur château de Chenonceaux. Le roi constitua un tribunal de vingt-quatre juges, qu'il présida lui-même. Omer Talon en fut le rapporteur. Il fit état de plusieurs lettres et d'un compte rendu de la première entrevue de Vendôme avec la reine mère. Il aurait déclaré : « Madame, vous voyez un pauvre exilé, accusé d'une entreprise qu'il voudrait avoir exécutée plus en pensée qu'en effet. » Le tribunal décida qu'un second interrogatoire des « témoins » (Poirier et Allaiz) vaudrait confrontation avec l'accusé, singulière procédure ! En cours de séance, un valet de chambre apporta une lettre de Richelieu. Le cardinal demandait au roi de gracier Vendôme.

– « ... Ce n'est pas mon avis, s'exclama le roi. Je dois la protection à ceux qui me servent avec affection et fidélité, comme fait M. le cardinal, et si je n'ai soin de faire punir les entreprises qui se font contre sa personne, il sera difficile que je trouve des ministres pour prendre soin de mes affaires avec le courage et la fidélité qu'il faut... »

Néanmoins, il demanda au chancelier de donner lecture de la lettre, qui fut insérée dans le procès-verbal. Finalement, il décida de suspendre le jugement, se réservant de gracier Vendôme, s'il se rachetait par une meilleure conduite. En réalité, il était difficile de juger l'accusé sur des présomptions, certes aggravées par sa fuite en Angleterre. Le cardinal fut loué de sa magnanimité. Toutefois, son geste ne désarma point l'opposition.

Charles IV de Lorraine ne croyait plus à la victoire de l'empereur. La morgue des Espagnols l'irritait. Le moment lui paraissait opportun de se réconcilier avec Louis XIII. Les émissaires qu'il envoya à Paris furent écoutés avec bienveillance par Richelieu. Ce dernier jugeait de grande importance de détacher Charles de Lorraine du parti impérial. En effet, les Lorrains désiraient fort le retour de leur duc ; leur francophobie ne faisait pas de doute. Mais il se défiait de la sincérité de celui-ci et s'interrogeait sur le but réel de sa démarche. Pour tâter le terrain, il avait proposé à Charles, au nom du roi, d'échanger la Lorraine contre l'Auvergne qui était plus vaste et que la guerre avait épargnée. Charles voulait rentrer dans ses États (la Lorraine et le Barrois), tels qu'ils étaient à la mort de son père. Cette demande était bien entendu irrecevable. Cependant, Louis XIII avait le sentiment d'avoir commis une injustice envers Charles en le spoliant de ses biens ; il souhaitait donc trouver avec lui un terrain d'entente, tout en préservant les intérêts de la France. Des passeports furent délivrés au duc qui arriva à Paris le 7 mars 1641. Son cousin, le comte d'Harcourt, envoyé à sa rencontre, le conduisit à l'hôtel d'Épernon, car le duc ne voulait pas descendre à l'hôtel de Lorraine, où Nicole, sa première femme, habitait : il était bigame, ayant épousé illégitimement Béatrice, princesse de Cantecroix. La première visite qu'il reçut fut celle de Chavigny, lequel lui déclara en substance : « Le Roi ne veut que ce qui est capable de vous empêcher, vous et vos successeurs, de faire de nouveaux maux à la France. » Le lendemain, le duc reçut Richelieu. Le roi lui accorda audience le 9 mars :

– « Mon cousin, lui dit-il, tout le passé est entièrement oublié ; je ne pense plus qu'à vous donner à l'avenir des marques de mon amitié. »

Le duc savait ce que ces paroles courtoises recouvraient. Les conditions qu'on prétendait lui imposer étaient d'une sévérité extrême. Il tenta, mais en vain, d'obtenir des adoucissements. Force lui fut de signer le traité qu'on lui mettait en main. Il récupérait ses duchés de Lorraine et de Bar. Le roi s'engageait à évacuer la Lorraine, mais il conservait les places de Clermont, Stenay, Jametz et Dun. Les remparts de Marsal seraient rasés. Les troupes françaises continueraient à occuper Nancy, dont les murailles seraient démantelées. Le duc ainsi que Nicole, sa femme, prêteraient hommage pour le Barrois. Le 20 mars, le roi et le duc jurèrent sur les Évangiles d'observer inviolablement ce traité. Cependant, la veille de cette cérémonie, Charles avait fait enregistrer par un notaire une protestation annulant par avance le traité, sous le prétexte qu'il avait cédé à la force. Quand il revint en Lorraine, ses sujets l'acclamèrent. Le cardinal ne tarda pas à apprendre qu'il s'apprêtait à rencontrer le duc de Guise, lequel rejoignit bientôt le comte de Soissons à Sedan.

Or, on commençait à se demander si ce dernier rentrerait spontanément en France, à l'expiration de l'autorisation que le roi lui avait accordée de se retirer dans cette ville pendant quatre ans. S'il ne tenait pas ses engagements, il risquait fort de perdre ses charges et leurs revenus. Ni le roi ni le cardinal ne pouvaient s'illusionner sur sa loyauté. À la fin de 1640, Sublet de Noyers se trouvait à Richelieu pour payer les ouvriers qui travaillaient au château et passer de nouveaux marchés avec eux. On lui signala qu'un gentilhomme venant d'Angleterre passait à proximité. Il le fit arrêter. Ce gentilhomme, nommé La Vigerie, fut trouvé porteur de lettres émanant de Benjamin de Soubise et du duc de La Valette, lettres destinées au duc d'Épernon et au marquis de La Force. Elles assuraient que, « l'occasion étant favorable, l'on pouvait faire prendre les armes aux huguenots en Guyenne et tirer de grands avantages de l'embarras où était la Cour… ».

Expédié à Paris et embastillé, La Vigerie dévoila le complot qui se préparait : le comte de Soissons entrerait en Champagne, dès que d'Épernon armerait les huguenots de Guyenne ; simultanément, Soubise débarquerait en Bretagne. Le comte de Soissons fut averti des aveux de La Vigerie. Il écrivit aussitôt à Louis XIII : « J'envoie Campion à Votre Majesté, auquel je la supplie d'avoir créance, pour l'assurer que c'est une pure calomnie, où il ne se trouvera rien de vrai. Je crois que Votre Majesté aura assez de bonté pour ne pas refuser la justice que je lui demande, de pousser à bout l'accusation qui lui a été faite contre moi, afin que, devant elle et devant le monde, la vérité s'en connaisse. » Il écrivit aussi au cardinal pour lui demander ses « bons offices ». Le 16 décembre 1640, Campion fut reçu par Richelieu qui « lui fit cent caresses ». Campion déclara hardiment que son maître était victime de la calomnie et n'avait jamais eu le moindre commerce avec la reine mère et le cardinal-infant. Richelieu lui objecta qu'un certain abbé de Mercy, venu de Bruxelles, se trouvait présentement à Sedan. Était-ce pour s'entretenir avec le comte de Soissons ou avec les ducs de Bouillon et de Guise ? Il ajouta que Don Miguel de Salamanca, envoyé de Philippe IV, s'était rendu à Montmédy pour conférer avec eux. Campion ne se démonta pas. Il prit la défense de son maître et dit qu'il n'était pas chargé de parler au nom de Bouillon et de Guise, mais qu'il les croyait innocents. Sublet de Noyers entra alors. Il confirma les révélations de La Vigerie. Campion répliqua :

– « Il n'y a rien de si facile que de faire parler un prisonnier ! »

Ayant reçu la relation de cet entretien, le comte de Soissons écrivit à nouveau au roi. Il confirmait son innocence et demandait à ce que l'affaire fût examinée par le Parlement. « Si je me trouve coupable, il n'y a rigueur que je ne désire souffrir. Si mon innocence paraît, comme j'en suis très assuré, je supplie Votre Majesté que ceux qui m'accusent soient punis devant tout le monde. »

Campion apporta lui-même cette lettre au roi et lui déclara que son maître ne voulait d'autre juge que Sa Majesté elle-même et renonçait bien volontiers à l'arbitrage du Parlement. Il tint des propos identiques à Richelieu qui feignit de croire à l'innocence de Soissons. Il venait en réalité de recevoir une information selon laquelle Guise et Soissons travaillaient à détacher la Hollande de son alliance avec la France. Campion se flattait de l'avoir abusé. Il est vrai qu'à une représentataion de *Mirame* le cardinal l'avait fait asseoir près de lui, faveur insigne ! Au lieu de l'envoyer à la Bastille, il le laissa repartir paisiblement pour la Lorraine. Il voulait endormir la défiance du comte de Soissons et surtout pénétrer les moindres secrets de la conspiration. Il eut d'ailleurs quelque mal à calmer l'impatience du roi qui, furieux d'avoir été berné, aurait voulu châtier sans délai le coupable : peut-être avait-il raison. Mais Richelieu préférait laisser à Soissons et à ses comparses le temps de se démasquer. Il était comme ces policiers qui laissent un suspect aller à sa guise pour capturer une bande de malfrats dans un seul coup de filet.

À la vérité, le comte de Soissons hésitait à sauter le pas. Ce fut le duc de Bouillon qui le décida à traiter avec les Impériaux et les Espagnols. Soissons gardait un fond de patriotisme. Il voulait bien entrer en France et susciter une rébellion assez ample pour renverser le cardinal, mais il se refusait à faire le jeu des Habsbourg. Cependant, sa haine contre le cardinal l'emporta. Toutefois, avant de s'engager complètement, il fit pressentir le duc d'Épernon et Monsieur. Démarche maladroite, car Gaston d'Orléans transmit ses lettres au roi ! Soissons songea même à gagner le jeune Cinq-Mars, alors en pleine faveur. Le traité fut signé en mai 1641. L'empereur s'engageait à fournir sept mille hommes. Le roi d'Espagne en promettait autant, plus un subside de deux cent mille écus. Sept mille Impériaux, sous les ordres du baron de Lamboy, arrivèrent en effet à Sedan. Les Espagnols ne parurent pas et le subside accordé par Philippe IV fut fortement réduit. Le roi d'Espagne n'avait pas d'argent à gaspiller !

Le 11 juin, Louis XIII adressa une lettre-circulaire à tous les gouverneurs du royaume, annonçant qu'il accordait un délai d'un mois au comte de Soissons, aux ducs de Bouillon, de Guise et de La Valette, pour se soumettre. Dès le 7 mai, le maréchal de Châtillon était parti de Paris afin de prendre le commandement d'une armée composée de deux mille cavaliers et de huit mille fantassins. Il attendit en vain les renforts que Charles IV de Lorraine devait envoyer en application du traité qu'il avait signé. Ce dernier répondit à l'émissaire de Richelieu qu'il était las d'être dupé et qu'il usait du procédé dont on s'était servi contre lui. On sut qu'il avait rencontré le duc de Guise à Luxembourg. Le maréchal de Châtillon se crut néanmoins assez fort pour affronter l'ennemi. Il fit mouvement vers Sedan. Les Impériaux commençaient alors à franchir la Meuse. Richelieu avait dépêché le duc de Longueville auprès du comte de Soissons, son beau-frère. Guise et Bouillon empêchèrent celui-ci de céder. Avant d'entrer en France, Soissons publia un manifeste dans lequel il s'octroyait le titre de premier prince du sang [1], et appelait le peuple à la révolte contre les ministres du roi.

---

1. Titre appartenant aux Condé.

Les deux armées se rencontrèrent sur la rive gauche de la Meuse, à proximité du village de Chaumont et du bois de La Marfée, le 6 juillet 1641. Soissons était meilleur tacticien que le maréchal de Châtillon, et surtout plus jeune. Il déclencha son attaque au moment propice. Après trois quarts d'heure de combat, la panique se mit dans les rangs français. Le maréchal fut incapable de rallier ses régiments, qui fuyaient en débandade et dont beaucoup se laissèrent capturer sans essayer de se défendre. Mais le comte de Soissons ne put exploiter sa trop facile victoire. Il eut le crâne fracassé par un coup de pistolet. Les récits de sa mort divergent beaucoup. Selon les uns, Soissons aurait relevé le fermail de son casque pour se rafraîchir. Apercevant quelques cavaliers ennemis, il les aurait chargés. Deux balles de pistolet lui auraient arraché un œil et ouvert le front. Selon d'autres, il aurait relevé son fermail avec le canon d'un pistolet chargé dont le coup serait parti. On ne manqua pas d'insinuer qu'il y avait un agent du cardinal dans la suite de Soissons et qu'il avait froidement abattu le rebelle.

Cette mort était un coup de dés du hasard. En soi, la déroute de La Marfée n'était pas catastrophique. Cependant, on pouvait craindre qu'elle ne fît tache d'huile. On nota qu'en apprenant la défaite des royaux, nombre de Parisiens ne cachaient pas leur satisfaction. Quand, presque aussitôt, la nouvelle parvint de la mort du comte de Soissons, la consternation se peignit sur les visages ; on avait tant espéré la chute de Richelieu ! En tout cas, la mort de Soissons décapitait la rébellion. Que pouvaient faire Guise et Bouillon, n'étant plus couverts par l'autorité d'un prince du sang, dont ils se donnaient pour lieutenants ? D'ailleurs, Louis XIII avait déjà prélevé quelques régiments sur l'armée d'Artois et marchait vers Sedan. Le duc de Bouillon préféra se soumettre. Le roi voulut bien lui accorder son pardon et amnistier les fauteurs de troubles, à l'exception du duc de Guise. Il maintenait son titre de prince à Bouillon, confirmait les privilèges de Sedan et de la vicomté de Turenne. Sedan recevrait toutefois une garnison française et Bouillon n'exercerait plus qu'une souveraineté nominale sur ses possessions.

Guise avait repassé la Meuse avec les Impériaux. Il s'était enfui en Allemagne. Il fut condamné à la décapitation et exécuté en effigie. Le roi avait résolu de faire le procès posthume du comte de Soissons. Il refusait que sa dépouille fût transportée à Gaillon, où se trouvait la sépulture des Bourbons-Soissons. Le cardinal lui démontra combien il serait impolitique de juger un membre de la famille royale. Le roi renonça à ce projet et permit le transfert en Normandie de la dépouille du défunt.

L'abstention de Charles IV de Lorraine avait provoqué, pour une large part, la défaite de La Marfée. Il avait marchandé son aide comme un maquignon, puis avait annoncé sa défection à Richelieu. Une fois de plus, il avait joué la mauvaise carte et sa fourberie lui coûterait cher. Le roi lui déclara la guerre le 15 août 1641. Deux semaines après, le comte de Grancey et les royaux s'étaient emparés de la plupart des villes lorraines. À la fin septembre, Charles IV avait perdu son duché. Il ne lui restait plus que sa petite armée. Richelieu lui offrit une dernière chance. Il la repoussa et préféra se retirer dans la Sarre.

La mort du comte de Soissons était un échec pour l'Espagne. Olivarès dut regretter de lui avoir par trop ménagé son soutien. Cependant, la partie n'était pas entièrement perdue pour lui. Il lui restait la possibilité de corrompre, s'il se pouvait, l'entourage du roi, afin d'évincer le cardinal. Il s'était laissé dire que Louis XIII se lassait de n'être que le second dans son propre royaume.

XIV

SOUS LA SIMARRE ROUGE

Dans l'une de ses meilleures pages, Saint-Simon tente cette comparaison des mérites respectifs de Louis XIII et de Richelieu : « Je ne prétends pas lui (Richelieu) vouloir contester d'avoir été en ce genre le plus grand homme que les derniers siècles aient produit ; mais il n'est pas moins vrai qu'aucune des grandes choses qui se sont exécutées de son temps ne l'a été qu'après avoir été délibérée entre le Roi et Richelieu dans le plus profond secret. Qui peut donc dire, puisqu'il n'y avait point de tiers, quelle part chacun d'eux a eue à les concevoir le premier, à les diriger, à décider sur la manière de diriger et d'exécuter ; lequel des deux a ajouté, diminué, corrigé ? Si on peut très aisément penser que Richelieu y a eu la meilleure part et quelquefois tout entière, peut-on raisonnablement contester que Louis n'y en a pas eu aussi ?

Et, puisqu'elles n'ont pas eu leur exécution sans son approbation, sa volonté, son concours de Roi et de maître, il les a donc bien entendues et comprises, il en a senti tout le bon, tout le possible, tous les moyens, toute la conduite. Je le répète, on ne lui nia jamais l'esprit, la valeur, la capacité militaire, le goût du grand ; joignons-y cette modestie, cette humilité, ce mépris, ce détachement de soi-même, cette aversion des louanges si sincère qu'elle les tarit, cette tranquille sérénité avec laquelle il en vit combler son premier ministre, et il en résultera qu'on ne peut avec justice ôter à Louis une très grande part à tout ce qui s'est conçu et exécuté de grand pendant son règne, et qu'en même temps il n'était pas possible que toute la gloire n'en revînt dès lors à Richelieu et ne lui soit pas demeurée. Quel comble de gloire pour Louis XIII de la savoir également mériter et mépriser, et que cette sorte de gloire est héroïque et unique ! »

Écrivant ces lignes, Saint-Simon devançait son époque de deux siècles. Il rejoignait les historiens actuels qui, rejetant les outrances des écrivains de l'École romantique, les thèses de Michelet et de ses successeurs, ont su rendre justice à Louis XIII, lui assigner sa part dans le gouvernement de son État et celle de Richelieu, l'un complétant l'autre et, pendant dix-huit années ininterrompues, formant le plus extraordinaire couple politique que l'on connaisse, dissemblables, mais rapprochés par la même soif de grandeur, le même sens du service, la même ardente conviction d'œuvrer pour l'avenir, la même indifférence aux critiques et la même abnégation.

En 1641, Louis XIII a quarante ans, mais il ne lui reste que deux ans à vivre. Richelieu a cinquante-six ans et il mourra en 1642. Le cardinal ressemble à son effigie, dans la chapelle de la Sorbonne, et au triple portrait que peignit Philippe de Champaigne et qui le représente de face et sous deux profils. On peut l'imaginer, sans crainte d'erreur, assis à son bureau, dans la plus belle chambre du Palais-Cardinal, en compagnie de ses chats et de ses secrétaires. Il porte la simarre et la calotte rouges des cardinaux. La croix du Saint-Esprit brille, suspendue à son ruban de moire bleue. Le large col est bordé de dentelle. Le visage, l'expression saisissent. Autour du long nez mince, recourbé comme un soc et dont l'ossature transparaît sous la peau, les yeux, d'un brun velouté, vivent intensément. Ils scrutent et fascinent. Cependant, une trouble lueur d'inquiétude les traverse. C'est le regard de l'aigle, impérieux mais sans cesse aux aguets des périls ou de la proie. Les mains déliées, naguère d'une élégance extrême, se sont décharnées et ressemblent à des serres. Le front s'élève, immense, rayonnant, au-dessus d'un visage émacié, parcheminé, entre des mèches grises, qui sont les restes d'une chevelure jadis opulente. Les lèvres rouges semblent saigner sur cette pâleur maladive. Mais la moustache aux pointes relevées, la « royale » qui partage le menton, la barbiche, sont à peine mêlées de fils d'argent. Une grâce abandonnée persiste dans ce corps dont on devine la souplesse ancienne. La sveltesse du cavalier n'est plus qu'une effrayante maigreur, ensevelie sous les plis somptueux, avec les cicatrices et les stigmates des maux qui n'ont cessé de le supplicier.

Toute sa vie, il a souffert d'abcès, de fistules, d'ulcères plus ou moins purulents ; il a subi des poussées de fièvre. Les médecins sont incapables de le guérir, ni même de diagnostiquer sa maladie. Parfois, leurs remèdes étranges lui procurent quelque soulagement. Mais il a toujours su « se gouverner », mater la douleur, surmonter, à force de volonté, ses misères physiques. Il brûle du même feu intérieur que dans sa jeunesse. Son cœur bat avec la même énergie et ignore les défaillances. Sa mémoire prodigieuse reste intacte. Son intelligence fonctionne toujours avec la même sûreté et la même promptitude. Sa voix est inchangée, charmeuse ou despotique, selon les circonstances. Son attention ne se relâche pas, preste à saisir le point faible, le manquement. Il continue d'exiger autant de lui que de ses serviteurs et de ses collaborateurs, fussent-ils ministres. Il a choisi, une fois pour toutes, d'être utile à l'État ; il entend le rester jusqu'à son dernier souffle et mourir debout, comme un soldat. Il lui est indifférent d'écourter ses jours. Il a conscience d'user ses dernières forces. Tout au plus peut-on dire que son irritabilité, son impressionnabilité se sont accrues avec l'âge. Mais il a toujours eu des nerfs de femme, une sensibilité à vif et les larmes faciles, malgré son allure virile.

Louis XIII n'est pas mieux portant. Une dysenterie chronique, de fréquents accès de fièvre, l'ont peu à peu vidé de sa substance. La thérapeutique qu'on lui inflige (purgations, clystères et saignées) achève de le détruire. Les médecins s'étonnent qu'il reprenne des couleurs chaque fois qu'il échappe à leur emprise : par exemple, à l'occasion d'une campagne militaire ! Il est atteint du même mal que Richelieu : la tuberculose, un mal que la Faculté n'a pas identifié, mais qu'elle affuble d'une terminologie variée. Le roi a perdu les joues rebondies des Médicis, assez disgracieuses. Son visage s'est allongé. Ses yeux sombres s'enfoncent dans les orbites que soulignent de larges cernes. Le corps garde l'allure et la tenue d'un cavalier, mais au prix d'un effort qui reste perceptible. C'est une majesté crispée qui refuse de paraître physiquement diminuée et ne cesse de faire appel à la volonté. Louis XIII veille à préserver l'image altière que l'on se fait d'un roi, mais au prix d'une tension quotidienne, douloureuse.

Ce sont deux valétudinaires qui gouvernent le royaume et s'étudient l'un l'autre avec anxiété. Le cardinal tremble à la pensée de perdre le roi, car, sans lui, il ne serait rien. Le roi tremble à la pensée de perdre, non son *alter ego*, mais, comme il le dit lui-même, le meilleur de ses serviteurs. Ils échangent leurs bulletins de santé. L'amitié, qui avait peu à peu succédé à la froideur courtoise des premières années, se change en sollicitude réciproque, approche d'une affection réelle. Pour autant, Richelieu ne se permet pas de sortir du rôle qu'il s'est lui-même assigné. Leurs rapports continuent d'être ceux d'un roi et de son ministre. Le respect que Richelieu témoigne à son maître, le ton de soumission qu'il adopte, l'humilité des formules de politesse dont il use, n'ont pas changé. Magnifiant la personne royale en tant que telle, il se grandit lui-même. « Je soumets toutefois cette pensée, comme je ferai de toutes les miennes, aux volontés de Sa Majesté », écrivait-il au début de son ministère. Il connaît trop bien l'esprit ombrageux de Louis XIII pour adopter un autre ton. Quand bien même son propre génie s'impose au roi dans presque toutes les circonstances, il feint d'être inspiré par lui. Et cette attitude coule de source, car, si le roi est moins cultivé que lui et d'une intelligence ordinaire, il a un jugement sûr, un raisonnement clair et une grande lucidité. Leur entente est réelle. Elle se fonde sur une identité de vues quasi constante sur les hommes comme sur les événements, sur les affaires extérieures comme sur le gouvernement du royaume. Leur commun besoin de servir touche au sacrifice et ils ont la même foi ardente dans l'œuvre qu'ils accomplissent. Richelieu confond ses intérêts avec ceux du roi, qui prépare l'avenir du dauphin. Il ne montre pas moins de passion que s'il était le père de cet enfant. La grandeur instinctive qui est en lui trouve ici son épanouissement. Louis XIV lui devra une part de sa gloire.

Durant sa jeunesse, il passait ses nuits à dévorer des livres, à prendre des notes, à rédiger des lettres et des mémoires. Avec la tombée du jour, son esprit s'aiguisait, brillait bientôt de mille feux, comme les étoiles s'allument. Il avait besoin de silence et d'ombre pour méditer et peut-être se retrouver lui-même. Depuis tant d'années, il n'a pas changé sa façon de vivre. La nuit le conseille. Ce que les autres donnent au sommeil, il le donne à la pensée. Couché vers onze heures, il se lève à trois, demande son écritoire, dicte ou écrit des lettres et mémoires à l'intention du roi. Il se recouche à six heures, pour se relever à huit. Il ne dort jamais plus de six heures. Ses secrétaires restent en permanence à sa disposition. Parfois, il recourt à la plume de ses médecins. Même quand il souffre de violentes migraines, il se fait un devoir d'étudier les dossiers ligne à ligne et de préparer la journée du lendemain. On a retrouvé dans ses papiers privés le texte d'un vœu qui jette un jour singulier sur sa mentalité : « S'il plaît à la divine bonté, par l'intercession du bienheureux apôtre et bien-aimé Jean, me renvoyer ma santé et me délivrer dans huit jours d'un mal de tête extraordinaire qui me tourmente, je promets de fonder en ma maison de Richelieu une messe qui se célébrera tous les dimanches de l'année et, pour cet effet, donnerai à un chapelain un revenu annuel de trente-six livres pour les messes qui seront célébrées en actions de grâces. » Notons au passage qu'il fixait un délai à la validité de son vœu !

Dans sa conduite, comme dans le maniement des affaires et dans l'examen des problèmes, quels qu'ils soient, il a la raison pour règle d'or. « La lumière naturelle, a-t-il écrit, fait connaître à chacun que, l'homme ayant été fait raisonnable, il ne doit rien faire que par raison, puisque autrement il ferait contre sa nature et, par conséquent, contre celui-là même qui en est l'auteur. » Ou encore : « On se repent souvent de ce que la passion fait faire avec précipitation, et on n'a jamais lieu de faire de même des choses auxquelles on s'est porté par des considérations raisonnables. »

Pour chaque affaire, il applique, instinctivement [1], la méthode cartésienne. Il en démonte les ressorts et les différents aspects. Il les classe en rubriques. Il en fait ensuite la synthèse et pro-

1. *Le Discours de la méthode* de Descartes fut publié en 1637, l'année du *Cid*.

pose plusieurs solutions, en prenant soin de souligner pour chacune d'elles les avantages et les inconvénients. Il se garde d'indiquer ses préférences, mais il les suggère avec tact. Il laisse ainsi à Louis XIII le soin de choisir et de décider. Contrairement aux idées reçues, s'il est vrai que le roi consacre beaucoup d'heures à la chasse, il prend le temps de lire attentivement les mémoires de Richelieu et de les annoter dans les marges : s'il approuve souvent son principal ministre, il est parfois en désaccord avec lui, ou bien demande des précisions, ou s'étonne d'un retard apporté dans l'exécution. Richelieu lui soumet la minute des lettres importantes. Parfois aussi, le roi corrige ou même refait les lettres : « Je vous envoie la lettre pour mon frère de Vendôme tout ouverte, de peur de faillir, parce que, dans celle que vous m'avez envoyée, j'ai trouvé le commencement un peu brouillé, afin que vous voyiez si je l'ai écrite dans votre sens. »

Chaque affaire ne vient au Conseil qu'après avoir été étudiée par le roi et Richelieu à huis clos. Non que le roi ait déjà arrêté sa décision, car il sait écouter et peut changer d'avis, mais, avant de réunir ses ministres, il connaît à fond la question et la position du cardinal. Celui-ci doit modérer assez fréquemment son impulsivité, voire sa colère : tout manquement au service de l'État provoque son irritation et, avec les années, sa rigueur s'est accrue. Peut-on dire qu'ils se partagent le travail ? Richelieu n'ignore pas que Louis XIII est né soldat ; que la vie militaire le transforme et comble ses aspirations. Il connaît ses aptitudes, son coup d'œil, sa minutie comme son audace. Il lui abandonne en somme le département de la guerre, lui laisse le soin du recrutement, de l'organisation des armées, des itinéraires et du choix de l'objectif, bien qu'il se mêle souvent, non toujours avec bonheur, du choix des généraux. En revanche, il se réserve les affaires étrangères, vaste champ d'activité, car il poursuit les négociations pendant les opérations militaires. Jamais il ne cessa d'envoyer des émissaires à Olivarès, ni de recevoir les siens, et il en était de même avec l'empereur. Jamais aussi les diplomates ne reçurent autant d'instructions impératives et détaillées ni autant de missions délicates à remplir. Ils n'apercevaient pas toujours les objectifs du cardinal – car ils étaient souvent à long terme – mais ils devaient obéir. Ils se conformaient à ses directives avec d'autant plus d'application qu'il les stimulait sans cesse et exigeait des comptes rendus précis et fréquents.

Quelle que soit la nature des affaires qui viennent au Conseil et nonobstant l'influence personnelle de Richelieu sur les autres ministres et secrétaires d'État, les décisions émanent exclusivement de la volonté du roi. Quand il dit soudain : « Ce n'est pas mon avis », le Conseil et Richelieu lui-même s'inclinent devant sa volonté. C'est là un fait constaté, et qu'on doit retenir si l'on veut apprécier les rôles respectifs de Richelieu et du roi. Non seulement le cardinal ne cherche pas à se soustraire à l'autorité de Louis XIII, mais il ne lui dissimule aucun de ses actes, aucun des renseignements secrets que des espions et des indicateurs collectent pour lui, dans tous les milieux du royaume comme à l'étranger. Il a ses agents doubles au sein des mouvements d'opposition. Tous les moyens lui sont bons pour prévenir les complots et les intentions de l'ennemi. En diplomatie, il use de dissimulation et de fourberie. Ces procédés heurtent la loyauté du roi, mais il en comprend l'utilité. Jamais ce dernier n'admettrait d'être mis devant le fait accompli, fût-ce dans les meilleures intentions. Richelieu a l'art de ne pas blesser son amour-propre. Il répète qu'il a le meilleur maître du monde et le roi, le meilleur et le plus fidèle serviteur qui fût jamais. Cependant, il éprouve fréquemment le besoin de rassurer Richelieu. Sans doute regrette-t-il parfois ses traits de mauvaise humeur, l'aigreur de certains propos. Mais il sait aussi que le tout-puissant Éminentissime redoute, comme au premier jour, de perdre sa faveur, d'être évincé de ce pouvoir qu'il a tant travaillé à acquérir, dont il se délecte… et dont il meurt.

Depuis la journée des Dupes et le départ de la reine mère, Richelieu n'a pas arrêté de craindre l'influence des amitiés du roi, féminines ou masculines. Il achetait la complaisance des favoris et, s'ils rejetaient ses offres, il s'arrangeait de façon ou d'autre pour les éloigner du roi. Car jamais il n'a été véritablement l'ami du roi, en ce que ce terme contient de fraternel. Jamais ils ne se sont abandonnés aux confidences intimes. Ils ne parlent que des affaires de l'État. Pourtant, Richelieu sait quelle est la solitude du roi, et parfois son désarroi, et quel besoin il a, dans ses périodes de « mélancolie », d'un peu de chaleur humaine. Mais il estime que ce serait sortir de son rôle. D'ailleurs, écouter certaines confidences d'une oreille un peu trop attentive, c'est prendre le risque de voir une amitié se changer en défiance, parfois en haine. Le roi ne connaît pas moins la solitude hautaine de son ministre, mais il se contente de le défendre contre les attaques de ses ennemis, et il y a quelque mérite, car elles sont fréquentes, voire incessantes. Il lui est arrivé de dire, ou de laisser entendre, qu'il était las du sieur cardinal. Malheur à qui prenait ces paroles pour deniers comptants, car ses réactions étaient notées et Richelieu en était informé.

Il n'y a point d'ombres dans leur collaboration, mais de rares brouilleries, ce que les courtisans nommaient des picoteries. Louis a la riposte facile et la dent assez dure, un humour souvent grinçant. Cependant leur alliance reste indestructible, même s'il arrive que le roi jalouse la supériorité de Richelieu. En tout cas, il partage en tout ses idées, ses méthodes et ses projets. Différemment, il eût promptement mis fin à leur collaboration.

Ces idées étaient simples et claires : remettre le royaume en ordre afin de porter l'autorité royale à son zénith, substituer l'hégémonie de la France à celle des Habsbourg d'Espagne et d'Autriche, mais en limitant les conquêtes au « pré carré ». Depuis sa prise de pouvoir, Richelieu a pratiqué cette politique sans dévier d'un pouce. La qualité majeure d'un homme d'État est pour lui la constance : « Il y en a qui sont fertiles en inventions et abondent en pensées, mais si variables en leurs desseins que ceux du soir et du matin sont toujours différents, et qui ont si peu de suite et de choix dans leurs résolutions qu'ils changent les bonnes aussi bien que les mauvaises et ne demeurent jamais constants en aucune. Je puis dire avec vérité, comme le sachant par expérience, que la légèreté de telles gens n'est pas moins dangereuse en l'administration des affaires publiques que la malice de beaucoup d'autres. »

Mais il n'attache pas moins de prix à la prudence, avec la vigilance pour corollaire. Il y voit à juste raison une vertu du chef, apte à créer et à maintenir l'ordre sans lequel toute entreprise est vouée par avance à l'échec et un État à sa ruine ; à prévoir comme à ajuster les moyens aux fins. On a de lui deux maximes qu'il n'a cessé de mettre en pratique : « Il n'y a rien de si cachés que les effets de la prudence, vu qu'ils consistent principalement à éviter les maux en les prévenant, ce qui fait que souvent on n'estime pas beaucoup les services de ce genre, lesquels sont néanmoins les plus grands qui se puissent rendre. » Et : « L'homme d'État doit dormir comme le lion dort, sans fermer les yeux. »

À la prudence, il joint la patience et la mesure. Tête politique, il sait d'expérience qu'il importe plus d'écouter que de parler ; qu'il ne faut rien brusquer, mais attendre que les idées aient achevé leur germination. Ce n'est pas, à proprement parler, un novateur. Il ne cherche pas à bousculer l'ordre établi, mais à l'actualiser et à le vivifier, en éradiquant ses archaïsmes. Il veut une monarchie solide régnant sur un État homogène, et non pas un puzzle de principautés plus ou moins autonomes et se réclamant d'un passé obsolète. Il préfère appliquer les lois existantes, et leur rendre leur vigueur, plutôt que légiférer à tort et à travers et multiplier des édits qui tombent en caducité dès leur enregistrement par le Parlement. Il fait avec ce qu'il a ; il se sert des hommes tels qu'ils sont. C'est un réaliste. Il voit ce qu'il est possible de faire et ce qu'il convient de différer. Il s'adapte aux circonstances. Il garde une juste connaissance de ses possibilités. Il éprouve autant de chagrin que le roi devant les misères du peuple. C'est avec remords qu'il le pressure, mais il doit céder à la nécessité. Pour mener à son terme la guerre contre l'Espagne, il doit imposer ces sacrifices, de même qu'il sacrifie son reste de vie. On a souligné comme à plaisir sa cruauté envers les Grands. C'est simplement oublier que ceux-ci trahissaient, par ambition ou par cupidité, et cherchaient à ruiner son œuvre qui, encore une fois, était aussi celle du roi. Il est impitoyable, certes, mais par raison d'État.

Cependant, il sait « comme les sages pilotes céder à la tempête », mais pour faire front, lorsqu'une occasion meilleure se présente. Jamais il n'a perdu un instant de vue le but qu'il s'est fixé. Et, précisément, parce qu'il pense et voit grand, il ne recule pas devant l'audace, en quoi d'ailleurs il rencontre le roi. « Un homme de grand cœur, a-t-il écrit, ne doit jamais refuser un parti douteux, quand il y a apparence qu'il puisse réussir, bien qu'il soit difficile. Principalement lorsqu'il s'agit d'un fait si important que c'est gagner que perdre pour le tenter. En tel cas, la retenue et la prudence sont criminelles, et la témérité, vertu. » Pourtant les éminentes qualités que l'on vient d'énumérer n'expliquent pas entièrement sa réussite ; elles se rencontrent au surplus chez de nombreux hommes d'État. Richelieu dispose en outre de deux facultés généralement incompatibles, mais qui se conjuguent en lui harmonieusement. Il excelle à concevoir les principes fondamentaux, mais en même temps il a une juste connaissance des réalités. Il passe avec la même aisance des idées abstraites aux détails concrets. S'il évolue naturellement dans la grandeur et la gloire, pourtant il n'existe pas de petites choses pour lui. En se renforçant l'une l'autre, ces deux facultés assurent son efficacité. Il n'a rien d'un théoricien politique ; il conçoit, exécute et contrôle l'exécution avec une minutie irritante pour certains. Il ne tolère pas le laxisme et l'insuffisance provoque son courroux.

Par son mysticisme exigeant, Louis XIII est proche de saint Louis. Il aspire parfois au silence, à la paix d'une vie cloîtrée. Et parfois l'ambiguïté de Richelieu le déconcerte et l'inquiète : lequel l'emporte en lui du prélat ou de l'homme d'État ? Comment un prêtre peut-il, comme il le fait, vouloir la continuation de la guerre et envoyer impitoyablement à l'échafaud les ennemis de l'État ? En tant que roi, il comprend d'autant mieux ses mobiles qu'il les approuve hautement. En tant que chrétien fervent, il ne laisse pas de s'étonner. Il sait que le cardinal s'est mis en règle vis-à-vis du Saint-Siège. Comme prêtre, Richelieu est tenu à la récitation quotidienne du bréviaire. Urbain VIII avait limité cette obligation à celle de l'office de la Sainte Croix, moyennant une aumône de vingt mille écus. Il l'a autorisé à opiner dans les affaires criminelles pouvant entraîner la mort du coupable, à manger de la viande les jours défendus en raison de sa mauvaise santé, à faire célébrer la messe en tout lieu et jusqu'à une heure de l'après-midi, etc. Ces dispenses, d'ailleurs accordées aux cardinaux de la Curie, suffisent-elles ? Richelieu assiste sans manquer à la messe du dimanche ; il y communie. À l'occasion des grandes fêtes religieuses, ou d'événements majeurs, il officie lui-même avec une ferveur que tous ont remarquée. Le roi sait aussi qu'il consacre toujours un peu de temps à la prière et qu'il salue chaque victoire comme un don du ciel. N'est-ce pas lui qui a suggéré, avec insistance, que le royaume fût voué à la Vierge ? Mais l'homme politique réapparaît toujours ; il oublie, s'il le faut, les préceptes de l'Évangile, dont il a pourtant une si juste connaissance.

Louis XIII n'a pu lire les pensées que le cardinal jette sur le papier et qui témoignent de ses propres inquiétudes : « Bien des hommes sauveraient leur âme en tant que particuliers, qui se damnent comme personnes publiques. » Et celles-ci, dans lesquelles il s'efforce de reprendre confiance : « Il est très assuré que la perfection chrétienne se peut acquérir en toutes conditions séculières ou régulières, privées ou élevées aux plus grandes charges et dignités. » Ou encore : « Il ne faut pas tant considérer les états que les actions en la discussion de la perfection, ni tant les actions en ce qui paraît au-dehors qu'en ce qu'elles sont au-dedans, c'est-à-dire dans leur principe et leurs motifs. »

Certes, comme la presque totalité des hommes du XVIIe siècle, il croit en la miséricorde divine, mais ce n'est pas un mystique, sa foi est raisonnable et tranquille. Ce qu'il craint, c'est que les nécessités de sa charge n'amenuisent ses chances de salut. Mais la politique reprend toujours ses droits : elle lui est aussi nécessaire que l'air qu'il respire. Il arrive même qu'elle colore sa foi, par exemple quand il cherche à faire rentrer les protestants dans le giron de l'Église catholique et qu'il échafaude un projet d'union en gommant les points litigieux. Sa personnalité est complexe, d'une richesse déconcertante. On peut y relever plus d'une contradiction. Elles ne sont pourtant que des apparences : l'axe de la pensée ne dévie pas.

Le roi est économe et discret. Il n'a aucune prétention à l'élégance. Il abhorre les dentelles, les bijoux, les broderies, les bals et les festins dispendieux, la vie de cour avec ses intrigues, ses caquetages incessants, ses adultères affichés avec cynisme, sa futilité consternante. Il dépense peu pour lui-même, car il songe aux sacrifices de son peuple, à la misère de certaines provinces. Il ne bâtit pas. Son seul luxe est son équipage de chasse, sa fauconnerie et ce petit château de Versailles que son fils transformera en palais. Il aime la simplicité. Tout le sépare des Grands dont la morgue et les prétentions ne recouvrent souvent que l'insignifiance et la perfidie. Il ne se trouve à l'aise qu'au milieu des humbles ou en compagnie de ses veneurs, ce qui revient au même, ou de ses soldats. Il s'attable dans une ferme et boit à la régalade. Les raffinements culinaires le laissent indifférent. D'ailleurs la frugalité est chez lui une hygiène, car il a souvent le ventre « bouffi » (enflé) : c'est une conséquence de sa maladie. Il peste contre elle, car il lui arrive de ne pas pouvoir monter à cheval ! Il a, plus que Richelieu, la mentalité et les habitudes d'un gentilhomme campagnard, proche de la nature et des animaux.

Richelieu, au contraire, semble fait pour porter une couronne ! Il mène un train royal, il étale son faste, il a ses propres courtisans ; il aime les maisons somptueuses, les vastes châteaux, tout l'appareil de la grandeur. Il entretient une garde nombreuse. Le palais qu'il habite est un ravissement pour les yeux. Louis XIII désapprouve mais laisse faire ; il a d'ailleurs donné son consentement. La tâche immense assumée par Richelieu méritait bien quelques compensations ! Il lui a permis d'acheter l'ancien hôtel de Rambouillet pour faire construire le Palais-Cardinal, et même de repousser les vieux remparts de Paris pour aménager des jardins. Il l'a autorisé, en 1631, à lever des gardes pour sa protection, cavaliers, mousquetaires et fantassins, tous habillés à ses couleurs. Il n'a pas non plus élevé d'objections à ce qu'il acquît une maison de campagne, sachant qu'il avait besoin d'air et était amateur de beaux arbres.

Il avait érigé (en 1631) sa vieille terre patrimoniale de Richelieu en duché-pairie. Le cardinal-duc s'était empressé de faire raser l'antique demeure de ses pères, et construire à son emplacement une demeure dont tous ceux qui l'avaient visitée vantaient la magnificence. Mais pourquoi a-t-il voulu créer à proximité de son château une ville factice, avec ses places, ses rues, ses hôtels particuliers, son collège, son académie et son imprimerie ? Pour leurrer la postérité, donner à croire que les Richelieu avaient toujours été les plus grands seigneurs de leur région. Il y avait là quelque chose qui sentait le parvenu et qui choquait le bon sens du roi. Il se permettait quelques railleries à cet égard, mais du bout des lèvres et en aparté, seulement pour montrer qu'il n'était pas dupe de cette comédie de grandeur. De plus, en son for intérieur, il était assez satisfait de découvrir les faiblesses de Richelieu, et de contribuer malicieusement à les entretenir.

En 1641, ces railleries ne sont plus de mode. Trop d'épreuves ont rapproché les deux hommes. Le roi a constaté que le cardinal sait aussi faire bon usage de son argent ; il a prélevé des sommes énormes sur sa fortune pour remplir les caisses de l'État et payer les soldats. Le but que poursuivait Richelieu en bâtissant ses demeures et sa propre ville, il a pris la peine de le définir lui-même : « L'ordinaire, la grandeur, le bien même des grands princes veulent que ceux qui ont les premières charges de leur État et la plus grande part en leur confiance fassent une honnête fortune et laissent après eux des marques de la magnificence de leurs maîtres et de la reconnaissance de leurs services. »

Et il n'est que trop vrai que les peuples, spécialement les Français, ont tendance à mesurer la grandeur des hommes d'État aux bâtiments qu'ils laissent en héritage, fussent-ils inutiles et affreusement coûteux. Louis XIII ne laissa rien hormis l'image d'un roi méconnu et la promesse d'un grand règne. Au contraire, la grandeur de Richelieu est immédiatement perceptible. Il s'est chargé de la pérenniser. Louis XIII dédaignait pareillement les lauriers de ses victoires : il les laissait à ses maréchaux, voire au sieur cardinal qui en était friand. Qui se souvient encore de son exploit de Suse ? On ravale parfois même ses talents de général à ceux d'un officier subalterne, d'un pointeur de canon ou d'un dessinateur de redoutes. Il lui suffisait d'être et d'agir.

Richelieu a très vite aperçu les avantages de la publicité, les possibilités d'une propagande bien menée, d'une « intoxication » subtilement distillée dans l'opinion. Il n'a pas inventé la presse ; il l'a utilisée. Estimant que les nouvelles publiées par *Le Mercure français* étaient souvent tronquées, inexactes et tardives, il aida Théophraste Renaudot à fonder sa célèbre *Gazette*. C'était un médecin philanthrope, originaire de Loudun. Richelieu l'avait appelé à Paris, où Renaudot fonda d'abord un Bureau d'adresses, qui était une sorte de bourse de l'emploi et qui connut un succès rapide. *La Gazette* répondait à un besoin évident : les Parisiens étaient avides d'informations. Richelieu pensa que la diffusion de nouvelles, convenablement orchestrées, serait utile au gouvernement. Par chance, Renaudot l'admirait ; il souffrit donc sans trop de mal le contrôle du père Joseph. À dire vrai, l'éminent capucin ne pratiquait pas une censure sévère. Il « inspirait » les articles de Renaudot, notamment en lui fournissant des renseignements de première main. Renaudot jouissait par ailleurs d'une indépendance certaine, car le père Joseph le laissa prendre la défense d'Urbain Grandier [1] et le cardinal n'en tint pas rigueur à son protégé. D'ailleurs, il collaborait parfois avec lui et Louis XIII lui-même ne dédaignait pas d'écrire des articles. *La Gazette* était également un moyen d'annuler les effets pernicieux de l'opposition. On le constate, les difficultés entre les médias et le gouvernement ne datent pas d'hier, non plus que les méthodes employées de part et d'autre.

Il est deux domaines qui portent la marque personnelle de Richelieu et dans lesquels le roi n'eut point de part : la politique culturelle et la marine. Le cardinal aimait les belles-lettres et se piquait de bien écrire. L'idée d'associer la culture à la politique gouvernementale lui vint tout naturellement. Parmi ses familiers, il comptait deux écrivains avec lesquels il aimait disserter : Boisrobert et Desmarets de Saint-Sorlin. Ces deux compères le tenaient au courant des dernières productions, théâtrales et littéraires, et des menues querelles qui agitaient le jardin des Muses. Il apprit ainsi que neuf hommes de lettres tenaient des réunions hebdomadaires, informelles, chez Valentin Conrart, secrétaire du roi. En fait, ils devisaient à bâtons rompus autour d'une bonne table et leurs séances étaient fort joyeuses. Ils faisaient ensuite une promenade de digestion. La politique était le cadet de leurs soucis. Boisrobert, qui était un bon compagnon et caressait volontiers la bouteille, se joignit à eux. Il était fort libre avec Richelieu (et il était bien le seul !), qu'il divertissait de ses saillies. Il lui parla, en toute innocence, des déjeuners hebdomadaires chez Conrart. Le cardinal aperçut bientôt le parti qu'il pourrait en tirer. Il suffisait de transformer ce petit groupe en institution. Il chargea donc Boisrobert de pressentir Conrart et ses amis. Ils montrèrent d'abord quelque réticence, mais on ne résistait pas longtemps à la volonté de Richelieu.

1. Voir Annexes (III).

Ce fut ainsi que l'Académie française fut fondée. Louis XIII signa l'édit le 25 janvier 1635. Le Parlement ne l'enregistra que le 9 juillet 1637, en spécifiant bien que l'Académie ne connaîtrait que de la langue française et des livres écrits par ses membres ou de ceux qui seraient soumis à son jugement. Valentin Conrart fut le premier secrétaire perpétuel. Les académiciens ne purent moins faire que de se donner Son Éminence, le cardinal-duc, comme « protecteur ». Ceux qui n'avaient pas été nommés crièrent au scandale, répandirent que l'Académie serait un instrument du despotisme. Matthieu de Morgues, réfugié à Bruxelles, fustigeait « cette canaille qui combat la vérité pour du pain ». On trouvait détestable que le chancelier Séguier et trois conseillers d'État siégeassent à côté d'authentiques écrivains.

On sut très vite que le cardinal associait certains académiciens à ses travaux personnels. En réalité, cette contribution était volontaire. Chapelain, Gombaud, Desmarets de Saint-Sorlin s'honoraient de mettre au net les notes hâtives du protecteur de l'Académie. Saint-Amant, L'Estoile, Racan et la plupart de leurs confrères n'étaient point sollicités. Ils restaient libres d'écrire à leur guise. Richelieu attendait autre chose que des éloges de la part de l'Académie. Il voulait qu'elle contribuât au prestige de la France : qu'elle remît de l'ordre dans la langue française, dégageât des règles de composition et de grammaire, recherchât la justesse du vocabulaire en éliminant les mots désuets ou douteux et donnât l'exemple de la rigueur quant au style et à la pensée. Il espérait ainsi que le français atteindrait une pureté et une clarté telles qu'il pourrait s'imposer à toute l'Europe, du moins dans les cours étrangères et dans les milieux cultivés : ce qui fut le cas au XVIIIe siècle et dans la première moitié du XIXe siècle. Son « despotisme » sur les gens de lettres ne s'exerçait pas au-delà.

Il était passionné de théâtre. Il se préoccupa de l'installation matérielle des salles, de l'organisation des troupes. Mécontent des comédiens de l'hôtel de Bourgogne, il permit au célèbre acteur Mondory d'ouvrir un autre théâtre, au Marais. Il fit aménager, en 1637, une salle dans son propre palais, pourvue de tous les agencements techniques possibles. Il incitait les auteurs à écrire des pièces, leur fournissait des sujets, parfois des canevas dictés à la diable. Il voulait orienter la production vers la pure tragédie. Le classicisme était en train de naître. Richelieu tirait vers le haut tout ce qu'il touchait, haïssant l'imposture et la vulgarité.

Il se souciait pareillement de l'enseignement supérieur. La vieille Sorbonne tombait en ruine. Les guerres de Religion lui avaient porté un coup fatal. Les bâtiments vétustes et exigus abritaient la faculté de théologie et le collège fondé par Robert de Sorbon, sous le règne de saint Louis. Élu proviseur en 1622, Richelieu lui rendit son prestige, en réorganisant l'enseignement, en faisant construire de nouveaux bâtiments et en les dotant de l'église à la coupole où il voulut être inhumé. N'était-il pas docteur en théologie ?

Il régnait aussi sur les mers, au nom du roi. Car il avait créé une marine de guerre non seulement pour combattre les flottes ennemies, mais pour protéger nos navires de commerce et contribuer par là à notre expansion économique. Constatant l'avantage des expéditions collectives sur l'armement privé, il avait créé, ou facilité, la fondation de compagnies d'armateurs. La compagnie des Cent associés maintenait la présence française au Canada. Celle des Îles d'Amérique avait installé des comptoirs aux Antilles, en Guyane, en Amérique du Sud. La Compagnie d'Orient empruntait la route des Indes et construisait Fort-Dauphin à Madagascar, l'année même de la naissance de Louis XIV. La Compagnie du Nord avait acquis des Hollandais et des Danois un fructueux droit de pêche à la baleine dans les parages du Spitzberg. La France s'ouvrait enfin au monde, grâce à Richelieu, et ceux qui avaient l'âme aventureuse des découvreurs pouvaient assouvir leur passion.

« Je vous jure, écrivait Malherbe, qu'il y a dans cet homme quelque chose qui excède l'humanité. » Il y avait en effet « quelque chose ». La mystérieuse destinée de la France veut qu'elle suscite cette sorte d'homme qui la tire de l'ornière, ou du malheur, et la porte soudain vers les sommets, pour ne récolter généralement que l'incompréhension ou la haine. Richelieu, quand on regarde notre histoire, est sans aucun doute l'un des plus grands.

Pourtant, si près de la mort, la toute-puissance qui s'enveloppe dans les plis de sa simarre de soie rouge n'est pas plus tranquille que le premier jour. Elle craint les coups de caveçon du roi, les rivalités, les intrigues. Tout plie et tremble devant ce vieil homme, que l'on dit implacable. Mais il se préoccupe de l'humeur de Louis. Un jour qu'ils sortaient ensemble d'une salle, le roi a ricané :

– « Passez le premier, puisqu'on dit que vous êtes le vrai roi ! »

Richelieu avait saisi un flambeau et riposté :

– « Oui, Sire, pour vous éclairer ! »

Il était à la merci d'une scène de ce genre. Aurait-il toujours le réflexe aussi rapide et le même à-propos ? Il sait aussi qu'un autre ennemi le guette, d'autant plus redoutable qu'il se pare d'une fausse innocence et que le roi s'est engoué de lui. Le vieil homme est-il jaloux, ou déçu ? Il lui faut plus que jamais dormir comme le lion, les yeux ouverts.

XV

CINQ-MARS

La conquête du Roussillon – qui fut la dernière campagne de Louis XIII – se déroula parallèlement à la conspiration de Cinq-Mars, dernier assaut de l'opposition contre Richelieu. À la fin de 1641, il était évident, eu égard à la situation des armées en présence, qu'aucune rencontre décisive ne se produirait l'année suivante, aussi bien dans les Pays-Bas que dans l'Empire. Le roi et Richelieu décidèrent donc d'exploiter la révolte des Catalans et d'enlever aux Espagnols les places fortes qu'ils conservaient en Roussillon. Le roi se déclarait résolu à se rendre dans cette province pour coordonner les opérations. Les commandements furent attribués : le maréchal de Brézé et le comte de La Mothe-Houdancourt agiraient en Catalogne, les maréchaux de La Meilleraye et Schomberg en Roussillon, le duc de Bouillon en Italie, le comte d'Harcourt en Flandre, le comte de Guiche en Champagne. L'amiral de Brézé s'opposerait, le cas échéant, aux escadres espagnoles. On était presque assuré du succès. Le jeune Cinq-Mars et ses amis faillirent tout remettre en question. Ce fut une aventure pitoyable et tragique.

Henri Coiffier de Ruzé, marquis de Cinq-Mars, était né en 1620. Son père, Antoine Coiffier, dit Ruzé, marquis d'Effiat, ayant battu les troupes du duc de Savoie, avait reçu le bâton de maréchal. Il avait été ensuite surintendant des finances. C'était l'un des plus zélés serviteurs du roi. Avant de mourir, il avait donné à Henri le marquisat tourangeau de Cinq-Mars dont relevaient une vingtaine de villages. Henri tenait aussi de lui cette joliesse de visage qui devait provoquer sa perte. Richelieu le prit sous sa protection, en souvenir de son père. Il veilla à son éducation et le fit admettre à l'académie militaire. Cinq-Mars avait à peine seize ans, quand il reçut le commandement d'une compagnie dans la garde royale. Était-il ambitieux ?

Riche, élégant, maniéré, modèle de ces petits marquis raillés plus tard par Molière, il ne cherchait pas encore les suffrages de la cour ; il se contentait de ses précoces succès mondains. Il était devenu en peu de temps la coqueluche des salons du Marais. Richelieu le gourmandait sur sa dissipation, sur son manque de sérieux, qui contrecarraient ses projets. Car il avait déjà jeté son dévolu sur lui ; il comptait s'en faire une créature, connaissant les goûts du roi. Louis XIII ne pouvait se passer d'avoir un ami, un confident, homme ou femme. Toiras, Barrada, Saint-Simon, Mlle de Hautefort et Louise de La Fayette avaient successivement tenu ce rôle. Tout ce que l'on a écrit sur l'homosexualité du roi provient de témoignages qui ne résistent pas à l'examen, d'insinuations de courtisans appartenant à l'opposition, de propos goguenards échappés à des domestiques, de ragots ramassés pêle-mêle par Tallemant des Réaux et arrangés par lui avec un art consommé. Les preuves font entièrement défaut. Les présomptions mêmes manquent de consistance : ce ne sont que des indices sujets à des interprétations contradictoires.

En vérité, ne pensant pas à mal, Louis XIII prêtait le flanc aux soupçons. Son comportement même, ses propos frisaient parfois le ridicule. Cet homme, d'un abord si froid, tellement guindé dans sa majesté royale, était capable d'enthousiasme et même d'exaltation. Il parait alors ses favoris de mérites qu'ils n'avaient certes pas. Quant aux femmes, il ne les aimait pas charnellement, car l'adultère lui faisait horreur. Ses liaisons demeuraient platoniques, au grand étonnement de la cour. La belle Hautefort avait fait l'impossible pour devenir sa maîtresse ; elle avait échoué. Richelieu se méfiait d'elle, au dernier point, car elle était du parti de la reine. Après l'entrée de Louise de La Fayette au couvent de la Visitation et bien qu'il lui fît de fréquentes visites, le roi avait renoué avec Marie de Hautefort. Attiré par sa beauté, mais refusant d'y succomber, il subissait ses minauderies et ses algarades. Elle avait – ou pouvait avoir – une influence pernicieuse sur lui, car elle haïssait le cardinal. Ce jeu finissait par lasser le roi et le congé de la belle Marie semblait imminent. Il devenait urgent de pourvoir à son remplacement.

Richelieu pensa que son protégé ferait l'affaire. Ce fut une erreur de sa part. Le roi n'avait même pas remarqué le jeune Cinq-Mars. Il n'aimait que les officiers exacts au service et les esprits sérieux. Ce freluquet manquait d'application ; il ne tenait d'ailleurs pas du tout à attirer l'attention du roi. Mais, sans qu'il s'en rendît compte, il était devenu une créature du cardinal qui entendait utiliser ses talents. Lorsque ce dernier lui proposa la charge de grand maître de la garde-robe, le freluquet se cabra. Il était trop avide de plaisirs pour accepter de suivre la triste Majesté à la chasse ou dans ses châteaux. Mais il était encore malléable ; il céda aux reproches de la marquise-douairière sa mère et à l'insistance de Richelieu. Il reçut donc son brevet de grand maître de la garde-robe pour ses dix-huit ans. Son rôle consistait essentiellement à surveiller les habits du roi, à prévoir et à lui présenter ses tenues quotidiennes. C'était un connaisseur en matière de mode. Il essaya vainement de convaincre Louis d'adopter des couleurs mieux seyantes, de porter des pourpoints et des hauts-de-chausses dignes d'un grand roi. Louis XIII détestait le luxe. Or, grisé par sa nouvelle position, Cinq-Mars collectionnait avec frénésie les chapeaux emplumés, les habits brodés d'or ou d'argent, les nœuds de rubans. Le roi le morigénait, lui répétant qu'il se devait de donner l'exemple. Mais Cinq-Mars le désarmait d'un sourire, d'une repartie. Il avait l'art de jouer les enfants fautifs, qui baissent les yeux en promettant de ne plus recommencer. Le roi s'était peu à peu habitué à lui, sensible à sa jeunesse, à sa gentillesse, à sa gaieté. Cinq-Mars le tirait de sa morosité, le distrayait. Il lui devint bientôt indispensable. Le roi réclamait sans cesse sa présence. Il s'était engoué brusquement de ce fat. Lui, si perspicace et d'un jugement si assuré, il croyait discerner dans cet éblouissant compagnon d'extraordinaires vertus et rêvait pour lui d'un grand avenir.

L'amitié lui tenait lieu d'amour ; elle était chez lui excessive, exclusive. Il congédia Marie de Hautefort, ce dont le cardinal se réjouit fort. Au surplus, Cinq-Mars remplissait alors son contrat ; il rendait compte à son protecteur des propos du roi, de ses confidences, sans comprendre le moins du monde qu'on le manipulait. Louis XIII ne savait qu'inventer pour retenir Cinq-Mars. Sa sollicitude inquiète fut remarquée et donna lieu à des commentaires malveillants. Richelieu s'efforçait d'apaiser les « picoteries » en invoquant l'excuse de la jeunesse.

À vrai dire, Cinq-Mars avait quelque mérite à passer ses journées en compagnie du roi, à écouter ses plaintes et ses regrets, à tenter de le divertir. Le roi lui reprochait son manque d'attention, sa paresse. Il ignorait qu'après son service Cinq-Mars rejoignait Marion de Lorme qui s'était entichée de lui. Il passait ses nuits entre les bras experts de cette courtisane, mais devait se lever aux aurores pour assister au lever du roi. Ce dernier le surprenait à bâiller pendant qu'il lui parlait et prenait pour de l'indifférence ce qui n'était qu'un besoin de sommeil. La liaison avec Marion agaçait Richelieu, mais il pensait que ces turbulences passeraient avec l'âge. Il n'attachait pas non plus beaucoup d'importance aux relations que Cinq-Mars s'était faites dans les salons du Marais : notamment Louis d'Astarac, marquis de Fontrailles, dont l'hostilité lui était connue, et François de Thou, un parlementaire en demi-disgrâce.

Qui conseilla à Cinq-Mars d'exploiter la faveur du roi ? Et, sinon, suivit-il sa pente naturelle ? Il se mit à jouer les coquettes avec cet homme miné par la maladie, vieilli prématurément, sachant qu'il n'avait plus longtemps à vivre. Il négocia en somme le prix de sa jeunesse, de sa gaieté, de sa présence, de ses entretiens. Et, par ce moyen, il obtint, à dix-neuf ans, la charge de Grand écuyer, faveur insigne, imméritée. Il porta désormais le titre de « monsieur le Grand ». Titre qu'il devait, non pas à Richelieu, mais à ses talents personnels. Cette promotion lui fit perdre la tête. Il se crut un grand personnage et tourna le dos à son protecteur, car il se jugeait capable de voler désormais de ses propres ailes.

Du même coup, l'ambition s'éveilla en lui. Ce changement d'attitude provoqua le revirement de Richelieu. Il cessa de défendre son protégé et commença même à le desservir dans l'esprit du roi. Il s'opposa à ce qu'il reçût un commandement militaire et minimisa la part qu'il avait prise dans une action fort brillante sous les ordres du maréchal de Châtillon.

Cinq-Mars, qui se croyait irrésistible, s'était épris de Marie de Gonzague, princesse de Mantoue. Elle haïssait le cardinal qui avait naguère contrecarré ses amours. Qu'elle eût seulement jeté les yeux sur Cinq-Mars suffit à éveiller la défiance de Richelieu ! Toutefois, pour prétendre à la main de cette princesse, il aurait fallu que le prétendant fût pour le moins duc et pair, et si possible connétable de France. Or, à son grand désappointement, le roi ne consentit pas à le nommer duc et pair. On lui insinua que le cardinal n'était pas étranger à ce refus. Il se mit à le haïr, pour complaire à Marie de Gonzague et pour son propre compte. Ce niais n'apercevait même pas les raisons pour lesquelles il avait perdu l'appui de Richelieu.

C'était le moment attendu depuis longtemps par les tenants de l'opposition, ce groupuscule de conspirateurs pour ainsi dire professionnels. Ils avaient perdu le comte de Soissons à La Marfée. Il leur fallait absolument un nouveau chef. Par quelle aberration choisirent-ils Cinq-Mars ? Fontrailles et de Thou le persuadèrent aisément que Richelieu, s'il ne prenait pas les devants, ne tarderait pas à le perdre, qu'il y allait de sa carrière jusque-là si brillante, peut-être de sa vie. Combien de grands seigneurs avaient été les victimes de l'homme rouge après l'avoir servi ! Ils lui dirent qu'une nouvelle conjuration se formait à l'instigation de Monsieur et qu'il y tiendrait le premier rang, si peu qu'il le voulût. Marie de Gonzague lui tint le même langage. Il finit par adhérer à cette nouvelle cabale et s'y lança bientôt à corps perdu, sans comprendre que ni Monsieur ni aucun des conjurés n'étaient capables de renouveler l'exploit de La Marfée. Il ne mesura ni le risque ni les conséquences. Il oublia les bienfaits du cardinal. Il ne se dit pas qu'en temps de guerre c'était nuire gravement au royaume que d'organiser une rébellion armée. Que, dans son cas particulier, en raison de ses fonctions et de la confiance du roi, la faute n'était pas susceptible de pardon. Il n'ignorait pourtant pas les antécédents de Monsieur, sa couardise, sa lâcheté. Il ne sentit point qu'on l'incitait à commettre une criminelle folie. Il se berçait de songes fumeux, se voyait déjà duc, pair, connétable et glorieux époux de Marie de Gonzague, ayant lui-même rang de prince ! Il assistait à des réunions secrètes. Monsieur et le duc de Bouillon le traitaient en égal. Ces familiarités lui montaient à la tête. Il avait vingt-deux ans.

Il ne fut pas difficile de lui faire accepter le rôle périlleux de chef de la conjuration. Ce serait en son nom que l'on donnerait des ordres, que l'on traiterait. La récompense serait à la hauteur du risque. Le but des conjurés était, une fois de plus, d'évincer le cardinal, dont on trouvait qu'il ne mourait pas assez vite. Cinq-Mars prétendait que le roi désirait la paix, mais que Richelieu l'obligeait, par ambition personnelle, à continuer une guerre qui ruinait le peuple. Il disait aussi que le roi était las de subir la tyrannie de son ministre. Il faisait naïvement fond sur les réflexions désabusées de Louis XIII pendant les crises dépressives que la maladie provoquait. Il avait trop peu d'expérience pour séparer l'homme de la personne royale et sentir que les plaintes du premier ne répondaient en rien aux fermes résolutions du second. Que Gaston d'Orléans, qui ne manquait ni d'intelligence ni de psychologie, ait pris ce gamin au sérieux, ne laisse pas de surprendre. Mais il lui fallait un prête-nom, bien qu'en sa qualité de frère du roi, il se sût invulnérable.

Le plan des conjurés ressemblait à celui du défunt Montmorency : provoquer une rébellion armée de grande ampleur, avec le concours effectif de l'Espagne et des protestants cévenols ; contraindre par ce moyen le roi à congédier Richelieu et à signer la paix avec Philippe IV. Cinq-Mars proposa-t-il, dans son outrecuidance, d'assassiner Richelieu ? On l'a dit, et Richelieu l'a affirmé lui-même : « Le dessein était fait de m'assassiner dans le logis du Roi, lieu auquel on ne va pas en état de se défendre [1], et auquel même, quand on y serait, le respect arrête la force. » Le meurtre devait être commis à Lyon et sinon à Narbonne. Richelieu connaissait les noms des officiers qui se chargeraient de l'exécution… quand ils en recevraient l'ordre. Il semble bien qu'aucun des chefs de la conjuration n'ait voulu prendre cette responsabilité. Ils n'étaient même probablement pas d'accord entre eux à ce sujet.

---

1. Où l'on entre sans garde.

Fontrailles avait été chargé d'apporter le projet de traité au comte-duc Olivarès. Pour celui-ci, l'occasion tant attendue s'offrait à nouveau, et dans une période cruciale, de porter un rude coup à son adversaire. Il ne lésina pas sur les promesses et le traité fut promptement signé. Toutes les demandes de Monsieur étaient satisfaites. Philippe IV fournirait une armée de douze mille fantassins et six mille cavaliers, plus quatre cent mille écus pour les soldes durant la campagne. Il accordait à Monsieur une pension annuelle de cent vingt mille écus et de quarante mille au duc de Bouillon et à Cinq-Mars. De son côté, Monsieur s'engageait à conclure une paix blanche avec l'Espagne, impliquant la restitution de tous les territoires et places conquis depuis le début de la guerre, et à rompre les alliances avec les États protestants, Hollandais, Suédois et avec les princes de l'Empire. Il était spécifié que l'on ne recherchait que le bien des deux couronnes et qu'en conséquence il ne serait pas porté atteinte aux droits du roi et de la reine de France. Le duc de Bouillon et M. le Grand étaient portés garants de ce traité qui fut signé le 13 mars 1642. En outre, le duc de Bouillon mettait sa ville de Sedan à la disposition des conjurés. La date d'exécution du traité avait été fixée au 1er juillet. Les conjurés n'avaient pas de temps à perdre. Or, Cinq-Mars manquait d'efficacité. Il bavardait beaucoup, s'occupait surtout à recruter des partisans. Richelieu eut vent de ce qui se tramait ; il avertit le roi qui dédaigna ses avertissements. Il sut que Fontrailles s'était rendu en Espagne. Il connut les bavardages inconsidérés de Cinq-Mars. Mais il ne détenait pas de preuves matérielles suffisantes pour convaincre le roi.

Comme il l'avait annoncé, celui-ci partit pour le Midi, afin de conduire les opérations. Il quitta Fontainebleau en février 1642 et commença le dernier grand voyage de son règne. Cinq-Mars s'efforça de l'en dissuader, mais il fut obligé de le suivre. Richelieu fit de même. Le roi était mal portant. Richelieu n'avait plus que quelques mois à vivre. Il voyagea séparément, afin de garder sa propre escorte. Rongé d'ulcères et souffrant d'un abcès au bras, il lui fallait encore mener un double combat : contre lui-même et contre cette poignée d'écervelés qui étaient capables de ruiner son œuvre. Le roi se rendit au siège de Perpignan. Le cardinal ne put aller au-delà de Narbonne. Il craignait d'être poignardé, mais, plus encore, d'être évincé au profit de Cinq-Mars. Le bruit courait qu'il avait d'ores et déjà perdu la faveur du roi, que c'en était fini de son despotisme. Cependant, les conjurés avaient manqué plusieurs occasions de le supprimer. Désormais, ils attendaient sa mort annoncée par tout un chacun. Il est vrai que, pour faire bonne mesure, on annonçait aussi la mort de Louis XIII. À nouveau terrassé par la maladie, celui-ci s'était résigné à laisser le maréchal de Schomberg continuer le siège de Perpignan. Affectant une trompeuse sollicitude, Cinq-Mars le ramenait par petites étapes à Paris. Richelieu, bouleversé, au comble de l'émoi, dicta en hâte son testament [1] et quitta Narbonne le 27 mai. Il souffrait le martyre et l'on pensait qu'il mourrait en route mais il voulait, coûte que coûte, devancer le roi. Ce dernier était si mal en point qu'il voyageait étendu sur un matelas, pour s'épargner les secousses du carrosse.

Le 11 juin, Richelieu était à Arles. Il dicta ces quelques lignes à l'intention de Sublet de Noyers : « Le sujet du voyage de M. de Chavigny vous étonnera. Dieu assiste le Roi par des découvertes merveilleuses... » Ces découvertes, c'était le traité passé par Monsieur, Cinq-Mars et Bouillon avec le Premier ministre d'Espagne ! Qui le lui fit parvenir ? Sauf découverte, très improbable, d'un document suffisamment probant, cette question reste sans réponse. On a supposé – mais ce n'est qu'une hypothèse fort ténue – qu'Anne d'Autriche, songeant à la régence, aurait fait ce geste envers Richelieu. Quoi qu'il en soit, ce dernier n'hésita pas un instant sur la conduite à tenir. Il fit faire des copies du traité et expédia Chavigny à Narbonne où le roi venait d'arriver. Soudain, les forces lui revenaient. Son esprit dominait une fois de plus la maladie.

La « découverte » produisit l'effet contraire sur le roi. Abasourdi, puis outré de douleur à la pensée que son meilleur ami l'avait trahi, il retomba malade. Toutefois, Chavigny avait eu le temps de lui arracher les ordres nécessaires. Cinq-Mars fut arrêté le 12 juin : il se cachait dans une maison de Narbonne. Le même jour, Castellane partit pour le Piémont afin de procéder à la prise de corps du duc de Bouillon qui

1. Voir Annexes (II), le testament de Richelieu.

commandait l'armée d'Italie. Le duc fut arrêté le 23 juin, à Casale. De Thou se laissa cueillir, mais Fontrailles avait pris le large. Quant à Monsieur, il essayait de rejoindre Sedan, quand il reçut un message de son frère lui enjoignant de prendre le commandement de l'armée de Champagne (pour l'empêcher de s'enfuir) et lui annonçant l'arrestation de Cinq-Mars. Il réagit à sa manière habituelle, en se portant garant de l'innocence de M. le Grand. Richelieu le mit au pied du mur, tout en l'assurant du pardon du roi, s'il confessait l'entière vérité. Heureux de s'en tirer à si bon compte, le triste Gaston donna le nom de tous les conjurés, précisa les circonstances, et osa flétrir la conduite de Cinq-Mars. Il refusa toutefois d'être confronté avec ses complices. De Thou était emprisonné à Tarascon. Interrogé par Richelieu, il nia énergiquement toute participation au complot ; c'était un procédurier, il donnerait du fil à retordre à ses juges.

Cinq-Mars était emprisonné à Montpellier. Il se désespérait et tempêtait. Il s'en voulait surtout de n'avoir pas tenu compte de l'avis de Marie de Gonzague, sa dulcinée. Elle lui avait écrit que « son affaire était sue à Paris comme on savait que la Seine passait sous le Pont-Neuf » ! Il aurait pu se réfugier à Sedan, mais il s'en abstint par point d'honneur. Sans illusion sur le sort qui l'attendait, il joua son va-tout. Il charma ses gardiens, comme il avait charmé le cardinal, le roi et tous ceux qui l'approchaient. Il prépara son évasion avec soin. Richelieu le devança, en donnant l'ordre de le conduire à Lyon. Il avait obtenu l'accord du roi pour que les conjurés fussent jugés dans cette ville. Cette perspective le revigorait de jour en jour. Il était cloué sur son lit, mais redoublait d'activité. Un abbé de sa suite, Henri Arnaud, en était stupéfait : « Il travaille et fait écrire sous lui depuis sept heures jusqu'à huit. Depuis huit jusqu'à neuf, on le panse. Depuis neuf jusqu'à dix, il parle à ceux qui ont affaire à lui. Depuis dix jusqu'à onze, il travaille. Après cela, il entend la messe et dîne. Jusqu'à deux, il s'entretient avec M. le Cardinal Mazarin et d'autres. Depuis deux jusqu'à quatre, il travaille et puis il donne audience. »

Mazarin n'avait aucune fonction officielle, mais il secondait Richelieu en toute chose ; il était au courant de ses pensées, de ses projets. Chaque entretien était pour lui une leçon de politique. Il vouait à son maître une affection presque filiale. On ne comprenait pas encore que Richelieu l'avait choisi comme disciple et successeur. La prompte intelligence de Mazarin s'accordait à la sienne. Sa subtilité le dépassait parfois et l'ambition qu'il percevait en lui ne le choquait nullement.

Le roi était rentré à Paris. Richelieu avait refusé de le suivre. Il prit prétexte de la continuation du siège de Perpignan. En réalité, il tenait à suivre personnellement le déroulement du procès. Il redoutait en effet quelque faiblesse du roi. Il lui en voulait aussi de s'être éloigné de lui, d'avoir fait parfois obstacle à ses directives, sous l'influence de M. le Grand ! De son côté, le roi lui pardonnait malaisément d'avoir eu raison une fois de plus. Cependant, il avait un sens trop aigu de ses devoirs pour pardonner à celui qui avait traité avec le roi d'Espagne au mépris des intérêts du royaume. Il délégua ses pouvoirs à Richelieu, mais avec une sorte de regret, de désabusement.

Le roi parti, Richelieu nomma les commissaires chargés de procéder aux interrogatoires ; il établit la liste des juges. Le chancelier Séguier devait présider le tribunal. On commença par examiner le cas de Monsieur. Il était si grave qu'on envisagea de l'exiler à Venise, avec une pension. Mais, après ses aveux, on jugea préférable de lui rendre ses biens et ses honneurs, en adoptant la thèse selon laquelle il avait été entraîné à méfaire par Cinq-Mars. Monsieur avait eu chaud. Il acheva de s'avilir en manifestant une reconnaissance indécente envers Richelieu. Le duc de Bouillon s'attendait à périr sur l'échafaud. On trouva un terrain d'entente : qu'il cédât sa ville forte de Sedan en pleine propriété au roi. Il accepta sans hésiter et fut aussitôt élargi.

Richelieu, ayant remonté le Rhône, arriva à Lyon le 5 septembre. Cinq-Mars et de Thou l'y avaient précédé. Ils étaient incarcérés dans la forteresse de Pierre-Scise. Cinq-Mars comparut devant ses juges, les 5 et 6 septembre. Il persista dans ses dénégations, bien qu'on eût donné lecture des aveux détaillés de Monsieur et du duc de Bouillon. Cette attitude n'impressionna guère ses juges. Sa culpabilité ne faisait aucun doute. Celle de son ami de Thou semblait problématique. Cinq-Mars affirma, non sans noblesse, que de Thou ignorait le traité avec l'Espagne et qu'il avait même essayé de le détourner du complot. Interrogé sur le projet d'assassinat du cardinal, à Lyon ou à Narbonne, il assura qu'il n'en avait pas eu connaissance.

Ces réponses ne satisfirent pas Richelieu. Il voulait la perte du conseiller de Thou, estimant qu'il avait été la cheville ouvrière de la conjuration, ce qui était en grande partie exact. Il eut donc recours aux bons offices de Laubardemont. Ce dernier rendit visite à Cinq-Mars et lui déclara que de Thou avait tout avoué ; qu'il était donc inutile de prendre sa défense. Au contraire, si M. le Grand confessait ses fautes, sans rien dissimuler, le tribunal lui en tiendrait compte. Cinq-Mars donna dans le piège. Le 12 septembre, il répéta ses aveux devant le tribunal. Après quoi, de Thou fut appelé. Il persista dans ses dénégations, mais on lui lut la déposition que Cinq-Mars venait de faire. Son système de défense s'effondrait. Ils furent l'un et l'autre condamnés à mort, et décapités dans l'après-midi du même jour. Comme pour l'exécution de Chalais, on eut recours à un bourreau improvisé, le titulaire étant malade.

XVI

LA RÉCONCILIATION DIFFICILE

La découverte du complot de Cinq-Mars avait enlevé à Olivarès ses dernières chances de sauver le Roussillon. Comme on l'a indiqué précédemment, la Catalogne était occupée par nos troupes et il ne restait plus aux Espagnols que les trois places fortes de Perpignan, Salses et Collioure. Olivarès espérait débarquer des renforts et des vivres par le port de Collioure, s'il en était besoin. Collioure ayant capitulé le 13 avril 1642, le maréchal de La Meilleraye investit simultanément Perpignan et Salses. Les fortifications de Perpignan étaient si redoutables, l'artillerie et la garnison si nombreuses, qu'il décida de la réduire par la famine. Il était prévisible qu'Olivarès tenterait l'impossible pour forcer le blocus. Il s'y employa avec zèle, rassembla bientôt une armada de trente gros vaisseaux, de vingt-deux galères, transportant onze mille soldats et escortant un convoi de vivres, de blé et de munitions. Nos deux escadres de Méditerranée étaient incapables de résister à cette flotte. Mais Richelieu avait donné l'ordre aux escadres du Ponant d'appareiller, sous les ordres du jeune amiral de Brézé. Il devait prendre le commandement de la flotte quand, après avoir franchi le détroit de Gibraltar, il serait rejoint à Barcelone par les vaisseaux et les galères du Levant. Cela fait, il ne pouvait aligner qu'une quarantaine de bâtiments contre les cinquante-deux espagnols, commandés par l'amiral Ciudad-Réal. L'infériorité numérique des Français était inquiétante mais Brézé, bien conseillé par des Gouttes, vieux marin plein d'expérience, manœuvra supérieurement. La bataille dura trois jours et dix-huit vaisseaux espagnols furent coulés. Ciudad rompit le combat et se retira à Minorque. Dès lors, Perpignan était condamnée à subir le sort de La Rochelle et pour les mêmes raisons.

Richelieu redoutait néanmoins une offensive des troupes terrestres à travers la Catalogne. La Meilleraye qui commandait l'armée de siège refusa d'envoyer quelques régiments pour renforcer l'armée du vice-roi de Catalogne, dont il était jaloux. Puis il se brouilla avec Schomberg, son second. Telles étaient les conséquences de l'absence du roi. Richelieu était trop malade pour se rendre sur place. Il se défiait extrêmement de La Meilleraye, qui était le beau-frère de Cinq-Mars. Il obtint du roi l'envoi du jeune duc d'Enghien (fils du prince de Condé) à Perpignan. Prince du sang, il fit rentrer les maréchaux dans le rang, compléta les effectifs avec les milices tirées du Languedoc et intensifia les opérations. La population mourait de faim. La garnison n'était pas en meilleur état, malgré d'impitoyables réquisitions. Le gouverneur Don Diego Cabellero capitula le 9 septembre 1642, avec les honneurs de la guerre. Quelques jours après, Salses ouvrait ses portes. La conquête du Roussillon s'achevait. Ce fut un Catalan que Louis XIII nomma gouverneur : M. de Banyuls.

En supposant que la conjuration de Cinq-Mars n'eût pas été découverte, ses chances d'aboutir paraissent très incertaines. Les conjurés pouvaient assez peu par eux-mêmes : ils étaient en trop petit nombre. De plus, il est très douteux que les protestants des Cévennes eussent répondu à leur appel. La présence d'une armée espagnole aurait certes compromis les opérations du siège et accéléré le mouvement de révolte, mais par où serait-elle passée, puisque l'armada avait été vaincue ? Comme on le constate, l'épisode déterminant de cette campagne avait été cette bataille navale de trois jours. Pourtant Richelieu n'y fit pas allusion, quand il rédigea ce billet à l'intention de Sublet de Noyers : « ... Ces trois mots vous apprendront que Perpignan est dans les mains du Roi et que M. le Grand et M. de Thou sont en l'autre monde où je prie Dieu qu'ils soient heureux... »

En remontant vers Paris, il s'arrêta dix jours à Bourbon-Lancy pour y soigner ses maux, selon le conseil de ses médecins. Il arriva à Fontainebleau le 12 octobre. Une soixantaine de carrosses l'attendaient à Nemours, pour lui faire escorte. Il entrait sans doute plus de curiosité que de sympathie chez les courtisans qui venaient le saluer. Il descendit non pas au château, où résidait Louis XIII, mais à l'hôtel d'Albret. Le roi l'y vint voir, le lendemain. Ils passèrent trois heures ensemble et rien ne transpira de leur entretien. Peut-être Richelieu s'efforça-t-il de réfuter les calomnies répandues par Cinq-Mars, comme il le fit dans un mémoire rédigé ces mêmes jours à l'intention de Louis XIII, car M. le Grand faisait encore son ombre sur l'esprit de celui-ci :

« Connaissant l'humeur du Roi jalouse, M. le Grand lui persuadait continuellement que ma réputation étouffait sa gloire et que l'autorité qu'il me donnait rabaissait la sienne, bien qu'il n'y eût personne qui ne sût fort bien que je ne prétendis jamais autre honneur que celui qu'une créature peut recevoir de l'ombre de celui de son maître… Le connaissant pour libéral de sa nature, il lui représentait qu'étant d'un naturel contraire, j'étais cause de beaucoup de dépenses qu'on pouvait épargner, lui faisant croire qu'on donnait de l'argent au tiers et au quart à son insu… Connaissant le Roi soupçonneux, il le mettait en ombrage de toute chose… »

À la fin de cette mercuriale, il laissait percer son amertume, tout en l'enrobant de louange : « … Je ne dois pas oublier entre vos victoires celles que vous remportâtes sur vous-même, lorsque, ayant été combattu, l'espace de deux ans, par les artifices d'un esprit qui, en sa jeunesse, avait les derniers degrés de malice, pour changer la face du gouvernement de votre État et l'abandonner à ses dérèglements, vous vous surmontâtes vous-même en postposant ce qui était votre inclination à la raison. Il est vrai qu'il y eut beaucoup de peine à vous faire voir l'injustice de ses desseins, le préjudice que vous receviez en votre personne et en vos affaires, mais enfin Dieu vous éclaira de telle sorte que vous mîtes sous les pieds l'ancienne inclination que vous aviez pour lui, vous surmontâtes la mauvaise impression qu'il vous avait donnée de vos vieux serviteurs. »

« La mauvaise impression » persista. Le cardinal avait sans doute tort de trop insister sur les démérites de Cinq-Mars. Il eût mieux fait de parler de sa trahison, car c'était un argument que le roi pouvait entendre. Il ne pouvait toutefois laisser les choses en l'état, se contenter de la froideur polie de celui-ci. Il employa donc le remède qui lui avait réussi tant de fois : il offrit sa démission.

Rentré à Paris le 17 octobre, il dicta un nouveau mémoire, dont voici le début : « M. le Grand n'ayant oublié aucune adresse ni artifice imaginable pour faire croire à ceux qu'il voulait engager dans ses intérêts que le Roi commençait à se lasser des services du cardinal, bien qu'il n'y ait pas lieu de croire ce qui sort de la bouche d'un menteur et d'un imposteur, ledit cardinal n'estimerait pas satisfaire à la passion qu'il a de plaire au Roi en le servant, s'il ne le suppliait très humblement de lui permettre de se retirer de la Cour, au cas que cette impression que ledit sieur le Grand a insinuée dans beaucoup d'esprits, dedans et dehors le Royaume, ait quelque fondement dans le sien. »

Toutefois, cette démission n'était qu'intentionnelle. Le cardinal la retirerait volontiers, mais à la condition que le roi prît le quintuple engagement :

– de n'avoir d'autre favori que le bien de ses affaires (en clair, Richelieu) ;

– de n'accorder sa confiance qu'aux membres de son Conseil, de ne point leur dissimuler les critiques dont ils feraient l'objet et d'en punir les auteurs si elles étaient mensongères ;

– de garder inviolablement le secret du Conseil ;

– de permettre à son Conseil d'exprimer librement ce qui paraîtra utile à son service, étant précisé que Sa Majesté déciderait en dernier lieu de la suite à donner ;

– d'avoir soin de bannir périodiquement de la Cour les esprits malintentionnés, pour prévenir l'effet de leur malice.

Louis XIII reçut cet ultimatum sans manifester d'aigreur, mais il ne daigna pas y répondre. Le 5 novembre, Richelieu renouvela son offre de démission. Il crut bon d'ajouter ces lignes qui ressemblaient fort à une menace : « Sa Majesté saura de plus qu'expressément on ne voulut pas faire donner la question à M. le Grand de peur qu'il ne dît en public ce qu'il avait fait connaître en particulier. Elle saura enfin que son confesseur eut bien de la peine à l'empêcher de parler sur l'échafaud conformément à ce qu'il avait dit plusieurs fois en prison, que, lorsqu'il serait pressé et n'aurait plus rien à espérer, il n'épargnerait personne. » À quoi faisait-il allusion ? Quelles étaient cette ou ces personnes dont on avait empêché Cinq-Mars de révéler publiquement les noms ?

Le roi résidait à Saint-Germain. Richelieu ne se décidait pas à l'y rejoindre, car il craignait toujours d'être assassiné. Cette crainte l'obsédait. Trois capitaines des gardes (Tilladet, des Essarts, La Salle) et Troisville, lieutenant des mousquetaires, avaient été maintenus en fonction, bien qu'ils fussent amis de M. le Grand et plus ou moins compromis dans la conjuration. Chavigny était le porte-parole du cardinal auprès de Louis XIII. Il soutenait respectueusement sa cause, à chaque occasion. Le roi l'évitait, ou lui tournait le dos ; il finit quand même par l'écouter. Chavigny réclama au nom de son maître l'éviction des quatre officiers suspects. À défaut, que le roi autorisât le cardinal à venir à Saint-Germain, avec ses gardes personnels, pour se préserver « des insultes que ces gens-là lui pourraient faire ». Louis XIII rétorqua : – « Est-il plus juste que le cardinal se mêle de ceux qui m'approchent, que moi de ceux qui sont auprès du cardinal ? » Toujours sans réponse, Richelieu lui envoya, le 13 novembre, un troisième mémoire, dans lequel il reprenait les arguments du précédent, mais en y ajoutant :

« Sa Majesté est très humblement suppliée de mettre franchement ses intentions au pied de ce mémoire.

Elle est aussi suppliée d'y vouloir ajouter les conditions auxquelles elle se veut relâcher pour faire la paix, afin que, si la guerre continue, parce que les Espagnols ne seront pas assez raisonnables pour les consentir, il y ait de quoi justifier que leur seule injustice empêchera la paix et non pas la conduite du cardinal, qui suivra toujours très religieusement les intentions du Roi. »

Le 14 novembre, ce dernier répondit à Chavigny qu'il consentait à satisfaire les requêtes du cardinal, mais tenait « à mettre son honneur à couvert ». Néanmoins, Richelieu attendit le 20 novembre pour lire, « au pied de son mémoire », les réponses du roi : « Ayant vu le papier ci-dessus, je n'ai rien à dire à mon Cousin le Cardinal, sinon qu'il a trop connu, pendant que le sieur de Cinq-Mars a été auprès de moi, sa malice, ses impostures et ses artifices, pour qu'il puisse ajouter foi à ce qu'il a dit au préjudice de l'amitié que je porte à mondit Cousin et de l'estime que je fais de sa personne… » Bien entendu, il refusait sa démission et souscrivait à tous les engagements exigés de lui. En outre, il avait pris la peine d'expliciter ses intentions relativement à la paix :

« Pour ce qui est de la paix, il faudrait que je m'exposasse à la risée du monde et que je donnasse lieu à mes ennemis de me faire de nouveau la guerre, quand bon leur semblerait, s'ils ne payaient mes dépens de celle qu'ils m'ont contraint de faire. Il ne faut point parler de rendre la Lorraine, Arras, Hesdin ni Bapaume, Perpignan et le Roussillon, Brisach et les places d'Alsace qui conjoignent avec la Lorraine. J'ai acquis Pignerol à titre trop légitime pour penser jamais à le rendre. Le rétablissement de mon neveu le duc de Savoie est trop juste pour que je puisse jamais consentir à la paix, sans qu'il soit fait.

Ces conditions accordées, je serai bien aise qu'on trouve toutes les inventions qui se pourront pour faciliter une paix générale, en laquelle je ne puisse en aucune façon me séparer de mes alliés. »

Le 29 novembre, les quatre officiers reçurent leur congé. Toutefois, le roi maintint leurs pensions, pour « mettre son honneur à couvert », car il estimait qu'ils n'avaient point démérité. Le cardinal triomphait sur tous les points. Ce fut son ultime et vaine victoire ! Pendant des semaines, il s'était tourmenté, agité, pour obtenir ces quelques lignes de la main du roi, griffonnées en marge et au bas de son mémoire. La hantise d'être poignardé ou disgracié avait accru ses souffrances physiques et probablement aggravé son état. Tel avait été le prix de cette réconciliation désormais superflue. Dans la nuit du 28 novembre, la fièvre le reprit ; il se plaignit d'une grande douleur au côté.

XVII

« *SIRE, VOICI LE DERNIER ADIEU* »

Le lundi 1er décembre 1642, il s'alita pour ne plus se relever. La fièvre avait redoublé et la douleur au côté se faisait plus vive. Il avait des crises d'étouffement. Il cracha du sang à plusieurs reprises. Bouvard et les autres médecins alterquaient ; ils n'étaient pas d'accord sur le diagnostic. De plus, l'illustre malade avait éprouvé tant de maux et surmonté tant de crises, recouvrant brusquement son énergie, qu'ils ne s'inquiétaient que modérément. À tout hasard, ils prescrivirent deux saignées, lesquelles aggravèrent le mal à leur grand étonnement. Le moribond conservait toute sa lucidité. Sa parole n'était point embarrassée. Il se savait condamné, malgré les déclarations lénifiantes de Bouvard, de Chicot et de leurs collègues.

Louis XIII était à Versailles. Prévenu de la maladie du cardinal, il revint en hâte à Paris, le mardi 2 décembre. Il était deux heures de l'après-midi, quand il entra dans la chambre du malade, accompagné de Villequier, capitaine des gardes.

– « Sire, dit Richelieu, voici le dernier adieu ; en prenant congé de Votre Majesté, j'ai la consolation de laisser votre Royaume dans le plus haut degré de gloire et de réputation où il ait jamais été, et tous vos ennemis abattus et humiliés. La seule récompense de mes peines et de mes services que j'ose demander à Votre Majesté, c'est qu'elle continue à honorer de sa protection et de sa bienveillance mes neveux et mes parents. Je ne leur donnerai ma bénédiction qu'à la charge qu'ils ne s'écarteront jamais de la fidélité et de l'obéissance qu'ils vous doivent et qu'ils vous ont vouées pour toujours. »

Ils s'entretinrent ensuite seul à seul. Richelieu lui conseilla de garder les ministres et secrétaires d'État en fonction, de leur agréger le cardinal Mazarin comme étant le plus apte à le servir surtout dans les affaires extérieures. Il lui fit ses ultimes recommandations quant au gouvernement du royaume, aux négociations en vue d'une paix avantageuse avec l'empereur et le roi d'Espagne et, sinon, à la poursuite de la guerre. La certitude d'une mort très proche l'enhardissait jusqu'à s'exprimer quasi paternellement envers ce roi qu'il avait si bien servi, mais qui restait pour lui Sa Majesté. Ce dernier l'écoutait avec attention, acquiesçait. Il semblait éprouver un réel chagrin, en tout cas de la compassion quand la toux secouait le malade. Il avait les yeux humides en sortant de sa chambre. Richelieu pouvait croire qu'il avait recouvré son amitié, que la confiance des anciens jours revenait enfin, après une éclipse de plusieurs mois ! C'était un grand réconfort pour lui.

Après le départ du roi, il ajouta quelques codicilles à son testament et régla certains détails de sa succession. Quand vint le soir et, comme il sentait le sommeil le gagner, il donna l'ordre à ses domestiques de le réveiller à minuit pour entendre la messe, ce qu'ils firent. Il se confessa au curé de Saint-Eustache, qui l'exhorta à pardonner à ses ennemis.

– « Je n'en ai point que ceux de l'État », répondit-il.

Il communia et reçut l'extrême-onction, avec les marques de la piété la plus vive. Au cours de la journée, les médecins déclarèrent qu'il serait guéri ou mort dans les vingt-quatre heures, ce qui signifiait en clair qu'il était perdu. On fit venir à son chevet un empirique nommé Lefevre, originaire de Troyes. On imputait à celui-ci des guérisons quasi miraculeuses. Il lui administra une pilule et un liquide de son invention. Le remède agit presque aussitôt. Le mieux s'affirma pendant la journée suivante. De l'état de moribond, le cardinal passait brusquement à celui de malade. On crut à sa convalescence prochaine. Il put encore travailler à quelques affaires avec Mazarin, Chavigny et d'autres ministres, leur donner ses directives. Son esprit restait aussi tranchant que subtil. C'était, se disaient ses serviteurs, une résurrection. Lefevre lui fit avaler une seconde pilule. Soudain, le mal reprit son mordant et, dès lors, aucun espoir ne fut permis. Mme d'Aiguillon pleurait à chaudes larmes. Les médecins, craignant qu'elle ne mourût de chagrin, la saignèrent deux fois au pied : c'était le remède universel ! Richelieu lui dit, fort calmement :

– « Ma nièce, vous avez certes une trop grande tendresse ; souvenez-vous que je vous ai toujours aimée et estimée plus que personne, et vous retirez, car il ne serait pas à propos que… que vous me vissiez mourir. » Elle lui dit qu'elle ne le croyait pas dans cet état, qu'une vieille religieuse lui avait mandé qu'elle avait eu une vision, selon laquelle il ne mourrait pas de cette maladie. Il répondit :

– « Ma nièce, il n'y a de vérités qu'en l'Évangile ; c'est à elles qu'il faut croire. »

Puis, il ordonna doucement qu'on « l'ôtât de devant lui, car elle avait trop de tendresse ».

Le roi revint le voir. Il lui promit de suivre ses conseils et, dans un de ces mouvements d'affection si rares chez lui, il l'aida à prendre deux jaunes d'œuf. On ne sait quels furent les ultimes propos qu'ils échangèrent. Il paraissait fort affligé en sortant de la chambre, après cet adieu définitif. On a dit (Montrésor dans ses *Mémoires* et Tallemant des Réaux dans ses *Historiettes*) qu'il avait bien du mal à cacher sa gaieté et même que, regardant les tableaux du cardinal, il n'avait pu s'empêcher de rire. C'est pure calomnie. Avant de repartir pour Saint-Germain, avisant les mines réjouies de certains courtisans, il gronda :

– « Il y a des gens qui croient avoir gagné leur procès. Je veux qu'ils sachent que l'on ne changera pas de maximes et que l'on agira avec encore plus de vigueur. »

Richelieu continuait à mourir. On le soutenait avec des cuillerées de vin qu'on lui glissait entre les lèvres. Aux serviteurs qui gémissaient, il dit encore :

– « Imaginiez-vous que j'étais immortel ? »

Le père Léon, carme déchaussé, lui donna une nouvelle absolution. Lescot, évêque de Chartres et fidèle ami du cardinal, commença à réciter les prières des agonisants. Richelieu respirait de plus en plus faiblement. Soudain, son regard perdit son éclat, s'éteignit, sur un dernier soupir. La flamme de la bougie que l'on approcha de ses lèvres ne vacilla pas.

Ainsi mourut, dans la cinquante-huitième année de son âge, le 4 décembre 1642, le principal ministre de Louis XIII et le plus grand homme de son temps. Philippe de Champaigne brossa l'esquisse de son dernier portrait [1]. Un bonnet blanc enserre le vaste front. Les paupières sont closes, sur des cils presque féminins. Un sommeil paisible a enfin pacifié le visage.

Quatre jours durant, les Parisiens défilèrent devant sa dépouille mortelle reposant sur un lit de brocatel, en habit de cardinal, avec la chape et le bonnet de pourpre, et, à ses pieds, la couronne et le manteau de duc. Le 13 décembre, à la nuit tombée, à la lueur des flambeaux, on porta son cercueil dans la chapelle de la Sorbonne, selon ses dernières volontés.

Au début de janvier 1643, les grands seigneurs, les courtisans, les magistrats des cours souveraines et autres officiers de la Couronne reçurent cette invitation : « Nobles et dévotes personnes, priez pour l'âme du Très Haut, Très Puissant, Très Vertueux, Illustrissime et Éminentissime Seigneur Monseigneur Armand-Jean du Plessis, cardinal de Richelieu, duc, pair, grand maître et surintendant de la navigation et commerce de France, l'un des prélats et commandeurs de l'ordre du Saint-Esprit, chef du Conseil et principal ministre d'État du Roi, pour l'âme duquel se feront les services et prières en l'église de Paris [2], auquel lieu, lundi prochain [3], après-midi, seront dites vêpres et vigiles des Morts, pour y être, le lendemain mardi à dix heures du matin, célébré son service solennel. Priez Dieu qu'Il ait son âme. »

Le roi n'assista pas à cette messe et cette abstention suscita des commentaires désobligeants. En réalité, il subissait la première atteinte du mal qui allait l'emporter. C'était un compagnonnage politique de dix-huit ans qui prenait fin. Le roi, même s'il avait souhaité parfois d'être délivré de la présence de

1. Cette esquisse se trouve à l'Académie française.
2. Notre-Dame de Paris.
3. 19 janvier.

Richelieu, sentait le vide immense que laissait celui-ci et ne pouvait certainement pas s'empêcher de le regretter. Mais sa nature le portait à corseter ses sentiments. Pour lui, s'attendrir était indigne d'un roi.

XVIII

QUIS ERIT SIMILIS MIHI ?

Louis XIII tint ses promesses envers le cardinal, conserva ses ministres et nomma Mazarin [1] qui sut rapidement gagner ses bonnes grâces et prendre au Conseil une place prépondérante. Sur les instances de ce nouveau venu, Monsieur fut rappelé d'exil et pardonné pour la sixième fois ! Les maréchaux de Bassompierre et de Vitry sortirent de la Bastille. On se reprit à respirer, à espérer des jours meilleurs. La douceur de Mazarin charmait un chacun. On crut à un changement de politique, au retour de la paix, malgré les fermes déclarations du roi. Puisque l'on n'avait plus rien à craindre, on salissait à plaisir la mémoire de Richelieu. Mazarin écrivait alors au maréchal de Brézé : « Bien que je ne puisse recevoir de douleur plus sensible que d'ouïr déchirer la réputation de M. le cardinal, si est-ce que je considère qu'il faut laisser prendre cours sans s'émouvoir à cette intempérance d'esprit dont plusieurs Français sont travaillés. Le temps fera raison à ce grand homme de toutes les injures et ceux qui le blâment aujourd'hui connaîtront peut-être à l'avenir combien sa conduite eût été nécessaire pour achever la félicité de cet État, dont il a jeté tous les fondements. Laissons donc évaporer en liberté la malice des esprits ignorants

---

1. Voir *Mazarin*, du même auteur, même éditeur.

et passionnés, puisque l'opposition ne servirait qu'à l'irriter davantage, et consolons-nous par le sentiment qu'ont de sa vertu les étrangers qui en jugent sans passion et avec lumière. »

Nul mieux que Mazarin ne pouvait en effet juger l'œuvre réalisée par Richelieu, car, avec des méthodes différentes, il était d'un niveau égal. On ne supposait pas alors que, pour parfaire l'œuvre de son prédécesseur, il montrerait la même inflexible volonté, la même persévérance. On prenait pour de la faiblesse son onctuosité souriante et la souplesse de son comportement, et l'on ne sentait pas l'ambition dévorante sous l'apparente humilité. Ce ne fut pas sans une extrême surprise que les courtisans apprirent sa désignation comme parrain du futur Louis XIV, lequel fut, selon l'usage, baptisé à cinq ans. On découvrit bientôt qu'il avait gagné la confiance de Louis XIII : il joua en effet un rôle décisif dans la nomination de la reine Anne d'Autriche comme régente, de Gaston d'Orléans comme lieutenant général du royaume et dans celle des membres du conseil de régence. Ses paroles dorées endormaient les angoisses du roi. Car, si ce dernier acceptait la mort avec résignation, il se désespérait de laisser son royaume à un enfant si jeune, à cette reine qui s'était sans doute bonifiée, mais qui l'avait trahi naguère. C'était un sort très amer que le sien. Au moment où il touchait à la victoire sur les Espagnols, le mal dont il avait souffert durant des années achevait de le détruire. Il aurait voulu laisser la paix en héritage à son peuple et il lui léguait la guerre. Il avait, pendant l'hiver de 1642, préparé ardemment ses plans de campagne, pourvu les commandements de ses armées, de ses régiments, choisi d'utiliser les talents du jeune duc d'Enghien et résolu de diriger en personne les opérations. Il fallait renoncer à cette espérance. Autour de lui, les médecins ne disaient que des sottises. Il n'avait pas la moindre illusion, car il sentait la mort effectuer en lui son travail. Ce fut une interminable agonie, qui se prolongea pendant des mois, avec de courtes périodes de rémission. Il mourut, comme un saint, le 14 mai 1643, cinq mois et dix jours après Richelieu. L'Histoire tournait une page…

La France avait accompli des pas de géant depuis 1624, grâce au travail de ces deux hommes, l'un épaulant l'autre, tous deux animés par la même ambition et le même sens du devoir.

Le royaume s'était agrandi de l'Artois, de la Lorraine, de l'Alsace, du Roussillon et de la Catalogne. Nous contrôlions désormais Sedan, Brisach et le Haut-Rhin, la Savoie et le passage des Alpes. Nos escadres, créées de toutes pièces par Richelieu, avaient la maîtrise de la Méditerranée et, sur l'Atlantique, tenaient en respect les flottes ennemies. Le commerce maritime prospérait. Des colonies étaient fondées au Canada et aux Antilles, ainsi que des comptoirs sur la côte africaine et à Madagascar, embryons de notre futur empire. Que n'eussent pas réalisé le roi et son principal ministre, si les révoltes et les complots suscités par l'Espagne, n'avaient pas anémié périodiquement le pouvoir ? Mais il avait fallu abattre la faction protestante, assiéger La Rochelle, mettre les princes et leurs satellites hors d'état de nuire.

L'œuvre qu'ils avaient accomplie ensemble était immense, mais inachevée. Le royaume émergeait enfin de la féodalité ; les archaïsmes balayés, il était devenu un État moderne, fortement centralisé, d'autant plus efficace. Le pouvoir royal, incessamment battu en brèche, était consolidé, redéfini ; il évoluait vers ce qu'on a appelé l'absolutisme, un absolutisme tempéré par la raison et la volonté de bien faire. Mais tant de luttes, assorties de tant de dévastations, avaient quasi ruiné le pays. Les grandes réformes que l'on avait projetées avaient été différées sous l'empire des événements. Les conquêtes elles-mêmes étaient incertaines. L'adversaire, quoique plus appauvri que nous-mêmes, ne désarmait pas, ne renonçait à rien, reculait pied à pied. Ironie du sort, ni Richelieu ni Louis XIII ne connurent la victoire du duc d'Enghien à Rocroy. Le roi était mort le 14 mai. Cinq jours après, le futur Grand Condé écrasait les *tercios* espagnols jusque-là réputés invincibles.

Il appartenait à Mazarin d'achever l'œuvre entreprise. Les traités de Westphalie (1648) consacrèrent l'abaissement des Habsbourg d'Autriche. Le traité des Pyrénées (1659) mit fin à l'hégémonie de l'Espagne. La France était devenue la première puissance européenne. Telle avait été l'ambition de Richelieu, heureusement partagée par Louis XIII. Sans eux et sans Mazarin, le Roi-Soleil n'eût pas régné sur le plus beau royaume du monde.

Quis erit similis mihi ? (Quelqu'un sera-t-il semblable à moi ?) C'était l'épigraphe que Richelieu avait inscrite à ses thèses de doctorat en 1607. Il avait vingt-deux ans. Depuis lors, quel chemin parcouru, quelle ascension vertigineuse ! Évêque de Luçon, cardinal, duc et pair, chef du Conseil, commandeur dans l'ordre du Saint-Esprit, protecteur de l'Académie française et de la Sorbonne, grand maître de la navigation et du commerce, mécène fastueux, « vice-roi » de France, le plus grand politique de son temps ! Assurément, tous ces titres suffiraient à le ranger parmi les illustres. Mais à l'ambition comblée il faut ajouter ce qui confère à cette vie sa grandeur authentique, sa plénitude et son sens secret. Il était de ces êtres – et sans doute le plus grand par sa réussite – qui, dès leur jeunesse, se sentent appelés à assumer un destin exceptionnel, ont la volonté d'accomplir leur mission nonobstant les obstacles, et qui sont assez heureux pour léguer un vaste avenir au peuple dont ils ont la charge. Ils sont en très petit nombre. Ils traversent comme des comètes l'histoire de notre vieux pays et, pendant des siècles, continuent à jeter sur lui l'éclat de leur mystérieuse lueur.

ANNEXES

Annexe I

Quelques maximes de Richelieu :

Les plus grands esprits sont plus dangereux qu'utiles au maniement des affaires, s'ils n'ont dans la tête beaucoup plus de plomb que de vif-argent.

Le gouvernement du royaume requiert une vertu mâle et une fermeté inébranlable.

Ceux qui font leur compte trop juste ne sont pas bons ménagers.

En toute affaire, il faut prendre parti un jour ou l'autre, parce que l'occasion ne revient pas et qu'il faut la saisir, comme on dit, aux cheveux ; et parce qu'aussi bien on n'est jamais son maître, mais un simple instrument dans la main d'un plus fort que soi.

Il ne peut y avoir de si mauvaise paix qui ne vaille mieux qu'une guerre civile.

Les grands hommes qu'on met au gouvernement des États sont comme ceux qu'on condamne au supplice, avec cette différence seulement que ceux-ci reçoivent la peine de leurs fautes et les autres de leur mérite.

Bien des hommes sauveraient leur âme comme particuliers, qui se damnent comme personnes publiques.

L'expérience fait voir que, si on ne prévoit de loin les desseins où on se veut porter, on se trouve court ; il faut penser de bonne heure aux affaires, autrement tout ce que l'on fait est inutile.

Sans la modestie, les grands esprits sont si amateurs de leurs opinions qu'ils condamnent toutes les autres, bien qu'elles soient meilleures ; et l'orgueil de leur constitution naturelle, joint à leur autorité, les rend tout à fait insupportables. Le plus habile homme du monde doit souvent écouter les avis de ceux qu'il pense même être moins habiles que lui. Comme il est de la prudence du ministre d'État de parler peu, il l'est aussi d'écouter beaucoup. On tire parti de toutes sortes d'avis : les bons sont utiles par eux-mêmes, et les mauvais confirment les bons.

Il est toujours en vous de vous vaincre, si vous voulez.

Tant s'en faut que le courage requis au parfait conseiller d'État l'oblige à ne penser qu'aux grandes choses ; qu'au contraire il est tout à fait nécessaire qu'il s'abaisse aux médiocres, parce que souvent les grands désordres naissent de petits commencements, et que les établissements les plus considérables ont quelquefois des principes qui paraissent de nulle considération.

Le Français, qui croit être contraint et retenu contre son gré, ne pense d'ordinaire qu'à s'échapper, dût-il perdre mille vies, s'il en avait autant : au lieu que, s'il lui est libre de se retirer, il y a grande apparence qu'il demeurera.

L'humeur des Français est si prompte qu'elle veut la fin de ses désirs aussitôt qu'elle les a conçus. Ils courent des cent lieues chercher une bataille et n'en voudraient pas attendre l'occasion huit jours. Les moindres délais leur sont insupportables ; ils n'ont pas de flegme pour attendre un seul moment de bonheur.

Les desseins de longue haleine ne sont pas les plus sûrs en ce royaume.

Il n'y a pas de nation au monde si peu propre à la guerre que la nôtre, bien que César ait dit que les Français savent deux choses : l'art militaire et celui de bien parler. On ne peut comprendre, jusqu'à présent, sur quel fondement on leur attribue la première de ces qualités, vu que la patience dans les travaux et dans les peines, qualité nécessaire à la guerre, ne se trouve en eux que rarement.

Si la diversité de nos intérêts et notre inconstance naturelle nous portent souvent dans des préjugés effroyables, notre légèreté même ne nous permet pas de demeurer fermes et stables en ce qui est notre propre bien, et nous en tire si promptement que nos ennemis, ne pouvant prendre de justes mesures sur des variétés si fréquentes, n'ont pas le loisir de profiter de nos fautes.

Les Français sont capables de tout, pourvu que ceux qui les commandent soient capables de bien enseigner ce qu'il faut qu'ils pratiquent.

C'est chose certaine que l'opinion, qui s'est répandue par tout le monde, que les Français sont incapables de règle et de discipline, n'a d'autre fondement que l'incapacité des chefs qui ne savent pas choisir les moyens nécessaires aux fins qu'ils se proposent.

Si la patience dans les travaux et les peines accompagnait la vaillance des Français, le monde ne serait pas assez grand pour borner leurs conquêtes.

Il faut dormir comme le lion, sans fermer les yeux qu'on doit avoir continuellement ouverts.

Un homme de grand cœur ne doit jamais refuser un parti douteux, quand il y a apparence qu'il puisse réussir, bien qu'il soit difficile. Principalement lorsqu'il s'agit d'un fait si important que c'est gagner que perdre pour le tenter. En tel cas, la retenue et la prudence sont criminelles, et la témérité, vertu.

Annexe II

Testament de son Éminentissime Armand-Jean du Plessis Cardinal Duc de Richelieu, dicté à Narbonne le 23 mai 1642 :

Par-devant Pierre Falconis, notaire royal en la ville de Narbonne, fut présent en sa personne éminentissime Armand-Jean du Plessis, cardinal duc de Richelieu et de Fronsac, pair de France, commandeur de l'ordre du Saint-Esprit, grand maître, chef et surintendant général de la navigation et commerce de ce royaume, gouverneur et lieutenant général pour le Roi en Bretagne ; lequel a fait entendre audit notaire l'avoir mandé en l'hôtel de la vicomté de ladite ville, où il est à présent en son lit, malade, pour recevoir son testament et ordonnance de dernière volonté, en la manière qui s'ensuit :

Je, Armand Jean du Plessis de Richelieu, cardinal de la sainte Église romaine, déclare qu'ayant plu à Dieu, dans la grande maladie en laquelle Il a permis que je sois tombé, de me laisser l'esprit et le jugement aussi sains que je les ai jamais eus, je me suis résolu de faire mon testament et ordonnance de dernière volonté.

PREMIÈREMENT

Je supplie Sa divine bonté de n'entrer point en jugement avec moi, et de me pardonner mes fautes par l'application du précieux sang de Jésus-Christ Son fils, mort en croix pour la rédemption des hommes, par l'intercession de la Sainte Vierge Sa mère et de tous les Saints, qui, après avoir vécu en l'Église catholique et apostolique et romaine, en laquelle seule on peut faire son salut, sont maintenant glorieux en paradis.

Lorsque mon âme sera séparée de mon corps, je désire et ordonne qu'il soit enterré dans la nouvelle église de la Sorbonne de Paris, laissant aux exécuteurs de mon testament, ci-après nommés, de faire mon enterrement et funérailles ainsi qu'ils l'estimeront plus à propos.

Je veux et ordonne que tout l'or et l'argent monnayé que je laisserai lors de mon décès, en quelque lieu qu'il puisse être, soit mis ès mains de madame la duchesse d'Aiguillon, ma nièce, et de M. de Noyers, conseiller du Roi en son Conseil d'État, secrétaire de ses commandements, fors et excepté la somme de quinze cent mille livres que j'entends et veux être mise entre les mains de Sa

Majesté, incontinent après mon décès, ainsi que je l'ordonnerai ci-après.

Je prie madame la duchesse d'Aiguillon, ma nièce, et M. de Noyers, aussitôt après mon décès, de payer et acquitter mes dettes, si aucunes se trouvent lors, des deniers que j'ordonne ci-dessus être mis entre leurs mains ; et, mes dettes payées, sur les sommes qui resteront, faire des œuvres de piété utiles au public, ainsi que je leur ai fait entendre, et à M. Lescot nommé par Sa Majesté à l'évêché de Chartres, mon confesseur ; déclarant que je ne veux qu'ils rendent aucun compte à mes héritiers, ni autres, des sommes qui leur auront été mises entre les mains, et dont ils auront disposé.

Je déclare que, par contrat du 6 juin 1636 devant Guerreau et Parque, j'ai donné à la couronne mon grand hôtel que j'ai bâti sous le nom du Palais-Cardinal, ma chapelle d'or enrichie de diamants, mon grand buffet d'argent ciselé, et un grand diamant que j'ai acheté de Lopès. Toutes lesquelles choses le Roi a eu agréable, par sa bonté, d'accepter à ma très humble et très instante supplication, que je lui fais encore par ce présent testament, et d'ordonner que le contrat soit exécuté dans tous ses points.

Je supplie très humblement Sa Majesté d'avoir pour agréables huit tentures de tapisserie, et trois lits, que je prie madame la duchesse d'Aiguillon, ma nièce, et M. de Noyers, de choisir entre mes meubles, pour servir à une partie des ameublements des principaux appartements dudit Palais-Cardinal.

Comme aussi je la supplie d'agréer la donation que je lui fais en outre de l'hôtel qui est devant le Palais-Cardinal, lequel j'ai acquis de feu M. le commandeur de Sillery, pour, au lieu d'icelui, faire une place au-devant dudit Palais-Cardinal.

Je supplie aussi très humblement Sa Majesté de trouver bon que l'on lui mette entre les mains la somme de quinze cent mille livres, dont j'ai fait mention ci-dessus, de laquelle somme je puis dire, avec vérité, m'être servi très utilement aux plus grandes affaires de son État, en sorte que si je n'eusse eu cet argent en ma disposition, quelques affaires qui ont bien succédé, eussent apparemment mal réussi, ce qui me donne sujet d'oser supplier Sa Majesté de destiner cette somme que je lui laisse, pour employer en diverses occasions qui ne peuvent souffrir la langueur des formes des finances.

Et pour le surplus de tous, et chacun de mes biens présents et à venir, de quelque nature qu'ils soient, je veux et ordonne qu'ils soient partagés et divisés ainsi qu'il suit.

Je donne et lègue à Armand de Maillé, mon neveu et filleul, fils d'Urbain de Maillé, marquis de Brézé, maréchal de France, et de Nicole du Plessis, ma seconde sœur, et en ce, je l'institue mon héritier pour tous les droits qu'il pourrait prétendre en toutes les terres et autres biens qui se trouveront en ma succession, lors de mon décès, ce qui s'ensuit :

Premièrement, je lui donne et lègue mon duché et pairie de Fronsac, et Caumont y joint, ensemble tout ce qui en dépend, et qui sera joint et en dépendra, lorsqu'il plaira à Dieu de disposer de moi.

Plus, je lui donne la terre et marquisat de Granille, ses appartenances et dépendances.

Item, je lui donne et lègue le comté de Beaufort en Vallée.

Item, je lui donne et lègue la somme de trois cent mille livres qui est au château de Saumur, laquelle somme je veux et ordonne d'être employée en acquisitions de terres nobles, en titres au moins de châtellenie, pour jouir, par mondit neveu, desdites terres aux conditions d'institutions et substitutions qui seront ci-après apposées en ce mien testament.

Item, je lui donne et lègue la terre et baronnie de Fresnes, sise au pays d'Anjou, que j'ai acquise du marquis de Sezé par contrat passé par-devant Parque et Guerreau, notaires au Châtelet de Paris.

Item, je lui donne et lègue la ferme des Poids en Normandie, qui est présentement affermée à cinquante mille livres par an ou environ.

Je veux et entends que la décharge que j'ai ci-devant donnée audit sieur maréchal de Brézé par acte passé par-devant Guerreau et Parque, notaires, le 30 août 1632, et tout ce qu'il me pourra devoir lors de mon décès, ait lieu, et soit exécuté fidèlement, ne voulant pas que mondit neveu Armand de Maillé, fils dudit sieur maréchal, ses frères et autres qui auront part en ma succession, puissent lui en rien demander, tant en principal qu'arrérages de rentes et intérêts des sommes que j'ai payées aux créanciers de la maison de Brézé dont j'ai les droits cédés, voulant seulement que les biens de la maison demeurent affectés et hypothéqués au principal et arrérages desdites dettes qui sont échues et qui écherront ci-après au profit des enfants dudit sieur maréchal de Brézé et de madite sœur sa femme et de leurs descendants, ainsi qu'il est déjà porté par le susdit acte, sans que ladite affectation et retenue d'hypothèque puisse empêcher ledit sieur maréchal de Brézé de jouir desdits biens sa vie durant.

Je donne et lègue à madame la duchesse d'Aiguillon, ma nièce, fille du défunt René de Vignerot, et de dame Françoise du Plessis, ma sœur aînée, pour tous les droits qu'elle pourrait avoir et prétendre en tous les biens de ma succession ; outre ce, je lui ai donné par son contrat de mariage, et en ce, je l'institue mon héritière, savoir : la maison où elle loge à présent, vulgairement appelée le Petit-Luxembourg ; sise au faubourg Saint-Germain, joignant le palais de la Reine, mère du Roi, ma maison et terre de Ruel [1], et tout le bien en fonds de terre et droits sur le Roi, que j'ai et aurai audit lieu, lors de mon décès, tant de celui que j'avais il y a quelque temps, que de tout ce que j'ai acquis par l'échange de M. l'abbé et des religieux de Saint-Denis en France, à la charge qu'après son décès, madite maison de Ruel, avec ses appartenances et lesdits droits sur le Roi, reviendront *à celui des enfants mâles de mon neveu du Pont de Courlay, qui sera mon héritier, et qui portera le nom et armes de Richelieu*, à la charge des institutions et substitutions qui seront ci-après apposées ; et quant à la maison dite vulgairement le Petit-Luxembourg, elle appartiendra, après le décès de madite nièce la duchesse d'Aiguillon, à celui qui sera duc de Fronsac, aux conditions d'institutions et substitutions qui seront ci-après apposées.

Item, je lui donne le domaine de Pontoise et autres droits que je pourrai avoir en ladite ville lors de mon décès.

Item, je lui donne la rente que j'ai à prendre sur les cinq grosses fermes de France, qui monte à soixante mille livres par an ou environ, laquelle, après le décès de madite nièce, reviendra à mondit neveu du Pont de Courlay, qui sera mon héritier, si ladite rente se trouve alors en nature ; et en cas qu'elle ait été rachetée, les deniers en provenant, ou fonds ou rentes, auxquels ils auront été employés, appartiendront à mondit neveu.

Item, je donne et lègue à madite nièce la duchesse d'Aiguillon tous les cristaux, tableaux et autres pièces qui sont à présent ou pourront être ci-après, lors de mon décès, dans le cabinet principal de ladite maison vulgairement dite le Petit-Luxembourg, et qui y servent d'ornements, sans y comprendre l'argenterie du buffet, dont j'ai déjà disposé, qui pourrait y être lors de mon décès.

Je lui donne aussi toutes mes bagues et pierreries, à l'exception seulement de ce que j'ai laissé ci-dessus à la couronne, ensemble

1. Rueil.

un buffet d'argent vermeil doré neuf, pesant cinq cent trente-cinq marcs quatre gros, contenu en deux coffres faits exprès.

Je donne et lègue à François de Vignerot, sieur du Pont de Courlay, mon neveu, et en ce l'institue mon héritier, savoir : la somme de deux cent mille livres, qui lui seront payées par l'ordre des exécuteurs de mon testament, à la charge qu'il les emploiera à l'acquisition d'une terre, pour en jouir par lui sa vie durant, et, après son décès, appartenir à Armand de Vignerot, son fils aîné, ou à celui qui après lui sera duc de Richelieu, aux conditions d'institutions et substitutions ci-après déclarées.

Je donne et lègue audit Armand de Vignerot, et en ce je l'institue mon héritier, savoir : mon duché pairie de Richelieu, ses appartenances et dépendances avec toutes les terres que j'ai fait ou pourrai faire unir à icelui avant mon décès.

Item, je lui donne la terre et baronnie de Barbezieux que j'ai acquise de M. et madame Viguier.

Item, je lui donne la terre et principauté de Mortaigne, que j'ai acquise de M. de Loménie, secrétaire d'État.

Item, je lui donne et lègue le comté de Cosnac, les baronnies de Coze, de Saugeon et d'Arvert.

Item, je lui donne et lègue la terre de La Ferté-Bernard, que j'ai acquise par décret de M. le duc de Villars.

Item, je lui donne et lègue le domaine d'Hiers-en-Brouage, dont je jouis par engagement.

Item, je lui donne et lègue l'hôtel de Richelieu, que j'ai ordonné et veux être bâti, joignant le Palais-Cardinal, aux conditions d'institutions et substitutions qui seront ci-après déclarées.

Item, je lui donne et lègue ma tapisserie de l'histoire de Lucrèce, que j'ai achetée à M. le duc de Chevreuse, ensemble toutes les figures, statues, bustes, tableaux, cristaux, cabinets, tables et autres meubles qui sont à présent dans les sept chambres de la conciergerie du Palais-Cardinal et dans la petite galerie qui en dépend, pour meubler et orner ledit hôtel de Richelieu, lorsqu'il sera bâti, voulant et entendant que toutes les choses susdites demeurent perpétuellement attachées audit hôtel de Richelieu, comme appartenances et dépendances d'icelui.

Item, je lui donne et lègue outre ce que dessus, tous mes autres biens, tant meubles qu'immeubles, droits sur le Roi, ou de ses domaines que je possède par engagement, et généralement tous les biens que j'aurai lors de mon décès, de quelque nature et qualité qu'ils puissent être, dont je n'aurai disposé par le présent testament, le tout aux conditions des institutions et substitutions qui seront ci-après apposées ; et, pour cet effet, je veux qu'après mon décès, il soit fait un inventaire par mes exécuteurs testamentaires ou par telles autres personnes qu'ils estimeraient à propos, de tous mes meubles qui se trouveront, tant en l'hôtel de Richelieu et Palais-Cardinal, qu'en ma maison de Richelieu, dont celui qui sera duc de Richelieu se chargera.

Je veux et entends que tous les legs, que j'ai ci-dessus faits audit Armand de Vignerot, mon petit-neveu, soient à la charge et condition expresse qu'il prendra *le seul nom de du Plessis de Richelieu*, et que mondit neveu ni ses descendants qui viendront à ma succession, en vertu du présent testament, ne pourront prendre et porter autre nom, ni écarteler les armes de la maison, à peine de déchéance de l'institution et substitution que je fais en leur faveur.

Je veux et entends qu'Armand de Vignerot, ou celui de mes petits-neveux enfants de François de Vignerot, mon neveu, qui viendra à ma succession, en vertu de ce mien testament, donne par chacun an audit François de Vignerot, leur père, la somme de trente mille livres, sa vie durant, à prendre sur tous les biens que je leur ai ci-dessus légués, à la charge que ledit sieur François de Vignerot, sieur du Pont de Courlay, mon neveu, ne jouira desdites trente mille livres de rente, qu'aux termes et conditions ci-après déclarés, pour le temps que mes héritiers commenceront à jouir entièrement de mes biens, et que le payement des dites trente mille livres lui sera fait par l'ordre de ceux qui auront la direction desdits biens en attendant que sondit fils soit majeur, ou par l'ordre de sondit fils lorsqu'il sera en âge.

Item, je donne et lègue audit Armand de Vignerot, mon petit-neveu, aux clauses et conditions des institutions et substitutions qui seront ci-après apposées, ma bibliothèque, non seulement en l'état auquel elle est à présent, mais en celui auquel elle sera lors de mon décès, déclarant que je veux qu'elle demeure au lieu où j'ai commencé à la faire bâtir dans l'hôtel de Richelieu joignant le Palais-Cardinal ; et, d'autant que mon dessein est de rendre ladite bibliothèque la plus accomplie que je pourrai, et la mettre en état qu'elle puisse non seulement servir à ma famille, mais encore au public, je veux et ordonne qu'il en soit fait un inventaire général, lors de mon décès, par telles personnes que mes exécuteurs testamentaires jugeront à propos, y appelant deux docteurs de la Sorbonne, qui seront députés par leur corps pour être présents à la confection dudit inventaire ; lequel étant fait, je veux qu'il soit mis une expédition en ma bibliothèque, signée de mes exécuteurs testamentaires et desdits docteurs de Sorbonne, et qu'une autre copie soit pareillement mise en ladite maison de Sorbonne, signée ainsi que dessus.

Et, afin que ladite bibliothèque soit conservée en son entier, je veux et ordonne que ledit inventaire soit récollé et vérifié tous les ans par deux docteurs qui seront députés de la Sorbonne, et qu'il y ait un bibliothécaire qui en ait la charge, aux gages de mille livres par chacun an, lesquels gages et appointements je veux être pris par chacun an, par préférence à toute autre charge, de quartier en quartier et par avance, sur les revenus des maisons bâties et à bâtir à l'entour du parc du Palais-Cardinal, lesquelles ne font point partie dudit palais ; et je veux et entends que moyennant les dites mille livres d'appointements il soit tenu de conserver ladite bibliothèque, la tenir en bon état, et y donner l'entrée, à certaines heures du jour, aux hommes de lettres et d'érudition, pour voir les livres et en prendre communication dans le lieu de la bibliothèque, sans transporter les livres ailleurs ; et en cas qu'il n'y eût aucun bibliothécaire lors de mon décès, je veux et ordonne que la Sorbonne en nomme trois audit Armand de Vignerot et à ses successeurs, qui seront ducs de Richelieu, pour choisir celui des trois qu'ils jugeront le plus à propos ; ce qui sera toujours observé lorsqu'il sera nécessaire de mettre un nouveau bibliothécaire.

Et, d'autant que, pour la conservation du lieu et des livres de ladite bibliothèque, il sera besoin de la nettoyer souvent, j'entends qu'il soit choisi, par mondit neveu, un homme propre à cet effet, qui sera obligé de balayer tous les jours une fois ladite bibliothèque, et d'essuyer les livres ou les armoires dans lesquelles ils seront ; et, pour lui donner moyen de s'entretenir, et fournir les balais et autres choses nécessaires pour le nettoyement, je veux qu'il ait quatre cents livres de gages par an à prendre sur le même fonds que ceux du bibliothécaire, et en la même forme, ce qui sera fait, ainsi que ce qui concerne ledit bibliothécaire, par les soins et par l'autorité de mondit neveu et de ses successeurs en la possession dudit hôtel de Richelieu.

Et d'autant qu'il est nécessaire pour maintenir une bibliothèque en sa perfection, d'y mettre de temps en temps les bons livres qui seront imprimés de nouveau, ou ceux des anciens qui y peuvent manquer, je veux et ordonne qu'il soit employé la somme de mille livres par chacun an, en achat de livres, par l'avis des docteurs qui seront députés tous les ans par la Sorbonne pour faire l'inventaire de ladite bibliothèque, laquelle somme de mille livres sera pareillement prise par préférence à toutes autres charges, excepté celle des deux articles ci-dessus, sur le revenu des arrentements des maisons qui ont été et seront bâties à l'entour dudit parc du Palais-Cardinal.

Je déclare que mon intention et volonté est, en cas que, lors de mon décès, ledit Armand de Vignerot, ou celui de ses frères à son défaut qui viendra à ma succession, en vertu de ce mien testament, ne soit encore majeur, que ma nièce, la duchesse d'Aiguillon, ait l'administration et conduite tant de sa personne que desdits biens que je lui donne, jusqu'à ce qu'il soit venu en âge de majorité, sans que madite nièce, la duchesse d'Aiguillon, soit tenue de rendre aucun compte audit Armand de Vignerot, ni à quelques autres personnes que ce soit ; et en cas que madite nièce, la duchesse d'Aiguillon, fût décédée avant moi, ou qu'elle décédât avant la majorité dudit Armand de Vignerot ou de celui de ses frères qui sera mon héritier, je veux et ordonne que lesdits biens soient administrés par mes exécuteurs testamentaires, sans qu'ils soient aussi tenus de rendre aucun compte à qui que ce soit.

Item, je donne et lègue audit Armand de Vignerot, mon petit-neveu, la somme de quatre cent quarante et tant de mille livres que j'ai prêtée, par contrat de constitution de rente, à mon neveu du Pont de Courlay son père, pour acquitter les dettes par lui contractées, ensemble tout ce que ledit sieur du Pont, mon neveu, me devra, tant à cause des arrérages desdites constitutions de rente, que pour quelque autre cause que ce soit et à quelque somme que lesdites dettes se trouveront revenir lors de mon décès, à la charge et conditions néanmoins que mon petit-neveu ne pourra faire aucune demande desdites sommes, tant en principal qu'intérêt, audit sieur du Pont de Courlay son père pendant son vivant, ainsi se réservera à se pourvoir sur ses terres après son décès ; si ce n'est que les terres et biens dudit sieur du Pont de Courlay, mon neveu, soient, de son vivant, saisis et mis en décret, à la requête de ses créanciers, auquel cas je veux et entends que ledit Armand de Vignerot, mon petit-neveu, puisse s'opposer aux biens saisis, et même s'en rendre adjudicataire, s'il le juge ainsi à propos ; et en cas qu'il se rende adjudicataire desdits biens ou qu'étant vendus, il soit mis en ordre sur les deniers provenant de la vente d'iceux, je veux et entends que mondit neveu du Pont de Courlay jouisse sa vie durant du revenu desdits biens, dont il sera rendu adjudicataire, ou de l'intérêt des sommes dont mon petit-neveu aura été mis en ordre.

Et, d'autant qu'il a plu à Dieu bénir mes travaux et les faire considérer par le Roi mon bon maître, en les reconnaissant par sa munificence au-dessus de ce que je pouvais espérer, j'ai estimé, en faisant ma disposition présente, devoir obliger mes héritiers à conserver l'établissement que j'ai fait en ma famille, en sorte qu'elle se puisse maintenir longuement en la dignité et splendeur qu'il a plu au Roi lui donner, afin que la postérité connaisse que, si je l'ai servi fidèlement, il a su, par une vertu toute royale, m'aimer et me combler de ses bienfaits.

Pour cet effet, je déclare et entends que tous les biens que j'ai ci-dessus légués et donnés, soient à la charge des substitutions ainsi qu'il suit.

Premièrement, je substitue à Armand de Vignerot, mon petit-neveu, fils de François de Vignerot sieur du Pont de Courlay, mon neveu, en tous les biens tant meubles qu'immeubles que je lui ai ci-dessus légués, son fils aîné ; je substitue l'aîné des mâles de ladite famille, et d'aîné en aîné, gardant toujours l'ordre et prérogative d'aînesse.

Et, en cas que ledit Armand de Vignerot décède sans enfants mâles ou que la ligne masculine vienne à manquer en ses enfants, je lui substitue celui de ses frères qui sera l'aîné en la famille, ou, à son défaut, l'aîné des enfants mâles dudit frère, selon l'ordre de primogéniture, et gardant toujours la prérogative d'aînesse ; et en cas que ledit frère ou ses enfants mâles décèdent sans enfants mâles, et que la ligne masculine vienne à manquer, je lui substitue celui de ses frères ou de ses neveux qui sera l'aîné des mâles en la famille, et d'aîné en aîné, gardant toujours l'ordre de primogéniture tant que la ligne masculine de François de Vignerot sieur du Pont de Courlay durera.

Je déclare que je veux et entends que celui des enfants mâles de mon neveu du Pont de Courlay, ou de ses descendants qui sera ecclésiastique, s'il est *in sacris*, ne soit compris en l'institution et substitution ci-dessus faite, pour jouir d'icelle, encore qu'il fût plus âgé ; mais je veux et ordonne qu'en tous les degrés d'institution et substitution, celui qui se trouvera le plus âgé et aîné de la famille, après celui qui sera ecclésiastique et *in sacris* lors de l'ouverture de la substitution, jouisse en son lieu des droits d'institution et substitution selon l'ordre de primogéniture.

Et, en cas qu'il n'y eût aucun descendant mâle de mondit neveu du Pont de Courlay, et que la ligne masculine venant de lui vînt à manquer en la famille, j'appelle à ladite substitution Armand de Maillé, mon neveu, ou celui de ses descendants mâles par les mâles qui sera duc de Fronsac, par augmentation des biens institués et substitués et pour sortir même nature et aux mêmes conditions, institutions et substitutions que les autres biens que je lui ai légués, le tout à la charge que mondit neveu Armand de Maillé et ses descendants qui viendront à ladite substitution, prendront le seul nom de du Plessis de Richelieu sans adjonction d'autres.

Item, je substitue audit Armand de Maillé, en tous les biens que je lui ai ci-dessus légués, le fils aîné qui viendra de lui en loyal mariage, et audit fils aîné je substitue l'aîné des mâles issus de lui, et d'aîné en aîné à l'exclusion de ceux qui seront ecclésiastiques *in sacris*, ainsi que j'ai dit ci-dessus.

Et en cas que mondit neveu, Armand de Maillé, vînt à décéder sans enfants mâles ou qu'il n'y eût aucun descendant mâle de lui, et que la ligne masculine venant de lui vînt à manquer en sa famille, j'appelle à ladite substitution Armand de Vignerot, mon petit-neveu ou celui de ses descendants mâles qui sera lors duc de Richelieu ; et faute d'hoirs mâles de la famille de mondit sieur Armand de Vignerot, j'appelle à la substitution l'aîné des mâles de la famille de mondit neveu du Pont de Courlay, descendants de lui par les mâles selon l'ordre de primogéniture par augmentation des biens institués et substitués, et pour sortir même nature et aux mêmes conditions, institutions et substitutions que les autres biens que je leur ai légués.

Et, en cas que la ligne masculine de mondit neveu du Pont de Courlay et d'Armand de Maillé, mon neveu, vienne à manquer, en sorte qu'en toutes les deux familles il n'y ait plus aucun enfant mâle descendant des mâles en légitime mariage pour venir à ma succession, selon l'ordre ci-dessus prescrit, j'appelle à la substitution des biens auxquels j'ai institué Armand de Vignerot, mon petit-neveu, le fils aîné de la fille aînée venant de l'aîné, ou celui qui le représentera, et puis l'aînée des filles venant des puînés, selon l'ordre de primogéniture des mâles à l'exclusion de ceux qui sont *in sacris*.

Et, en cas, ainsi qu'il est dit ci-dessus, que la ligne vienne à manquer, tant dans la famille d'Armand de Maillé, mon neveu, qu'en celle de mondit neveu du Pont de Courlay, j'appelle à la substitution des biens auxquels j'ai institué ledit Armand de Maillé, mon neveu, le fils aîné de sa fille aînée, puis des puînées ou celui des mâles qui le représentera, et de mâles en mâles, à l'exclusion de ceux qui seront constitués *in sacris*, gardant toujours, de degré en degré, la primogéniture des mâles, et aux mêmes charges, conditions, institutions et substitutions que dessus.

Et, s'il arrivait que tous les mâles descendants des filles de mondit neveu du Pont de Courlay, décédassent sans enfants mâles, je leur substitue celui de mes successeurs qui sera duc de Fronsac, en vertu de mon testament par augmentations d'institutions et substitutions ; et en cas que tous les mâles descendants des filles venant d'Armand de Maillé, mon neveu, décédassent sans enfants mâles, je leur substitue celui de mes successeurs qui possédera lors, en vertu de mon testament, le duché de Richelieu, par augmentations d'institutions ou substitutions.

Je prie ceux des familles de Vignerot et de Maillé auxquels les biens que je substitue écherront, de vouloir renouveler, en tant que besoin serait, lesdites institutions et substitutions, selon mon intention ci-dessus, ce que je crois qu'ils feront volontairement, tant en considération des grands biens qu'ils auront reçus de moi, que pour l'honneur de leur famille.

Et, comme mon intention est que les terres des duchés et pairies de Richelieu, et de Fronsac et Caumont, leurs appartenances et dépendances soient conservées entières en ma famille, sans être divisées pour cette considération, je prohibe, autant que je le puis, à mondit petit-neveu Armand de Vignerot et Armand de Maillé, mon neveu, leurs descendants et à tous autres qui viendront à la succession desdites terres, tant par institution que substitution en vertu du présent testament, toute détraction de *quatre légitime*, douaire, ou autrement, en quelque manière que ce soit, sur lesdites terres de duchés et pairie, voulant que lesdites terres et seigneuries demeurent entières à celui qui sera substitué en son ordre, sans qu'elles puissent être démembrées, ni divisées pour quelque cause que ce soit.

Je veux et entends que mon neveu du Pont de Courlay se contente, pour tout droit qu'il pourrait prétendre en ma succession, de la somme de deux cent mille livres que je lui ai ci-dessus léguée, et des trente mille livres que je lui ai aussi léguées à prendre par chacun an sur tous les biens que j'ai légués par ce mien testament à Armand de Vignerot, mon petit-neveu, son fils, ensemble de la jouissance des sommes de deniers qu'il me doit, ainsi que j'en ai disposé ci-dessus.

Item, je déclare qu'en cas que mondit neveu François de Vignerot, sieur du Pont de Courlay, conteste cette mienne disposition, et que le duché de Richelieu lui fût adjugé pour la part et portion dont je n'avais pu disposer, en ce cas je révoque ladite donation de deux cent mille livres faite en sa faveur, et en outre je révoque toutes les institutions que j'ai faites dudit duché de Richelieu en faveur d'Armand de Vignerot, son fils, et de ceux de la famille de Vignerot, et veux et entends qu'Armand de Maillé, mon neveu, soit appelé à la substitution dudit duché après le décès dudit François de Vignerot, sieur du Pont de Courlay, mon neveu, à l'exclusion de tous les descendants de mondit neveu du Pont de Courlay, et qu'il jouisse, lors de l'ouverture de ma succession, des parts et portions dudit duché dont je puis disposer ; et en tant que besoin est, au cas que ledit François de Vignerot, mon neveu, conteste ce mien testament, je donne à Armand de Maillé lesdites parts et portions dont je puis disposer avec l'hôtel de Richelieu que j'ai ordonné être bâti joignant le Palais-Cardinal, ensemble tous les meubles qui se trouveront lors de mon décès, tant en la maison de mon duché de Richelieu, et ce par augmentation d'institutions ou substitutions, et pour sortir même nature et aux mêmes conditions, institutions et substitutions que les autres biens à lui ci-dessus légués, et à la charge qu'il prendra le seul nom et les seules armes de la maison du Plessis de Richelieu, ainsi qu'il est dit ci-dessus.

Et, quant aux autres biens, tant meubles qu'immeubles, dont j'ai disposé ci-dessus en faveur d'Armand de Vignerot, mon petit-neveu, je veux et entends qu'il en jouisse ainsi que j'ai ordonné ci-dessus, aux conditions d'institutions et substitutions apposées ci-dessus, à la charge néanmoins que cette dernière disposition n'aura lieu qu'en cas que mondit neveu François de Vignerot, sieur du Pont de Courlay, conteste mon testament.

Et, d'autant que dans les biens dont j'ai ci-dessus disposé, il y en aura peut-être du domaine du Roi, et d'autres biens et rentes qui pourraient être rachetés, je veux et entends qu'en cas de rachat *de tout ou de partie des biens de cette nature*, soit aux institués ou substitués, le prix en provenant soit remplacé par celui auquel le rachat sera fait, en acquisition d'héritages, pour tenir lieu et place desdits biens rachetés aux mêmes conditions, institutions et substitutions auxquelles je les ai donnés et légués ci-dessus, et ce, dans six mois du jour du remboursement qui en sera fait, si l'on peut trouver à faire ledit emploi ; au défaut de quoi, les deniers provenant desdits rachats et remboursements, seront mis ès mains de personnes solvables jusqu'à ce que le remploi soit fait, avec le consentement de celui qui sera le plus proche appelé à la substitution desdites choses.

Je ne fais aucune mention en ce mien testament de ma nièce la duchesse d'Enghien, d'autant que par son contrat de mariage elle a renoncé à ma succession, moyennant ce que je lui ai donné en dot, dont je veux et ordonne qu'elle se contente.

Mon intention est que les exécuteurs de mon testament et madite nièce la duchesse d'Aiguillon, aient le maniement durant trois ans, à compter du jour qu'il aura plu à Dieu disposer de moi, des deux tiers du revenu de tout mon bien, l'autre demeurant à mesdits héritiers chacun en ce qui les concerne, pour être lesdits deux tiers employés au paiement de ce qui pourrait rester à acquitter de mes dettes, de mes legs et à la dépense des bâtiments que j'ai ordonné être faits et achevés, savoir : de l'église de la Sorbonne de Paris, ornements et ameublements d'icelle, de ma sépulture que je veux être faite en ladite église, suivant le dessin qui en sera arrêté par ma nièce la duchesse d'Aiguillon et M. de Noyers ; du collège de Sorbonne, suivant le dessin que j'en ai arrêté avec M. de Noyers et M. Mercier, architecte, à l'achat des places nécessaires, tant pour l'édification dudit collège, que pour le jardin de la Sorbonne, suivant les prisées et estimations qui en ont été faites, comme encore à la dépense de l'hôtel de Richelieu que j'ai ordonné être fait, joignant le Palais-Cardinal, de la bibliothèque dudit hôtel dont les fondations sont jetées, laquelle je prie M. de Noyers de faire achever soigneusement suivant le dernier dessin et devis arrêtés avec Tiriot, maître maçon ; et de faire acheter tous les livres qui y manqueront. Je le prie aussi de faire réparer, accommoder et orner la maison des pères de la Mission que j'ai fondée à Richelieu, et de leur faire acheter un jardin dans l'enclos de la ville de Richelieu, le plus proche de leur maison que faire se pourra, de la grandeur que j'ai ordonnée ; comme aussi de faire achever les fontaines et autres accommodements commencés, et nécessaires pour la perfection de mes bâtiments et jardins de Richelieu ; le tout sur lesdits deux tiers du revenu de mondit bien, comme dit est, sans que de toutes les dépenses ci-dessus madite nièce ni M. de Noyers soient tenus de rendre compte à qui que ce soit ; et, bien que j'aie déjà suffisamment fondé audit Richelieu lesdits pères de la Mission pour entretenir vingt prêtres, afin de s'employer aux missions dedans le Poitou suivant leur institut, je leur donne encore la somme de soixante mille livres, afin qu'ils aient d'autant plus de moyens de vaquer auxdites missions, et qu'ils soient obligés de prier Dieu pour le repos de mon âme, à la charge d'employer ladite somme de soixante mille livres en achat d'héritages, pour être de même nature que les autres biens de la fondation.

Je défends à mes héritiers de prendre alliance en des maisons qui ne soient pas vraiment nobles, les laissant assez à leur aise pour avoir plus d'égard à la naissance et à la vertu, qu'aux commodités et aux biens.

Et, d'autant que l'expérience nous fait connaître que les héritiers ne suivent pas toujours la trace de ceux dont ils sont successeurs, désirant avoir plus de soin de la conservation de l'honneur que je laisse aux miens, que de celle de leur bien, je recommande absolument auxdits Armand de Vignerot et Armand de Maillé, et à tous ceux qui jouiront après eux desdits duchés, pairies et biens que je leur ai ci-dessus substitués, de ne se départir jamais de l'obéissance qu'ils doivent au Roi et à ses successeurs, quelque prétexte de mécontentement qu'ils puissent prendre pour un si mauvais sujet ; et déclare en ma conscience que, si je prévoyais qu'aucun d'eux dût tomber en telle faute, je ne lui laisserais aucune part en ma succession.

Je donne et lègue au sieur du Plessis de Sivray, mon cousin, la somme de soixante mille livres qui m'est due par M. le comte de Charost, capitaine des gardes du corps du Roi, auquel j'entends que ledit sieur du Plessis de Sivray, ni aucun de mes héritiers, ne puisse demander aucune chose pour les intérêts de ladite somme de soixante mille livres ; ainsi seulement que ledit sieur de Sivray se puisse faire payer du principal d'icelle, dans l'an de mon décès.

Pour marque de la satisfaction que j'ai des services qui m'ont été rendus par mes domestiques et serviteurs,

Je donne au sieur Didier, mon aumônier, quinze cents livres ;

Au sieur de Bar, dix mille livres ;

Au sieur de Mauve, six mille livres ;

Au sieur de Belesbat, parce que je ne lui ai encore rien donné, dix mille livres ;

À Beaugensy, trois mille livres ;

À Lestoublou, trois mille livres ;

Au sieur de Valvoisin, parce que je ne lui ai rien donné, douze mille livres ;

À Gueille, deux mille livres ;

Au sieur Citois, six mille livres ;

Au sieur Renaudot, deux mille livres ;

À Berthereau, six mille livres ;

À Blouin, dix mille livres ;

À Desbournais, mon valet de chambre, six mille livres, et je désire qu'il demeure concierge sous mon petit-neveu du Pont de Courlay dans le Palais-Cardinal ;

Au Cousin, six mille livres ;

À L'Espolette et à Prévost, chacun trois mille livres ;

Au sieur Buzenot, mon argentier, quatre mille livres ;

À mon maître d'hôtel, six mille livres ;

À Picot, six mille livres ;

À Robert, trois mille livres ;

Aux sieurs de Grand et de Saint-Léger, mes écuyers, chacun trois mille livres, et en outre mes deux carrosses avec les deux attelages de chevaux, ma litière et les trois mulets qui y servent, pour être partagés également entre mes deux écuyers ;

À Chamarante et du Plessis, chacun trois mille livres ;

À Villaudry, quinze cents livres ;

À Deroques, dix-huit chevaux d'école, après que les douze meilleurs auront été choisis pour mes parents ;

Au sieur Defort, écuyer, six mille livres ;

À Grandpré, capitaine de Richelieu, trois mille livres ;

À La Jeunesse, concierge de Richelieu, trois mille livres ;

Au petit Mulot, qui écrit sous le sieur Charpentier, mon secrétaire, quinze cents livres ;

À La Garde, trois mille livres ;

À mon premier crédentier, deux mille livres ;

À mon premier cuisinier, deux mille livres,

À mon premier cocher, quinze cents livres ;

À mon premier muletier, douze cents livres ;

À chacun de mes valets de pied, six cents livres ;

Et généralement à tous les autres officiers de ma maison, savoir : de la cuisine, sommellerie et écurie, chacun six années de leurs gages, outre ce qui leur sera dû au jour de mon décès.

Je ne donne rien au sieur Charpentier, mon secrétaire, parce que j'ai eu soin de lui faire du bien pendant ma vie ; mais je veux rendre ce témoignage de lui, que durant le long temps qu'il m'a servi, je n'ai point connu de plus homme de bien, ni de plus loyal et sincère serviteur.

Je ne donne rien au sieur Chéré, mon autre secrétaire, parce que je le laisse assez accommodé, étant néanmoins satisfait des services qu'il m'a rendus.

Je donne au baron de La Broye, héritier du feu sieur Barbin, que j'ai su être en nécessité, la somme de trente mille livres.

Je prie mon frère, le cardinal de Lyon, de donner au sieur de Sadilly le prieuré de Coussaye que je possède présentement, et lequel est à sa nomination.

Et, pour exécuter le présent testament et tout ce qui en dépend, j'ai nommé et élu M. le chancelier et messieurs Bouthillier surintendant, et de Noyers secrétaire d'État ou ceux d'eux qui me survivront ; voulant qu'ils aient un soin particulier que rien ne soit omis de tout ce que dessus, qui est mon testament et ordonnance de ma dernière volonté, laquelle j'ai faite ainsi qu'il est dit ci-dessus, après y avoir mûrement pensé plusieurs fois, parce que la plus grande part de mon bien étant venue de gratifications que j'ai reçues de Leurs Majestés, en les servant fidèlement, et de mes épargnes, il m'est libre d'en user comme bon me semble ; joint que je laisse à chacun de mes héritiers légitimes beaucoup plus de bien qu'il ne leur appartiendrait de ce qui m'est arrivé de la succession de ma maison ; et, afin qu'il n'y ait point de différends entre eux, et que cette mienne volonté et ordonnance dernière soit pleinement exécutée, je veux et ordonne qu'au cas que quelqu'un de mesdits héritiers ou légataires prétendît qu'il y eût de l'ambiguïté ou obscurité en ce mien présent testament, que mon frère le cardinal de Lyon et mes exécuteurs testamentaires, tous ensemble, ou ceux d'eux qui seront lors vivants, expliquent mon intention, et jugent définitivement le différend qui pourrait naître sur le sujet du présent testament ; et que mesdits héritiers ou légataires soient tenus d'acquiescer à leur jugement, sur peine d'être privés de la part que je leur donne et laisse, laquelle sera en ce cas pour ceux qui obéiront au jugement donné par les dessus dits.

Je supplie très humblement le Roi de vouloir traiter mes parents qui auront l'honneur de le servir aux occasions qui s'en présenteront, selon la grandeur de son cœur vraiment royal ; et de témoigner en cela l'estime qu'il fera de la mémoire d'une créature qui n'a jamais eu rien en si singulière recommandation que son service.

Et je ne puis que je ne die pour la satisfaction de ma conscience, qu'après avoir vécu dans une santé languissante, servi heureusement dans des temps difficiles, et des affaires très épineuses, et expérimenté la bonne et mauvaise fortune en diverses occasions, en rendant au Roi ce à quoi sa bonté et ma naissance m'ont obligé particulièrement, je n'ai jamais manqué à ce que j'ai dû à la Reine sa mère, quelques calomnies que l'on m'ait voulu imposer à ce sujet.

J'ai voulu, pour plus grande sûreté de ce mien testament, déclarer que je révoque tout autre que je pourrais avoir fait ci-devant ; et ne vouloir aussi, en cas qu'il s'en trouve ci-après quelque autre de date postérieure qui révoque celui-ci, que l'on y ait aucun égard, s'il n'est tout écrit de ma main et reconnu des notaires, et, que les mots suivants : *satiabor cum apparuerit gloria tua*, ne soient insérés à la fin et immédiatement avant mon seing ; et d'autant qu'à cause de madite maladie et des abcès survenus sur mon bras droit, je ne puis écrire ni signer, j'ai fait écrire et signer mon présent testament, contenant seize feuilles, et la présente page par ledit Pierre Falconis, notaire royal, après m'en être fait faire lecture distinctement et intelligiblement.

Fait audit hôtel de la Vicomté, le vingt-trois du mois de mai de l'an mil six cent quarante-deux, après midi ; signé FALCONIS, avec paraphe.

L'an mil six cent quarante-deux, et le vingt-troisième jour de mai après-midi, dans l'hôtel de la Vicomté de Narbonne, régnant Sa Majesté très chrétienne Louis XIII, roi de France et de Navarre, devant moi notaire fut présent en sa personne monseigneur Armand-Jean du Plessis, cardinal de la sainte Église romaine, duc de Richelieu et de Fronsac, pair de France, commandeur de l'ordre du Saint-Esprit, grand maître, chef et surintendant général pour Sa Majesté en Bretagne, lequel, détenu de maladie et sain d'entendement, a dit et déclaré avoir fait écrire dans les seize feuilles et demie de papier écrit, fermées et cachetées du cachet de ses armes avec cire d'Espagne, par moi notaire, son testament et acte de dernière volonté, lequel moi dit notaire ai signé, mondit seigneur le cardinal n'ayant pu écrire ni signer sondit testament de sa main, à cause de sa maladie et des abcès survenus en son bras, tout le contenu auquel testament son éminence veut valoir par droit de testament, clos et solennel, codicille, donation, à cause de mort et par toute telle autre forme que de droit pourra mieux valoir, nonobstant toutes observations de droit écrit auxquelles le lieu où se trouve présentement son éminence pourrait l'astreindre ; et toutes autres lois et coutumes à ce contraires ; et a prié les témoins bas nommés d'attester sondit présent testament, et moi notaire lui en donner le présent acte, concédé en présence de monseigneur l'éminentissime cardinal Mazarini, M. Lescot, nommé par Sa Majesté à l'évêché de Chartres, d'Aumont, abbé d'Uzerches, de Péréfixe, maître de chambre de mondit seigneur cardinal duc, Delabarde, secrétaire du cabinet du Roi et trésorier de France à Paris, Leroi, secrétaire de Sa Majesté, maison et couronne de France, de Rennefort, abbé de La Clarté Dieu, soussignés, et moi dit notaire avec iceux témoins, mondit seigneur cardinal duc n'ayant pu signer le présent acte, à cause de sadite maladie. Signé, le cardinal Mazarini. J. Lescot. R. d'Aumont. J. Delabarde. D. de Rennefort. Le Roi. Hardouin de Péréfixe. Falconis.

Quelques remarques sur ce testament

Richelieu nomme comme exécuteurs testamentaires la duchesse d'Aiguillon, le chancelier Séguier, le surintendant Bouthillier et le secrétaire d'État Sublet de Noyers, avec pour arbitre, en cas de besoin, son frère Alphonse de Richelieu, archevêque de Lyon.

Il confirme la donation à la couronne, faite en 1636, du Palais-Cardinal. Il y ajoute le don d'un diamant, de huit tapisseries, ainsi que d'un hôtel, sis en face du palais, pour en faire une place. Il destine également au roi une somme d'un million cinq cent mille livres, « de laquelle somme je puis dire, avec vérité, m'être servi très utilement aux plus grandes affaires de son État, en sorte que, si je n'eusse eu cet argent en ma disposition, quelques affaires qui ont bien succédé [1], eussent apparemment mal réussi, ce qui me donne sujet d'oser supplier Sa Majesté de destiner cette somme que je lui laisse, pour employer en diverses occasions qui ne peuvent souffrir la langueur des formes des finances ». Cette clause a suscité divers commentaires. On aura compris qu'il s'agit tout simplement de fonds secrets, pratique de tous les gouvernements, sous tous les régimes.

Il lègue à sa nièce, la duchesse d'Aiguillon (Marie-Madeleine de Vignerot, fille du sieur du Pont de Courlay et de Françoise de Richelieu, sœur aînée du cardinal), sa maison du Petit-Luxembourg, joignant l'ex-palais de la reine mère, le château de Rueil, le domaine de Pontoise, étant précisé qu'après sa mort, ses biens reviendront à Armand de Vignerot.

Cet Armand de Vignerot du Pont de Courlay, son petit-neveu, est son principal héritier. Il lui lègue le duché-pairie de Richelieu,

1. Réussi.

à charge pour lui et pour ses descendants de « prendre le seul nom de du Plessis de Richelieu », de porter les armes de Richelieu et de ne point les écarteler [1], à peine d'exhérédation !

Armand de Vignerot hérite aussi de la bibliothèque de son grand-oncle. C'est ici le passage peut-être le plus intéressant du testament et qui témoigne de l'intérêt exceptionnel porté par Richelieu aux livres et à la culture. Il y donne un véritable règlement de la gestion et de l'entretien d'une bibliothèque publique : inventaire, récolement, achat de nouveaux ouvrages, commission de contrôle, obligation et traitement du bibliothécaire et de son adjoint.

Il lègue à Armand de Maillé, son neveu et filleul (fils du marquis de Brézé et de Nicole du Plessis), le duché-pairie de Fronsac et Caumont, plusieurs autres seigneuries, et la grande ferme du Poids, en Normandie, rapportant cinquante mille livres de revenus.

En cas d'extinction de la branche du Pont de Courlay, les descendants des Maillé-Brézé hériteraient du duché-pairie de Richelieu et relèveraient le nom et les armes de Richelieu.

Bien qu'il ait rabattu la puissance des Grands, il se fait la plus haute idée de la noblesse. C'est ainsi qu'il défend à ses « héritiers de prendre alliance en des maisons qui ne soient pas vraiment nobles, les laissant assez à leur aise pour avoir plus d'égard à la naissance et à la vertu, qu'aux commodités et aux biens ». Et il leur recommande, instamment, de servir le roi, l'expérience lui ayant « fait connaître que les héritiers ne suivent pas toujours la trace de ceux dont ils sont successeurs ».

L'énumération de ses legs à ses serviteurs et domestiques est fort longue ; elle témoigne de sa gratitude envers son entourage. Il n'est pas jusqu'aux plus petits employés de sa maison qui ne reçoivent six années de gages ! Théophraste Renaudot reçoit pour sa part deux mille livres et Desbournais, le fidèle valet de chambre, six mille livres. Un legs de trente mille livres est destiné au baron de La Broye, héritier de Barbin, ancien collègue de Richelieu dans le ministère Concini : on doit y voir une sorte de réparation, car Richelieu n'avait rien fait en faveur de Barbin, ignominieusement traité par Luynes.

---

1. Partager un blason en quatre quartiers, en adjoignant les figures et couleurs d'un autre blason au blason d'origine d'une famille.

On aura noté aussi la déclaration relative à Marie de Médicis : « Je n'ai jamais manqué à ce que j'ai dû à la Reine sa mère, quelques calomnies que l'on m'ait voulu imposer à ce sujet [1]. »

La clause concernant Claire-Clémence de Maillé-Brézé, duchesse d'Enghien, donnera lieu à un retentissant procès avec les Condé : « Je ne fais aucune mention en ce mien testament de ma nièce la duchesse d'Enghien, d'autant que par son contrat de mariage elle a renoncé à ma succession, moyennant ce que je lui ai donné en dot, dont je veux et ordonne qu'elle se contente. » Les Condé n'admettront pas qu'elle soit pareillement traitée. Ils gagneront leur procès et des juges complaisants leur octroieront un million cinq cent mille livres.

Ce testament ne rend pas exactement compte de l'importance de la fortune amassée par Richelieu. On l'a évaluée à quelque vingt millions de livres. Elle provenait en grande partie des dons consentis par Marie de Médicis et par Louis XIII, mais aussi des « donatifs » (dons plus ou moins volontaires sur la nomination aux offices, sur les marchés d'État) et sur une gestion habile. C'est une fortune terrienne, immobilière : en bon Poitevin, le cardinal aimait avoir des biens au soleil ! La fortune laissée par Mazarin dépassera quarante millions de livres et sera essentiellement mobilière. Ce sera la fortune d'un grand homme d'affaires, sachant faire fructifier son argent.

De même, le testament laisse à peine entrevoir l'importance et la qualité des œuvres d'art collectionnées par Richelieu. Parmi les principaux tableaux ornant le château de Richelieu, figuraient *Le Parnasse*, de Mantegna, *Le Triomphe de Pan*, et *Le Triomphe de Bacchus*, de Nicolas Poussin, ainsi que des toiles du Caravage, du Pérugin, de Rubens, du Titien et de Van Dyck. Parmi les statues qui décoraient la façade et le jardin, il y avait *Les Deux Esclaves* de Michel-Ange, offerte par François Ier au connétable de Montmorency et achetée par le cardinal après l'exécution du dernier duc de ce nom.

L'aile ouest de la première cour du Palais-Cardinal était destinée aux collections de Richelieu. Elle avait une voûte à fond d'or décorée de scènes allégoriques par Philippe de Champaigne et Simon Vouet : toutes ces peintures célébraient sa gloire. Parmi les tableaux, il faut citer : *La Vierge, l'Enfant Jésus et sainte Anne* de Léonard de Vinci, *Les Pèlerins d'Emmaüs* de Véronèse, *Saint*

1. Elle était morte à Cologne, le 3 juillet 1642.

Sébastien du Dominiquin, *Le Temps soustrait la Vérité aux atteintes de l'Envie et la Discorde* de Poussin. Le cardinal avait, comme plus tard Mazarin, ses rabatteurs à Rome et à Florence, chargés d'acheter des tableaux. Mais Richelieu avait, d'instinct, un goût exquis, nettement supérieur à celui de Mazarin. On sent sa prédilection pour Nicolas Poussin, qu'il fera venir à Paris. Louis XIII préférait Georges de La Tour, dont l'austérité et la simplicité s'accordaient davantage à son tempérament et dont les tableaux étaient aussi moins onéreux. Quarante-deux statues, antiques et modernes, ornaient le Palais-Cardinal. La plupart des œuvres d'art qu'il possédait sont aujourd'hui au musée du Louvre.

Le magnifique château de Richelieu fut victime de la bande noire. Acheté par un certain Boutron en 1805, il fut démoli presque entièrement et les matériaux furent vendus à des entrepreneurs. Les seuls vestiges qui subsistent sont, coiffée d'un dôme, la porte d'entrée monumentale et une porte qui donne sur le parc, dont le fronton porte le blason de Richelieu surmonté de la couronne ducale et du chapeau cardinalice.

Annexe III

Désordres dans l'Église

Ayant fait arrêter en 1638 l'abbé de Saint-Cyran (Duvergier de Hauranne), Richelieu confia à l'un de ses familiers : « Quoi qu'on puisse dire de moi dans cette occasion, je suis persuadé que l'Église et l'État me doivent savoir gré de ce que j'ai fait, et que je leur ai rendu un grand service ; car j'ai été bien averti que cet abbé a des opinions particulières et dangereuses, qui pourraient quelque jour exciter du bruit et de la division dans l'Église, et c'est une de mes maximes que tout ce qui peut faire du trouble dans la Religion en peut aussi causer dans l'État, et qu'ainsi c'est rendre un service à tous les deux que de prévenir cela [1]. »

Saint-Cyran était devenu le chef du mouvement janséniste, lequel se propageait rapidement, constituant pour l'Église et de quelque manière pour le corps social un réel danger.

C'est surtout en tant que fauteur de troubles dans la région de Loudun que Richelieu fit également arrêter le célèbre Urbain Grandier, prêtre querelleur et libertin, accusé d'être responsable de plusieurs cas de possession au couvent des Ursulines de Loudun. Dépassant probablement ses directives, Laubardemont, chargé d'instrumenter contre Grandier, l'envoya au bûcher en 1634.

La tolérance de Richelieu ne couvrait pas les perturbations de l'ordre public ni les attaques plus ou moins avouées contre l'autorité du roi. Il n'interdit pas aux protestants de pratiquer leur religion ; il les empêcha de former une république dont La Rochelle eût été la capitale. Il avait pour principe de dissocier le sujet du roi (on dirait aujourd'hui : le citoyen) du croyant.

---

1. Cité par Sainte-Beuve, dans *Port-Royal*.

Annexe IV

Opinion d'Anne d'Autriche sur Richelieu

Mme de Motteville, dans ses *Mémoires*, traduit ainsi l'opinion de la reine sur le cardinal :

« La Reine et quelques particuliers qui avaient senti les rudes effets des cruelles maximes de ce ministre, avaient sujet d'avoir de la haine pour lui ; mais, outre qu'il était aimé de ses amis, parce qu'il les considérait beaucoup, l'envie certainement étant la seule qui pût avoir part à la haine publique, puisque en effet il ne la méritait pas ; et, malgré ses défauts et la raisonnable aversion de la Reine, on doit dire de lui qu'il a été le premier homme de notre temps, et que les siècles passés n'ont rien qui puisse le surpasser. Il avait la maxime des illustres tyrans ; il réglait ses desseins, ses pensées et ses résolutions sur la raison d'État et sur le bien public, qu'il ne considérait qu'autant que ce même bien public augmentait l'autorité du Roi et ses trésors. Il voulait le faire régner sur ses peuples, et lui-même régnait sur son Roi. La vie et la mort des hommes ne le touchaient que selon les intérêts de sa grandeur et de sa fortune, dont il croyait que celle de l'État dépendait entièrement.

Sous ce prétexte de conserver l'un par l'autre, il ne faisait pas difficulté de sacrifier toutes choses pour sa conservation particulière ; et, quoiqu'il ait écrit la *Vie du chrétien*, il était néanmoins bien éloigné des maximes évangéliques. Ses ennemis se sont mal trouvés de ce qu'il ne les a pas suivies, et la France en a beaucoup profité : pareille en cela à ces enfants heureux qui jouissent ici-bas d'une bonne fortune, en se procurant peut-être à eux-mêmes un malheur éternel.

Ce n'est pas que je veuille faire un mauvais jugement de ce grand homme : il faut avouer qu'il a augmenté les bornes de la France, et par la prise de La Rochelle diminué les forces de l'hérésie, qui ne laissaient pas d'être encore considérables dans toutes les provinces où les restes des guerres passées les faisaient subsister. Sa grande attention à découvrir les cabales qui se faisaient dans la Cour, et sa diligence à les étouffer dans le commencement, lui a fait maintenir le Royaume. C'est enfin le premier favori qui a eu le courage d'abaisser la puissance des princes et des grands, si dommageable à celle de nos rois, et qui peut-être, dans le désir de gouverner seul, a toujours détruit ce qui pouvait être contraire à l'autorité royale, et perdu ceux qui pouvaient l'éloigner de la faveur par leurs mauvais offices. »

NOTICES BIOGRAPHIQUES

AIGUILLON (Marie-Madeleine de Vignerot, duchesse d'), 1604-1675. Nièce de Richelieu par sa mère, elle épousa en 1620 Antoine du Roure de Combalet, qui la laissa veuve après deux ans de mariage. En dépit de sa vocation religieuse et par la volonté de Richelieu, elle devint dame d'honneur de Marie de Médicis. Son oncle lui acheta le duché d'Aiguillon. Elle se distingua par ses œuvres charitables.

ALLEMAGNE (empereurs d') : Rodolphe II (1576 à 1612) – Matthias (1612 à 1619) – Ferdinand II (1619 à 1637) – Ferdinand III (1637 à 1657).

ANGLETERRE (rois d') : Elizabeth Ire (1558 à 1603) – Jacques Ier (1603 à 1625) – Charles Ier (1625 à 1649).

BARBERINI, voir URBAIN VIII.

BASSOMPIERRE (François, baron de), issu de la maison de Clèves, 1579-1646. Il servit brillamment Henri IV et Louis XIII. Célèbre par son courage, son esprit et sa distinction, par son luxe et ses aventures amoureuses, il prit part à la campagne de Savoie en 1602 et devint colonel général des Suisses et grand maître de l'artillerie en 1617, puis maréchal de France en 1622. L'année suivante, il fut envoyé comme ambassadeur en Espagne. Il participa au siège de La Rochelle (1627-1628) et au célèbre combat du Pas-de-Suse en 1630. Cependant, ayant comploté contre Richelieu, il fut enfermé à la Bastille de 1631 à 1643. Il a laissé d'intéressants *Mémoires* et le récit de ses ambassades en Espagne, en Suisse et en Angleterre.

BAVIÈRE (Maximilien Ier, duc puis Électeur de), dit « le Grand », 1573-1651. Duc de Bavière, ancien élève des jésuites, chef des catholiques allemands, il forma une Sainte Ligue en 1609 pour l'opposer à l'Union évangélique protestante. À ce titre, il soutint vigoureusement l'empereur. Il combattit notamment contre Frédéric V, Électeur palatin, qui fut vaincu en 1620 à la Montagne Blanche (près de Prague) par Tilly, général bavarois. L'empereur le nomma Électeur en 1623, à la place de Frédéric V déchu de ses droits. Il contribua à la chute de Wallenstein en 1630. Ultérieurement, ses États furent envahis par le roi Gustave Adolphe. Il dut signer un armistice séparé avec la Suède et la France (1647). Les traités de Westphalie confirmèrent son titre d'Électeur et la possession du Haut-Palatinat. Il a laissé un traité de politique rédigé en latin.

BÉRULLE (Pierre, cardinal de), 1575-1629. Sa culture, son esprit de tolérance égalaient sa ferveur religieuse. Il seconda le cardinal du Perron dans ses controverses avec les protestants. Il dut cependant surmonter de grands obstacles pour établir les carmélites en France et fonder la congrégation de l'Oratoire. Il négocia la paix de Monçon avec l'Espagne et, avec Rome, la dispense pour le mariage d'Henriette de France avec le prince de Galles, futur Charles Ier. Promu cardinal en 1627, il devint ministre d'État, mais se retira promptement des affaires sous la pression de Richelieu. Ami des lettres, il protégea Descartes et laissa une œuvre considérable.

BOUILLON (Frédéric-Maurice de La Tour d'Auvergne, duc de), 1604-1652. Il fut au service de ses oncles, les princes d'Orange, avant d'abjurer le calvinisme en 1634. Il seconda le comte de Soissons dans sa révolte contre le cardinal de Richelieu et prit part au combat de La Marfée (1641).

Gravement compromis dans la conjuration de Cinq-Mars, il échappa au châtiment en livrant la place forte de Sedan. Ultérieurement, il participa activement à la Fronde contre Mazarin. Il était le frère du maréchal de Turenne.

BOUTEVILLE (François, comte de Montmorency), 1600-1627. Gouverneur de Senlis, il se rendit célèbre comme duelliste. Contraint de se réfugier à Bruxelles pour avoir tué en duel le comte de Thorigny, le marquis Desportes et La Frette, il eut l'audace de revenir à Paris et, malgré l'édit de Louis XIII contre les duels, de se battre en plein jour avec le marquis de Beuvron, cependant que son second, des Chapelles, croisait le fer avec Bussy d'Amboise. Bouteville et des Chapelles furent arrêtés et envoyés à l'échafaud. Bouteville eut pour fils le célèbre maréchal de Luxembourg, surnommé « le tapissier de Notre-Dame » sous le règne de Louis XIV.

BOUTHILLIER (Claude), 1581-1652. Conseiller au Parlement de Paris, il devint, grâce à la protection de Richelieu, surintendant des bâtiments de Marie de Médicis et, en 1628, secrétaire d'État, chargé des Affaires étrangères. Il conclut le traité d'alliance avec Bernard de Saxe-Weimar. Il fut ensuite surintendant des finances avec Bullion, puis, après la mort de celui-ci, exerça seul cette fonction. Son fils, Léon Bouthillier, comte de CHAVIGNY (voir ce nom), lui succéda aux Affaires étrangères.

BUCKINGHAM (George Villiers, duc de), 1592-1628. Favori des rois Jacques Ier et Charles Ier d'Angleterre, il devint rapidement baron, puis vicomte, marquis et duc. Grand amiral et Grand écuyer, il disposa bientôt de toutes les charges et favorisa outrageusement sa famille. Ambassadeur extraordinaire à Madrid en 1623, pour y négocier le mariage du prince de Galles et de l'infante Marie, il indisposa les Espagnols et provoqua un conflit. Envoyé en France pour y chercher la princesse Henriette, fiancée au prince de Galles (après l'échec du projet de mariage avec l'infante), il eut l'outrecuidance de déclarer sa flamme à la jeune reine Anne d'Autriche et encourut la haine de Louis XIII et du cardinal de Richelieu. Il incita par dépit Charles Ier à aider militairement les Rochelais. Sa défaite à l'île de Ré acheva de lui aliéner l'opinion anglaise. Il conserva pourtant la faveur de Charles Ier et le décida à tenter une seconde intervention à La Rochelle. Il périt, assassiné par un fanatique, avant son embarquement.

CARIGNAN, voir SAVOIE et SOISSONS.

CHALAIS (Henri de Talleyrand, comte de), 1599-1626. Maître de la garde-robe de Louis XIII, il était promis à un brillant avenir, mais il eut le malheur d'obtenir les faveurs de la duchesse de Chevreuse. Elle l'incita à conspirer contre le cardinal de Richelieu, qui lui pardonna à condition de décider Gaston d'Orléans à épouser Mlle de Montpensier. Chalais fit tout le contraire et complota avec les Vendôme. Trahi par Gaston d'Orléans, il fut décapité.

CHAMPLAIN (Samuel de), vers 1567-1635. Marin, fils de marin, il effectua un premier voyage en Amérique (1598-1600) sur un navire espagnol. De retour en France, il participa comme géographe à l'expédition d'Aymar de Chaste en Nouvelle-France (le Canada). Il explora le golfe du Saint-Laurent. Il revint au Canada en 1604 avec de Monts, nouveau gouverneur de cette colonie, et explora les côtes du Maine et de la Nouvelle-Angleterre. En 1608, il fonda la ville de Québec et découvrit le lac qui porte son nom. En 1613, promu gouverneur (au nom du vice-roi qui était Henri de Condé), il remonta l'Ottawa. Il découvrit en 1615 les lacs Huron et Ontario. Il se consacra ensuite au développement de Québec et fut le mandataire de la Compagnie des Cent Associés. Québec ayant été prise par les Anglais en 1629, il fut emmené prisonnier en Angleterre. Après la restitution du Canada (traité de Saint-Germain-en-Laye, 1632), Champlain revint au Canada.
Il était originaire de Brouage qui continue fidèlement à célébrer sa mémoire. Il a laissé les récits de ses expéditions.

CHARLES Ier Stuart, 1600-1649, roi d'Angleterre de 1625 à 1649. Fils de Jacques Ier Stuart, il fut d'abord très populaire, mais s'aliéna une partie de l'opinion en épousant Henriette de France, catholique intransigeante. Absolutiste, imbu du droit divin, il commit une première faute en conservant sa faveur à Buckingham. Après avoir dissous deux fois le Parlement, il dut en convoquer un troisième en 1628. Ce troisième Parlement lui rappela énergiquement les libertés anglaises. C'était un coup de semonce. Il n'en tint aucun compte. En 1629, il prononça la dissolution d'un quatrième Parlement et régna dès lors en roi absolu. Il tenta même, sous l'influence de la reine Henriette, de mettre fin à l'anglicanisme. Ayant besoin d'argent, il fut obligé de convoquer un nouveau Parlement, mais se heurta à l'opposition des députés. Au Court Parlement succéda le Long Parlement en 1640. Il dut laisser exécuter son ministre Strafford (1641), accepter de convoquer le Parlement tous les trois ans, renoncer à son pouvoir de dissolution. Furieux et humilié, il prit bientôt le parti de résister et tenta en 1642 un coup d'État qui échoua. Il quitta Londres et forma un parti royaliste qu'il opposa aux « têtes rondes ». Son armée remporta d'abord quelques avantages, mais se heurta bientôt à Cromwell. Vaincu à Marston Moor (1643) et à Naseby, il se réfugia en Écosse. Les Écossais le livrèrent au Parlement, qui le jugea et le condamna à mort. Il fut décapité (1649).

CHÂTILLON (Gaspard de Coligny, maréchal de), 1584-1646. Petit-fils de l'amiral de Coligny, il fut colonel général de l'infanterie, puis maréchal de France en 1622. Il fit la campagne de Savoie en 1630, reprit Corbie en 1636, échoua devant Saint-Omer et prit part à la prise d'Arras (1640). Le comte de Soissons le vainquit à La Marfée en 1641.

CHAVIGNY (Léon Bouthillier de), 1608-1646. Il succéda à son père Claude BOUTHILLIER (voir ce nom) comme secrétaire d'État aux Affaires étrangères. Il signa les traités d'alliance avec la Suède et les Provinces-Unies, et fit prévaloir l'influence française à Turin (1640). Son opposition à Mazarin provoqua sa disgrâce en 1643.

CHEVREUSE (Marie de Rohan-Montbazon, duchesse de), 1600-1679. Fille d'Hercule de Rohan, duc de Montbazon, elle épousa en 1617 le connétable de Luynes, favori de Louis XIII. Veuve en 1621, elle se remaria promptement avec Claude de Lorraine, duc de Chevreuse. Célèbre pour sa beauté et pour son esprit, elle ne cessa d'intriguer. Amie d'Anne d'Autriche, qu'elle tenta de pervertir, elle fut exilée à l'incitation du cardinal de Richelieu. Revenue à la cour après la mort de Louis XIII, elle participa activement à la Fronde.

CONDÉ : Branche cadette de la maison de Bourbon, issue de Louis Ier, prince de Condé, frère d'Antoine de Navarre et oncle d'Henri IV. Chef du parti protestant pendant les guerres de Religion, Louis Ier portait le titre de « monsieur le Prince ». Il périt assassiné après la bataille de Jarnac (1569). Son fils et successeur, Henri Ier de Condé, combattit aux côtés du futur Henri IV. On prétendit qu'il avait été empoisonné quand il mourut quasi subitement en 1588.

CONDÉ (Henri II, prince de), 1588-1646, fils du précédent. Il se convertit au catholicisme. Marié à la belle Charlotte-Marguerite de Montmorency, il s'enfuit à Bruxelles pour soustraire sa femme aux assiduités amoureuses d'Henri IV. Il revint en France sous la régence de Marie de Médicis et prit la tête du parti hostile à Concini. Il monnaya très cher sa soumission. Préparant une nouvelle rébellion, il fut enfermé à la Bastille durant trois ans. Libéré, il se soumit inconditionnellement à Richelieu et se fit attribuer la plus grande partie des biens de son beau-frère, Henri de Montmorency, décapité en 1632. Il soutint Anne d'Autriche et Mazarin contre les Importants.

CONDÉ (Louis II, prince de), dit le Grand Condé, 1621-1686, fils du précédent. Appelé duc d'Enghien ou Monsieur le duc, il avait été contraint par son père d'épouser la nièce du cardinal de Richelieu, Clémence de Maillé-Brézé. Il remporta, à vingt-deux ans, l'éclatante victoire de Rocroy (1643) sur les Espagnols. Il battit ensuite le général bavarois Mercy à Fribourg-en-Brisgau (1644) et à Nordlingen (1645). L'année suivante, il s'empara de Dunkerque. Il subit un sérieux échec à Lérida (1647), mais sa victoire de Lens en Artois (1648) mit le point final à la guerre de Trente Ans. Pendant la Fronde, il prit d'abord le parti de la cour, puis se mit à la tête de la faction des « petits maîtres » et fut emprisonné à Vincennes. Libéré, il partit pour le Midi et s'allia aux Espagnols. Battu par Turenne au combat de la Porte Saint-Antoine, il tenta d'imposer sa dictature aux Parisiens. Chassé de la capitale, il s'exila aux Pays-Bas (1653) et entra au service de l'Espagne. Battu par Turenne à Arras et aux Dunes, il ne rentra en France qu'après la paix des Pyrénées (1659), bénéficiant d'une amnistie due à l'insistance de Philippe IV. Relégué dans son gouvernement de Bourgogne, il reprit du service en 1668 et conquit la Franche-Comté en trois semaines. Il prit part à la guerre de Hollande et battit le prince d'Orange à Senef (1674). Puis, après la mort de Turenne, il sauva l'Alsace en arrêtant l'invasion de Montecuculli (1675). Il se retira ensuite définitivement à Chantilly, au milieu des poètes et des artistes qu'il protégeait. Bossuet prononça son oraison funèbre.

Il avait pour frère le prince de CONTI (Armand de Bourbon) qui s'efforça de jouer un grand rôle pendant la Fronde, puis se soumit à Mazarin, dont il épousa une des nièces.

CONRART (Valentin), 1603-1675. Conseiller et secrétaire du roi en 1627, il réunissait dans sa maison un certain nombre de gens de lettres. Ce fut le point de départ de l'Académie française, dont il fut le premier secrétaire perpétuel. Il a laissé quelques poésies, des lettres et une relation de la Fronde.

DUPLESSIS-MORNAY (Philippe), 1549-1623. Très lettré, il s'attacha à Henri de Navarre et fut l'un de ses conseillers les plus écoutés. Homme austère, on le considérait comme chef spirituel des protestants français. Il a laissé plusieurs ouvrages de doctrine religieuse, des *Mémoires* (12 vol. publiés en 1824), des lettres et des discours.

ENGHIEN, voir CONDÉ.

ÉPERNON (Jean-Louis de Nogaret de La Valette, duc d'), 1554-1642. Il fit ses premières armes au siège de La Rochelle (1573) dans l'armée du duc d'Anjou (futur Henri III). Quand ce dernier accéda au trône, Épernon devint l'un de ses familiers. Il se distingua à la prise de Chartres (1577), au siège d'Issoire et devant La Fère. Promu chevalier du Saint-

Esprit en 1579, il devint duc et pair en 1581, colonel général de l'infanterie en 1584 et amiral de France en 1587. Il reçut en outre les gouvernements des Trois-Évêchés, du Boulonnais, de la Touraine, de la Normandie, de l'Angoumois, de l'Aunis et de la Saintonge. Le duc de Guise parvint à le compromettre, mais Épernon rentra en grâce après l'exécution de celui-ci. Il était au siège de Paris, quand Henri III périt sous le poignard de Jacques Clément. Il refusa de reconnaître Henri IV pour roi, entraînant une partie des troupes catholiques. Cependant, le nouveau roi essaya de l'employer. Épernon, envoyé en Provence pour déjouer les intrigues du duc de Savoie, s'aliéna l'opinion par son despotisme. On le soupçonna de chercher à se tailler une principauté. Il signa même avec Philippe II d'Espagne un pacte dans lequel il s'engageait à combattre Henri IV et les protestants. Privé de son commandement, il accepta néanmoins diverses charges, mais sa soumission n'était que de façade. Il se trouvait dans le carrosse du roi, quand celui-ci fut poignardé par Ravaillac. Il somma le Parlement de déférer la régence à Marie de Médicis et entra au Conseil royal. Mais, discrédité par son arrogance et accusé de complicité dans le meurtre d'Henri IV, il dut céder la place à Concini, puis à Luynes et fut relégué dans son gouvernement de Guyenne. Impatient de revenir sur la scène politique, il tenta d'exploiter la querelle entre Louis XIII et Marie de Médicis. En 1633, pendant le ministère de Richelieu, il eut un conflit très grave avec Mgr de Sourdis, archevêque de Bordeaux. Richelieu l'obligea à faire des excuses à ce prélat et le priva de sa charge. Il mourut dans une complète disgrâce.
Voir LA VALETTE : Bernard et Louis.

ESPAGNE (rois d') : Philippe II (1556-1598) – Philippe III (1598 à 1621) – Philippe IV (1621 à 1665).

ESTRÉES : Maison d'Artois dont plusieurs membres se distinguèrent au service des rois de France, notamment ANTOINE D'ESTRÉES, gouverneur de l'Île-de-France et grand maître de l'artillerie. Il était le père de la célèbre GABRIELLE D'ESTRÉES (1573-1599), qui fut la maîtresse d'Henri IV et lui donna trois enfants : CÉSAR, DUC DE VENDÔME (voir ce nom) ; Alexandre, général des galères de Malte et grand prieur de France ; Catherine-Henriette qui épousa Charles de Lorraine, duc d'Elbeuf. FRANÇOIS ANNIBAL D'ESTRÉES (1573-1670), frère puîné de Gabrielle, fut d'abord évêque de Noyon. Il se démit de sa charge pour embrasser la carrière militaire et la diplomatie. Promu maréchal de France en 1626, il fut envoyé plusieurs fois comme ambassadeur à Rome. Il a laissé une relation du siège de Mantoue et des *Mémoires* sur les régences de Marie de Médicis et d'Anne d'Autriche.

FABERT (Abraham de), 1599-1662. Issu d'une famille obscure, il devint soldat à quatorze ans et se distingua au siège de La Rochelle (1627-1628) et au Pas-de-Suse (1629). En 1635, il contribua à arrêter l'invasion de Gallas en Champagne. Il prit part aux sièges de Saverne (1636) et de Landrecies (1637). Envoyé en Savoie, il dirigea les sièges de Chivasso et de Turin, et vainquit le prince Thomas de Carignan. De retour en France, il participa à la bataille de La Marfée et fut nommé gouverneur de Sedan (1641). Il participa ensuite aux sièges de Collioure et de Perpignan. Durant la Fronde, il garda une indéfectible loyauté envers le roi et aida Mazarin à revenir en France en 1652. Après avoir pris Stenay en présence du jeune Louis XIV, il fut promu maréchal de France (1654). C'était un technicien des sièges. Il se distinguait aussi par son humanité et par son désintéressement.

FERDINAND II, 1578-1637, empereur allemand de 1619 à 1637. Élève des jésuites, il s'efforça d'abord d'étendre le catholicisme en Carniole, en Carinthie et en Styrie. Il succéda comme roi de Bohême en 1617 à son cousin Matthias, devint roi de Hongrie en 1618 et fut élu empereur en 1619. Imbu d'absolutisme, fermement décidé à rétablir l'unité catholique dans l'Empire, il se heurta aux protestants tchèques : la Défenestration de Prague provoqua la guerre de Trente Ans. Ferdinand II eut d'abord l'avantage. L'Électeur palatin Frédéric, élu roi par le parti protestant, fut battu par Tilly à la Montagne Blanche (1620) et perdit ses États. Christian IV, roi de Danemark, prit la relève de Frédéric, mais fut battu à Lutter (1626) et dut signer la paix de Lübeck (1629). Ferdinand II commit alors la maladresse d'abolir les droits concédés aux protestants (édit de Restitution) et provoqua de nouveaux troubles d'une extrême gravité. Ses armées furent battues par Gustave Adolphe, roi de Suède, à Leipzig (1631) et à Lützen. La mort de ce roi permit à l'empereur de rétablir la situation, avec la victoire de Nordlingen (1634). Il disposait d'excellents généraux : Maximilien de Bavière, Tilly et Wallenstein. On l'accusa d'avoir fait assassiner ce dernier, suspecté de rébellion.

FERDINAND III, 1608-1657, empereur allemand de 1637 à 1657. Fils du précédent, il devint roi de Bohême en 1625 et roi de Hongrie en 1627, avant d'être élu empereur en 1637. Il avait contribué à la victoire de Nordlingen. Par la suite, il dut faire face à la fois aux Suédois et aux Français et signer les traités de Westphalie (1648) qui mettaient fin à la désastreuse guerre de Trente Ans. Ces traités consacraient la coexistence du catholicisme et du protestantisme en Allemagne et l'émiettement du pouvoir impérial.

GONDI : Maison originaire de Florence. Un de ses membres, ANTOINE DE GONDI (1485-1560) : passa en France avec Catherine de Médicis et devint maître d'hôtel du duc d'Anjou, futur Henri III. L'un de ses fils, ALBERT DE GONDI (1522-1602), épousa, en 1565, Claude-Catherine de Clermont-Tonnerre, baronne de Retz. Maréchal de France en 1573, il fut l'un des favoris de Charles IX et passe pour avoir conseillé le massacre de la Saint-Barthélemy. Il avait deux frères : l'un, CHARLES DE GONDI, fut maître de la garde-robe et général des galères ; l'autre, PIERRE DE GONDI, fut cardinal et évêque de Paris. ALBERT DE GONDI avait eu pour fils PHILIPPE-EMMANUEL DE GONDI (1580-1662), qui fut général des galères, avant de se retirer dans un monastère. Il était le père du célèbre CARDINAL DE RETZ.

GRANDIER (Urbain), 1590-1634. Curé de Saint-Pierre et chanoine de Sainte-Croix, à Loudun, il se signala par des mœurs assez dissolues et par son esprit querelleur. On l'accusa de plusieurs cas de possession survenus au couvent des Ursulines. Mgr de Sourdis, archevêque de Bordeaux, s'efforça de calmer les esprits. Mais l'envoi à Loudun de

Laubardemont, homme à tout faire de Richelieu, détermina le procès du malheureux Grandier. Arrêté en 1633, il fut condamné à la peine de mort pour magie et sacrilège, et brûlé vif après avoir été torturé.

GRÉGOIRE XV (Alessandro Ludovisi), 1554-1623, pape de 1621 à 1623. Successeur de Paul V, il fonda la congrégation de la Propagande et protégea les jésuites. Il canonisa saint Ignace de Loyola et contribua à ramener le catholicisme en Bohême et en Moravie. Il érigea l'évêché de Paris en archevêché.

GUÉBRIANT (Jean-Baptiste Eudes, comte de), 1602-1643. Excellent général, trop peu connu, il embrassa très jeune la carrière militaire. En 1636, il défendit Guise contre les Espagnols. Promu maréchal de camp en 1637, il fut envoyé en Valteline. Il participa au siège de Brisach, prit Pontarlier, Noseroy et Joux. Commandant de l'armée du Rhin en 1639, il força le passage de ce fleuve à Baccharach et gagna les batailles de Wolfenbüttel sur Piccolomini et de Kempar sur Mercy et Lamboy. Maréchal de France en 1642, il fut tué l'année suivante à Rothweil.

GUSTAVE ADOLPHE, 1594-1632, roi de Suède de 1611 à 1632 sous le nom de Gustave II Adolphe. Il dut faire face à une coalition groupant le Danemark, la Russie et la Pologne. Il signa une paix séparée avec le Danemark (1613), puis avec la Russie (1617) qui lui reconnut la possession de l'Estonie, de la Carélie orientale et de l'Ingrie. Il se retourna alors contre la Pologne à laquelle il prit Riga et Dorprat. Richelieu lui suggéra de traiter. La paix d'Altmark (1629) accordait à la Suède une grande partie de la Livonie. Les années suivantes, Gustave Adolphe réorganisa magistralement son armée et mit au point plusieurs innovations stratégiques. Il voulait faire de la mer Baltique un « lac suédois ». Allié de la France qui lui fournissait d'importants subsides, il envahit la Poméranie (1630) et occupa le Brandebourg. Puis, il s'avança en Allemagne et fit sa jonction avec les Saxons. Devenu le champion de la cause protestante, il se révéla comme un exceptionnel chef de guerre et battit Tilly à Breitenfeld (1631). Puis, il soumit les princes électeurs de

Mayence et de Trèves. Il vainquit à nouveau Tilly sur le Lech et Wallenstein à Lützen (1632) : il fut tué au cours de cette bataille. Sa mort sauva les Impériaux d'un désastre total.

HAUTEFORT (Marie de), 1606-1691. Célèbre pour sa beauté, elle fut l'éphémère favorite – d'ailleurs platonique – de Louis XIII. Son hostilité envers Richelieu lui valut une première disgrâce. Opposée à Mazarin, elle fut à nouveau disgraciée. Elle épousa le maréchal de Schomberg en 1646.

HENRIETTE D'ANGLETERRE (Henriette-Marie de France), 1609-1669. Fille d'Henri IV et de Marie de Médicis, elle épousa le roi Charles Ier d'Angleterre en 1625. Catholique intransigeante, elle semble avoir incité son mari à combattre le protestantisme et à établir une monarchie absolue en évinçant le Parlement. Pendant la révolution anglaise, elle passa en Hollande pour y lever des troupes et finit par se réfugier en France, où elle mourut. Son fils, Charles II, parvint à rétablir la monarchie. Sa fille, Henriette-Anne (1644-1670), épousa Monsieur, frère de Louis XIV. Bossuet prononça l'oraison funèbre de la mère et de la fille.

HOCQUINCOURT (Charles de Monchy, marquis d'), 1599-1658. Il se distingua à La Marfée (1641) et contribua brillamment à la victoire de Rethel. Maréchal de France en 1651, il prit le parti de la cour durant la Fronde et fut battu par le prince de Condé à Bléneau (1652). Nommé vice-roi de Catalogne, il échoua au siège de Gérone (1653). Rappelé en France, il fut nommé gouverneur de Ham et de Péronne. Sur les instances de Mmes de Châtillon et de Montbazon, ci-devant Frondeuses, il proposa à Condé de lui livrer ces deux places, mais les restitua finalement au roi contre deux cent mille livres et l'octroi d'un gouvernement à son fils. Cependant, il rejoignit Condé et les Espagnols, et fut tué en défendant Dunkerque.

LA FAYETTE (Louise Motier de). Fille d'honneur de la reine Anne d'Autriche, elle se vit recherchée par Louis XIII pour sa beauté et son esprit. Pour ne pas céder à sa passion pour le roi – dont elle fut certainement le seul amour – elle préféra renoncer au monde et prit le voile, en 1637, au couvent de la Visitation sous le nom de sœur Angélique. Elle mourut en 1665.

LA MEILLERAYE (Charles de La Porte, duc de), 1607-1664. Cousin germain de Richelieu, il se signala à l'attaque du Pas-de-Suse (1629) et à la bataille de Carignan (1630). Nommé grand maître de l'artillerie, il prit Hesdin en 1639 et reçut le bâton de maréchal de France. Il s'empara ensuite d'Aire, de La Bossée et de Bapaume (1641). Il prit part à la conquête du Roussillon en 1642. Envoyé en Italie, il s'empara de Porto-Longone et de Piombino (1646). Surintendant de finances en 1648, il renonça promptement à cette charge pour laquelle il manquait de compétence.
Son fils, Armand de La Meilleraye, épousa Hortense Mancini, nièce de Mazarin dont il prit le nom et les armes.

LA MOTHE-HOUDANCOURT (Philippe de), duc de Cardone, 1605-1657. Il servit avec distinction en France, en Italie et aux Pays-Bas. En 1641, Louis XIII lui confia le commandement de la Catalogne avec le titre de vice-roi. La Mothe-Houdancourt y remporta de brillants succès qui lui valurent le bâton de maréchal de France. Ayant échoué devant Lérida (1644), il fut accusé de trahison. Justifié par le parlement de Grenoble (1648), il retourna en Catalogne et ne revint à Paris qu'en 1657.

LA PORTE (Pierre de), 1603-1680. Au service de la reine Anne d'Autriche, il fut compromis lors de l'incident de Buckingham et devint ensuite une sorte d'agent secret de sa souveraine. Arrêté sur ordre de Richelieu, il eut le courage de ne rien avouer. Il fut comblé de faveurs après la mort de Louis XIII. Il a laissé des *Mémoires*, souvent entachés de partialité.

LA TOUR D'AUVERGNE, voir BOUILLON et TURENNE.

LAUBARDEMONT (Jean-Martin, baron de), vers 1590-1653. Fils d'un trésorier général de Guyenne, il fut promu conseiller d'État et devint l'homme à tout faire de Richelieu. Il agença de main de maître le procès d'Urbain Grandier, de

Cinq-Mars et de Thou. On lui prête cette sinistre parole : « Donnez-moi une ligne, la plus indifférente, de la main d'un homme, et j'y trouverai de quoi le faire pendre. »

LA VALETTE (Bernard de Nogaret, duc de), 1592-1661. Fils du duc d'ÉPERNON (voir ce nom), il se signala en 1636 contre les Espagnols qui avaient envahi le Labourd. Il réprima ensuite une révolte des Croquants. Servant sous les ordres du prince de Condé en 1638, il fit échouer par jalousie le siège de Fontarabie, s'enfuit en Angleterre pour échapper à la colère de Richelieu. Condamné à mort par contumace en 1639, il ne rentra en France qu'après la mort de Louis XIII. Ayant obtenu l'annulation du jugement qui le frappait, il fut gouverneur de Guyenne, puis de Bourgogne.

LA VALETTE (Louis de Nogaret, cardinal de), 1593-1639. Frère du précédent, il fut destiné à l'Église. D'abord abbé de Saint-Victor de Marseille, il devint archevêque de Toulouse. Il prit le parti de Marie de Médicis, puis opta pour Richelieu qu'il servit avec tant de zèle que le duc d'Épernon, son père, le surnommait « cardinal-valet ». En tout cas, il releva le courage de Richelieu lors de la journée des Dupes. Prélat militaire, il obtint en 1635 le commandement de l'armée du Rhin (qui se joignit à celle de Bernard de Saxe-Weimar). En 1638, il remplaça Créqui à l'armée d'Italie et conclut un pacte d'alliance avec la régente de Savoie.

LA VIEUVILLE (Charles, marquis de), vers 1582-1653. Surintendant des finances en 1623, il se querella avec les courtisans et fut enfermé au château d'Amboise. Il s'enfuit à l'étranger, mais obtint de revenir en France en 1628. Ses intrigues contre Richelieu le compromirent à nouveau. Il dut se réfugier à Bruxelles en 1631. Il revint en France sous le ministère de Mazarin. Il obtint en 1649 la direction des finances avec le titre de duc et pair.

LESDIGUIÈRES (François de Bonne, duc de), 1543-1626. Issu d'une famille noble mais pauvre, il se fit recevoir avocat au parlement de Grenoble, puis opta pour la carrière militaire. Il devint chef du parti des protestants, combattit vigoureusement le duc d'Épernon en Provence et contribua à l'accession d'Henri IV au trône de France. Il servit ce roi avec un dévouement exemplaire. Il défit le duc de Savoie à Esparron en 1581 et Vigort en 1582. Nommé maréchal de France en 1608, il fut créé duc et pair en 1611. Il abjura le protestantisme et fut promu connétable.

LOMÉNIE (Antoine de), 1560-1638. Fils de Martial de Loménie, greffier du Conseil, qui périt dans le massacre de la Saint-Barthélemy, il fut nommé en 1595 ambassadeur à Londres. Il devint secrétaire d'État. Il laissa un fonds considérable de pièces historiques.

LOMÉNIE DE BRIENNE (Henri-Auguste de), 1594-1666. Fils du précédent, il obtint en 1615 la survivance de sa charge. Louis XIII le nomma gouverneur des Tuileries. Il l'envoya en Angleterre pour dresser les articles du mariage d'Henriette de France, sa sœur, avec le prince de Galles. Loménie tenta en vain de convaincre Marie de Médicis de se soumettre après la journée des Dupes. Il conserva sa charge sous le règne de Louis XIV. Il a laissé des *Mémoires* surtout anecdotiques, mais d'un grand intérêt. Son fils, Louis-Henri Loménie de Brienne, lui succéda comme survivancier de sa charge, mais il résilia ses fonctions en 1663.

LONGUEVILLE (Henri II d'Orléans, duc de), 1595-1663. Filleul d'Henri IV, il fut nommé gouverneur de Picardie, puis de Normandie. À vingt et un ans, il épousa Louise de Bourbon-Soissons, d'où naquit la duchesse de Nemours. En 1626, il fit partie des conjurés réunis à Fleury dans le but d'assassiner le cardinal de Richelieu. Il se distingua ensuite comme général en Italie et en Allemagne. Devenu veuf en 1637, il épousa en 1642 la sœur du Grand Condé. Membre du conseil de régence au début de la minorité de Louis XIV, il participa aux négociations de Münster. Poussé par sa femme et par le cardinal de Retz, il adhéra à la Fronde, semble-t-il à regret, en tout cas sans conviction. Sa femme, Anne-Geneviève de Bourbon-Condé, sœur du Grand Condé et du prince de Conti, enragée Frondeuse, le sauva de l'oubli.

LORRAINE (Charles IV, duc de), 1604-1675. Prince irréfléchi et brouillon, il tenta de soustraire ses États à l'expansion française. Mais il eut la maladresse de protéger les adversaires de Richelieu. Pendant la Fronde, il se fit battre par Turenne. Ses États, qu'il reperdit ensuite à nouveau, lui avaient été partiellement restitués par le traité des Pyrénées.

MAILLÉ-BRÉZÉ (Urbain de), 1597-1650. Il épousa une sœur du cardinal de Richelieu. Capitaine des gardes du roi, il fut promu maréchal de France. Il assuma des ambassades en Suède et en Hollande. Il devint gouverneur de l'Anjou en 1636 et vice-roi en Catalogne en 1642. Il mourut en 1650. Sa fille Claire-Clémence fut mariée au Grand Condé en 1641. Son fils, Armand, duc de Fronsac et de Caumont (1619-1646), était chef d'escadre lors du siège de Cadix. Il fut tué devant Orbitello.

MARILLAC (Michel de), 1563-1632. Brillant juriste, il fut conseiller d'État, puis surintendant des finances et garde des sceaux. Il eut l'imprudence de se prononcer en faveur de Marie de Médicis, fut emprisonné sur ordre de Richelieu et mourut prisonnier à Châteaudun. Il a donné son nom (plus exactement son prénom) au code Michau.

MARILLAC (Louis de), 1573-1632, frère du précédent. Excellent soldat, il servit pendant les règnes d'Henri IV et de Louis XIII. Il participa à la construction de la digue qui fermait l'entrée du port de La Rochelle lors du siège de cette ville. Promu maréchal de France en 1629, il soutint Marie de Médicis. La journée des Dupes brisa sa carrière. Arrêté en Piémont, il fut accusé de concussion et périt sur l'échafaud.

MATTHIAS, 1557-1619, empereur allemand de 1612 à 1619. Troisième fils de Maximilien II et de Marie, fille de Charles Quint, il prit la tête des rebelles des Pays-Bas révoltés contre l'Espagne. Vaincu par don Juan d'Autriche, il se réfugia à Anvers, puis chez le prince d'Orange. Rentré en Allemagne en 1581, il guerroya contre les Turcs et les Hongrois. Mettant à profit l'incapacité de son frère, Rodolphe II, il s'empara de l'Autriche, de la Hongrie, de la Moravie et de la

Bohême. Il succéda à Rodolphe II et tenta en vain d'éviter la guerre de Trente Ans en réconciliant les catholiques et les protestants. N'ayant pas de fils, il désigna comme successeur son cousin Ferdinand de Styrie : voir FERDINAND II.

« MONSIEUR », voir ORLÉANS.

MONTBAZON, voir CHEVREUSE.

MONTMORENCY (Henri II, duc de), 1595-1632. Petit-fils du célèbre connétable Anne de Montmorency, filleul d'Henri IV qui l'appelait « mon fils », il devint amiral de France à dix-sept ans, puis gouverneur du Languedoc. Il combattit énergiquement les protestants, prit part aux sièges de Montauban et de Montpellier, conquit les îles de Ré et d'Oléron (1625) et remporta en Piémont des succès qui lui valurent le bâton de maréchal de France. Furieux de ne pas obtenir sa nomination de connétable, il entra dans un complot ourdi par Gaston d'Orléans. Fait prisonnier à Castelnaudary par Schomberg, il fut condamné à mort et décapité. Malgré les intercessions en sa faveur, Louis XIII refusa de le gracier. Sa veuve, Marie des Ursins, se retira au couvent des Visitandines de Moulins, où elle fit élever un magnifique mausolée à la mémoire de son mari. Le duché-pairie de Montmorency passa aux mains des princes de Condé en 1633. (Voir aussi Montmorency-BOUTEVILLE.)

OLIVARÈS (Gaspar de Guzman, comte-duc d'), 1587-1645. Fils d'un ambassadeur espagnol à Rome, il devint gentilhomme de la Chambre et confident du prince des Asturies, futur Philippe IV. Ce dernier le nomma Premier ministre à son avènement (1621). Énergique et travailleur, Olivarès resta vingt ans au pouvoir. Il déploya des efforts stériles pour restaurer la grandeur de l'Espagne. Dès 1621, il ralluma imprudemment le conflit avec les Provinces-Unies. Il ne put enlever la Valteline aux Suisses. Il s'efforça de susciter des troubles en France en exploitant le mécontentement de la noblesse. Il n'hésita pas davantage à jeter l'Espagne dans la guerre de Trente Ans, alors qu'elle n'en avait pas les moyens. La fiscalité excessive qu'il fut obligé de pratiquer provoqua des révoltes sanglantes en Biscaye, en Catalogne et au Portugal. Il perdit le pouvoir, fut exilé à Toro et mourut de désespoir.

ORLÉANS (Gaston, duc d'), 1608-1660. Frère puîné de Louis XIII, il porta le titre de duc d'Anjou jusqu'en 1626. Furieux de n'être qu'un cadet, il ne cessa de comploter avec un cynisme et une lâcheté dont il est peu d'exemples. Ses complices, Ornano, Chalais, Montmorency et de Thou, périrent par sa faute. Il avait épousé Marie de Bourbon, duchesse de Montpensier, qui mourut en donnant le jour à une fille : la Grande Mademoiselle. Il voulut se remarier en 1629 avec Marie de Gonzague, fille du duc de Mantoue. Ce projet ayant échoué, il épousa secrètement Marguerite de Lorraine. Pendant la régence d'Anne d'Autriche, il fut lieutenant général du royaume et prit part à trois campagnes militaires. Après l'échec de la Fronde, Louis XIV l'exila à Blois. Il portait le titre de « Monsieur ».

PAPES : Clément VIII (1592-1605) – Léon XI (1605) – Paul V (1605-1621) – Grégoire XV (1621-1623) – Urbain VIII (1623-1644).

PAUL V (Camillo Borghèse), 1552-1621, pape de 1605 à 1621. Il s'efforça de rester neutre dans le conflit opposant la France et l'Espagne. Il tenta même de réconcilier les deux nations, car il projetait de lancer une croisade contre les Turcs. Il s'abstint de prendre parti dans la querelle théologique entre les molinistes et les thomistes. Il acheva Saint-Pierre de Rome. On lui doit aussi l'aqueduc Acqua Paola.

PHILIPPE III, né en 1578, roi d'Espagne de 1598 à 1621. Fils puîné de Philippe II et d'Anne d'Autriche (fille de Maximilien II), il fut élevé dans la dévotion la plus étroite. Dépourvu de qualités politiques, il confia le gouvernement au duc de Lerma. Son règne fut marqué par la paix avec l'Angleterre, l'expulsion des Morisques, la signature de la trêve de douze ans avec les Provinces-Unies et l'alliance avec la France que matérialisa le mariage de Louis XIII avec l'infante Anne d'Autriche. Il remplaça le duc de Lerma par son fils, le duc d'Uceda.

PHILIPPE IV, né en 1605, roi d'Espagne de 1621 à 1665. Aussi peu doué que son père, il ne sut gouverner que par ses ministres : Olivarès (de 1621 à 1643) et don Louis de Haro. Il ne put conserver la Valteline, ni les Provinces-Unies. L'occupation de l'Électorat de Trèves l'entraîna dans un conflit contre la France, qui se solda pour lui par la perte de l'Artois, du Roussillon et de nombreuses places fortes en Flandre, Hainaut et Luxembourg (traité des Pyrénées, 1659). Simultanément il eut à faire face à des révoltes en Catalogne (1642), à Naples (1647-1648) et au Portugal. Le mariage de sa fille, l'infante Marie-Thérèse, avec Louis XIV fit entrer l'Espagne dans l'orbite de la France.

RENAUDOT (Théophraste), 1586-1653. Médecin, il exerça son art dans sa ville natale de Loudun jusqu'en 1612. Il s'installa ensuite à Paris. Richelieu lui accorda la charge de commissaire général des pauvres du royaume. En cette qualité Renaudot fonda une maison de prêt ou mont-de-piété. Il fut nommé maître général du Bureau d'adresses et obtint un privilège pour l'établissement de *La Gazette de France*, fondée en 1631. Cependant, il trouvait le temps d'assumer des consultations pour les malades nécessiteux. Il employait des remèdes tirés de l'antimoine. Après la mort de Richelieu, la faculté de médecine de Paris parvint à obtenir un jugement lui interdisant l'exercice de la médecine. Il poursuivit la publication de *La Gazette de France* jusqu'à sa mort. Ses fils, Isaac et Eusèbe, poursuivirent cette publication.

SAINT-CYRAN (Jean Duvergier de Hauranne, abbé de), 1581-1643. Il fit ses études de théologie à Louvain et se lia d'amitié avec Jansenius. Alors que ce dernier travaillait à l'*Augustinus*, Duvergier devenait abbé de Saint-Cyran, abbaye dont l'évêque de Poitiers s'était dessaisi en sa faveur. D'une apparence pleine d'humilité, mais d'un caractère intransigeant et dominateur, il vint à Paris afin d'y répandre la doctrine janséniste et d'y recruter des adeptes. Devenu en quelque sorte chef d'un parti, il fut vivement attaqué par les jésuites. Richelieu finit par le faire enfermer à Vincennes en 1638. Saint-Cyran fut libéré à la mort du cardinal et mourut peu après.

SAVOIE (Charles-Emmanuel Ier, duc de), 1562-1630. Surnommé « le Grand », sans doute plus en raison de ses prétentions que de ses réussites. Enchaîné au parti espagnol par son mariage avec l'infante Catherine, fille de Philippe II, il profita des guerres de Religion pour s'emparer du marquisat de Saluces et se fit octroyer le titre de comte de Provence par les Ligueurs. Henri IV, ayant envahi ses États, lui arracha le Bugey, le Valromey et le pays de Gex. Cet échec n'empêcha point Charles-Emmanuel Ier de porter ses vues sur le marquisat de Montferrat, Chypre, la Macédoine, le trône impérial, le trône de France... Ses convoitises, son manque de discernement, le discréditèrent. Son fils, VICTOR-AMÉDÉE Ier (1587-1637), lui succéda. Il épousa Christine (ou Chrétienne) de France, fille d'Henri IV. Il combattit néanmoins son beau-frère, Louis XIII, mais ne sut défendre ni le Pas-de-Suse ni les principales villes de Savoie et dut signer le traité de Cherasco (1631). Allié de la France contre l'Autriche, il remporta les victoires de Fornavento et de Monbaldore. Ses deux fils, FRANÇOIS-HYACINTHE et CHARLES-EMMANUEL II, régnèrent après lui, le premier de 1637 à 1638, le second de 1638 à 1675.

SAVOIE (Thomas-François de), prince de CARIGNAN, 1596-1656. Il était le cinquième fils de Charles-Emmanuel Ier ci-dessus. À la tête d'une armée espagnole, il fut vaincu en 1635 par les maréchaux de Brézé et de Châtillon. Deux ans après, il battit le maréchal de La Force à Saint-Omer. Pendant la minorité de Charles-Emmanuel II, il suscita des troubles graves contre sa belle-sœur Chrétienne de France, régente de Savoie. Puis, il entra au service de la France et commanda une de nos armées en Italie (1642). Il est le chef de la maison de Carignan.

SAXE-WEIMAR (Bernard, duc de), 1604-1639. Il embrassa la cause protestante, et combattit à Wimpfen et Stadtlohn en 1622. Il servit ensuite en Hollande et dans l'armée danoise. Il fut l'un des premiers à s'associer aux armes de Gustave Adolphe, roi de Suède, et se distingua à Werben, aux sièges de Wurtzbourg et Mannheim. À Lützen, il prit le commandement de l'armée suédoise après la mort de Gustave Adolphe. Il perdit la bataille de Nordlingen en 1635 et passa au service de la France. Il conquit l'Alsace sur les Impériaux et remporta la victoire de Rheinfelden en 1638. L'année suivante, il prit Brisach et tenta d'obtenir la cession du landgraviat d'Alsace. Il envahissait la Bavière, lorsqu'il périt subitement, peut-être empoisonné.

SCHOMBERG (Henri de), comte de NANTEUIL, 1574-1632. Il fut successivement ambassadeur en Angleterre, surintendant des finances, grand maître de l'artillerie et membre du Conseil royal. Promu maréchal de France en 1625, il vainquit les Anglais à l'île de Ré pendant le siège de La Rochelle, participa à la campagne du Piémont, vainquit et captura le duc de Montmorency à Castelnaudary (1632) et fut nommé gouverneur du Languedoc. Son fils, CHARLES DE SCHOMBERG, duc d'HALLUIN (1601-1656), lui succéda en qualité de gouverneur du Languedoc. Il prit Perpignan en 1642, puis fut disgracié, se vit retirer le gouvernement du Languedoc : on lui donna en compensation celui de Metz et de Verdun. Il revint aux affaires après la mort de Richelieu. Mazarin lui accorda le commandement de l'armée de Catalogne en 1648. Comme son père, il était maréchal de France.

SÉGUIER (Pierre), 1588-1672. Issu d'une vieille famille de magistrats originaire du Languedoc, il fut intendant de Guyenne, puis, en 1624, président à mortier au Parlement de Paris. Il devint ensuite garde des Sceaux et, en 1635, chancelier de France. Pendant la Fronde, Mazarin lui retira les Sceaux, qui lui furent rendus en 1656. C'était un juriste éminent.

SERVIEN (Abel), marquis de Sablé, 1593-1659. Procureur général au parlement de Grenoble, il fut nommé intendant en Guyenne en 1627 et devint ensuite secrétaire d'État à la Guerre. Éloigné par Richelieu, il revint aux affaires sous le ministère de Mazarin et fut l'un des négociateurs des traités de Westphalie. Il fut aussi surintendant des finances conjointement avec Foucquet.

SOISSONS (Louis de Bourbon, comte de), 1604-1641. Il était issu de la maison de Condé, son père étant fils puîné de

Louis Ier, prince de Condé. Comme tous les siens il complota contre la branche aînée des Bourbons. Gravement compromis dans la conspiration de Chalais, il passa aux Espagnols et fut tué à la bataille de La Marfée dans des circonstances assez obscures.

SOUBISE (Benjamin de ROHAN, seigneur de), vers 1589-1641. Frère d'Henri de Rohan, chef des protestants de France, il fit ses premières armes en Hollande sous Maurice de Nassau. Son zèle en faveur de la religion réformée le fit désigner par l'assemblée calviniste de La Rochelle au commandement du Poitou, de la Bretagne et de l'Anjou (1621). Il défendit Saint-Jean-d'Angély contre Louis XIII et se réfugia en Angleterre après la prise de Montpellier (1622). Il tenta ensuite de rallumer la guerre civile et, par une ruse assez déloyale, surprit une escadre royale dans l'embouchure du Blavet, mais perdit une bataille navale contre Montmorency. Pendant le siège de La Rochelle, il prit part à l'expédition de Buckingham pour forcer le blocus de cette ville. Après la capitulation de La Rochelle, il refusa de bénéficier de l'édit de Pacification (1629) et s'exila en Angleterre, où il mourut sans postérité.

SOURDIS (François d'Escoubleau de), 1575-1628. Il porta quelque temps le nom de La Chapelle-Bertrand, prit les ordres sacrés et dut son élévation rapide à sa parenté avec Gabrielle d'Estrées, favorite d'Henri IV. Archevêque de Bordeaux, il devint cardinal en 1599. Son caractère entier lui valut de nombreux démêlés. Un moment exilé, il rentra en grâce. Ce fut lui qui célébra le mariage de Louis XIII et de l'infante Anne d'Autriche. Il tint en 1624 un concile provincial et publia d'excellentes ordonnances relatives à la discipline ecclésiastique.

SOURDIS (Henri d'Escoubleau de), 1593-1645. Frère du précédent, il embrassa lui aussi la carrière ecclésiastique, fut d'abord évêque de Maillezais et lui succéda à l'archevêché de Bordeaux en 1628. Prélat militaire, il était intendant de l'artillerie et des vivres durant le siège de La Rochelle. Il participa ensuite à l'expédition maritime d'Italie en 1633 et reprit l'île Sainte-Marguerite aux Espagnols. Il entra en conflit avec le duc d'Épernon, gouverneur de Bordeaux, et bénéficia du soutien de Richelieu. Il présida l'assemblée du clergé de 1634. Il mourut en 1645.

TOIRAS (Jean du Caylar de Saint-Bonnet de), 1585-1636. Il dut à son habileté dans l'art de capturer les oiseaux d'être nommé par Louis XIII lieutenant de sa vénerie et capitaine de sa volière. La passion de la guerre s'étant éveillée chez lui, il se distingua aux sièges de Saint-Jean-d'Angély, Montauban et Montpellier. Il expulsa Soubise de l'île de Ré, qu'il défendit victorieusement contre Buckingham. Il soutint dans Casale (1630) un siège mémorable contre les Espagnols et les Impériaux et fut promu maréchal de France. Il négocia ensuite, avec Servien, le traité de Cherasco. Cependant, la fierté de son caractère indisposa Richelieu qui le priva de ses emplois. Il entra alors au service de la Savoie et fut tué dans le Milanais.

TREMBLAY (François Leclerc du), dit le « père Joseph », 1577-1638. Fils d'un président au Parlement, ambassadeur à Venise, et de Marie de La Fayette, il eut pour parrain le duc d'Alençon (frère d'Henri III) et la duchesse d'Angoulême pour marraine. Il fit de brillantes études, apprit l'italien, l'anglais, l'allemand, l'espagnol, le grec et l'hébreu. Il visita l'Europe. On le connaissait sous le nom de baron de Marlie. Il embrassa d'abord l'état militaire et fit une campagne sous les ordres du connétable de Montmorency. Puis il devint capucin, en 1599, malgré l'opposition de sa mère. Toutefois, une extrême ferveur religieuse et même un mysticisme quelque peu exalté s'accompagnaient chez lui d'un goût prononcé pour la politique. Agent de la cour, il participa aux conférences de Loudun avec Condé en 1616. L'année suivante, il incita le duc de Nevers à secourir les Grecs contre les Turcs. En 1618, on l'envoya à Madrid avec le titre officiel de missionnaire afin de susciter une croisade, en réalité comme agent secret. Confident intime des desseins de Richelieu, il était en relation avec tous les personnages importants, sans avoir de titre officiel. Sa correspondance, souvent ambiguë, indirecte, parfois cryptée et signée de différents pseudonymes, témoigne de ses activités. Ce n'est pas sans raison qu'on le surnommait « l'Éminence grise ». En 1629,

Richelieu l'envoya à la Diète de Ratisbonne ; il le chargea d'exciter les princes allemands contre l'empereur Ferdinand II, d'imposer le renvoi de Wallenstein et le licenciement de son armée. C'est lui qui releva le courage de Richelieu après la chute de Corbie. Alors que Bernard de Saxe-Weimar assiégeait Brisach, Richelieu disait au père Joseph qui se mourait : « Courage, père Joseph, Brisach est à nous ! »

TURENNE (Henri de La Tour d'Auvergne, vicomte de), 1611-1675. Fils puîné d'Henri de La Tour d'Auvergne, duc de Bouillon et prince de Sedan, petit-fils de Guillaume le Taciturne, il fut élevé dans la religion protestante et destiné à la carrière militaire. Il fit ses premières armes à quatorze ans, au service de ses oncles maternels, Maurice et Henri de Nassau. Passé en France en 1630, Louis XIII lui donna un régiment. Il combattit sur le Rhin, en Flandre et en Italie. Lieutenant général en 1639, il s'empara de Turin l'année suivante et fut promu maréchal de France en 1643, à trente-deux ans ! Commandant l'armée d'Allemagne, il fut battu par Mercy et dut retraiter sur le Rhin. Mais, en 1645, il remporta avec Condé la victoire de Nordlingen et s'empara de Trèves. La Fronde le détourna momentanément du droit chemin, sous l'influence de la duchesse de Longueville dont il était épris. Il combattit même dans les rangs espagnols. Vaincu à Rethel (1650), il ne tarda pas à rentrer dans le devoir. Il livra contre Condé le combat de la Porte Saint-Antoine et, dès lors, ne cessa de s'opposer à ce prince vendu aux Espagnols. Il remporta sur lui les victoires d'Arras et des Dunes, d'où sortit la paix des Pyrénées (1659). Il fut élevé en 1660 au grade de « maréchal général des camps et armées de France », équivalant à la connétablie. En 1667, il conquit la Flandre en trois mois. En 1672, il commandait l'une des armées d'invasion de la Hollande. En 1674, il sauva l'Alsace au terme d'une admirable campagne. Il fut tué par un boulet à Salzbach, alors qu'il livrait bataille à Montecuculli.

URBAIN VIII (Maffeo Barberini), 1568-1644, pape de 1623 à 1644. D'une vieille famille de Florence, il succéda à Grégoire XV. Pendant la guerre de Trente Ans, bien qu'il commençât par favoriser la France contre les Habsbourg, son hispanophilie fut de plus en plus prononcée. Toutefois, il déploya de réels efforts pour rétablir la paix, dans le dessein de lancer une croisade contre les Turcs. Il pratiqua un népotisme dont il est peu d'exemples, mais il protégea les arts et les sciences. Par la bulle *In eminenti* (1642), il condamna l'*Augustinus* de Jansenius.

VENDÔME (César de Bourbon, duc de), 1594-1665. Fils légitimé d'Henri IV et de Gabrielle d'Estrées, fait duc en 1598, il épousa la fille unique du duc de Mercœur qui lui céda son gouvernement de Bretagne. Il prenait rang aussitôt après les princes du sang, selon la volonté d'Henri IV. Ce qui ne l'empêcha pas de comploter pendant la minorité de Louis XIII. Compromis dans la conspiration de Chalais, il fut emprisonné pendant quatre ans à Amboise et à Vincennes, et ne recouvra la liberté qu'en renonçant à son gouvernement de Bretagne. Il alla ensuite servir en Hollande. Ayant obtenu l'autorisation de rentrer en France, il fut accusé, en 1641, d'une tentative d'assassinat contre Richelieu. Il s'enfuit en Angleterre, revint en 1643 après la mort de Louis XIII. Lors de la cabale des Importants, il fut à nouveau compromis, mais se réconcilia avec Mazarin et s'abstint de prendre part à la Fronde. Il fut nommé gouverneur de Bourgogne et surintendant de la navigation et du commerce. Il avait pour fils le duc de Beaufort et Louis, duc de Mercœur, puis de Vendôme (1612-1669). Ce dernier fit ses premières armes en Piémont. Il revint en France après la mort de Richelieu. Mazarin le nomma en 1649 vice-roi et commandant des troupes françaises en Catalogne. Mercœur épousa Laure Mancini. Il reçut le gouvernement de la Provence, puis le commandement de l'armée de Lombardie. Devenu veuf, il entra dans les ordres, devint cardinal et légat de Clément IX en France.

VINCENT DE PAUL (saint), 1576-1660. Issu d'une modeste famille landaise, il fit ses études à Dax et à Toulouse et fut ordonné prêtre. Pendant les premières années de son apostolat, il se montra assez tiède. Mais, capturé par les Barbaresques, il fut emmené comme esclave à Tunis. Il parvint à s'évader et se rendit à Rome. Le pape le chargea d'une mission officieuse auprès d'Henri IV. Devenu aumônier de la reine Margot (1610-1612), il connut le monde et la cour. Sous l'influence de Bérulle, il s'orienta alors vers l'apostolat des campagnes et la réforme du clergé. Il entra au service des Gondi (1613-1625) qui ne lui ménagèrent pas leur appui. Tout en s'employant à évangéliser les campagnes, il s'occupait des forçats et obtint le titre d'aumônier général des galères en 1619. Prenant en pitié la misère de certaines couches populaires, il fonda avec Louise de Marillac la communauté des Filles de la Charité et la confrérie des Dames de la Charité. Il œuvrait simultanément par ses conférences au redressement intellectuel et spirituel du clergé. Il avait fondé, avec l'appui financier des Gondi, la société des Prêtres de la Mission, qui prirent le nom de Lazaristes. Après la mort de Louis XIII, la régente Anne d'Autriche lui confia la présidence du Conseil de conscience. Il s'efforça d'épurer le haut clergé, non sans rencontrer l'opposition de Mazarin. Sous la Fronde, il resta neutre. Son immense charité préserva sa popularité. Il prônait une attitude conciliante à l'égard des protestants. En revanche, il se montrait intransigeant envers les jansénistes. Il fut canonisé en 1737.

WALLENSTEIN (Albrecht von), duc de Friedland, 1583-1634. D'une vieille et noble famille protestante tchèque, il fit de solides études, apprit plusieurs langues et se convertit au catholicisme par ambition, semble-t-il. Il contracta un très riche mariage et entra au service de l'empereur. Pendant la révolte de Bohême en 1618, il resta fidèle aux Habsbourg, leva une troupe à ses frais et combattit ses compatriotes. L'empereur Ferdinand II le récompensa en lui octroyant des domaines considérables confisqués aux rebelles. Prince d'empire en 1623, il se remaria avec la fille d'un familier de l'empereur qui le nomma duc de Friedland. Au début de la guerre de Trente Ans, il leva à ses propres frais une armée de cinquante mille hommes. En liaison avec Tilly qui commandait les forces de la Ligue catholique, il remporta la victoire de Dessau (1626), puis, en deux ans, il reconquit l'Allemagne du Nord. L'empereur lui accorda la principauté de Sagan en Silésie, le duché de Mecklembourg, le titre d'amiral des mers Océane et Baltique. Cependant, à la Diète de Ratisbonne, les autres princes catholiques (influencés par le père Joseph) exigèrent que Wallenstein fût relevé de son commandement et licenciât ses bandes qui vivaient sur le pays. Les victoires de Gustave Adolphe, roi de Suède, contraignirent l'empereur à le rappeler. Wallenstein posa des conditions exorbitantes. Ferdinand II était aux abois ; il accepta. Wallenstein reconquit la Bohême, chassa Gustave Adolphe de Nuremberg et lui livra la bataille de Lützen (1632). L'année suivante, il battit les Suédois à Steinau, en Silésie. Puis, son zèle se relâcha et sa conduite attira la suspicion. Il projetait de terminer la guerre à son profit, en réconciliant les catholiques et les protestants. On pense qu'il voulait s'emparer de la couronne de Bohême. En tout cas, il amorça des négociations simultanées avec Bernard de Saxe-Weimar et les Suédois. Sous la pression des Espagnols, des jésuites et surtout de Maximilien de Bavière, chef de la Ligue catholique, Ferdinand II releva à nouveau Wallenstein de son commandement. Ce dernier fut abandonné par ses principaux lieutenants (Aldringen, Gallas et Piccolomini) et par la plus grande partie de son armée. Il fut assassiné au cours d'un banquet, le 25 février 1634. Schiller a fait de lui le héros de sa trilogie *Wallenstein*, un des sommets du théâtre allemand.

BIBLIOGRAPHIE

ARNAULD D'ANDILLY (Robert) – *Journal inédit* : 1614-1620, édit. par Achille et Edmond Halphen, Paris, 1857 ; 1620-1622, édit. par Eugène Halphen, Paris, 1888-1909 ; 1624-1632, édit. par Jules Halphen, Paris, 1902-1909.

ASSEMBLÉE DES NOTABLES, « Procès-verbal de ce qui s'est passé à l'assemblée des notables au palais des Tuileries en 1626, sous le règne de Louis XIII ». Extrait du *Mercure français*, Paris, 1787.

AUBERY (A.) – *Mémoires pour l'histoire du cardinal de Richelieu*, Paris, 1660 (2 vol.) – *Histoire du cardinal de Richelieu*, Paris, 1660.

AUMALE (Henri d'Orléans, duc d') – *Histoire des princes de Condé pendant les XVIe et XVIIe siècles*, Paris, 1863-1896 (8 vol.).

AVENEL (Georges, vicomte d') – *Richelieu et la monarchie absolue*, Paris, 1884-1895 (4 vol.) – *Paysans et ouvriers depuis sept cents ans*, Paris, 1899 – *La Noblesse française sous Richelieu*, Paris, 1901 – *Prêtres, soldats et juges sous Richelieu*, Paris, 1907.

AVENEL (Louis-Martial) – *Lettres, instructions diplomatiques et papiers d'État du cardinal de Richelieu*, Paris, 1853-1877 (8 vol.).

AYMER (Noël) – *Trente années du Grand Siècle : la France de Louis XIII*, Paris, 1909.

BASSOMPIERRE (Maréchal de) – *Journal de ma vie. Mémoires du maréchal de Bassompierre*, édit. par de Chantérac, Paris, 1870-1877.

BATIFFOL (Louis) – *Le Roi Louis XIII à vingt ans*, Paris, 1910 – *La Duchesse de Chevreuse. Une vie d'aventures et d'intrigues sous Louis XIII*, Paris, 1913 – *La Journée des Dupes*, Paris, 1925 – *Le Louvre sous Henri IV et Louis XIII*, Paris, 1930 – *La Vie de Paris sous Louis XIII*, Paris, 1932 – *Richelieu et le Roi Louis XIII : les véritables rapports du Souverain et de son Ministre*, Paris, 1934 – « La fortune du cardinal de Richelieu », *in Revue des Deux-Mondes*, Paris, 1935 – *Autour de Richelieu : sa fortune, ses gardes et ses mousquetaires, la Sorbonne, le château de Richelieu*, Paris, 1937.

BEAUCHAMP (Comte de) – *Louis XIII d'après sa correspondance avec le cardinal de Richelieu*, Paris, 1902.

BÉLY (Lucien), BERCÉ (Yves-Marie), BÉRANGER (Jean), CORVISIER (André), LOUPES (Philippe), KINTZ (Jean-Pierre), MEYER (Jean) et QUATREFAGES (René) – *Guerre et paix dans l'Europe du XVIIe siècle (1618-1721)*, Paris, 1991-1992 (3 vol.).

BÉRANGER (Jean) – *Turenne*, Paris, 1987.

BERCÉ (Yves-Marie) – *Histoire des Croquants. Étude des soulèvements populaires dans le sud-ouest de la France*, Genève, Paris, 1974 (2 vol.) – *Croquants et nu-pieds : les soulèvements paysans en France du XVIe au XIXe siècle*, Paris, 1974 – *La Naissance dramatique de l'absolutisme (1598-1661)*, Paris, 1972.

BERTIÈRE (Simone) – *Les Reines de France au temps des Bourbons. « Les deux Régentes »*, Paris, 1996.

BOITEUX (L.-A.) – *Richelieu, « grand maître de la navigation et du commerce de France »*, Paris, 1955.

BORDONOVE (Georges) – *Henri IV le Grand* (Les Rois qui ont fait la France), Paris, 1981 – *Louis XIII le Juste* (Les Rois qui ont fait la France), Paris, 1981 – *Mazarin. Le pouvoir et l'argent* (Les Grandes Heures de l'Histoire de France), Paris, 1996.

BRAUDEL (Fernand) et LABROUSSE (Ernest) – *Histoire économique et sociale de la France*, Paris, 1970-1977.

BRÉTAUDEAU (A.) – *Histoire des Ponts-de-Cé*, Angers, 1904.

BRIENNE (Henri-Auguste Loménie, comte de) – *Mémoires*, Paris, 1836-1839.

BRUCKHARDT (Carl) – *Richelieu*, Munich, 1935, traduit par Henri Coursier, Paris, 1970-1975.

CAMPION (Henri de) – *Mémoires*, Paris, 1967.

CANU (Jean) – *Louis XIII et Richelieu*, Paris, 1945.

CARMONA (Michel) – *Marie de Médicis*, Paris, 1981 – *Richelieu. L'ambition et le pouvoir*, Paris, 1983.

CARRÉ (Henri) – *La Jeunesse et la Marche au pouvoir de Richelieu*, Paris, 1944.

CASTAGNOS (Pierre) – *Richelieu face à la mer*, Paris, 1989.

CHAGNY (Abbé André) – *Une belle figure de prélat lyonnais, Alphonse-Louis du Plessis de Richelieu*, Lyon, 1932.

CHEVALLIER (Pierre) – « La Véritable journée des Dupes. Étude critique des journées des 10 et 11 novembre 1630 d'après les dépêches diplomatiques », *in Mémoires de la société académique de Troyes*, t. CVIII, Troyes, 1978 – *Louis XIII roi cornélien*, Paris, 1979.

CORVISIER (André) – *Armées et sociétés de 1494 à 1789*, Paris, 1976.

DANIEL-ROPS – *L'Église de la Renaissance et de la Réforme*, Paris, 1968.

DÉAGEANT (Guichard) *Mémoires*, Grenoble, 1668.

DEDOUVRES (Abbé Louis) – *Le Père Joseph polémiste, ses premiers écrits (1623-1626)*, Paris, 1895 – *Politique et apôtre. Le père Joseph de Paris, capucin. L'éminence grise*, Paris, 1932 (2 vol.).

DELOCHE (Maximin) – *La Maison du cardinal de Richelieu*, Paris, 1912 – *Autour de la plume du cardinal de Richelieu*, Paris, 1920 – *Les Richelieu : le père du cardinal, François du Plessis, grand prévost de France*, Documents inédits, Paris, 1923.

DETHAN (Georges) – *Gaston d'Orléans, conspirateur et prince charmant*, Paris, 1959.

DOUCET (Roger) – « Les finances de la France en 1614 », *in Revue d'histoire économique et sociale*, t. XVIII, Paris, 1930.

DUBY (Georges) et MANDROU (Robert) – *Histoire de la civilisation française*, t. II, Paris, 1961.

DULONG (Claude) – *Anne d'Autriche, mère de Louis XIV*, Paris, 1980.

ERLANGER (Philippe) – *Louis XIII*, Paris, 1946 – *L'Énigme du monde : George Villiers, duc de Buckingham*, Paris, 1951 – *Cinq-Mars ou la passion de la fatalité*, Paris, 1962 – *Richelieu*, Paris, 1967-1970 (3 vol.).

ESTRÉES (Maréchal d') – *Mémoires contenant les choses les plus remarquables arrivées sous la régence de Marie de Médicis et le règne de Louis XIII*, Paris, 1822.

FAGNIEZ (Gustave) – *Le Père Joseph et Richelieu (1577-1638)*, Paris, 1894 (2 vol.).

FOISIL (Madeleine) – *La Révolte des Nu-pieds et les révoltes normandes de 1639*, Paris, 1970.

FONTENAY-MAREUIL (marquis de) – *Mémoires*, Paris, 1836-1839.

FONTRAILLES (vicomte de) – *Relation des choses particulières de la Cour pendant la faveur de M. le Grand*, Paris, 1836-1839.

FOUQUERAY (H.) – *Histoire de la Compagnie de Jésus en France (1528-1672)*, Paris, 1925.

GOUBERT (Pierre) – *La Vie quotidienne des paysans français au XVIIe siècle*, Paris, 1982.

GRENTE (Mgr) – *L'Éminence grise*, Paris, 1941.

GRIFFET (Père Henri) – *Histoire du règne de Louis XIII, roi de France et de Navarre*, Paris, 1758 (3 vol.).

GRILLON (Pierre) – *Les Papiers de Richelieu, section de politique intérieure, correspondance et papiers d'État*, Paris, 1975-1982 (5 vol.).

GRISELLE (Eugène) – *Lettres de la main de Louis XIII*, Paris, 1914 (2 vol.).

GUETTÉE (Abbé) – *Histoire de l'Église de France*, t. X., Paris, 1856.

HAYEM (Fernand) – *Le Maréchal d'Ancre et Léonora Galigaï*, Paris, 1910.

HUMBERT (Jacques) – *Le Maréchal de Créquy, gendre de Lesdiguières (1578-1638)*, Paris, 1962.

IMBERT (Jean), SAUTEL (Gérard), BOULET-SAUTEL (Marguerite) – *Histoire des institutions et des faits sociaux (Xe-XIXe siècle)*, Paris, 1961.

KERMINA (Françoise) – *Marie de Médicis, reine, régente et rebelle*, Paris, 1979.

LACOUR-GAYET (Georges) – *La Marine militaire de la France sous les règnes de Louis XIII et de Louis XIV* (tome I : *1624-1661*), Paris, 1911.

LACROIX (Abbé Lucien-Léon) – *Richelieu à Luçon*, Paris, 1890.

LAFONTENELLE DE VAUDORÉ (Armand-Désiré) – *Le Maréchal de La Meilleraye*, Paris, 1839.

LAFUE (Pierre) – *Le Père Joseph, capucin et diplomate*, Paris, 1946.

LA RONCIÈRE (Charles Bourel de) – *Histoire de la marine française* (t. IV et V), Paris, 1899-1932 (6 vol.).

LAVISSE – HISTOIRE DE FRANCE (t. VI : *Henri IV et Louis XIII* par J.-H. MARIÉJOL), Paris, 1911.

L'ESTOILE (Pierre de) – *Journal sous le règne de Henri IV et le début du règne de Louis XIII (1601-1611)*, Paris, 1960.

LE VASSOR (Michel) – *Histoire du règne de Louis XIII, roi de France et de Navarre*, Amsterdam, 1757 (5 vol.).

LOMÉNIE, voir BRIENNE.

MAGNE (Émile) – *La Vie quotidienne au temps de Louis XIII d'après des documents inédits*, Paris, 1942.

MANDROU (Robert) – *Classes et luttes de classes en France au début du XVIIe siècle*, Florence, 1965 – *La France aux XVIIe et XVIIIe siècles*, Paris, 1967.

MARION (Marcel) – *Dictionnaire des institutions de la France aux XVIIe et XVIIIe siècles*, Paris, 1923.

MARTIGNAC (Algay de) – *Mémoires de Gaston, duc d'Orléans, contenant ce qui s'est passé de plus considérable en France depuis l'an 1608 jusqu'en l'année 1636*, Paris, 1838.

MARTINEAU (Aimé) – *Le Cardinal de Richelieu*, Paris, 1866.

MÉZERAY (François Eudes de) – *Histoire de la mère et du fils (Marie de Médicis et Louis XIII, 1616-1617)*, Amsterdam, 1730 (2 vol.).

MICHAUD (Hélène) – « Les “règlements” de 1617-1618 », extrait de la *Revue d'histoire moderne et contemporaine*, Paris, 1972.

MONGLAT (François de Paule de Clermont, marquis de) – *Mémoires. Histoire des guerres entre la France et la maison d'Autriche de 1635 à 1660*, Paris, 1838.

MONGRÉDIEN (Georges) – *10 novembre 1630, la journée des Dupes*, Paris, 1961.

MONTPENSIER (Mlle de) – *Mémoires*, Paris, 1858-1859.

MONTRÉSOR (comte de) – *Mémoires*, Paris, 1836-1839.

MOTTEVILLE (Mme de) – *Mémoires*, Paris, 1824.

MOUSNIER (Roland) – *Les Institutions de la France sous la monarchie absolue, 1598-1789*, Paris, 1974-1980.

NOAILLES (comte de) – *Le Maréchal de Guébriant (1602- 1643)* – Paris, 1973.

PAVIE (E.) – *La Guerre entre Louis XIII et Marie de Médicis*, Angers, 1899.

PÉRÉFIXE (Henri de Beaumont de) – *Histoire du roi Henri le Grand*, Paris, 1676.

PIERRET (Marc) – *Richelieu ou la déraison d'État*, Paris, 1972.

POINTIS (Louis de) – *Mémoires du sieur de Pointis, qui a servi dans les armées cinquante-six ans sous les rois Henri IV, Louis XIII et Louis XIV*, Paris, 1823 (2 vol.).

PONTCHARTRAIN (Phélypeaux de) – *Mémoires*, Paris, 1836-1839.

PUJO (Bernard) – *Le Grand Condé*, Paris, 1995.

PUYSÉGUR (Jacques de Chastenet de) – *Mémoires de Puységur, colonel du régiment de Piémont et lieutenant général des armées du Roi sous les règnes de Louis XIII et Louis XIV*, Paris, 1690 (2 vol.).

RICHARD (Michel) – *La Vie quotidienne des protestants sous l'Ancien Régime*, Paris, 1966.

RICHELIEU (Jean Armand, cardinal de) – *Mémoires sur le règne de Louis XIII, depuis 1610 jusqu'à 1638*, Paris, 1837-1838 (3 vol.) – *Maximes d'État et fragments politiques*, publiés par Gabriel Hanotaux, Paris, 1880 – *Lettres, instructions diplomatiques et papiers d'État du cardinal de Richelieu* (voir d'AVENEL) – *Testament politique du cardinal de Richelieu*, édit. par L. André, Paris, 1947.

ROCHEMONTEIX (Père Camille de) – *Nicolas Caussin, confesseur du roi Louis XIII, et le cardinal de Richelieu*, Paris, 1911.

ROMAIN (colonel Charles) – *Louis XIII, un grand roi méconnu (1601-1643)*, Paris, 1934.

TALLEMANT DES RÉAUX – *Historiettes*, édit. Monmerqué, Paris, 1854.

TAPIÉ (Victor-Lucien) – *La France de Louis XIII et de Richelieu*, Paris, 1967.

TOPIN (Marius) – *Louis XIII et Richelieu*, Paris, 1877.

VAISSIÈRE (Pierre de) – *L'Affaire du maréchal de Marillac (1630-1632)*, Paris, 1924 – *Conjuration de Cinq-Mars*, Paris, 1928.

VAUX DE FOLETIER (François de) – *Le Siège de La Rochelle*, La Rochelle, 1978.

VILLEROY (Nicolas de Neufville, sieur de) – *Mémoires de Villeroy, conseiller d'État et secrétaire des commandements des rois*

Charles IX, Henri III, Henri IV, Louis XIII et Louis XIV, Paris, 1838.

ZELLER (Berthold) – *Richelieu et les ministres de Louis XIII de 1621 à 1624*, Paris, 1880 – *Louis XIII. Marie de Médicis, chef du Conseil (1614-1616)*, Paris, 1898 – *Louis XIII. Marie de Médicis. Richelieu ministre*, Paris, 1899.

TABLE DES MATIÈRES

PREMIÈRE PARTIE :

LES MARCHES DU POUVOIR (1585-1617)

I. Un extrait baptistaire 11
II. L'élévation des Richelieu 13
III. Première éducation 19
IV. Le marquis du Chillou 25
V. L'évêque de Luçon 32
VI. Les faux pas 40
VII. Les états généraux de 1614 48
VIII. Le brevet d'aumônier 55
IX. Cinq mois de ministère 63
X. La catastrophe 70

DEUXIÈME PARTIE :

SEPT ANS D'EXIL (1617-1624)

I. Richelieu et la reine mère 83
II. Les orages passent 92
III. L'entrevue de Couzières 98
IV. Campagne contre les protestants 106
V. 19 août 1624 114

TROISIÈME PARTIE :

LE SEIGNEUR CARDINAL (1624-1631)

I. Trois questions importantissimes 127
II. Le cardinal Boutefeu 135
III. Buckingham 142

IV. Soubise 150
V. La conspiration de Chalais 157
VI. Grand maître de la navigation 164
VII. Les duellistes 171
VIII. La descente en l'île de Ré 177
IX. Le siège de La Rochelle 185
X. Italiens et protestants 194
XI. « *Quitter toute pensée de repos* » 201
XII. La maladie de Lyon 209
XIII. La journée des Dupes 215
XIV. Les verts rameaux de la haine 223

QUATRIÈME PARTIE :

LE DUUMVIRAT (1631-1642)

I. Bons pour l'exemple 235
II. Le démariage de Monsieur 244
III. Vers une guerre ouverte 252
IV. Préliminaires 262
V. 1636 270
VI. La trahison de la reine 279
VII. Le père Caussin 291
VIII. « *Ce n'est pas moi qui parle, c'est mon État* » 300
IX. Le vœu de Louis XIII 309
X. Naissance de Louis-Dieudonné 316
XI. Fontarabie 324
XII. L'année charnière 334
XIII. La Marfée 340
XIV. Sous la simarre rouge 351
XV. Cinq-Mars 368
XVI. La réconciliation difficile 379
XVII. « *Sire, voici le dernier adieu* » 385
XVIII. *Quis erit similis mihi ?* 390

Annexes

I. Quelques maximes de Richelieu 395
II. Testament de son Éminentissime Armand-Jean du Plessis, Cardinal Duc de Richelieu 398
III. Désordres dans l'Église 419
IV. Opinion d'Anne d'Autriche sur Richelieu 420

Notices biographiques 422

Bibliographie 449

CHEZ LE MÊME ÉDITEUR
DU MÊME AUTEUR

Collection "Les Grandes Heures de l'Histoire de France"

LA TRAGÉDIE CATHARE
Raymond de Toulouse, Le massacre de Béziers, La prise de Carcassonne, Simon de Montfort, La chute de Minerve, le Bûcher de Montségur.

•

LES CROISADES
ET LE ROYAUME DE JÉRUSALEM
Godefroy de Bouillon, L'ordre des Templiers, L'illustre roi lépreux, Saladin à Jérusalem, L'inflexible saint Louis, La fin de Saint-Jean-d'Acre.

•

LA TRAGÉDIE DES TEMPLIERS
Le déclin du Temple, L'implacable roi de fer, L'abandon de Clément V, Jacques de Molay, Infamie de l'Inquisition, Fin et survie de l'Ordre.

•

JEANNE D'ARC ET LA GUERRE DE CENT ANS
La France en péril, L'épopée de Jeanne, Trahisons et martyre, Le bûcher de Rouen, La réhabilitation, Jeanne pour l'éternité.

•

LOUIS XVII ET L'ÉNIGME DU TEMPLE
Louis XVI et la Reine, Début de la Révolution, La Commune de Paris, L'orphelin du Temple, Le mystère de sa mort, Naundorff et les autres.

•

MAZARIN – LE POUVOIR ET L'ARGENT
Les marches du pouvoir – La reine Anne d'Autriche – Le drame de la Fronde – L'élève Louis XIV – L'Art et la Politique – L'Arbitre de l'Europe.

Collection "Les Rois qui ont fait la France"

(en vingt volumes)

Les Précurseurs :
Clovis. ◊ Charlemagne.

Les Capétiens :
Hugues Capet, le fondateur.
Philippe Auguste. ◊ Saint Louis.
Philippe le Bel.

Les Valois :
Charles V. ◊ Charles VII. ◊ Louis XI.
François Ier. ◊ Henri II. ◊ Henri III.

Les Bourbons :
Henri IV. ◊ Louis XIII. ◊ Louis XIV. ◊ Louis XV.
Louis XVI. ◊ Louis XVIII. ◊ Charles X. ◊ Louis-Philippe.

Romans

PAVANE POUR UN ENFANT
Un enfant malheureux, en quête de tendresse, côtoie fugitivement le monde d'une petite fille qui se croit au Pays des Merveilles. Une plongée poignante dans le désert d'une enfance particulièrement pathétique.

•

LES LANCES DE JÉRUSALEM
Aux derniers jours du royaume des croisés, l'amour fou d'une jeune fille qui changea en lumière le désespoir d'un roi lépreux de seize ans, vainqueur de Saladin.

•

LES ARMES À LA MAIN
Un grand roman d'amour étroitement lié à l'épopée tragique de la Guerre de Vendée en 1793.

•

DEUX CENTS CHEVAUX DORÉS
Un officier romain, légat, sénateur et préfet de Rome, raconte sa funeste passion pour une princesse gauloise.

•

LA CASTE
Une passion si éclatante, si fulgurante que les séparations, la mort même, ne pourront détruire.

CHEZ LE MÊME ÉDITEUR

DU MÊME AUTEUR

Romans (suite)

LE BÛCHER
Une sublime histoire d'amour et de mort au cœur de la tragédie cathare.

•

LES SURVIVANTS DE L'ATLANTIDE
L'univers fabuleux des Atlantes, anciens maîtres du monde,
ressuscité dans une fresque superbe et terrifiante.

•

LE VIEIL HOMME ET LE LOUP
Quand les loups hantaient encore la forêt de Brocéliande...
L'aventure sublime d'un vieux veneur entraîné dans une chasse mémorable.

•

LE DERNIER CHOUAN

Hors collection

GRANDS MYSTÈRES ET DRAMES DE LA MER

•

VERCINGÉTORIX

•

NAPOLÉON

Les grands visages de l'Histoire

FOUCQUET
Coupable ou victime ?
par Georges Bordonove

•

JACQUES CŒUR
et son temps
par Georges Bordonove

•

DUQUESNE
Le Cent Diables
par Frédéric Hulot

•

SUFFREN
« L'amiral Satan »
par Frédéric Hulot

•

LA MÈRE DE LOUIS XVI
Marie-Josèphe de Saxe
par Monique de Huertas

•

CATHERINE DE MÉDICIS
Mère de trois Rois de France et de la Reine Margot
par Hugh Ross Williamson

•

MARIE STUART
Reine de France et d'Écosse ou l'ambition trahie
par René Guerdan

Hors collection

LE MARÉCHAL DE SAXE
par Frédéric Hulot

•

IL ÉTAIT UNE FOIS VERSAILLES
par Jean Prasteau
Le roman vrai de Versailles, de sa création à nos jours, comme il n'avait jamais été conté.

•

IL ÉTAIT UNE FOIS LE LOUVRE
par Jean Prasteau

•

L'ANGE GARDIEN DE BONAPARTE – LE COLONEL MUIRON
par Jean-Luc Gourdin

Achevé d'imprimer en septembre 1997
sur presse Cameron
par ***Bussière Camedan Imprimeries***
à Saint-Amand-Montrond (Cher)

N° d'édition : 539. N° d'impression : 4/934
Dépôt légal : octobre 1997
Imprimé en France